인간세상 지식인 노릇하기 참 어렵구나

-매천 황현 한시를 중심으로-

-매천 황현 한시를 중심으로-

인간 세상 지식인 노릇하기 참 어렵구나

배종석 지음

학자원

매천 황현 초상화(순천대박물관 소장)

광양시 봉강면 서석길에 복원한 황현 생가 대문

황현 생가 본채

매천이 순국한 대월헌(待月軒) : 오른쪽 첫 번째 방에서 순국하였다

매천역사공원에 있는 황현 묘소

구례군 광의면 월곡리의 매천사

매천사 내부

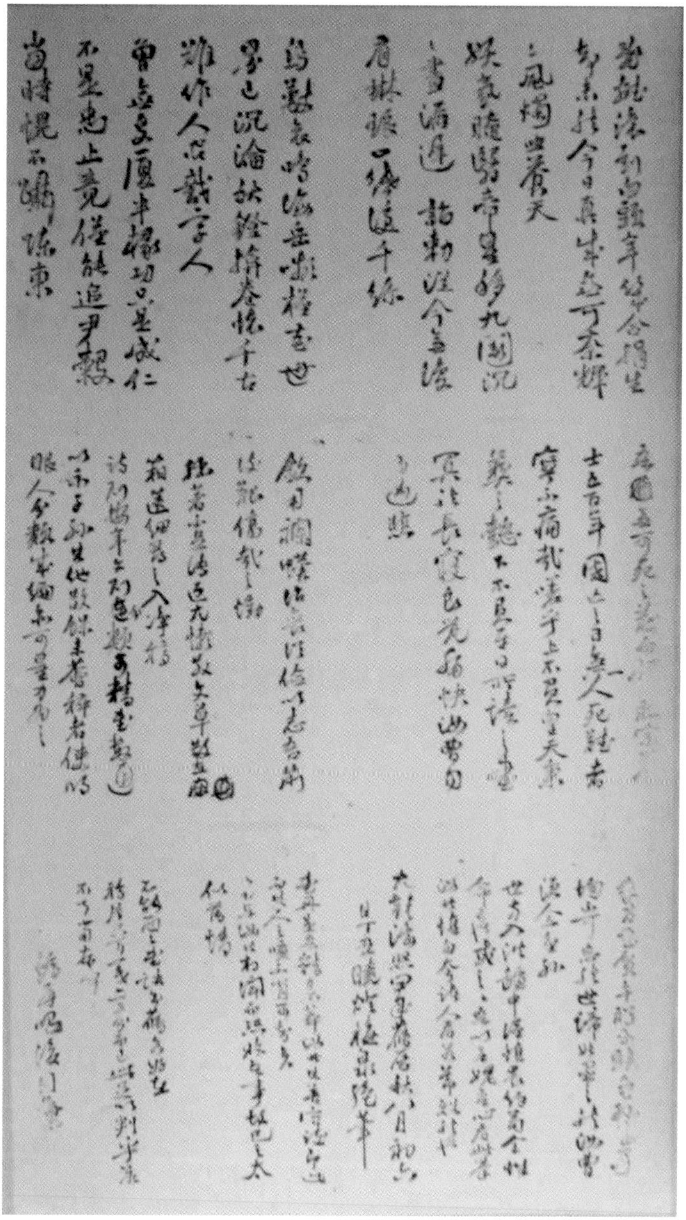

황현의 절명시

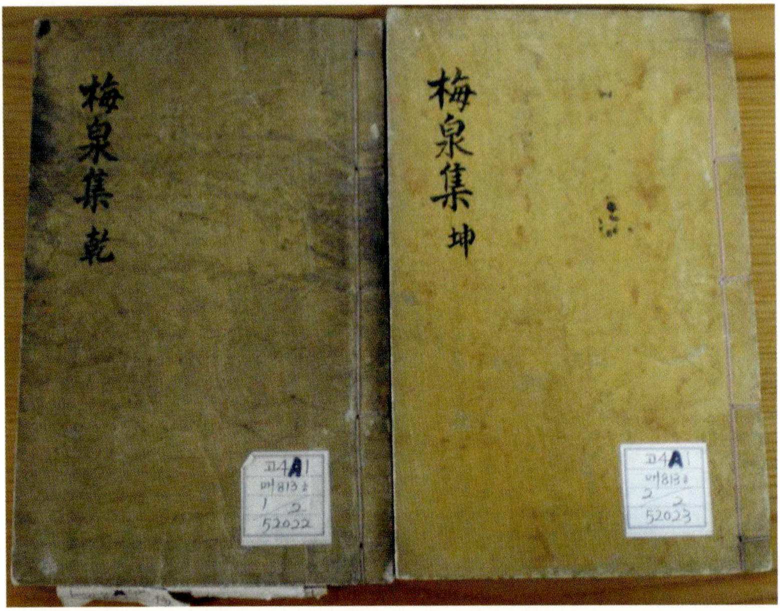

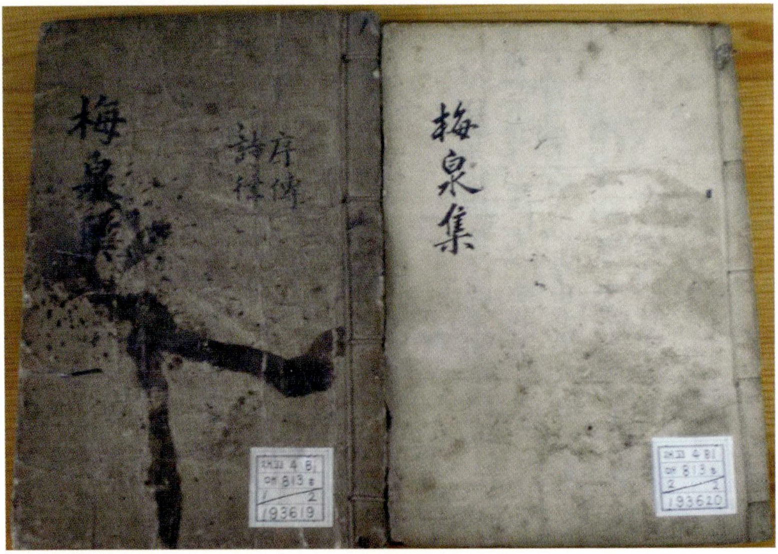

『매천집』 이본(전남대 소장)

『매천시률』(전남대 소장)

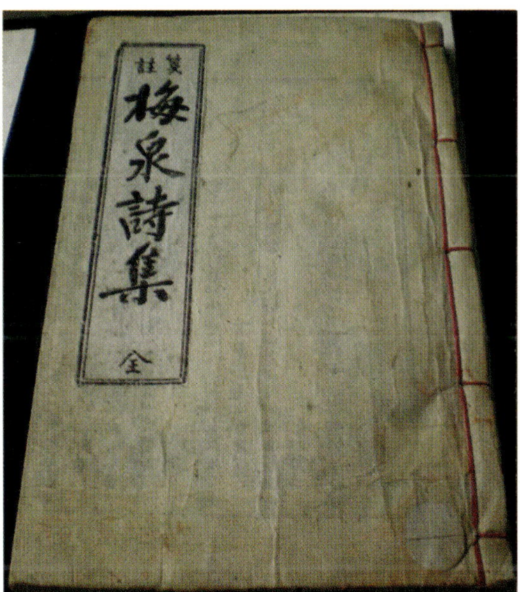

『전주매천시집』(성균관대 존경각 소장)

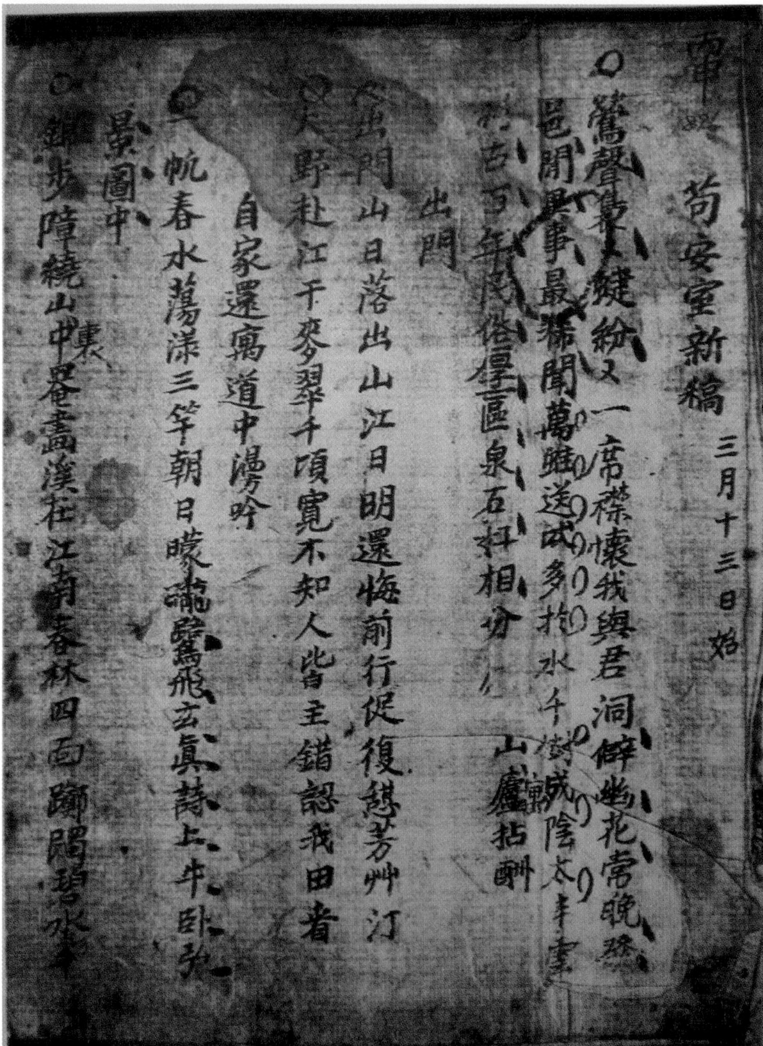
苟安室新稿 三月十三日始

『구안실신고』(순천대박물관 소장)

| 책을 펴내며 |

대학을 나오고, 석사·박사학위를 받고서 지금 시대의 지식인으로 자처했지만, 스스로를 돌아보면 부끄럽기 짝이 없다. 단지 연구를 오래하고 많은 책을 읽었다고 해서 지식인이 되는 건 아닌 것 같다. 적어도 우리나라에서 지식인이라 하면 아는 것과 행실이 일치하는 '지행합일(知行合一)'이 이뤄져야 한다.

100여 년 전 한반도에서 막을 내린 조선은 세계 최고의 유교 이상국가였다. 유교의 본산인 중국보다 더 유교의 가치를 인정하고 온 나라가 적극적으로 지켜나갔다. 이 때문에 조선 유학자들은 인의예지신(仁義禮智信) 다섯 가지 덕목을 학문의 귀결처로 삼고 매진하였다. 그리고 몸소 체득하여 실천함으로써 완성을 이루었다.

조선은 500년간 유교를 국교로 하여 선비를 키웠다. 조선의 지식인이었던 선비는 나라가 위기에 처했을 때마다 자신의 목숨을 아끼지 않고 맨 먼저 일어섰다. 때로는 도끼를 들고 대궐문 앞에서 머리를 찧기도 하고, 때로는 칼을 차고 전선에 나아가 장렬히 전사하기도 하였다. 또는, 유교의 도를 전수하기 위해 은둔하여 제자를 키우기도 하였다. 이들이 대처하는 방법은 제각기 다르지만, 꿋꿋한 선비정신을 그대로 보여주는 점은 동일하다.

모를 수도 있지만, 우리의 몸과 마음에는 수백 년간 내려온 선비정신이 내재되어 있다고 생각한다. 이 책에서 다룬 매천 황현은 조선의 선비로 잘 알려진 인물이다. 그의 시를 통해 숨어있는 선비정신을 찾고자 한다. 시는 시인의 인생을 반추해 볼 수 있기 때문에 시를 깊이 읽다보면 행간에 존재하는 의미가 시인과 독자를 하나로 만들어 준다. 그러면 자연스레 황현의 삶 속으로 들어가 그의 선비정신을 간접 체험하게 될 것이다.

이 책은 필자가 박사과정을 다니면서 지금까지 매천 황현 한시에 대해 연구한 결과물이다. 1부는 박사학위논문을 대폭 수정한 내용이고, 2부는 매천시를 연구하면서 정리한 내용과 이미 발표한 소논문을 수정해서 실었다. 모두 매천 한시를 다룬 공통점이 있어서 함께 편집하였다. 그래서 1부와 2부에서 중복되는 시가 있을 수 있다. 하지만, 주제에 따른 접근 시각이 다르다는 점을 밝혀둔다.

필자는 천학하지만 과분하게도 훌륭하신 선생님들의 많은 가르침을 받았다. 시를 가르쳐 주신 송준호 선생님과 송재소 선생님, 옛글을 대하는 눈을 깨우쳐 주신 임형택 선생님, 공부하는 학자의 자세를 가르쳐주신 김명호 선생님, 그리고 늘 곁에서 지도해주신 이희목 선생님께 거듭 감사의 말씀을 올린다. 이외에도 일일이 거론할 수 없을 정도로 많은 선생님과 선배 · 동학분들께 깊은 감사의 마음을 전한다.

끝으로 필자는 스스로 공부가 부족하다는 것을 잘 알고 있다. 독자 제위께서는 올바르게 질정해주길 바란다.

2018년 9월
배종석

* 출처가 없는 사진은 필자가 직접 찍은 사진이다.

차 례

제2부 의경론과 매천 한시

제1부

서정시에 드러난 지식인의 삶

* 1부의 내용은 박사학위논문인 「매천 한시의 서정적 특징 연구」(2012)를 기반으로 대폭 수정·보완한 것이다.

Ⅰ. 매천 황현에 대하여

1. 우국지사 매천 황현

1910년 8월 3일 조선의 마지막 왕 순종은 일본에게 국권을 넘겨주었다. 전라도 구례에 살던 매천(梅泉) 황현(黃玹, 1855~1910, 이하 '매천')은 이 소식을 듣고 그날 밤 절명시 4수와 유서를 남기고 자결하였다. 그는 평생 벼슬하지 않았기 때문에 나라를 위해 죽어야 할 의리는 없었다. 하지만 조선이 500년 동안 기른 선비[士]의 한 사람으로 스스로 죽음을 선택하였다. 한마디로 그는 '숭고한 죽음'을 맞이한 것이다.[1]

이 때문에 매천의 곁에는 늘 '우국지사(憂國之士)'의 수식어가 따라다녔다. 그리고 매천을 평가할 때 중요한 지표가 되는 것이 사실이다.

---

1 "吾無可死之義. 但國家養士五百年, 國亡之日, 無一人死難者, 寧不痛哉?"(金澤榮, 「黃玹傳」, 『韶濩堂文集定本』 권9, 『文集叢刊』 권347, 341a면). 같은 내용이 『梅泉集』에도 실려있다.(金澤榮, 「本傳」, 黃玹, 『梅泉集』 卷首, 『文集叢刊』 권348, 404a면); 매천의 자결에 대해 '숭고한 죽음'으로 표현한 것은 임형택에 의해 비롯되었다. 그는 숭고한 죽음이 '士로서의 양심을 지키기 위한 것'이라고 하였다(임형택(1984), 301면).

〈사진1〉 매천사에 있는 황현 사진

특히 역사학계에서 매천의 애국사상은 8.15해방 후 우리가 당면한 식민사관의 청산이라는 시대적 과제와 부합하여 크게 주목받기 시작했다. 그 일환으로 민족의 기반을 세우기 위해 사학자들이 맨 처음 정부간행물로 『매천야록』을 편찬해 내기도 했다.[2] 이후 매천은 민족주의 사관을 대표하는 우국지사로 자리매김하였다.

이러한 역사학계의 관점을 문학 연구자들도 간과하지 않았다. 매천 시를 연구하는 경우에는 대부분 그의 사회시를 높이 평가하였고, 주제를 깊이 파고들 때에도 시 속에 드러나는 우국지사의 면모를 밝히는 데 주안점을 두었다. 그 결과 매천은 우국지사이자 애국시인이라는 이미지가 상식화되었다.

하지만, 한 인간이 지닌 다양성은 특정한 측면만으로 평가할 수는 없는 노릇이다. 매천의 경우도 마찬가지이다. 그가 평생 선비를 자처하고, 선비로서 떳떳한 죽음을 맞이한 우국지사인 점은 명백하다. 또한 사회시에 드러난 우국충정의 면모를 볼 때 애국시인이라 불리는 것도 당연하다. 그러나 이러한 면모가 매천의 전부라고는 생각하지 않는다.

2 『매천야록』의 존재여부는 일제강점기에는 후손에 의해 철저히 비밀리에 보관되었으며, 해방 뒤에 그 실체가 드러났다. 1955년에는 국사편찬위원회에서 한국사료총서 제1로 간행되었다.

〈사진2〉 매천사 창의문(彰義門)

2. 서정시의 대가

매천의 시에는 우국충정이 드러난 눈에 띄는 사회시가 있지만, 문예미를 위주로 한 서정시가 대부분을 차지하고 있다. 그럼에도 지금까지는 주로 그의 사회시만 부각되었기에 그가 남긴 상당수의 서정시는 연구 대상에서 거의 배제되다시피 했다. 또한 주제적 측면 위주로 그의 시에 접근하였기에 문예적 측면이 소홀히 다루어져 왔다. 비록 매천시가 애국시로서 지니는 시대적 의의가 충분히 크다 하더라도 이러한 서정시의 문예적 성취를 함께 논하지 않는다면 결국 매천시에 대한 편향적 이해에 그친 것이라 할 수 있다.

매천은 생전에 이미 시에서 일가를 이루었다고 인정받았다. 박문호(朴文鎬)는 매천을, "이건창(李建昌), 김택영(金澤榮)과 신교(神交)를 맺어 이때부터 문장이 크게 진취되어 나라 안에 명성이 자자했다."[3]라고 추억했다. 김택영은 당대의 문학하는 선비로 호남에서는 이기(李沂)와 매천을 꼽았으며,[4] 또 "황현의 시는 매우 맑고 회오리바람처럼 강경하여 본조의 문단 중에 몇 손가락 안에 꼽힌다."[5]라 평하였고, 『매천집』(1911)을 간행할 적에도 시를 위주로 편찬하였다. 이들의 평은 매천의 서정시만 두고 한 말이 아니다. 그렇다고 사회시만 두고 한 말도 아니다. 이 점은 매천의 서정시와 사회시가 구분 없이 모두 높은 평가를 받고 있다는 것을 알게 해준다. 이 때문에 사회시 뿐만 아니라, 서정시 역시 문예적으로 성취를 이룬 것이라 할 수 있다.

그리고 그의 서정시를 보아야 할 또 다른 이유는 우국지사와 애국시인에 가려진 그의 인간적인 면모를 볼 수 있기 때문이다. 매천의 인간적인 면모는 정감을 통해서 가장 솔직하게 드러난다. 그래서 그의 정감이 그대로 드러난 서정시를 살펴보아야 한다. 매천이 은둔생활을 하며 한가롭게 거닐던 일상에서는 어떠한 정서가 드러나고 있는지, 나그네가 되어 낯선 풍경을 접했을 때는 감정이 어떠했는지, 또 보고 싶지만 볼 수 없는 대상에 대한 그리움은 어떻게 나타나고 있는지 등의 인간적인 면모를 알 수 있을 것이다.

---

3 朴文鎬, 「梅泉黃公墓表」, "李 · 金託爲神交, 自是文章大進, 聞于國中."(黃玹, 『梅泉集』 卷首, 『문집총간』 권348, 402c면).

4 金澤榮, 「黃雲卿五十壽序」(1904), "當世文學之人, 於圻得姜古歡 · 李丹農 · 李寧齋, 於湖中得朴壺山 · 李脩堂, 於湖南得李海鶴及雲卿, 極一國之選而僅得此若干人."(『合刊韶濩堂集補遺』 제2권, 『문집총간』 권347, 431a면).

5 金澤榮, 「本傳」, "玹詩清切飄勁, 在本朝藝苑中, 指不多屈."(黃玹, 『梅泉集』 卷首, 『문집총간』 권348, 404c면).

이러한 매천의 인간적인 면모는 지극히 개인적이고 사소한 모습일 수 있지만, 삶의 작은 부분이 하나하나 모여 완전한 매천을 이해할 수 있는 원동력이 될 것이다. 또한 특정한 주제를 지닌 시에 초점을 두지 않고, 매천이 일상에서 지은 시를 분석하는 것은 그의 인간됨을 탐색해 가는 과정이다. 독자는 이 과정을 통해 조선 말기의 선비인 매천의 지식인다운 삶의 자세를 엿볼 수 있을 것이다.

매천의 서정시를 문예적으로 접근하는 이유는 기존의 연구들이 대부분 주제적 측면으로 접근하여 문예적 측면을 간과하거나 소홀히 한 경향이 있기 때문이다. 여기에서 서정시라고 하는 것은 시인이 자신의 정감을 그대로 표현한 것을 말한다. 매천은 특히 서정시에서 대상을 치밀하게 관찰한 뒤 자신의 정감을 투영하여 그 정수를 뽑아내어 표현하였다. 그래서 서정시를 통해 그의 인간적인 면모와 내면세계를 더욱 넓고 다양하게 접할 수 있을 것이다.

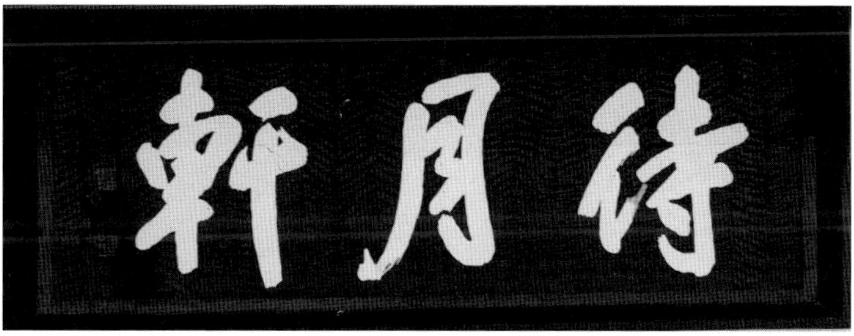

〈사진3〉 매천사 내부의 대월헌 현판

3. 매천 황현 연구사

지금까지 진행된 매천에 관한 연구를 살펴보기로 한다. 지금까지의 연구는 대체로 매천의 숭고한 죽음과 빼어난 시문, 그리고 『매천야록』에 주목한 연구가 주를 이루었다. 선행연구 현황을 시대별로 나타내면 아래와 같다.

〈표1〉 매천관련 연구현황[6]

	1960년대	1970년대	1980년대	1990년대	2000년대	2010년대	합계
단행본	0	0	2	5	1	1	9
박사논문	0	0	1	3	3	2	9
석사논문	0	1	8	6	7	0	22
일반논문	2	6	32	26	31	34	131
기타	0	0	0	1	3	11	15
합계	2	7	43	41	45	48	186

1980년 이후로 연구가 대폭 늘어난 것을 알 수 있다. 이는 80년을 전후해서 『황현전집』과 『매천전집』이 간행되어 자료가 풍부해졌기 때문이다. 이후 단행본과 석·박사 논문은 줄어드는 반면, 일반논문은 꾸준히 증가하고 있고, 특히 기타부분이 많아졌다. 기타는 소설과 멀티미디어로 대중성 있는 내용이 주를 이룬다. 이는 2010년에 들어서면서 그동안 축적된 연구와 매천 문집의 한글화 작업이 완성되어 일반사람들도 쉽게 접근할 수 있게 되었기 때문이다. 한편 연구물을 주제적 측면으로 접근해 보면, 시간이 지나면서 점차 매천의 내면을 바라보는

6 매천 관련 연구 현황에 포함된 선행 연구는 부록에 기록하였다.

양상으로 나아가고 있는 것을 알 수 있다. 이는 매천의 특장은 시에 있고, 그의 시에는 내면의 정감이 고스란히 담겨져 있기 때문이다.

매천의 시를 연구한 기존의 논문은 시론이나 작가론의 범주에 국한하거나, 시를 시인의 현실인식을 탐색하기 위한 자료로 사용하며,[7] 한시가 지닌 서정적인 특징을 제대로 읽어내지 못한 점이 있다. 일반적으로 시는 작가의 진솔한 자기표현이기 때문에 작가의 내면세계가 드러나 있다. 그리고 시인의 내면세계는 매우 복잡하여, 여기에는 시간적인 운용구조와 공간적인 배합구조가 서로 유기적으로 통합되어 있다.[8] 그러므로 시를 이루는 다양한 요소들을 복합적으로 이해해야만 시인의 내면세계, 즉 시의 본질에 더 가깝게 다가갈 수 있는 것이다. 이는 가장 기본적인 원칙으로 본고에서 시를 분석하는 기틀로 삼았다.

4. 다양한 매천문집

매천의 시는 일찍부터 많은 지식인들 사이에서 회자되어 왔다. 그래서 다양한 이본이 있는데, 그중 『매천전집』이 가장 방대하고 대부분의 작품을 포함하고 있다. 매천의 시문집이 간행된 경위를 나타내면 아래의 표와 같다.

---

7 한시를 이와 같이 이해하려는 연구는 시인의 생애와 사상을 통해 시를 접근하거나, 반대로 시를 통해 시인의 현실인식을 파악하는 데 그치고 있다. 그러므로 한시의 문예적 측면은 크게 고려되지 않아서 원래의 시를 자칫 건조한 시로 만들기도 한다. 이에 대해 최근 여러 학자들은 한시를 문예적으로 접근해야한다는 문제를 제기하고 있다(朴性奎(1992); 朴熙秉(1992); 송준호(1999); 심경호(2000); 이종묵(2003).

8 송준호(2006), 5~7면.

〈표2〉 매천집 간행 경위

연도	간행 내용
1911	김택영이 중국 남통(南通)에서 『매천집』 3책을 간행.
1913	김택영이 매천의 산문만을 추가로 모아 『속집』 1책을 간행.
1932	박형득이 『매천집』에서 시만을 모아 『매천시집』 2책을 간행.
1957	김진명이 매천시에 주석을 붙이고 시체별로 분류하여 『전주매천시집』 1책을 간행.
1966	나갑주가 김준식의 발문을 붙여 석판으로 『매천시집』 1책을 간행.
1978	아세아문화사에서 『매천집』과 『매천야록』을 영인해 『황현전집』 2책을 간행.
1983	호남학연구소에서 미간행 작품을 발굴하여 『매천전집』 5책을 간행.(매천의 시문을 가장 많이 수록)
2005	한국고전번역원에서 『문집총간』 제348권 『매천집』을 간행.(김택영이 간행한 『매천집』을 영인한 것임)

김택영이 편찬한 『매천집』과 호남학연구소에서 간행한 『매천전집』에 실린 시를 정리하면 모두 1,109제 2,071수이다. 최근 연구자들은 매천시를 2,500여 수로 보고 있는데,[9] 이는 『매천전집』이 간행되고 난 뒤 새로 발굴된 『구안실신고(苟安室新稿)』를 포함했기 때문이다. 『구안실신고』는 1896년 한 해 동안 지어진 것으로 여기에는 간행본 어디에도 포함되지 않은 185수의 시가 추가로 수록되어 있다.[10] 하지만 『구안실신고』가 매천의 작품인 것은 인정하지만, 아직 문헌을 통한 검증은 이뤄지지 않고 있어서 우선 간행된 시문집에 한해서 통계를 내었다. 통계를 내는 과정에서 문집을 편집하면서 발생한 몇 가지 문제점을 발견할 수 있었다.

---

9 김정환은 『매천시파연구(梅泉詩派硏究)』(2007, 15면)에서 매천시를 대략 2500수로 보고 있다.

10 김정환(2007, 435면); 김진욱(2010, 34면).

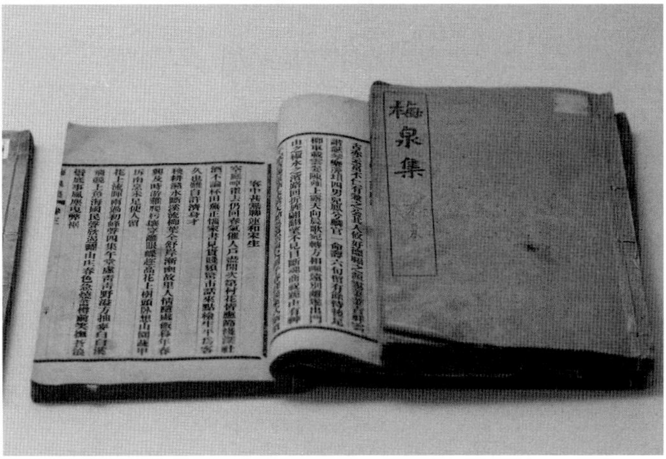

〈사진4〉 초기 간행된 『매천집』(순천대박물관 소장)

『매천전집』은 『본집』, 『후집』, 『속집』으로 이뤄져 있는데, 『본집』은 김택영이 간행한 『매천집』과 순서는 같지만 간혹 차이가 있었고, 『후집』은 총독부 검열본에서 새로 추가된 내용이며, 『속집』은 총독부 검열본 이외의 자료에서 새로 나온 내용이다. 『매천집』과 『본집』은 같아야 되지만 차이가 있고, 나머지 자료들에는 시가 중복되는 경우가 있었다. 몇 가지 사례를 들어본다.

① 「哭威堂申大將軍」(4수)과 「哭金進士鑅」(1수)는 『본집』에는 있는데 『매천집』에는 없고, 반대로 「送李丹農建初還淸州」(1수), 「奇蘆沙先生挽」(1수), 「得寧齋李學士建昌復書以下甲申」(1수), 「辭家」(1수), 「島村春曉以下辛巳」(1수), 「開城兩合村以下庚辰」(1수), 「成均會試見罷作壬午」(1수)는 『매천집』에는 있는데 『본집』에는 없다.

② 「滯雨水德村」은 5율과 7절 각각 1수로 되어 있는데, 『매천집』에는 5율만 있고, 『본집』과 『후집』에는 7절만 있다.

③ 「江華沙谷哭寧齋靈几因留五宿與其仲弟建昇堂弟建芳話舊拈丁卯集韻」과 「隔江望幸州(權元帥破倭處)」는 『매천집』과 『본집』, 『속집』에 똑같이 실려 있다.

④ 「宿稠谷金祥彬書塾」, 「宿峽村」, 「曉行」, 「挽吳蕖潭」는 『매천집』과 『본집』, 『후집』에 똑같이 실려 있다.

⑤ 「哭海鶴」는 『매천집』과 『본집』에 5수가 있고, 『후집』에 1수가 있다.

⑥ 『속집』의 「出東小門」은 『후집』에는 「東出惠化門」으로 되어 있다.

⑦ 「出島路中代說謫居近況寄慰養泉又託轉寄葵園智島謫中」, 「重陽明日出島雲養餞余至糠津旣渡以別路雲初起離亭葉正飛分韻賦五古十章擬呈」, 「村居暮春」, 「次止素亭原韻」, 「避暑修道菴次常建破山寺詩留贈應上人」은 『후집』과 『속집』에 똑같이 실려 있다.

⑧ 「中夏山居卽事」는 『후집』에 4수, 『속집』에 4수가 있는데, 이중 3수는 같고 한 수는 다르다.

⑨ 「讀柳下集連次五律寄季方」는 『후집』에 9수가 있는데, 『속집』 26수에 모두 포함된다.

⑩ 「東咸體次社中諸友」는 『속집』에 3수가 있는데, 『후집』의 28수에 모두 포함된다.

⑪ 「暮春上旬過南原爲張二坡鏞一所邀信宿錦里齋 戊申」는 『후집』에 1수가 있는데, 『속집』 2수에 포함된다.

이처럼 매천의 시문집은 아직까지 정본화과정이 이뤄지지 않고 있다. 새로운 시가 계속 발견되는 이유도 있지만, 매천의 시를 모두 모아 연대별로 편집하지 않았기에 발생하는 문제이다. 따라서 앞으로 매천의 유언대로 '시는 연대로, 문은 주제별로(詩則按年 文則分門)'[11] 분류하여 재편집할 필요가 있다.

---

11 黃瑗, 「先兄梅泉公事行零錄」(黃玹, 『매천집』 卷首, 『문집총간』 권348, 405c면).

5. 매천 한시의 규모

매천의 인간적인 면모를 알아보고 그가 지은 시의 특징을 알아보는 것은 현존하는 그의 시를 통해서 규명하는 작업이다. 아래의 표는 그간 간행된 매천 문집을 바탕으로 시를 형식별로 구분해 본 것이다.

〈표3〉 매천시의 형식별 편수[12]

	5언	7언	4언·6언	합계
절구	27제 140수	197제 563수	3제 12수	227제 715수
율시	147제 268수	544제 869수	1제 4수	692제 1141수
고체시[13]	99제 122수	89제 91수	2제 2수	190제 215수
합계	273제 530수	830제 1523수	6제 18수	1109제 2071수

매천은 총 2071수 중 5언 시 530수, 7언 시 1523수, 그리고 기타 18수를 지었다. 절구와 율시에서는 7언 시가 압도적으로 많은데, 고체시에서는 5언 시(122수)가 7언 시(91수)보다 많다. 고체시에서 5언 시가 많은 이유는 「園植十五咏」(1900) 15수, 「歲暮懷人諸作」(1900) 20수, 「韻海內存知己天涯若比鄰十字寄壽石亭老友」(1900) 10수, 「五哀詩」(1905) 5수 등 연작시를 많이 지었기 때문이다. 특히 고체시 중 인물과 관련된 시가 57수로 절반 가까이 차지하는데, 대부분 죽은 사람을 애도하거나 그리워하는 내용이다.

---

12 위 표를 작성할 때 한 제목에 다른 형식의 시가 있는 경우에는 중복되더라도 각각의 형식에 1제를 두었다. 이 경우 오언율시 16제, 칠언절구 1제, 칠언율시 1제에서 중복이 나타나서 칠언절구 4제, 칠언율시 13제, 칠언고시 1제가 추가되었다.

13 고체시에는 배율 세 수를 포함하였다. 「萬壽聖節, 錦士城主設宴稱慶, 與郡中士庶, 北向祝萬歲, 因取天保詩如松柏之茂無不爾或承十字, 分韻賦各體, 名曰華封帖, 余得之字, 七排賦五十二韻.」(7배), 「宿山寺排律六句」(5배), 「幽居排律十句」(5배)이다.

반면 7언 고체시에는 「上元雜咏」(1906) 10수, 詞의 형식에 따라 지은 「效蘇長公四時詞」와 「效蘭雪齋四時詞」 각각 4수, 「楓嶽紀行」(1880), 「李忠武公龜船歌」(1884), 「種菸謠」(1895), 「老狐行」(1895), 「祭農神辭」(1895), 「桃梗行」(1895), 「嘉俳曲」(1895), 「圓頭歎」(1904), 「雷雨歎」(1908), 「關東冷麪歌」(1880), 「織女怨」 등 ~咏, ~詞, ~歌, ~謠, ~行, ~辭, ~曲, ~歎, ~怨 등의 악부시가 대부분이었다.[14] 이처럼 고체시에서 주제 표출 방식에 따라 5언, 7언으로 구분하여 짓는 특징이 있는데, 이는 매천이 시를 지을 적에 주제에 따라 형식을 구분할 정도로 엄격한 창작태도를 고수하고 있는 점을 알 수 있다.

6. 본론 전개 약술

본론은 매천의 서정시를 크게 세 가지 측면으로 나누어 전개하였다. 이는 전체 시에서 차지하는 비중과 서정적 측면을 드러내기 위한 중요도를 감안하여 분류한 것이다.

2장은 매천의 일생에서 불운한 시기지만, 가장 왕성한 저술활동을 한 구례 만수동에서 지은 작품을 중심으로 다루었다. 그는 이곳에 17년 동안 은거하면서 많은 시를 지었다. 대부분 은둔자의 삶을 주제로 읊었지만, 다른 시기의 시와 차별되는 특징이 있다. 만수동의 한적하고 소박한 일상에서 절개와 의리를 지닌 선비의 청렴한 삶과 그곳에서 독서와 강학을 하면서 인간됨의 깊이를 인식하는 지식인의 면모가 드

---

14 박혜숙(1991), 65~75면.

러난다. 또한 천리에 순응하는 삶을 살면서 계절의 변화를 받아들이며 각각의 계절에 천연히 반응하는 삶의 방식이 드러난다.

3장은 집이라는 제한된 공간에서 벗어나 시각과 사유의 확대를 가져온 여행에서 읊은 시를 다루었다. 매천은 평생 여행을 즐겼기 때문에 기행시가 많이 남아있다. 나그네의 입장에서 낯선 풍경을 대하며 읊은 기행시에서 그의 또 다른 면이 드러난다. 여행은 일반적으로 넓은 세상을 경험하며 그 속에서 자신을 객관적으로 바라볼 수 있게 한다. 특히 여행을 통한 내적 성찰은 매천에게 인(仁)을 완성하는 계기를 마련해 주어 좀 더 다른 시각으로 세상을 바라볼 수 있게 해준다. 여기에서 아름다운 풍경을 대하는 지식인의 면모가 드러난다. 매천은 한반도에 민족주의가 있기 전에 이미 국토에 대한 애착과 자부심을 시에 고스란히 담아내고 있다. 또 각 지방의 고유한 풍속과 특색을 사실적으로 형상한 것은 주체성 있는 우리 민족의 다양한 모습을 기록하여 오래도록 기억하려는 것이었다.

2장과 3장이 개인적인 삶 속에서 지어진 시를 중심으로 했다면, 4장은 공간을 사회로 확장해 보았다. 인간은 어쩔 수 없이 사회의 한 구성원이 되어 살아갈 수밖에 없기 때문이다. 작게는 가족의 일원이 되고, 크게는 나라의 구성원이 되며, 나아가 오랜 역사의 한 사람이 된다. 그는 평생 이러한 관계 속에서 살았기 때문에 남을 생각하며 지은 시에서는 그의 또 다른 일면을 보여주기에 충분하다. 그래서 4장에서는 매천의 인간적인 면모가 대인관계에서 어떻게 나타나고 있는지 주목하였다. 그런데, 대인관계에서 정감은 그리움과 아쉬움을 표출할 때 가장 진솔하고 풍부하게 나타난다. 이 점을 감안하여 상대와 이별할 때나 이별한 뒤에 그리워하면서 떠올릴 때, 그리고 고인을 회고하면서 지은 시를 중심으로 살펴보았다. 상대를 그리워한 시에서는 우국지사나 엄정한 역사가가 아닌 다정다감한 매천의 면모를 볼 수 있다.

본론을 통해 다양한 측면에서 지어진 매천의 서정시를 볼 수 있을 것이다. 그리고 서정시에 담겨 있는 작자의 내면을 접하며 지식인의 삶을 간접 체험할 수 있을 것이다.

한편 '매천은 평범한 경물이나 정서에서도 자기만의 느꺼움을 파헤치고, 그 숨은 것까지 척결하고야 만다'[15]는 정인보의 말처럼 그의 서정시가 평범한 대상을 읊었다고 하더라도 결코 그 문예적 가치를 간과해서는 안 된다. 매천이 시로 읊은 대상은 평범할지 몰라도 그 평범함 속에 그의 정감이 다양하게 표출되어 있고, 그의 삶이 그대로 투영되어 있기 때문이다.

〈사진5〉 황현 생가

15 "梅泉之作, 狀物必剔其血, 寫事必抉其髓, 至造次平庸景光情緒, 在人若無可發意, 而目之所矚, 必破其獨, 筆之所及, 必轢其隱."(鄭寅普 지음, 정양완 옮김, 「復黃石田文書」, 『薝園文錄』 上, 태학사, 2006, 223면).(鄭寅普, 『薝園文錄』, 연세대학교출판부, 1967, 80면).

II. 은둔자의 삶을 노래하다

매천은 광양현 미내면 석현촌(현 광양시 봉강면 석사리 서석)에서 태어났다. 스스로 '탄환'처럼 작은 마을이라고 하며 시골의 비루함을 언급했다. 하지만, 스스로 책과 사람을 통해 견문을 넓혔고, 1878년(24세)부터는 경사에 출입하며 부패와 부조리로 가득한 당시 조정의 실태를 알게 되었다. 특히 1883년 궐정시에서 시골출신이라는 이유로 낙방하자, 조정에 크게 실망하여 벼슬에 대한 미련을 버리게 되었다. 이후 어지러운 세상을 멀리한 채 홀로 고결한 은자의 길을 선택하였다.[1] 1888년 과거시험에 응시해 진사가 된 것은 양친의 권유에 의한 것으로 본인의 의지와는 상관없는 것이었다.[2] 은둔을 하면서도 그의 명성이

1 임형택은 매천의 시골 생활을 '칩거'로 규정하고 있다. 하지만 그는 '매천이 서울을 등지고 농촌에 칩거한 것은 종래 사대부들의 처사적 은둔과 외형상으로 동일한 방식이다.'라고 하여 은둔의 모습도 완전히 배제하지는 않았다.(임형택(2005), 「『매천야록』 해제」, 15면).

2 朴文鎬, 「梅泉黃公墓表」. "遂移居于求禮郡萬壽洞, 有廢擧之意, 以親不許, 黽勉復從事."

알려져 몇 차례 벼슬에 나아갈 기회가 있었지만, 번번이 사양하고 결신의 길을 고수하였다.[3] 그는 은거를 통해 자신이 평소 믿고 지키려했던 선비의 길을 가려고 했던바, 『논어』에 "천하에 도가 있으면 나타나고, 도가 없으면 숨어야 한다"는 공자의 말을 스스로 실천한 것이다.

〈사진6〉 구례군에서 매천 유적지를 복원할 계획을 세우고
간전면 수평리에 세운 표지판

매천이 은둔생활의 터전으로 삼았던 곳은 구례현 간전면 만수동(현 구례군 수평리 상만)이다. 그는 1886년(32세) 이곳으로 이사하면서 은거를 준비하였고, 2년 뒤 과거 급제 후 향리로 돌아온 뒤부터는 본격적으로 은거를 시작하였다. 그는 이곳에서 17년을 거주하며 강학과 독서,

3 이건창은 朴定陽(1841~1904)이 미국에 갈 때와 李惟遠(1833~1901)이 울릉도에 갈 때 매천을 수행원으로 천거한 적이 있다. 이때 매천이 사양하자, 이건창은 "매천은 걸출한 선비다. 문장은 오히려 그다음일 뿐이다."라고 하였다.[黃瑗, 「先兄梅泉公事行零錄」. "朴判書定陽之赴美國, 李大將惟遠之往鬱陵島也, 李寧齋皆以隨員薦公. 公皆謝之曰, 吾不慣爲隨員, 寧齋歎曰, 梅泉傑士也, 文章猶其次."

집필에 전념하였다. 구안실(苟安室)과 일립정(一笠亭)을 축성하여 독서와 강학을 하였고, 시문(詩文)을 비롯하여 『오하기문(梧下記聞)』[4]과 『매천야록』 등 왕성한 집필활동을 하였다.[5] 이처럼 매천이 장년기를 보낸 만수동은 그에게 창작의 산실이 되는 곳이었다.

이 장에서는 매천이 만수동에서 지은 시를 대상으로 은둔자의 정감과 일상에 대해 살펴보았다.

1. 한가로운 정감

만수동은 광양과 구례의 경계에 있는 백운산(白雲山) 줄기의 밥봉 아래에 있다. 그곳은 산간지역이라 인구가 많지 않고 토지도 척박하여 물산이 매우 제한적이었다. 매천은 그동안 준비했던 청운의 꿈을 접고 이곳에서 은거생활을 시작하였다. 그는 도가 실현되지 않은 세상에서 벼슬할 생각이 없었던 것이다. 그리고 그에게는 벼슬보다 더 중요한 것이 있었다.

은거생활은 궁벽한 시골의 일상을 함께 겪어야만 했다. 그곳은 척박한 지역이라 거친 밥과 거친 옷 같은 가난하고 구차한 생활을 피할 수

4 『梧下記聞』은 정확히 언제부터 기술했는지 명확하지 않으나, 1864년부터 1907년까지의 기록물이다. 『동학농민전쟁사료대계』에 1864~1894까지, 전주대 『매천전집』에 1895~1907까지의 기록이 있다. 또한 『오하기문』의 내용 중 일부는 『매천야록』을 저술하는데 사용되기도 했다.(김종익(1995), 5면; 정우봉(1995), 433면; 오종일(1984), 8~9면).

5 매천은 만수동에서 821수의 시를 지었다. 김정환은 『매천시파연구』(15면)에서 매천시 2,500여 수 중에 1,700여 수가 만수동에서 지어졌다고 했다.

없었다. 하지만 그는 그 생활을 싫어하지 않았다. 오히려 그 속에서 한가롭고 아늑한 시골의 정취를 느끼며 자족할 수 있었다. 그의 은거 생활은 절제와 검소가 기본이 되어 이루어졌기 때문이다. 이 절에서는 매천이 만수동 생활을 시작하면서 그의 내면적 변화가 어떻게 전개되어 갔는지 살펴볼 것이다. 이에 창작 시기에 따라 시를 선별하여 그 심상 변화를 살펴보았다.

1 소박한 생활

1886년 매천이 만수동으로 이사한 직후 지은 시이다. 새롭게 경험한 만수동의 소박한 생활을 사실대로 읊었다.

은거생활 속세 멀리 떠난 것을 깨달으니	巖居剩覺去塵遙
솔바람이 듣기 좋아 아침까지 누웠다가	愛聽松風臥達朝
울퉁불퉁 지팡이로 백운산을 소요하니	滿地雲山九折杖
한 줄기의 퉁소소리 밝은 달 뜬 하늘까지	際天雪月一枝簫
길상 바람 부적 써서 문지방 위 붙이고서	桃符寫了自粘壁
버들눈이 뜨게 되면 한가롭게 다릴 건너	柳眼開時閒過橋
동학들의 좋은 옷과 살찐 말을 보게 되니	同學輕肥看已熟
지금부턴 어부 초동 싫어하지 않으리라.[6]	從今誓不厭漁樵

매천이 만수동으로 이사하고 난 뒤 눈이 내렸다. 그 곳은 깊은 산속이라서 눈이 내리면 길이 막혀 아무도 오갈 수 없는 곳이었다. 매천

6 「丙戌臘月八日, 移寓鳳城之萬壽洞, 窮山雪積, 索居有懷.」(1886), 『梅泉集』 권1, 『문집총간』 권348, 415c면.

은 이곳이 아직 낯선데다 눈까지 쌓이자, 문득 고립된 것처럼 외롭고 쓸쓸한 기분이 들었다. 하지만 그는 만수동의 소박하면서 멋스런 풍경과 앞으로의 생활을 떠올리며 새로운 다짐을 하였다.

여기에서 매천이 만수동으로 이사한 이유에 대해 간단히 언급하기로 한다. 매천의 집안은 그의 조부인 황직(黃櫍, 1795~1856) 때부터 석사리(石社里)에 터전을 잡았다.

〈사진7〉 석사리에 있는 매천 묘소

(맨 위에 조부 황직, 좌측에 부친 황시묵, 중앙에 매천, 우측에 아들 황암현)

그곳은 광양으로 가는 길목에 있어서 한눈에 보아도 상당히 좋은 입지조건이었다. 그런데 그곳을 떠나 계족산과 백운산 사이로 나있는 길을 따라 약 30km 떨어진 이곳 만수동 골짜기로 이사한 것은 세 가지 이유가 있었다. 첫째, 가세가 기울었다. 그의 계씨 황원(黃瑗, 1870~1944)이 남긴 기록을 보면 다음과 같다.

> 병술년(1886) 겨울 석현에서 구례군 간전면 만수동으로 이사를 했다. 이때는 가세가 기울어져 소유한 농장이 단지 낙안에 5~6섬지기 있었고, 해장은 가격이 떨어져 기반으로 삼기에 부족했다. 무자년(1888) 큰 가뭄이 일어나 양식을 빌린 부채를 갚으려고 도장(道掌, 差人)인 이 아무개에게 900냥에 팔았다.[7]

둘째, 만수동과 가까운 곳에 있는 오봉산에 매천의 스승인 봉주(鳳洲) 왕사각(王師覺, 1836~1895)이 서당을 열어 후학을 가르치고 있었다.[8] 자식의 학업을 중요하게 생각하는 매천의 가풍으로 봐서 충분히 이사할 이유가 된다. 셋째, 매천 자신의 결정이었다. 그는 3년 전(1883년) 궐정시(闕庭試)에서 시골 사람이라는 이유로 낙방한 적이 있다. 이때 부조리한 조정의 실태와 어지러운 세상에 회의를 느껴 은거를 다짐했었다.[9]

---

7 黃瑗, 「年譜抄」, "丙戌冬, 自石峴, 移于求禮郡之艮田面萬壽洞, 時家力拍落, 所存庄土, 只樂安五六石落 海庄価歇不足爲藉, 戊子大旱, 以貿糧債通賣于道掌, 李某價九百兩."(黃玹, 『梅泉全集』 권3, 호남학연구소, 24면).

8 매천은 어린 시절 왕사각의 문하에서 수학하였는데, 이때 왕사각이 거주하던 곳이 만수동이었다. 그 뒤 왕사각은 오봉산으로 이거하였다.(진동혁(1987), 98면). 또한 매천의 백부인 黃欽默(1825~1854)이 바로 왕사각의 고모부가 되는데, 일찍 작고를 하여 매천의 부친이 형수님과 조카까지 돌보았다. 이 때문에 매천은 어려서부터 백모 댁에 자주 왕래를 했고, 자연스럽게 백모의 조카인 왕사각과 교류를 맺게 된 것이다. 한편, 백모의 시하에 외동 黃壒(1851~1893)의 있었다.(長水黃氏大宗會 編(2000), 91면).

9 매천의 은거에 대해 창강 김택영은 「成均生員黃玹傳」에서 이렇게 보고 있다. "玹自知爲時所阨, 旣得生員, 歸鄕杜門, 旣又移隱于求禮白雲山中, 自號梅泉居士. 當是時, 國家外憂日重而政事日謬, 玹無意進取."(최승효(1985), 33면). 매천이 과거에 합격한 것은 만수동으로 이사한 2년 뒤의 일이지만, 이는 부모님의 권유에 못 이겨 본 것일 뿐이다.

〈사진8〉 만수동으로 향하는 길

그러나 만수동은 몹시 척박한 곳이었다. 이건창은 「구안실기(苟安室記)」에서 만수동을 다음과 같이 묘사하고 있다.

> 매천의 집안은 대대로 남원에서 살았는데, 그에 이르러 자주 이사를 갔다. 남원에서 광양, 광양에서 구례로 갔는데, 구례현은 농지도 적고 척박하였다. 매천이 거처하는 곳에는 백운산이 있는데, 매우 험한 바위와 자갈밭이어서 곡식과 채소의 산출이 겨우 공급될 정도였다. 마을 사람들은 차와 목화가 넉넉하여 시장에서 술과 바꾸고 이외에는 이득이 될 만한 것이 없었다.[10]

만수동은 기름진 농토가 없어 바위산에서 땅을 개간할 정도였으며 곡식과 채소는 겨우 먹고 살 정도에 불과했다. 다만 차와 목화가 넉넉히 생산되어 시장에 내다 팔아 술을 마실 수 있었다. 이러한 정황으로

10 李建昌, 「苟安室記」.“梅泉子世居南原, 至梅泉子而累徙. 自南原而光陽, 自光陽而求禮, 求禮縣寡壤瘠. 梅泉子所居山曰白雲, 尤巉巖犖确, 穀蔬之產, 僅以給. 居人饒茶蕣吉貝, 市以易醝, 餘外無所利.”(『明美堂集』 제11권, 『문집총간』 권349, 161d면).

보아 이곳에서 매천의 삶이 얼마나 고되었는지 상상할 수 있다.

이 시에서 '松風', '雲山', '雪月', '桃符', '柳眼' 등의 시어는 모두 만수동의 생활을 드러내준다. '솔바람[松風]'은 매천의 아침을 깨워주는 상쾌한 존재이다. 그는 만수동으로 이사하고 나서야 비로소 솔바람 소리를 알게 되었다. 이는 속세를 떠난 은자의 생활을 비유해 주기도 한다.

'백운산[雲山]'은 만수동의 주산으로 해발 1200m에 달하는 높은 산이다. 그는 백운산을 보며 높은 기상을 떠올렸다. 그는 이곳에서 울퉁불퉁한 지팡이를 짚고 종종 산길을 거닐었다. 백운산의 이미지와 울퉁불퉁한 지팡이는 어울리지 않지만, 이상과 현실의 차이와 같다고 볼 수 있다. '밝은 달[雪月]'은 만수동에 뜬 달을 가리킨다. 이날 눈 쌓인 만수동의 낯선 풍경에서 뜬 달이라 평소와 달리 유난히 밝게 보였다.

'도부[桃符]'는 복숭아나무로 만든 부적인데, 귀신 쫓는 역할을 한다. 중국에서 유래된 민간의 풍속이다. 매천이 몸소 민간 풍속을 따르는 것은 이제부터 자신도 만수동 사람들과 다름없는 생활을 하겠다는 의지를 표명한 것이다. 그는 봄이 되면 버들눈 핀 냇가를 거닐면서 이곳 생활을 즐길 수 있을 것이라고 기대하기도 하였다. 도부와 대구를 이루는 것은 '버들눈[柳眼]'이다. 봄을 상징하는 시어로 매천에게 만수동의 아름다운 봄 풍경을 상상하게 해준다. 그래서 춥고 쓸쓸한 겨울 분위기를 따뜻한 봄으로 바꿔주는 역할을 하고 있다.

이상의 다섯 가지 시어는 매천이 만수동의 풍경을 관찰하고 그 속에서 정수를 뽑아낸 것이다. 그는 이곳의 특징을 이 시어들을 통해 드러내려고 하였다. 모두 평범한 시골 모습이지만, 그는 그 풍경을 세밀하게 관찰한 끝에 그 맥을 짚어서 이 시어들을 끄집어낸 것이다. 이 때문에 독자들은 이 시를 통해 만수동이 어떤 곳인지 쉽게 짐작할 수 있다.

한편 매천은 만수동을 아름답게 표현했다. 만수동은 실상 풍요롭지 않은 공간이지만, 그의 시에서는 아늑하고 편안한 시골 모습을 상상하게 만든다. 매천이 정수로 뽑아낸 시어들에 자신의 정감을 투영하여 아늑한 공간으로 순화시켜 그려냈기 때문이다. 즉 자득의 고아한 경지를 이뤄낸 것이다.

매천은 만수동으로 이사하면서 그동안 품어왔던 벼슬에 대한 청운의 꿈을 모두 버렸다. 그에게는 벼슬보다 더 중요한 자신의 삶이 있었기 때문이다. 마지막 구에서 어부와 나무꾼을 싫어하지 않겠다는 것은 하늘로부터 부여받은 천부적인 삶을 살고 있다는 것에 초점이 있다. 매천은 도가 실행되지 않는 조정에 서는 것보다 하늘로부터 부여받은 참다운 삶을 선택한 것이다. 만수동으로 이사하고 처음으로 지은 이 시에서 매천이 나타내려고 한 것이 바로 여기에 있다.

2 봄의 일상

만수동의 은거생활이 익숙해졌을 무렵에 지은 시이다. 늦봄의 만수동 정경과 매천의 일상생활이 꾸밈없이 그려지고 있다.

봄 저물자 산 계곡물 이끼처럼 짙푸른데	溪潭春暮水如苔
아직까지 바위틈엔 꽃 다 피질 않았으니	猶有岩花未盡開
소는 풀내음만 맡고 되려 뜯어 먹진 않고	牛嗅草香還不齕
꾀꼬리는 빽빽한 숲 찾아 자주 날아드네	鶯尋樹密卽頻來
이웃 편지 상머리에 두고 답장 대신 쓰고	鄰書答借床頭局
산나물은 가양주 잔 기울일 때 요긴하지	山菜佐傾家釀盃
학문 비록 농사 밖의 일이 아니라고 해도	學問縱非耕牧外
옛 사람과 같은 재주 얻기 정말 어렵구나.[11]	最難得似古人才

는 이 두 증상을 완화하는 데 복분자가 좋은 효과를 발휘한다고 하여[17] 수고를 잊고 손수 복분자를 따러왔다.

〈사진9〉 매천이 쓰던 안경과 안경집(순천대박물관 소장)

산간의 기후가 제각각이어서 이 골짝은 맑은데, 저 골짝에는 흰 구름이 끼어 있었다. 매천은 당시의 풍경을 나타내기 위해 주변을 둘러보다가 멀리 산골짝의 모습을 유심히 바라보게 되었다. 그리하여 두 골짝이 다른 모습을 하고 있는 것을 깨닫고는 한 여름의 경치로 읊었

16 黃瑗, 「追錄補遺」, "眼方正短視, 右眼又短, 闔左只辨晝夜. 自二十五六歲, 常着眼鏡(近視鏡)."(黃玹, 『梅泉全集』 권3, 호남학연구소, 41면). 같은 책에, "눈은 근시인데, 오른쪽은 더욱 나빴다. 25~6세부터 항상 안경을 꼈다.[眼短視, 而右眼尤拗. 自二十五六, 常着眼鏡.]"라는 기록도 보인다.(黃瑗, 「骨狀」, 黃玹, 『梅泉全集』 권3, 호남학연구소, 55면).

17 '복분자는 肝腎을 강화하고 精을 보충하며 시력을 아주 좋게 하고 尿量을 줄인다.'(한의학대사전편찬위원회 편(2001), 546면). 그런데, "오행으로 보면 肝은 木으로 官은 目이 되고, 腎은 水로 육부에서 방광에 해당된다."(상해중의학원 편 · 오원교 역(2002), 35면).

다. 시선은 먼 곳에서 가까운 곳으로 이동하여 골짝에서 등라 넝쿨에 맺힌 이슬 그림자까지 이어졌다. 자연에서 흔히 볼 수 있는 특별할 것 없는 주변 풍경이지만, 그 현장을 유심히 관찰하여 특징을 생생하게 드러내고 있다.

이어서 나뭇잎 사이로 햇살이 들어오는 곳에 벌들이 날아다니는 모습을 읊었다. 매천은 꽃과 벌의 생태를 치밀하게 관찰하였다. 그래서 꽃은 햇볕을 받아야 피고, 벌은 꽃을 찾아 난다는 자연의 이치를 시에 담아내었다. 이 구는 평범한 풍경에서 정수를 뽑아냈다.

산벌들의 소리 속에 갑자기 복분자 향기가 짙게 풍겨왔다. 산에는 숲이 우거져 시야보다 향기가 멀리까지 퍼지기 때문이다. 이 또한 복분자를 찾는 과정을 후각을 통해 간결하게 응축하여 보여주고 있다.

이 시에서 매천은 시각과 청각, 후각을 이용하여 주변풍경의 특징을 읊었다. 색, 소리, 맛 등의 다양한 감각이 어우러져 시를 감상하면서 직접 그곳에 있는 것 같은 착각이 들 정도로 입체적이다. 이 때문에 시의 분위기도 기쁘고 흥겨운 느낌을 일으키며 평범한 풍경에서 스스로 만들어 낸 고상한 의경이 구현되었다.

또한 복분자를 따고 있는 매천의 모습을 상상하면 이제 만수동 생활에 익숙해져 소박한 삶이지만 그곳의 홍취를 만끽하고 있음을 볼 수 있다.

5 농번기의 일상

농번기 때 읊은 시이다. 낮에 경험한 일을 밤 풍경을 보면서 회상하였다.

사람소리 잦아들자 달이 마을 비춰들고　人喧初息月臨村
냇물소리 높은 곳의 하늘 너먼 어둑한데　衆澗聲高空外昏
풀벌레들 떼로 날아 맑은 하늘 이어지고　林豸森飛連霽色
정원사는 한데 자며 나무뿌릴 베개 삼네　園丁露宿枕橫根
호미질이 끝난 밭은 품삯 준비해야지만　山田鋤了須防雇
가지고 온 사주(社酒)에는 아직 술통 남았으니　社酒持來剩在樽
뽕밭·삼밭 얘긴 이제 실컷 해서 지루하고　滿說桑麻亦無味
지금부터 만날 때는 다른 얘기 나눠보세.[18]　從今相見待他言

매천은 김매기로 바쁜 농가의 일과를 경험하고 이 시를 읊었다. 밤이 되어 밖에서 일하던 사람들이 모두 집으로 들어가자, 자연의 빛과 소리가 매천의 감각을 자극하였다. 시끄러운 사람들의 소리가 사라진 뒤에 달빛이 비치고 냇물 소리가 들려왔다. 낮과는 대조적인 밤의 풍경이다. 매천은 이때의 특징을 '달빛[月]'과 '냇물소리[澗聲]'에서 찾아내어 자신의 정감을 투영하여 나타내었다. 그래서 이 두 시어는 매천의 감정을 차분하게 정리해주는 역할을 하였다. 또한 달빛과 냇물은 한적한 정경을 그려내는 존재로 시의 서두에서 전체적인 분위기를 끌어내고 있다.

이어서 사람들이 떠난 들판의 정경을 형상화했다. 여기에서 '풀벌레

---

18 「夜坐」(1895), 『梅泉集』 권1, 『문집총간』 권348, 424면.

[林豸]'와 '정원사[園丁]'는 한적한 들판 풍경의 특징을 보여주는 대상이다. 특히 정원사가 풀벌레와 대구를 이루며 자연의 일부처럼 그려지고 있다. 아울러 태평스레 자고 있는 정원사의 모습을 통해 농번기의 망중한도 그려내고 있다. 이러한 풍경은 마치 그림 속의 한 장면과도 같아 아름답고 평화로운 만수동의 모습을 상상하게 한다.

하지만 이내 매천은 바쁜 농번기를 맞아 자신이 해야 할 일을 떠올리게 되었다. 인부에게 품삯도 주고, 음식도 대접해야 한다. 이 해는 매천이 양친의 상례를 모두 마치고 집안의 가장이 되어 모든 일을 주관하고 있었다. 그런데 어려운 형편에 품삯과 음식 대접을 준비하기란 쉽지 않았다. 이런 매천의 고민을 그나마 덜어주는 것이 사주(社酒)[19]였다. 매천에게 농사일 역시 적지 않은 걱정을 안겨주고 있었던 것이다. 결국 그는 다른 화제를 생각하며 근심을 덜어보고자 했다.

이 시는 전반부에서는 감정의 개입을 자제하며 당시 풍경의 특징을 짚어내어 그림처럼 읊다가, 후반부에서는 그 속에서 생계를 꾸려가는 일에 관여해야만 하는 자신의 괴로운 심경을 드러내고 있다. 만수동의 한가로운 풍경도 농번기에는 그를 근심하게 만들고 있었다. 그렇지만 그 가운데 망중한을 잃지 않고 있는 모습을 보여 주어 만수동 생활을 그런대로 만족하고 있다는 것을 알 수 있다.

---

19 『禮記』, 「明堂位」. "옛날에는 봄철에 밭갈이를 하기 전(입춘 후 다섯 번째 戊日이다) 토지신께 제사를 지내어 풍성한 수확을 기도했는데, 이것을 春社라고 하였다."시의 사주는 이 제사 때 쓴 술을 말한다.

6 가난한 집의 일상

앞의 시와 같은 시기에 쓴 시를 한 수 더 살펴보기로 한다. 자신의 집을 소재로 읊은 시이다. 가난한 집안 형편에서도 넉넉한 마음을 간직한 매천의 모습이 드러난다.

우리 집에 오동나무 자라고 있어	有此梧桐樹
마을에서 우리 집만 서늘할 텐데	村中我屋凉
좋은 산에 매미 또한 일찍이 울고	好山蟬亦早
장마 비에 제비는 뭐 그리 바쁜지	積雨鷰何忙
농번기라 시끄러운 말소리 끊기고	農亟騷訛斷
집 가난해 죽 쑤어 마신지 오랜데	家貧飮啜長
거닐면서 보리이삭 주워 모으면	循除掃漂麥
하루 두 번 닭 모이엔 충분하구나.[20]	日再給鷄糧

매천은 집 주변을 거닐면서 눈에 보이는 다양한 모습을 시에 담아내었다. 오동나무는 햇볕을 좋아해서 따뜻한 곳에 잘 자라는데, 잎이 넓고 무성하여 그 아래에는 시원한 그늘이 만들어진다. 그는 오동나무를 통해 자기 집의 특징을 드러내고, 그 그늘에서 한 여름을 시원하게 보내고 있는 자신의 모습을 함께 읊었다.

시에는 청각과 시각을 중심으로 주변 풍경을 읊고 있다. '매미[蟬]'와 '제비[鷰]'는 여름을 드러내는 소재인데, '早'와 '忙'이라는 수식어를 통해 여름 중에서도 농번기에 해당되는 초여름임을 나타내고 있다. 매미소리가 일찍이라는 것은 이제 막 매미가 나온 것을 의미하고, 제비

20 「我屋」(1895), 『梅泉全集』 권1, 호남학연구소, 525면.

가 바쁘다는 것은 둥지에 있는 새끼를 먹이려 사냥하기 때문이다. 이때 농촌은 모내기를 비롯하여 한창 바쁜 시기이다. 매천은 농번기의 풍경을 관찰하다가 매미와 제비의 특징을 짚어내었는데, 이 시기의 특징을 잘 보여주는 정수로 뽑아내었다. 거기에 자신의 정감을 자연스럽게 투영하고, 다양한 감각을 활용하여 초여름의 자연 풍경을 입체적으로 형상화하였다. 이렇게 전반부는 대체로 한가롭고 평화로운 모습을 읊었다.

하지만, 후반부에서 인사를 읊을 때에는 시의 분위기가 사뭇 달라진다. 매천은 당시 만수동의 구안실(苟安室)에서 강학했기 때문에 그의 집에는 매일 드나드는 사람들의 말소리가 끊이지 않았다. 그런데 농번기를 맞아 사람들이 대부분 일하러 갔기 때문에 주변이 조용해졌다. 사람들의 말소리를 '騷訛'라 표현하고 조용해진 상황을 '斷'으로 표현한 것을 보면, 어쩌면 매천은 이런 시간을 기다려 왔는지도 모른다. 한편, 적막해진 집은 가난해져 겨우 죽만 쑤어 먹고 있다. 보리수확을 마친 시기인데도 불구하고 죽을 쑤어 먹는 가난은 그의 마음을 공허하게 만들고 있다.

그러나 주변을 거닐면서 땅에 떨어진 보리 이삭을 발견하고는 스스로 위로하였다. 비록 자신은 죽을 쑤어 먹고 있지만, 이삭을 주워 닭의 모이를 줄 수 있게 된 걸 기뻐하며 가난 속에도 넉넉한 마음을 잃지 않고 있는 것이다.

이처럼 이 시에는 초여름 만수동의 풍경과 생활이 사실적으로 그려져 있다. 그리고 그 속에 살고 있는 매천은 가난 속에서도 마음만은 언제나 편안했다.

7 자족한 삶의 일상

매천은 힘든 가난을 극복한 뒤에 만수동의 자족한 생활을 즐겼다.

산골살인 천륜 따른 즐거움이 제일 크니	山居最有天倫樂
자제들은 시 지으면 나에게 와 평 바라네	子弟詩成就我評
글자 배운 생각하니 어제 일만 같은데	憶受字書如昨日
아이들이 선생이라 호칭하니 부끄럽네	愧聞年少喚先生
봄 과수원 접붙인 과일 장마 지나 생기 나고	春園接果經霖活
새벽 밭에 뜯은 채소 이슬 함께 익어가네	晨圃挑蔬帶露烹
세가 적고 일 가벼워 아무 일도 없으니	稅薄徭輕無一事
풍진세상 이런 태평시절 보기 어렵겠지.[21]	風塵難得此昇平

이 시는 1897년 지은 것이다. 만수동에 산 지 10년이 넘은 때였는데, 긍정적인 삶의 태도로 일상을 보내는 모습이 잘 나타난다. 매천은 만수동의 가장 큰 즐거움으로 가족을 꼽았다. 이를 '천륜의 즐거움[天倫樂]'이라고 표현하고 있는 바, 이백의 「춘야연도리원서(春夜宴桃李園序)」의 "복사꽃과 오얏꽃 핀 아름다운 정원에 모여 천륜의 즐거운 놀이를 벌이네.[會桃李之芳園, 序天倫之樂事.]"라고 한 부분에서 뜻을 취하여 가족의 즐거움을 말하였다. 또한 『맹자』가 말한 '君子三樂'[22]을 두고 한 말이기도 하다. 매천은 자신에게 이 세 가지 즐거움이 모

---

21 「次放翁韻」二十四首中三首(1897), 『梅泉集』 권2, 『문집총간』 권348, 436면. 이 시는 陸游의 「獨學」을 차운한 것이다. 원시는 다음과 같다. "師友彫零身白首 杜門獨學就誰評 秋風棄扇知安命 小炷留燈悟養生 踵息無聲酣午枕 舌根忘味美晨烹 少年妄起功名念 豈信身閒心太平(黃庭經閒暇無事心太平)"(『劍南詩藁』 제1권).

22 『맹자』, 「眞心上」, 〈20장〉(사고전서 전자판). "父母俱存, 兄弟無故, 一樂也. 仰不愧於天, 俯不怍於人, 二樂也. 得天下英才而教育之, 三樂也."

두 있다고 여겼기에, 만수동에서 내면의 풍요로움과 행복을 누릴 수 있었다. 그에게 부귀영화는 처음부터 관심 밖이었고, 만수동의 가난 역시 자신이 즐거움을 누리는 데 큰 장애가 되지는 못했다.

〈사진10〉『매천야록』(순천대박물관 소장)

'자제[子弟]'와 '아이들[年少]'과 함께하는 모습은 군자삼락 중에서 강학의 즐거움에 해당한다. 하지만, 아이들은 자신을 '선생'이라 부르는데, 그 호칭이 자신에게 걸맞는 지 생각하며 부끄러워하였다. '봄 과수원[春園]'과 '새벽 밭[晨圃]'은 만수동의 생활현장을 나타낸다. 매천은 장마 끝난 과수원에서 잘 익어가는 과일을 보고, 새벽 밭에서 뜯은 채소에 이슬이 젖은 모습을 보면서 풍요로운 생활이라며 자족하였다. 게다가 이곳은 세금 적고, 노역 가벼운 태평시절과 다르지 않다고 말하고 있다. 가난을 견뎌낸 매천에게 만수동의 생활은 태평시절을 만난 것처럼 풍요롭게 여겨졌다.

하지만, 실상 이때는 역사적으로 동학농민운동과 의병활동, 갑오개혁(1894), 을미사변(1895), 단발령(1896) 등 국내의 상황이 매우 혼란한 시기였다. 매천은 이러한 사건을 『매천야록』에 빠짐없이 기록하고 있었다. 그런데도 한편으로는 위와 같은 시를 짓고 있어 당시 상황과는 상반된 분위기가 느껴진다. 어쩌면 그는 시를 통해 현실을 벗어나고 싶은 욕구가 있었을지도 모른다. 만수동에 은거하며 물질적으로는 가난했지만, 세금이 적고 요역도 가벼워 외부의 압박을 상대적으로 덜 받을 수 있었다. 이로써 '풍진세상'의 혼란스런 상황에 휩쓸리지 않고 마음의 평안을 얻을 수 있었으니, 만수동에서 보내는 생활을 태평시절에 비유한 것이다.

8 내 사는 곳이 무릉도원

매천은 만수동을 무릉도원에까지 비유하였다. 도가의 무릉도원은 유가에서는 인(仁)을 이룰 수 있는 공간으로 매천에게는 만수동이 그런 곳이었다.

무릉도원 깊은 곳에 바위 문이 열렸는데	桃源深處石門開
산과 숲을 꾸려감에 시초점이 형통하니	經濟山林筮大來
감귤 천 그루는 가을 창고 가득 채우겠고	橘柚千頭秋滿廩
파초 세 잎의 빗소리는 술잔을 울리듯 하리	芭蕉三葉雨鳴盃
청운의 꿈 깨고 나니 문장실력 더 낫지만	青雲夢斷文章進
단약의 공 더디기만 세월만이 빨리 가니	丹藥功遲歲月催
나 역시도 첨엔 출세 잊은 사람 아니어서	我亦初非忘世者
십년동안 나그네로 풍진세상 다녔었지.[23]	十年爲客走風埃

무릉도원으로 통하는 문이 열려 마침내 산 속 생활을 하게 되었는

23 「和善吾課韻」十三首中六首(1898), 『梅泉集』 권2, 『문집총간』 권348, 441c면.

데, 점괘까지 좋게 나왔다. 천 그루의 귤과 유자나무는 가을이면 풍성한 수확을 가져다 줄 것이고,[24] 파초 잎에 내리는 빗소리는 마치 술잔을 울리는 듯 운치가 있다. 벼슬할 생각을 버리고 나니 문장은 점점 완숙되어 가는데, 단약의 공은 이룰 수 없고 세월만 재촉하고 있다. 돌이켜보면 자신 역시 벼슬해서 출세할 생각이 없었던 것은 아니지만, 모두 부질없는 과거일 뿐이다. 매천은 자신의 내면에 있는 이상적인 세계를 이 시를 통해 현실세계에 대입하여 읊고 있다.

여기에서 '도원[桃源]'은 무릉도원을 말하는데,[25] 만수동을 가리키고 있다. 매천은 자신이 은거하고 있는 곳을 이상적인 공간으로 여겼다. 더구나 점괘에서 '양(陽)이 온다[大來]'고 하였으니 더할 나위가 없다. '양이 온다'는 것은 『주역』 「태괘」에서, "小[陰]가 가고 大[陽]가 오니 길하여 형통하다.[小往大來, 吉, 亨.]"라고 한 것에서 '大來'를 말한다. 만수동의 생활이 순조롭게 잘 풀릴 것을 예측한 말이다.

'감귤[橘柚]'과 '파초[芭蕉]'는 각각 삶과 풍류를 나타내고 있다. 이 두 가지는 매천의 은거생활에서 먹거리와 볼거리를 제공한다. 무릉도원은 이 두 가지가 충족되는 곳인데, 만수동이 바로 넉넉한 음식과 풍류가 있는 곳이라고 하였다.

---

24 "『荊州記』에 吳나라 丹陽太守 李衡이 武陵 龍陽 泛洲에 甘橘 천 그루를 심었는데, 임종 때에 자식들에게 말하길, '고향에 천 그루의 나무종이 있으니, 해마다 명주 천 필은 얻을 수 있을 것이다.'라 하였다.[『荊州記』, 吳丹陽太守李衡, 於武陵龍陽泛洲, 種甘橘千株, 臨死, 勅其子曰, '吾洲裏千頭木奴, 歲可得絹千匹.']"(杜甫 著, 仇兆鰲 注, 『杜詩詳注』 제19권, 中華書局, 2007, 1666면).

25 東晉 太元 연간에 武陵의 한 어부가 고기를 잡으러 갔다가 길을 잃고, 복사꽃을 발견하고는 그 길을 따라 올라갔다. 길이 끝나는 곳에서 동굴을 지나자 절경이 펼쳐졌는데, 그곳에는 대략 600년 전 秦나라 난리를 피해 들어온 사람들의 후손이 살고 있었다. 그들은 바깥세상과 단절된 생활을 하였지만, 배불리 먹으며 행복한 나날을 보내고 있었다는 내용이다.(陶潛, 『陶淵明集』 제5권, 「桃花源記」, 사고전서 전자판)

‘청운[靑雲]’과 ‘단약[丹藥]’은 세속적 야망과 은거생활을 비유한 말이다. 매천은 과거를 포기하면서 청운에 대한 미련을 버렸다. 이때부터 그는 평소 원하는 공부를 하여 문장실력이 나날이 진전되었다. 하지만 은거생활에서 공을 달성하기란 매우 어려운 일이었다. 여기에서 단약의 공은 도가에서 말하는 최고의 경지로 유가의 인(仁)을 비유한 표현이다. 그래서 인은 도가에서 단약을 완성하는 것만큼이나 느리고 힘들다는 것을 말하였다.

매천은 만수동을 무릉도원에 비유하였는데, 자신이 은거할 곳이어서 그렇게 읊은 것은 아니다. 무릉도원은 도가에서 말하는 이상향이다. 경련에서 단약의 공을 말한 것은 이러한 도가와 연관되는 것으로 인을 완성하는 장소라는 의미를 지닌다. 매천이 도가 실행되지 않는 세상을 버리고 은거한 것은 절의의 실천이었다. 절의의 궁극 목적은 바람직한 삶에 있고, 그것은 곧 유가에서 인을 완성하는 것이다.[26] 즉 매천은 유가의 최고 덕목인 인을 완성하기 위해 노력했는데, 만수동이 가장 좋은 공간이었던 것이다.

9 소결

이 절에서는 매천이 은거를 위해 선택한 만수동에서 그의 심상이 어떻게 변화되었는지 살펴보았다. 처음 이곳으로 이사한 날부터 무릉도원으로 비유한 날까지 연대 순서로 시를 살펴보았다. 그가 만수동 생활을 처음 시작했을 때는 주변 풍경에 애착을 가지고 하나하나 읊으며

26 이동환(2001), 48~49면 참조.

앞으로 나아가는 모습이 드러났다. 하지만, 4년이 지났을 무렵에는 평온한 주변 풍경을 그림 그리듯 아름답게 읊으면서 학문과 농사를 병행하기 어려운 심정을 드러냈다. 그리고 장맛비를 겪고 난 뒤 읊은 시에서는 이미 자신의 일상에서 농사일이 큰 비중을 두고 있는 것을 알 수 있었다.

그리고 다시 5년 뒤, 매천은 손수 복분자를 따러 산골짝으로 가기도 하고, 일꾼들에게 품삯 줄 것도 걱정하는 등 만수동의 농촌 생활에 익숙해져 있었다. 하지만 농촌생활에 익숙해질수록 생계와 가난을 걱정해야 하는 상황이 그리 편안하지마는 않았다. 그럼에도 그는 다시 초심을 돌이켜 넉넉한 마음만은 잃지 않으려 했다.

2년 뒤, 만수동에 이사 온 지 딱 10년 째 되는 해였다. 그는 만수동에서 가난한 삶을 오래도록 견뎌왔기에 더 이상 가난이 그를 힘들게 할 수 없었다. 그는 이제 이곳만큼 좋은 곳이 없다고 자부하게 되었다. 그래서 태평시절이라고 표현하였고, 결국에는 만수동을 무릉도원에 비유하며 이상적인 공간으로 여기며 인을 완성하는 곳으로 삼았다.

매천은 만수동에 은거를 시작하면서 이곳 생활에 애착을 가졌지만, 가난한 삶은 그를 힘들게 하였다. 하지만 그는 근검절약하는 선비다운 면모를 몸소 실천하면서 마음속의 넉넉함을 잃지 않으려 했다. 결국 가난은 이러한 매천의 꿋꿋한 지조에 아무런 영향을 주지 못했다. 오히려 만수동의 가난은 선비가 숭검(崇儉)을 실천하여 인을 이루는 계기가 되어 무릉도원에 비유되기까지 했다. 이처럼 만수동 시기는 매천이 가난을 극복하고 자신의 지조를 지켜내는 내면 성찰의 기간이 되었다.

2. 은둔지사의 일상

매천이 벼슬을 포기하고 은거할 수 있었던 이유 중의 하나는 학문을 좋아해서이다. 그는 서책을 지나치게 좋아하여 농토를 팔아서 구입하기까지 했고, 항상 책을 다 읽지 못한 것을 한스럽게 여겼다. 그리고 좋은 책이 있다는 말을 들으면 비록 수백 리가 된다 해도 반드시 가서 빌려왔으며, 빌려온 책이 혹 해진 곳이 있으면 보수해서 돌려주었다고 한다.[27] 그는 역사에 기재된 치란성쇠(治亂盛衰)의 자취로부터 병(兵)·형(刑)·전(錢)·곡(穀)의 제도뿐만 아니라, 서양의 이용후생(利用厚生)에도 마음을 두어 연구했다.[28] 또한 후학을 가르치는 것에도 소홀히 하지 않았다.[29] 후학에게 시를 가르치기 위해 『집련(集聯)』과 『고시선(古詩選)』 등 시문을 편집하여 교재를 만들기도 했다.[30] 매천이 만수동에서 독서와 강학을 했다는 것은 현재 남아 있는 그의 저서와 문인들의 활동에서 잘 드러난다.[31] 이 절에서는 매천이 만수동에 은거하면서 지은 시 중에 독서와 강학에 관련된 시를 중심으로 은둔지사의 일상을 살펴보도록 하겠다.

---

27 黃瑗, 「先兄梅泉公事行零錄」, "於書有至癖, 至賣田以購, 常以書未盡讀爲恨. 聞有好書, 雖數百里, 必借致之, 遇有弊者, 補以還之."(黃玹, 『梅泉集』 卷首, 『문집총간』 권348, 407a면).

28 金澤榮, 「本傳」, "講學者, 遊好考觀歷代史籍, 所載治亂盛衰之跡. 以及兵刑錢穀之制, 亦嘗留心於泰西利用厚生之術, 思有以救時之艱焉." (黃玹, 『梅泉集』 卷首, 『문집총간』 권348, 404b면).

29 朴文鎬, 「梅泉黃公墓表」, "壬辰, 遭外艱. 翌年, 遭內艱. 旣免喪, 猶絶迹城市, 名其室曰苟安, 以教育後進爲事." (黃玹, 『梅泉集』 卷首, 『문집총간』 권348, 402d면).

30 오종일, 「해제」, 黃玹, 『梅泉全集』 권1, 호남학연구소, 1984, 7면.

31 김정환은 매천의 문인들의 활동에 대해 밝혔다. 그는 매천의 문인을 50명 정도로 파악하고 있다. (김정환(2007), 23~24면).

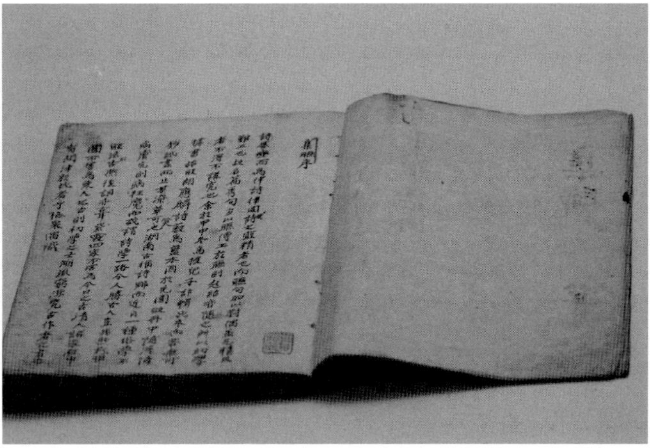

〈사진11〉 『집련』(순천대박물관 소장)

매천은 만수동 생활이 익숙해 졌을 무렵 구안실을 축조하기에 이른다. 「구안실기(苟安室記)」를 보면, 자제들을 가르치기 위한 목적이라고 기록하였다.[32] 일반적으로 선비가 은거할 때 강학이나 민생문제에 관심을 갖는 건 당연한 일이다. 박지원(1737~1805)은 일찍이 "선비의 출사나 은거는 그 뜻이 한가지이다. 은거한다 하여 민생 문제에 뜻을 두지 않는다면 승려일 따름이요, 출사한다 하여 산수 자연에 관심을 갖지 않는다면 노예일 따름이다."[33]라고 하였는데, 매천 역시 이와 같은 생각을 지니고 구안실 축성에 심혈을 기울였다.

구안실의 '구안(苟安)'은 매천이 만수동에 살면서 늘 지니던 마음가짐이었다.

---

32 "及寓壽洞也, 地僻鮮過從, 兒子日長, 亦患受課無所."(「苟安室記」(1891), 『梅泉集』 권6, 『문집총간』 권348, 500a면).

33 朴趾源, 「海印寺唱酬詩序」, "士之出處一也. 處而不志乎生民休戚, 則髡緇而已矣, 出而無涉於楓菊巖泉, 則徒隸而已矣."(『燕巖集』 제1권, 『문집총간』 권252, 016c면).(신호열·김명호 옮김, 『연암집』 상, 돌베개, 2007, 48면).

> 좁고 비루한 것을 모두 잊고 충분히 편안했기 때문에 '구안'이라고 방을 써서 붙였다. 규모와 구조는 비록 변변찮으나 그런대로 나에게는 편안했다. 공자가 말하기를, "군자는 거처할 때 편안하길 바라지 않는다."라고 하였다. 그런대로 갖추어지고, 그런대로 아름다운 것은 위(衛)나라 공자 형(荊)이 가정생활 잘하는 것에 걸맞다. 갖추어지고 아름다우면 변변찮지 않은 것이 틀림없다. 그런데도 변변찮다고 한 것은 이렇게 해야 갖추어지고 아름다운 것을 보전할 수 있기 때문이다.[34]

인용문의 내용처럼 '구안'은 '비록 변변찮으나 그런대로 나에게는 편안했다'는 의미에서 취했다. 변변찮다고 해야 갖추어지고 아름다운 것을 보전할 수 있기 때문이다. 즉 외물에 마음을 뺏기지 않아야 자신의 욕구가 쉽게 충족됨을 말하였다. 매천은 이러한 의도에서 '구안'이라 이름 짓고, 평소의 마음가짐으로 삼으려했다.

그는 1902년 김윤식(金允植, 1835~1922)을 만나러 가서도 자신의 이러한 뜻을 드러내었다.[35] 이 해는 매천이 만수동에서 월곡으로 이사한 해이기 때문에, 그의 초지일관(初志一貫)한 면모를 보여준다. 김윤식이 매천의 부탁을 받고 지은 「구안실기」의 일부를 살펴보겠다.

---

34 "殆忘其窄陋, 而有足可以安之者, 故榜之曰苟安. 以其規制雖苟而於余安也. 孔子曰, '君子居無求安.' 而以苟完苟美, 稱衛荊之善居室. 夫完且美則其不苟也審矣. 然猶以爲苟, 是能保其完且美者也."(「苟安室記」(1891), 『梅泉集』 권6, 『문집총간』 권348, 500a면).

35 매천이 운양을 만나러 간 것은 김택영이 쓴 「黃玹傳」에 "其於生平所好者之遷謫死喪, 徒步走千里, 存吊者爲多. 讀書遇忠臣志士困阨痛寃之事, 未嘗不汪然泣下."라 하여 충절이 있는 인물로 판단했기 때문이다. 당시 운양은 민비사건으로 인해 제주도에 유배되었다가, 7년 뒤 智島 屯谷으로 옮겨졌을 때이다. 매천은 월곡으로 11월 29일 이사하였는데, 운양을 방문했던 것은 이 직전의 일이다. 때문에 운양이 지은 「구안실기」는 매천의 만수동 생활이 끝나갈 무렵이었다. 따라서 이 글은 만수동 생활의 마지막은 어떠했는지 알 수 있게 해준다.

내[김윤식]가 말하였다.

"…중략… 무릇 사지가 안일하고 심지가 게으른 것은 당장에 편한 것만 하려는 못난 장부가 하는 짓이오. 지금 그대는 훌륭한 재주를 지니고서 나이가 채 50도 되지 않았소. 그런데 작은 성취에 안주하여 숲 속에 마음과 뜻을 펴두고 일신을 그런대로 편안히 하면서 남과 함께 근심하지 않으니, 고인들이 각고면려한 뜻과는 멀리 떨어져 있는 게 아니오?"

매천은 아연실색하고 웃으며 말하였다.

"선생님의 말씀은 곧 제가 전에 진취할 때의 일입니다. 지금 저는 그렇지 않습니다. 공자께서 일찍이 말씀하시길, '부귀가 추구해서 되는 일이라면 비록 채찍을 잡는 천한일이라도 내가 할 것이지만, 추구해서 될 일이 아니라면 내가 좋아하는 일을 하겠다.'라고 하셨습니다. 그리고 공자께서 좋아하신 것은 '거친 밥을 먹고 물을 마시며 팔베개를 하고 누워 지내는 것'이라고 말씀하지 않았습니까? 제가 일찍이 반복해서 생각해보니, 부귀는 진실로 도모할 수 없고, 빈천은 또한 진실로 면할 수 없습니다. 참으로 얻어서 근심할 필요가 없는 것은 오직 이곳의 샘과 돌 뿐이니, 몇 칸의 띠 집과 책상 위 몇 권의 책, 창 아래 탁주 한 단지, 나무토막 담은 화로를 두고서 토원(兎園)의 책자를 강론하고, 농부나 시골 늙은이들과 더불어 농상(農桑)과 대추, 밤을 함께 담론할 뿐입니다. 이렇게 세상을 보내는 것이 변변찮다면 변변찮을 것입니다만, 마음은 매우 편안합니다. 만일 변변찮지 않게 하려 한다면 반드시 매우 불안해질 것입니다. 선생님께서 한번 생각해 보십시오. 파도치는 푸른 바다에 사방을 둘러보아도 끝없이 아득한데, 제가 어디에서 몸을 편안히 할 수 있겠습니까?"[36]

---

36 "余曰, '…中略… 夫使四肢安逸, 心志窳惰者, 姑息賤丈夫之所爲也. 今君抱瑰瑋之才, 年未五十. 而安於小成, 肆情適志於林壑之間, 苟安其身而不與人同憂, 無乃與古人刻厲之意相遠乎?' 梅泉啞然笑曰, '子之所言, 乃吾昔日進取時事也. 今吾則不然. 夫子嘗云, 「富貴如可求, 雖執鞭之士, 吾亦爲之, 如不可求, 從吾所好.」 其所好者, 非所謂疏食飮水曲肱而枕者乎? 吾嘗反覆思之, 富貴旣不可苟圖, 貧賤亦不可苟免. 所可苟得而

김윤식은 매천에게 벼슬에 나아가 큰 뜻 이루기를 권하였다. 하지만 매천은 부귀는 하늘에 달려 있다는 공자의 말을 인용하여 자신 이 좋아하는 일을 하며 살겠다는 의지를 나타냈다. 그에게 만수동 생활은 변변치 않았지만, 그런대로 마음만은 편안할 수 있었기 때문이다. 이 글이 만수동 시기의 마지막 해에 지어진 것을 감안하면 매천이 만수동에서 구안을 늘 마음속에 간직하고 살았다는 것을 알 수 있다. 즉 구안은 매천의 만수동 생활을 대변해 준다고 해도 과언이 아니다. 그렇다면 구안실의 일상은 넓은 의미에서 곧 만수동의 일상이면서 은거생활의 가장 핵심이 되는 측면이라고 할 수 있다.

1 구안실 완성

만수동으로 이사한 지 4년 만에 구안실을 완성하고 기쁜 마음을 읊은 시이다. 여기에서 구안실이 독서와 강학을 위한 중요한 공간인 것을 알 수 있다.

구안실이 완성되자 마음 절로 여유롭고	卽看堂成意欲閒
아이들의 붓글씨에 얼굴 활짝 피게 되며	兒曹弄墨爲開顔
시내 깊이 다시 드니 꽃이 골짝 이어졌고	溪深更入花連洞
술이 깨어 노래하니 달빛 산에 가득한데	酒醒高歌月滿山
두 이랑의 뙈기밭은 부질없는 망상이고	甕筭蹉跎田二頃
천여 칸의 집은 내게 상관없는 기우이니	杞憂迂闊厦千間

無患者, 惟彼一區泉石, 數間茅屋, 床上數卷書, 窓下濁酒一甕, 擁榾柮爐, 講兎園冊子, 與田夫野老, 共談農桑棗栗而已. 以此送世, 苟則苟矣, 於心甚安. 如欲不苟則必有甚不安者存焉. 子試觀之, 滄海橫流, 四顧茫茫, 吾將何處安其身乎?"(「苟安室記」, 『雲養集』 제10권, 『문집총간』 권328, 419b면).

그대에게 나물 씹는 즐거움을 알게 하면　　　　請君認取咬根好
이는 바로 우리들이 부귀의 꿈 깬 곳이네.[37]　　　　此是吾人夢覺關

구안실은 매천의 마음을 여유롭게 하고 기쁘게 해주었다. 이제부터 독서와 강학을 할 수 있는 공간이 생겼기 때문이다. 매천은 절의의 표현으로 은거를 선택했지만, 독서와 강학을 할 공간이 없었다. 독서와 강학은 매천이 벼슬을 버리고 유일하게 할 수 있는 일이기 때문이다.[38] 그래서 구안실은 매천에게 절실했고, 당의 완성은 그를 매우 기쁘게 하였다.

〈사진12〉 현재 구례군에서 구안실을 복원하려고 계획하고 있다

37 「苟安室始成」(二首)(1890), 『梅泉集』 권1, 『문집총간』 권348, 418b면.

38 『논어』에서 학문을 좋아하는 자만이 나라에 도가 없을 때 떠날 수 있다고 하였다. "篤信好學, 守死善道. 危邦不入, 亂邦不居. 天下有道則見, 無道則隱.(朱子註-此, 惟篤信好學,, 守死善道者, 能之). 邦有道, 貧且賤焉, 恥也, 邦無道, 富且貴焉, 恥也."(『論語』 「泰伯」 13장).

매천의 기쁜 마음은 주변 풍경으로 퍼져나갔다. 깊은 골짝에는 꽃이 활짝 피었고, 산에는 달빛이 가득 비추고 있었다. '花連洞'과 '月滿山'은 매천의 흥겨운 마음을 드러낸 것이다. 그는 주변 풍경을 보고 자신의 기쁜 마음을 표현할 대상을 끄집어내었다. 그래서 꽃과 달의 모습을 끌어와 자기의 정감을 투영하였다. 자신의 감정을 표현하기 위해 주변 풍경에서 정수를 뽑아낸 매천의 심미안이 돋보이는 대목이다.

매천은 자신의 기쁨을 고사를 통해서도 나타내었다. 여기에 나오는 고사는 각각 '~있으면'이라는 가정아래에 이뤄져 있다. 두 이랑의 밭[39]이 있다면 자신의 생계를 도모할 수 있다고 한 것과 천여 칸의 집[40]이 있다면 남의 가난을 도와줄 수 있다고 한 것인데, '부질없는 망상[甕筭]'[41]과 '기우[杞憂]'로 모두 허상을 의미한다. 그는 상상 속에 아무리 좋은 것이 있다고 해도 그것은 허상일 뿐이라고 읊으며 지금 뚜렷한 실체가 있는 구안실을 보며 더욱 만족해하였다.

---

39 두 이랑의 밭[田二頃] : 전국 시대 유세객인 蘇秦이 合縱策을 주장하며 燕·齊·楚·趙·魏·韓 등 6국의 제후를 설득하여 縱約長이 된 뒤에 고향에 돌아와서 "만약 나에게 낙양성 교외의 땅 두 마지기만 있었다면, 내가 어떻게 여섯 나라 정승의 인을 꿰찰 수 있었겠는가?[且使我有洛陽負郭田二頃, 吾豈能佩六國相印乎?]"라고 하였다.(『史記』 제69권, 「蘇秦列傳」) 여기에서는 생계를 유지할 수 있는 농지로 안정된 수입을 말하고 있다.

40 천 칸의 집[厦千間] : 杜甫의 시 중에 「茅屋爲秋風所破歌」에 "어떻게 천만 칸의 넓은 집을 구하여 천하의 가난한 선비들을 크게 비호해 함께 즐거운 얼굴을 할 수 있을까?[安得廣厦千萬間, 大庇天下寒士俱歡顔?]"라고 나온다.(杜甫, 『杜詩詳注』 제2책, 중화서국, 2007, 832면). 이 구절은 자신의 괴로움으로 인하여 남의 가난함을 염려하는 의미로 쓰이지만, 여기에서는 자신의 가난도 해결하지 못하면서 남의 가난을 걱정하는 것으로 우활한 처세를 말하고 있다.

41 옹기장수가 부질없는 망상을 하다가 옹기를 깨뜨린 고사이다. "世傳小話, 有一貧士, 家惟一甕, 夜則守之以寢. 一夕, 心自惟念, '苟得富貴, 當以錢若干營田宅, 若干蓄聲妓, 而高車大蓋無不備置.' 往來于懷, 不覺歡適起舞, 遂踏破甕."(施元之 原註, 『施註蘇詩』 제38권, 사고전서 전자판)

이제 매천은 나물 씹어 먹는 가난한 만수동 생활에도 즐거움을 찾을 수 있게 되었다. 그는 이곳에서 부질없는 부귀영화의 꿈을 깨고, 독서와 강학을 하며 진정 자신이 원하는 삶을 살 수 있을 것으로 여겼다. 이처럼 구안실의 완성은 매천이 생각하는 완벽한 은거생활을 이뤄주는 역할을 하였다.

2 정자 건립

구안실이 완성되고 5년 뒤에 더위를 피할 목적으로 일립정(一笠亭)을 건립하였다. 일립정은 매천의 은거생활에 생기를 띠게 해줬다.

동산 속의 푸른 대숲 많이 베어 넘겨놓고	斫倒山園萬竹青
평상 자리 앉았으니 청량함이 넘치는데	坐來牀簣瀉淸泠
십 년 동안 원숭이·학과 놀던 왕관곡이	十年猿鶴王官谷
하루아침 띠풀 지붕 택승정을 이루었네	一日茅茨擇勝亭
시냇가의 푸른 안개 올라 옷이 젖어들고	衣潤不知溪翠上
시상 말라 나무 그늘 찾아가서 머무는데	詩枯偏就樹陰停
그대에게 청하노니 장강 화법 배워 익혀	請君學得長康筆
강호 명사 모인 곳을 그릴 준비 하시게나.[42]	準備江湖繪聚星

42 「亭成之五日, 泰卿携其侄士彬見訪. 遂與諸友, 分韻. '海內此亭古, 濟南名士多.' 得亭字」(1895), 『梅泉集』 권1, 『문집총간』 권348, 425c면.

정자가 완성되었다는 소식을 듣고, 윤종균(尹鍾均)[43]이 그의 조카를 데리고 방문하였다. 그래서 매천은 여러 벗들을 불러 두보의 시 '세상에는 이 정자가 예스럽고, 제수(濟水) 남쪽에는 인재들이 많구나[海內此亭古, 濟南名士多.]'[44]에서 운자를 나누어 시를 지었다.

장마철에 구안실이 너무 덥고 습해서 정자를 새로 지었는데, 완성되고 보니 지붕모양이 삿갓과 같았다. 그래서 '일립정'이라 이름 하였다.[45] 일립정은 대나무를 잘라 평상을 만들었기 때문에 시원하여 장마철에도 청량함 속에서 독서와 강학을 할 수 있었다. 게다가 십년 동안 봐온 승경지에 자리를 잡아서 경치도 좋았다.

여기에서 '원숭이와 학[猿鶴]'은 이곳이 깊은 산중에 있는 은자의 처소인 것을 의미하고, '왕관곡[王官谷]'은 당나라 사공도(司空圖)가 어지러운 세상을 피해 은거했던 골짜기[46]로 만수동을 비유한 것이다. 즉 두 시어 모두 은자가 사는 곳임을 나타내는 말로, 이를 통해 자신의 은거를 밝혔다.

'택승정[擇勝亭]'은 일립정이 소박한 구조물이라는 것을 비유한 말이

---

43 尹鍾均(1861~1941)은 字가 泰卿, 號가 酉堂, 본관은 海南이다. 순천에 살면서 매천에게 시를 배웠다. 하지만 6살밖에 차이가 나지 않아 매천은 항상 그를 벗으로 대했다. 그의 문집인 『酉堂詩集』의 서문에 梅泉, 兼山(白樂倫), 小川(王師瓚)과 서로 창수하였다고 나오며, 평생 수만 수의 시를 지었다고 한다. 이외 그에 대한 자세한 내용은 기존 연구에서 이미 밝힌 바 있다.(김정환(2007), 28~32면).

44 杜甫, 「陪李北海宴歷下亭」, 『杜詩詳注』(사고전서 전자판). "東藩駐皂蓋, 北渚淩淸河. 海右(一作內)此亭古, 濟南名士多. 雲山已發興, 玉佩仍當歌. 脩竹不受暑, 交流空湧波. 蘊眞愜所遇, 落日將如何. 貴賤俱物役, 從公難重過."

45 "暑潦室不敞, 塾中諸人皆苦之. 乃搆一間茅茨于室之東, 不突而床. 屋極如撮髻, 榜之曰一笠亭."(「一笠亭銘」, 『梅泉集』 권7, 『문집총간』 권348, 512a면).

46 사공도는 中條山 王官谷으로 들어가 休休亭을 짓고 은거하였다.(『唐書』 제194권)

다. 원래 택승정은 소식(蘇軾)이 여음(汝陰)의 수재(守宰)로 있을 때 휘장만 사용하여 만든 정자를 말한다. 어디든지 가고 싶은 곳이 있으면 그곳에다 정자를 바로 설치할 수 있기 때문에 장소가 일정하지 않다고 하여 소식이 이렇게 이름을 지었다고 한다.[47] 매천은 이 고사를 끌어와 일립정을 택승정에 비유함으로써 은자의 처소에 세워진 소박한 구조물이라는 점을 드러내었다.

매천은 일립정에서 벗들과 시 짓기를 즐겼는데, 계곡의 습기가 올라와 옷이 젖는 줄도 모르도록 몰두하였다. 그러다 시상이 말라 나무 그늘로 옮겨갔다. 그곳에서 일립정을 바라보니, 문득 진식(陳寔)이 자질들을 이끌고 순숙(荀淑) 부자를 찾아갔을 때 하늘에 덕성이 모이는 천문 현상이 일어난 고사가 떠올랐다.[48] 그래서 윤종균에게 동진(東晋)의 화가 장강(長康, 顧愷之)같은 화법을 배워서 지금의 이 아름다운 풍경을 그려 오래도록 기억하자고 하였다.

일립정은 그동안 구안실에서 느끼지 못했던 청량함과 풍광이 있었다. 이 때문에 시 짓기에도 좋았다. 비록 일립정이 택승정같이 소박한 정자지만, 매천에게는 그야말로 '그런대로 편안한[苟安]' 곳이었다. 은거생활에 구안실과 일립정이 갖춰짐으로써 이제 매천에게 만수동은 독서와 강학뿐 아니라, 시를 짓는 풍류를 겸하는 공간이 될 수 있었다.

---

47 蘇轍, 「潁州擇勝亭詩」, 『欒城集』(사고전서 전자판). "子瞻, 爲汝陰守, 以幄爲亭, 欲往卽設, 不常其處, 名之曰, 擇勝."

48 陳寔과 荀淑의 고사는 『世說新語』, 「德行」 6장에 있다.

3 벗과의 교유

구안실에 벗이 찾아왔다. 매천은 먼 곳에서 찾아온 벗을 반갑게 맞이하고 밤늦게까지 얘기를 나누었다.

만 겹의 푸른 산을 하루 종일 걷는 길을	萬疊青山盡日程
약속 지켜 그대 오니 보고 되레 놀랐는데	君來有約見還驚
사람 따라 자리 좁아 등잔불을 벽에 걸고	座隨人隘燈因掛
일 년 같이 밤이 기나 달은 이미 기울었네	夜抵年長月已傾
늙을수록 세상일들 이젠 듣는 것도 싫고	老去厭聞當世事
궁한 삶이 옛 현인의 심정 조금 알게 하니	窮居粗識昔賢情
찬 날씨라 싸락눈이 문을 씻는 듯하는데	天寒霰雪門如洗
비록 먼진 없다지만 맑은 날을 못 참겠네.[49]	縱是無塵不耐淸

윤종균은 산길을 하루 종일 걸어서 매천이 있는 곳까지 찾아왔다. 전에 미리 약속을 했었지만, 만 겹의 푸른 산을 지나야 하는 힘든 여정인 걸 알기에 그리 기대하지 않았던 만남이었다. 여기에서 '만 겹의 푸른 산[萬疊青山]'은 매천과 윤종균의 거리가 굉장히 멀다는 것을 강조하여 나타낸 말이다. 하지만, 윤종균은 먼 거리를 마다않고 와 주었다.

매천은 먼 길을 온 윤종균을 위해 바닥에 있는 등잔을 벽에 걸어 자리를 마련했다. '사람 따라 자리 좁다[座隨人隘]'는 것은 방에 앉을 자리가 좁다는 뜻이지만, 둘 사이가 매우 가깝다는 의미로 볼 수도 있다. 모처럼 만나 시간가는 줄 모르게 얘길 나누다보니 어느덧 달도 기울어 밤이 이슥해졌다.

여기에서 '일 년 같이 밤이 길다[夜抵年長]'에 주목할 필요가 있다.

---

49 「西堂見訪」三首中一首(1896), 『梅泉集』 권2, 『문집총간』 권348, 434b면).

육유(陸游)의 시에, "고을이 매우 작아서 참으로 할 일도 없는데, 하루가 일 년처럼 길어 쉬이 가지도 않는구나.[州如斗大眞無事, 日抵年長未易消.]"[50]라고 하였는데, 여기에서는 하룻밤이 일 년처럼 길어서 지루하다는 의미로 사용되었다. 그러나 매천이 일 년같이 밤이 길다고 한 것은 윤종균과의 시간이 매우 소중하여 일 년처럼 길게 늘이고 싶은 마음에서 나온 표현이다 그러므로 '달은 이미 기울었다[月已傾]'는 말에는 함께 할 시간이 얼마 남지 않은 것에 대한 안타까운 심정이 담겨 있다. 은둔 선비가 벗을 대하는 이러한 모습에서 참되고 진실한 우정의 일면을 볼 수 있다.

이어서 매천은 윤종균에게 자신의 심경을 토로하고 있다. 그는 시간이 지날수록 세상과 점점 어긋나고 있는 자신을 발견하였다. 만수동에서 은거를 결심하고 때를 기다려 봤지만, 세상은 좀처럼 바뀌려하지 않았다. 결국 자신이 품은 뜻을 실현하지 못할 것을 깨달았다. 그의 궁핍한 생활은 이제 옛 현인의 심정을 이해할 수 있을 정도였다. 맹자는 "군자의 본성은 비록 크게 뜻을 펴더라도 더해지지 않고, 비록 궁핍하게 살더라도 줄어들지 않으니 그 분수가 정해져 있기 때문이다."[51]고 했다. 매천은 이 말을 떠올리며 지금의 궁핍한 생활을 자신의 분수로 받아들이고 옛 현인의 뜻을 추구하고자 하였다.

마지막 연에서는 날씨로 상황과 심정을 마무리하였다. 이 시를 지을 때가 음력 10월이라[52] 밖은 자못 추워 '싸락눈[霰雪]'이 흩날렸다. 싸락

---

50 "臺省諸公日造朝, 放慵別駕媿逍遙. 州如斗大眞無事, 日抵年長未易消. 午坐焚香常寂寂, 晨興署字亦寥寥. 時平更喜戈船靜, 閒看城邊帶雨潮."(陸游, 「逍遙」, 『劍南詩稿』 제1권, 사고전서 전자판)

51 "君子所性, 雖大行不加焉, 雖窮居不損焉, 分定故也."(『孟子』, 「盡心」 上).

52 이 시의 둘째 수의 수련 출구에서 "抱膝窮山歲又陽"라고 '陽月'을 말하여 저작시기가

눈은 빗방울이 갑자기 찬바람을 만나면 생긴다. 이 눈이 날리면 마치 문을 씻는 것 같은 소리가 난다. 맑은 날을 못 견디겠다고 한 것은 날이 맑으면 윤종균이 돌아가서 서로 헤어져야 하기 때문에 안타까움에서 나온 말이다.[53]

이 시는 만수동에 윤종균이 찾아 와 오랜만에 밤늦게까지 얘기를 나누며 자신의 심경을 토로한 내용이다. 매천은 절의의 실천으로 만수동에 들어와 세상과는 갈수록 어긋나고 생활은 갈수록 곤궁해져 갔다. 이러지도 저러지도 못하는 상황이지만, 다시 옛 현인의 말을 떠올리며 초심을 지켜나가려고 하였다. 이때 벗은 매천에게 세상사와 처세, 시문 등을 토론할 수 있는 유일한 상대이다. 그는 자신의 은거생활의 고뇌를 벗에게 토로하고 다시 마음을 다잡는 계기로 삼았다. 하지만, 생활고에서 오는 그의 고뇌는 몇 년간 더 이어졌다.

4 세상과 어긋남

만수동의 은거생활에서 오는 근심을 읊었다. 매천은 만수동에 은거한 지 10년이 지난 시점에서 자신의 삶을 돌아보며 근심스런 마음을 시로 나타내었다.

음력 10월인 것을 알게 해준다.(「酉堂見訪」(1896) 2首, 『梅泉集』 권2, 『문집총간』 권348, 434b면).

53 여기에서 매천이 견디기 힘들다는 것은 무엇 때문인지 명확하지 않다. 이 시의 두 번째 수에서 "웃으며 문 밖의 조세 독촉하는 아전을 맞이한다[笑迎門外催租吏]"라고 했는데, 맑은 날 아전이 세금 걷으러 와서 견디기 힘들다는 건지, 날씨가 추워서 견디기 힘들다는 건지, 매천의 심사가 어두운데 먼지도 없이 맑아서 자신과 맞지 않아 견디기 어려운 건지, 아니면 날씨가 맑아지면 윤종균이 떠날 것이라 생각해서 인지 명확하지 않다. 다만 먼지 있는 것보다도 더 싫은 것만은 틀림없다. 여기에서는 마지막의 경우로 해석하였다.

뜰 앞 담장 아래 길에 흔적 이미 희미하고	庭前墻下徑痕微
한가로이 거닐면서 매일 사립 안 나갔네	日日閒行不出扉
나무 심은 지 십 년에 몸은 이미 늙었지만	種樹十年身已老
천 권 책을 대하나니 집에서는 빛이 나네	擁書千卷屋生輝
하얀 돌로 벼슬 구한 노래 또한 늦어졌고	白石要人謳亦晩
누른 기장 세상 구경 꿈이 되레 안꿔지네	黃粱玩世夢還非
취하고도 오늘밤엔 달을 볼 수 없겠으니	醉來無藉今宵月
오동잎에 저녁 비가 부슬 오게 두자구나.[54]	一任梧桐暮雨霏

매천이 문인인 이병호(李炳浩, 1870~1943)[55]와 함께 같은 운자를 두고 지은 시이다. 매천은 고독한 은거생활을 담장 아래 희미한 길이라는 주변풍경을 통해 드러내었다. '길[徑]'은 자신과 외부를 이어주는 역할을 하는데, 길이 희미하다는 것은 외부와 접촉이 거의 없는 것을 나타낸다. 다시 말해 찾아오는 사람도 없고, 자신도 사립문 밖을 나가지 않는다는 것을 나타낸다.

이러한 은거는 10년 동안 이어졌고 그 사이 학문의 길을 부지런히 걸어서 천여 권의 책을 보았다. 위나라의 처사 이밀(李謐)은, "장부가 1만권의 책이 있으면 되지, 어찌 세상에서 남면하겠는가?"[56]라고 하였는데, 그 역시 이와 같은 생각을 하였다. 십 년이 흘러 문득 늙어버린 자신을 깨달았을 때 한스러울지도 모르지만, 그 사이 읽은 책을 통해

---

54 「同善吾作」九首中二首(1898), 『梅泉集』 권3, 『문집총간』 권348, 444면.

55 李炳浩(1870~1943)의 字는 善吾이고, 號는 白村이며, 본관은 전주이다. 구례 용방면 두동에 살았다. 매천의 문인 중에 매천과 가장 많은 시를 화운하였지만, 그의 문집은 유실된 상태이다.(김정환(2007), 40~44면 참고) 이병호는 鳳城吟社에서 활동을 하였고, 『鳳城詩稿』(국립중앙도서관 소장)를 편집하고, 서문(1937년 作)을 썼다.

56 "丈夫擁書萬卷, 何假南面百城."(「李謐傳」, 『魏書』 제90권, 사고전서 전자판).

빛이 느껴질 만큼 충족감이 있었다. 여기에서 은거하며 독서로 일상의 대부분을 보낸 지식인의 면모를 볼 수 있다.

매천은 은거 생활에서 늘어난 책을 보며 만족하였다. 하지만 그의 마음속에는 벼슬과 세상사에 관한 생각이 전혀 없지는 않았다. 그래서 은거 생활의 가난과 세상에 대한 마음속 고뇌가 다시 세상으로 눈을 돌릴 수 있다는 가정을 하게 한다. 하지만, 스스로 '하얀 돌[白石]'과 '누른 기장[黃粱]'의 고사를 떠올리며 마음을 고친다.

하얀 돌은 위나라 영척(甯戚)이 제환공에게 벼슬을 구하려고 부른 노래에 나온다.[57] 영척은 자신을 눈에 띄는 하얀 돌에 비유하여 벼슬을 구하였다. 그러나 매천에게는 영척이 하얀 돌을 읊으며 벼슬을 구하던 시기도 이미 지나가고 말았다. 더 이상 자신과 벼슬은 아무런 관련이 없다고 인정하였다.

'누른 기장'은 당나라 심기제(沈旣濟)가 지은 전기소설에 노생이 꿈속에서 온갖 부귀영화를 누리다가 깨고 나서 허탈함을 깨닫는 고사이다.[58] 매천은 누른 기장의 고사를 인용하여 노생이 꿨던 꿈이 비록 허

---

57 "남산은 깨끗하고, 하얀 돌은 빛나는구나. 태어나서 선양하던 요순시대를 못 만나, 짧은 베 홑옷은 겨우 정강이만 가릴 뿐이네. 새벽부터 한밤중까지 소를 먹이자니, 긴 밤이 지루한데 언제나 아침이 올까?[甯戚者, 衛人也. 欲干齊桓公, 窮困無以自進. 於是爲商旅, 將任車以至齊. 暮宿於郭門之外, 公郊迎客, 夜開門辟任車, 爝火甚盛, 從者甚衆, 戚飯牛居車下, 望公而悲擊牛角疾歌. 歌曰, '南山矸, 白石爛. 生不逢堯與舜禪, 短布單衣適至骭. 從昏飯牛薄夜半, 長夜漫漫何時旦?']"(「甯戚」, 『尙史』 제36권, 사고전서 전자판).

58 "開元七年, 道士呂翁者, 得神仙術, 行邯鄲. 道中息邸舍, 隱囊而坐. 俄見少年, 盧生衣短褐乘靑駒, 亦止邸中, 與翁言笑盧生顧其衣裝敝褻, 乃歎曰, 大丈夫生世, 不諧困如是也. 翁曰, 子談諧方適而歎其困何也. 生曰, 吾嘗志于學, 自惟靑紫可拾, 今已過壯, 猶勤畎畝非困, 而何言訖而目昏思寐. 時主人, 方蒸黍, 翁乃探囊中枕以授之曰, '子枕吾枕, 當令子榮適如志.' …中略… 盧生, 欠伸而寤, 見其身, 方偃於邸舍, 呂翁坐其傍, 主人蒸黍未熟, 生蹶然而興曰, '豈其夢寐也耶?' 翁謂生曰, '人世之適亦如是矣.'"(「枕中記」, 『古今事文類聚』 후집 제21권, 사고전서 전자판).

무하지만 꿈에서라도 세상에서 놀아보고 싶은 상상을 하였다. 하지만 자신의 뜻대로 그런 꿈을 꿀 수도 없었다.

매천은 세상과 이미 어긋난 자신의 현실을 인정하며 울적한 마음을 술로 달랠 뿐이었다. 그는 술 취한 자신을 달래줄 대상으로 달을 찾아보았다. 여기에서 '달[月]'은 관습적으로 외로운 사람의 마음을 알아주는 유일한 친구로 많이 표현되기 때문이다.[59] 하지만 이날은 날씨마저 흐려서 그는 오동잎에 떨어지는 빗소리를 기대해 보기로 하였다.

'오동잎[梧桐]'은 잎이 넓어 비가 내리면 빗소리를 바로 들을 수 있다. 그는 적막한 밤 오동잎에 떨어지는 빗소리를 들으며 적적한 마음을 달래보려던 것이었다. 오동은 매천이 제재로 삼아 그 덕을 읊기도 할 정도로[60] 친숙하게 여긴 나무이다. 또한 민간에서는 딸을 낳으면 오동나무를 심기 때문에 매천은 시집간 첫째 딸을 생각하고 있었을지도 모르겠다.[61]

이처럼 이 시는 은거를 하면서 벼슬에 대해 점점 멀어져가는 자신을 돌아보며 한평생 마음속의 뜻을 펴보지 못한 우울한 심정을 드러내었다. 하지만 자신을 달래줄 만수동의 풍경이 있어서 스스로 위안을 삼았다.

---

59 鄭夢周가 李存吾를 그리며 지은 시에, "봄바람에 괴로이 이 장사를 생각하며, 남루에서 배회하니 해가 지려 하는구나. 聖命을 받을 날이 응당 머지않으리니, 석탄 위의 밝은 달을 자랑하지 말아라.[春風苦憶李長沙 徙倚南樓日欲斜 宣室承恩應未遠 石灘明月不須誇]"라는 시가 있는데, 당시에 이존오가 명월을 벗 삼아 석탄에서 은둔하고 있었기 때문이다. 달은 은둔자의 친구로 여겨졌다.(鄭夢周, 「寄李正言」, 『圃隱先生文集』 제2권, 『문집총간』 권5, 589d면).

60 「園植十五咏-梧桐」(1900), 『梅泉集』 권3, 『문집총간』 권348, 455면.

61 매천은 17세(1871)에 두 살 연상인 海州 吳氏에게 장가들어 19세에 첫째 딸을 낳았는데, 나중에 順興 安秉蘭에게 시집갔다. (黃瑗, 「家狀抄」, 黃玹, 『梅泉全集』 권3, 호남학연구소, 6면; 黃瑗, 「行狀抄」, 黃玹, 『梅泉全集』 권3, 호남학연구소, 15면).

5 홀로 청정함

매천은 옛 현인처럼 도가 실행되지 않는 세상을 만나 은거를 선택했지만, 이곳 생활도 그리 순탄하진 않았다. 그래도 그는 자신만은 세상의 명리에 물들지 않았다고 자부하였다.

남쪽 왔다 북쪽 가면 한 해가 또 간다 하니	天南海北歲云徂
더위 피해 추위 쫓는 천성도 참 특이하네	避熱趨寒性却殊
인간 세상 명리 좇는 이들에게 말하노니	寄語人間名利客
귀에 분명 이런 소리 들을 수가 없으리라.[62]	耳根省得此聲無

1901년에 지은 「기러기 돌아가는 소리를 듣고 짓다」이다. 기러기는 우리나라에서 겨울을 나는 철새이다. 일반적으로 사람들은 추운 겨울을 싫어하는데, 기러기는 추워져야 날아오고 따뜻해지면 다시 추운 곳으로 날아가니 그 천성이 특이하다고 하겠다.[63]

이 시는 기러기가 북쪽으로 돌아가는 봄에 지어졌다. 매천은 기러기가 날아가는 모습을 보고 자신의 은거생활과 공통점을 찾았다. 벼슬을 버리고 척박한 곳에 은거하고 있으니, 따뜻한 세상을 떠나 추운 곳으로 가는 기러기와 같다. 그래서 자신만이 기러기 소리를 들을 수 있다고 자부하였다.

반면, 명예와 이익을 좇는 속된 선비들은 기러기 소리를 듣지 못한다. 명리객은 따뜻한 곳을 찾아 모여들기 마련인데, 기러기는 이와 반

62 「聞歸雁」(1901), 『梅泉集』 권3, 『문집총간』 권348, 462면.

63 기러기는 시베리아에서 여름을 지내고 가을이 되면 우리나라로 내려온다. 시베리아의 겨울이 너무 춥기 때문에 추위를 피해 남쪽으로 내려오는 것인데, 남쪽에서 보면 추워지면 왔다가 따뜻해질 때 북쪽으로 돌아가는 것처럼 보인다.

대로 날아가기 때문이다. 매천은 따뜻함을 찾지 않는 기러기를 보며 명리에 영합하지 않는 군은 절개를 떠올렸다. 그래서 은거하고 있는 자신을 명리에 영합하지 않는 기러기에 비유하였다. 결국 인간 세상의 명리객들이 기러기 소리를 듣지 못하듯이 자신의 절개를 이해할 수 없을 것이라며 스스로 자부한 것이다. 자신이 세속의 명리객들과 근본적으로 차이가 있다는 것을 명백히 보여주었다.

이 시에서 '名利客'이 매천의 뜻을 다 나타내준다고 해도 과언이 아니다. 그는 지금 자신의 삶을 기러기에 비유하고, 세상에서 명리를 쫓는 사람들과는 체질이 다르다고 하였다. 이 때문에 자신이 절개를 위해 구안실에서 독서와 강학하는 생활을 그들은 이해할 수 없을 것이며 추운 곳으로 날아가는 기러기처럼 자신이 생각하는 바람직한 삶을 위해 꿋꿋이 살고 있다는 것이다.

6 제자들과 함께

둥근 달 뜬 밤에 구안실에서 제자들과 모여 시를 읊었다.

맑은 밤에 서로 모여 꽃 아래서 읊조리다	淸夜相携花下謌
어느 샌가 둥근 달 떠 산과 강이 드러나니	圓蟾已復現山河
삼과 보린 서늘해져 이슬 송글 맺혔겠고	凉添麻麥垂垂露
연못에는 바람 불어 물결 찰랑 일렁이네	風掠池塘灩灩波
그대들은 품은 생각 글로 씀이 마땅하니	諸子論懷宜有述
좋은 시절 한 순간에 그냥 가기 쉬우리니	良辰回首易輕過
굽은 난간 서쪽 두둑 천 가닥의 버들가진	曲欄西畔千絲柳
곱절이나 나부끼니 그 풍경이 참 좋구나.[64]	一倍婆娑影更多

1901년에 지은 「구안실의 밤 이야기」이다. 매천은 꽃 핀 밤에 구안실에서 제자들과 이야기를 나누고 있는데, 어느새 달이 떠 어두웠던 산과 강이 어슴푸레 드러나기 시작했다. 계절은 꽃이 한창 핀 봄일 것이고, 밤에 산과 강을 구분할 정도니 보름달에 가까웠음을 짐작할 수 있다. 매천은 구안실에 앉아 바깥을 바라보고 있었다.

여기에서 '맑은 밤[淸夜]'과 '둥근달[圓蟾]'은 이백의 「우인회숙(友人會宿)」에서, "좋은 밤 청담을 나누기에 마땅하고, 밝은 달엔 잠을 잘 수 없구나.[良宵宜淸談, 皓月未能寢.]"와 같은 의경이다. 모여서 얘기하기 좋은 날이다. 매천은 이때 구안실에서 공부하던 여러 문인들과 함께 이러한 정경을 맞이하였다.

그는 달빛아래 어슴푸레한 강산을 보고 있으려니 그곳에 밤이슬이 맺혀있을 삼과 보리를 떠올렸다. 그러다 연못에서 찰랑하는 물소리가 들려오니, 이내 바람이 불고 있다는 것을 깨달았다. 물소리를 통해 연못에 바람이 불고 있는 자연의 이치를 꿰뚫어 아는 매천의 통찰력이 돋보이는 시구이다.

이처럼 매천은 주변의 풍경을 세밀하게 관찰하여 그 맥을 짚어내고 있다. '삼과 보리[麻麥]'는 의식에 가장 중요한 역할을 하는 농작물이기에 비록 밤이지만 그 모습이 눈에 선하고, '연못[池塘]'을 통해 추측해 내는 통찰력은 지식인으로서 자연 현상을 날카롭게 분석해 나가는 일면이다.

이어서 매천은 제자들에게 좋은 풍경을 만나서 시상이 풍부하면 시를 지어 지금의 감정을 오래도록 간직하라고 말하였다. 그는 강학을

---

64 「苟安室夜話」(1901), 『梅泉集』 권3, 『문집총간』 권348, 463c면.

하다가 마침 '좋은 때[良辰]'를 만나서 제자들과 모여 앉았다. 좋은 때는 맑은 밤과 둥근달이 뜬 봄의 정경을 맞은 시간이다. 매천은 이때 의경이 매우 풍부하다고 여겨 제자들에게 시를 짓게 하였다. 이는 바로 매천이 제자들에게 시를 가르치는 방식이 드러나는 대목이다.

그리고 다시 난간 밖의 버들가지로 시선을 옮겨 바람에 나부끼는 버들가지를 애처롭게 담아내고 있다. '천 가닥[千絲]'과 '나부끼다[婆娑]'는 모두 버들가지의 모습을 형용한 것으로, 정적인 밤 풍경을 동적으로 만들어서 시에 생기를 불어주고 있다. 또한 버들가지를 보며 시상이 넘쳐나고 있음을 보여주는 것이기도 하다.

이처럼 이 시는 구안실에서 달 밝은 봄밤의 풍경을 맞아 시상이 풍부해지자, 제자들에게 마음속의 생각을 글로 짓게 한 내용을 읊었다. 그는 은거 생활에서 독서와 강학을 생활화하였는데, 좋은 때를 만나면 제자들과 시를 짓기도 했다. 구안실에서 강학이 이뤄지는 구체적인 일면을 보여준다고 하겠다.

〈사진13〉 호양학교: 매천이 말년에 제자들을 가르친 곳이다.

7 굳건한 절개

구안실에 원하지 않은 손이 찾아왔을 때 그를 돌려보내려고 지은 시이다. 절개를 지킨 매천의 자존적 태도가 잘 드러난 시이다.

근래 종적 감췄다고 누가 나를 탓하는가	削跡年來孰我尤
임금 앞도 당당할 수 있으리라 생각하니	自疑便可傲公侯
졸렬한 시 꽃을 보는 계절에야 시집 내고	拙詩成集看花節
없는 재산 귤을 심은 밭에 꾀를 전해줬지	薄産貽謀種橘洲
한가한 날 늘어진 바둑 촛불 아래 이어지고	閒日棋遲仍燭下
근심스런 때 익은 술이 상머리에 놓여 있어	愁時酒熟在床頭
따져 보면 마음속에 어긋난 일 하나 없는데	筭來無一違心事
봄이 가도 자유롭지 못한 것이 한스럽네.[65]	只恨春歸不自由

매천이 은거를 하자, 그의 소식을 궁금해 하던 사람이 직접 찾아왔다. 이에 매천은 시로 자신의 말을 대신하였다. 벼슬한 적이 없기 때문에 은거를 하더라도 아무런 상관이 없고, 벼슬하려는 마음조차 없기에 임금이 온다 해도 거리낄 것이 없다고 하였다. 절개를 실천하는 은둔자로 자존적 가치를 내세우고 있다.

이황은 "옛날의 선비는 진실로 남의 형세와 작위에 억눌리지 않는다"[66]고 하였는데, 매천은 이를 몸소 실천하였다. '종적을 감췄다[削跡]'는 것은 은거한 것을 말하는데, 어쩔 수 없이 했다기보다 자신의 선택으로 세상을 버리고 숨었다는 것을 나타낸다. 그래서 비록 은거를 하

65 「客至論懷」(1901), 『梅泉集』 권3, 『문집총간』 권348, 463면.

66 "古之士, 固不屈於人之勢位."(李滉, 「擬與豐基郡守論書院事」, 『退溪先生文集』 제12권, 『문집총간』 권29, 343d면).

고 있었지만, 절개를 실천하는 은둔자로서 '임금[公侯]'에게도 거리낄 것 없는 자존감 있는 선비라고 스스로 말하였다.

매천은 은거하면서 꾸준히 저술활동을 하여 꽃 피는 계절에 시집을 이루게 되었고, 자손에게는 귤 심은 밭을 남겨 생계를 위한 계책을 줬으니[67] 은거하면서 자신이 할 수 있는 일을 다 이루었다. 그는 만수동의 은거 생활에 스스로 만족하고 있는 모습을 찾아온 손님에게 당당히 드러내고 있다.

또한, 은거 생활이 한가하여 바둑을 두게 되면 밤까지 이어지고, 가끔 세상사에 근심이 생기면 잘 익은 술이 상머리에 항상 있으니 아무런 문제가 될 것이 없었다. '늘어진 바둑[棋遲]'은 여유로운 일상을 나타내고, '익은 술[酒熟]'은 편안한 마음을 나타냈다. 이 두 시어는 여유롭고 편안한 은거 생활에서 뽑아낸 정수이다. 이를 통해 지금 생활이 마음에 편안하다는 것을 말하였다.

하지만, 매천은 만수동 밖에서 일어나는 일 때문에 봄이 가도 자유롭지 못하였다. 바깥세상에서 만수동의 은둔 생활을 방해했다.[68] 방해자는 자신이 원하지 않는 손님이다. 시의 내용으로 봐서 이 시를 지어

67 삼국시대 吳나라의 丹陽太守 李衡이 아내 몰래 武陵 龍陽의 氾洲 가에 귤 천 그루를 심어 놓고, 임종할 때 자식에게 다음과 같이 말하였다. "네 어미가 집안을 잘 꾸리지 못해서 이처럼 곤궁하다. 그러나 내가 범주 가에 木奴 천 그루를 심어 놓았다. 네가 衣食을 제공하지 않아도 매년 너에게 비단 한 필을 바칠 것이니, 또한 충분히 쓸 만할 것이다.[汝母惡我治家, 故窮如是. 然吾州里有千頭木奴. 不責汝衣食, 歲上一匹絹, 亦可足用耳.]"(「孫休傳」, 『三國志』, 사고전서 전자판).

68 매천이 은거를 결심한 뒤에도 李建昌은 판서 朴定陽(1841~1904)이 미국에 갈 때와 대장 李惟遠(1833~1901)이 울릉도에 갈 때 수행원으로 천거한 적이 있고, 1898년 성균관 博士試를 설치하자, 당시 구례 군수 朴恒來가 응시하라고 권한 적이 있었다.(黃瑗, 「先兄梅泉公事行零錄」, 黃玹, 『梅泉集』 권1, 『문집총간』 권348, 406b면). 그 뒤 海鶴 李沂(1848~1909)에 의해 구국운동에 참여할 것을 촉구 받은 적도 있다.(기태완(1999), 27~30면).

손님을 돌려보낸 것을 짐작할 수 있다.

이 시에서 매천은 자신의 은거 생활에 대해 스스로 높은 가치를 부여하였다. 그는 세상의 부조리와 비리에 타협하기 싫어서 은거를 선택하였다. 벼슬아치를 부러워하지도 않았고, 또 그들에게 붙어 따르려 하지도 않았다. 이 때문에 고결하게 스스로를 높일 수 있었다. 비록 시골에 은거하였지만, 지식인으로 시집도 내고, 또 생계도 그런대로 꾸려갈 수 있었다. 때로는 한가롭게 바둑도 두고, 술도 한잔씩 하였다. 은거생활에서 더 이상 자신에게 필요한 것이 없었다. 그러니 자신을 찾아와서 방해하지 말라는 의도로 손님에게 이 시를 지어 준 것이다.

8 소결

이 절에서는 구안실을 배경으로 지어진 시를 살펴보았다. 독서와 강학은 매천의 은거생활에 핵심이 되었던 바, 그러한 학문 활동의 주요 공간이 바로 구안실이었다. 그곳은 그가 어지러운 세상과 타협하지 않고 절개를 지킬 수 있는 공간이자 인간다운 삶을 살 수 있게 하는 공간이었다. 매천은 구안실에서의 독서와 강학을 통해 주자가 "오직 독실하게 믿으면서 학문을 좋아하고, 목숨 걸고 지키면서 도를 실천하는 사람만이 천하에 도가 실행되지 않으면 은거할 수 있다"[69]고 한 것을 몸소 실천했다.

매천이 구안실을 지은 것은 만수동으로 이사한지 4년 만이다. 완공되던 날 그는 몹시 기뻐서 시를 지을 때 주변 풍경에서 자신의 마음을 드러내줄 수 있는 정수를 뽑아 읊었다. 그리고 5년 뒤 또 강학의 장소

69 『論語』, 「泰伯」, 〈13장〉-朱子註. "惟篤信好學, 守死善道者, 能之."

로 일립정을 새로 건립하였다. 이때 소박하게 정자를 지었지만, 스스로 택승정(擇勝亭)이라 부르며 만족하였다. 그는 이곳에 벗과 제자들을 불러 함께 시를 짓기도 하면서 은거 생활에 풍류를 겸할 수 있었다.

한편, 매천은 만수동에서 양친의 상을 당하여 생활은 점점 어려워졌다. 또 늙어감에 자신의 꿈을 펼칠 수 없게 된 심정을 벗에게 표출하기도 하고, 홀로 술잔을 기울이면서 마음을 달래기도 하였다. 벼슬을 생각해 보기도 했지만, 추운 곳으로 날아가는 기러기를 보고 단념한다. 세상의 명리객들이 이해할 수 없는 절개가 자신에게 있다는 것을 자부했기 때문이다. 그리고는 구안실에서 독서와 강학에 더욱 매진하였다. 때로는 꽃이 흐드러지게 핀 어느 봄밤에 제자들과 어울려 그 정경을 감상하며 시를 가르치기도 했다. 그렇게 매천의 은거생활은 '그런대로 만족스런[苟安]' 일상이 되어갔다.

이때 그에게 반갑지 않은 손님이 찾아와 자신의 생활을 간섭했다. 그는 자신이 절개를 실천한 선비라는 점을 내세워 자존적 가치를 내비췄다. 이황이, "일반적으로 부러워하지 않고, 붙따르지 않으면 내가 저들에게 스스로를 잃는 일이 없고, 그 형세를 힘입지 않고 그 소유에 이득을 보지 않으면 저들이 나에게 젠 채하지 못한다."[70]는 말을 은거 생활에서 실천했던 것이다.

매천은 은거하며 독서와 강학에 매진하는 한편 몸소 농사일을 담당하기도 하였다.[71] 그러나 척박한 지대라서 수확량이 많지 않아 가난한 생활의 연속이었다. 이 때문에 그는 수확량과 직접적인 관련이 있는

70 "蓋不歆羨, 不趨附, 則我無有自失於彼, 不資其勢, 不利其有, 則彼不得有挾於我."(李滉, 「擬與豐基郡守論書院事」, 『退溪先生文集』 제12권, 『문집총간』 권29, 343d면).

71 임형택(1984), 16면 참조.

기후에 민감하게 반응할 수밖에 없었다. 그리고 어쩔 수 없이 하늘의 기후에 순응하면서 살아가는 인간일 수밖에 없었다. 계절에 순응하는 매천의 모습은 다음 절에서 살펴보기로 하겠다.

3. 봄여름가을겨울

매천의 만수동 생활은 독서와 강학이 중심이었지만, 농촌이었기 때문에 자연히 농사일에도 관여를 하게 되었다. 그런데 이곳은 백운산 줄기의 계곡에 있는 척박한 산골이라서 날씨와 기후의 영향을 더욱 많이 받았다. 매천 역시 만수동 주민으로 기후에 민감히 반응할 수밖에 없었다. 그는 기후가 변함에 따라 달라지는 농촌 풍경을 세밀하게 살펴서 시에 나타내기도 했다. 그의 이러한 특징은 '농촌시'로 불리며 일찍부터 학계의 조명을 받아왔다.[72]

〈사진14〉 구름이 둘러싼 백운산

72 임형택(1984) 참조.

매천은 농촌 생활에 깊숙이 참여하고 있었기 때문에 그의 시에는 시골의 정취가 그대로 묻어나 있다. 그는 자연과 가깝게 지내며 천리를 따르면서 그 속에서 기쁨과 슬픔, 고독과 회한 등 자신의 감정을 읊어내었다. 특히 그는 계절에 따라 변하는 자연의 풍경에 민감히 반응하였는데, 자신의 감정도 그 변화에 순응하며 달라지고 있었다. 이 때문에 여기에서 천리에 순응하며 살아가는 매천의 모습을 볼 수 있다. 이 절에서는 그가 기후에 민감히 반응하면서 지은 시를 보며 그의 정감이 어떻게 드러나는지 살펴볼 것이다.

1 이른 봄

이른 봄 만수동에 눈이 내렸다. 겨울눈과는 차이가 있었다. 매천은 계절의 변화를 민감하게 포착하여 봄이 오고 있다는 사실을 깨닫고 마음이 설레었다.

바람 자고 산 따뜻하니 바로 눈 내릴 때	風定山暄正雪時
창호지가 새하얗게 내 눈썹을 비추는데	紙窓虛白照人眉
괴이하다 온 골짝에 추운 빛이 줄어드니	怪來滿壑寒光淺
휘날리는 큰 눈송이 더디 와도 상관 않네	任是翻空大片遲
해 저무는 처마 끝엔 새 울음이 이어지고	日斜簷角鳴相續
봄이 깃든 화초 뿌리 젖는 줄도 모르는데	春入花根濕不知
기러기는 발자국만 남기고서 어딜 가나	何處冥鴻留爪去
그윽해진 강호 생각 공연스레 기이하네.[73]	江湖幽想謾添奇

73 「春雪」(1898), 『梅泉集』 권2, 『문집총간』 권348, 440c면.

눈 내릴 때는 바람이 잔잔하여 기온은 다른 때보다 높고, 햇빛이 눈에 반사되어 다른 각도에서 창호지가 밝아지게 된다. 매천은 눈 내리는 장면을 관찰하여 그 정수를 뽑아 참신한 감각으로 표현하였다. 특히 창호지가 눈썹을 비춘다고 하면서 새로운 의경을 만들어냈다.

그는 눈이 내려도 춥지 않고, 큰 눈송이가 천천히 내리는 것을 보고 봄이 온 것을 깨달았다. '온 골짜기[滿壑]'는 눈 내리는 만수동이고, '큰 눈송이[大片]'는 날씨가 포근할 때 내리는 함박눈으로 초봄을 알리는 역할을 한다.

매천은 눈 내리는 풍경을 세밀하게 관찰하여 그 속에서 봄을 찾았다. 그래서 '처마 끝[簷角]'과 '화초뿌리[花根]', '기러기[冥鴻]'를 통해 봄을 읊었다. 처마 끝은 제비가 집을 짓는 곳으로 삼짇날이 지나면 이곳에서 제비 울음소리가 정겹게 들려온다. 그는 처마 끝에서 들리는 제비 울음소리와 눈 녹은 물이 화초 뿌리를 적셔주는 것, 또 기러기가 북쪽으로 아득히 돌아가는 것으로 봄을 나타냈다.

그런데, 기러기는 중의적으로 사용되어 뜻 높은 은자를 비유한 것으로 볼 수도 있다.[74] 기러기는 정처 없이 다니고, 남긴 발자국은 눈이 녹으면 같이 사라지고 만다. 매천은 여기에 덧없는 인생을 비유하여 기러기처럼 자유롭게 돌아다니고픈 마음을 투영하였다. 그래서 봄이 되었으니, 강호를 떠돌 생각에 벌써부터 홍겨운 상상을 하였다.

이 시에서 매천은 처음에는 방안에 있었다. 방안에서 바람소리가 들

---

74 "인생이 이르는 곳이 무엇 같은지 아는가? 응당 기러기가 눈 위에 남긴 발자국 같아라. 눈 위에 우연히 발자국 남겼지만, 기러기가 날아간 곳 어디인지 모른다네.[人生到處知何似, 應似飛鴻踏雪泥. 泥上偶然留指爪, 鴻飛那復計東西.]"(蘇軾, 「和子由澠池懷舊」, 『東坡全集』1권).

리지 않고, 추위가 줄어들며, 창호지가 밝아오는 것을 통해 눈이 내린 것을 알게 되었다. 그리고 방문을 열고 나와 주위가 온통 흰 눈에 쌓여 있는 것을 보았다. 이때 따스한 봄기운이 느껴져 봄을 알리는 것을 찾아 자신의 정감을 투영하여 읊었다. 봄을 기대하는 만큼 봄의 기미에 민감히 반응하는 모습을 볼 수 있다.

2 저물어 가는 봄

봄이 저물어 갈 무렵에 지은 시이다. 봄 풍경을 즐기면서 그 흥취를 만끽하는 매천의 모습을 볼 수 있다.

산 깊어도 봄은 저물어 가는데	山深春向暮
그윽한 일 모두 자랑할 만하구나	幽事摠堪誇
아이들의 버들피리 간드러지고	管裊童吹柳
여인들의 화전 구이 향기로운데	餻香婢煮花
좋은 시절 돌연 늙음 깨닫고 나니	節佳偏感老
마음 멀리 집 떠나고 싶어지지만	心遠欲離家
몇 뙈기 밭 난초 떨기 잘 자란 곳에	數畹崇蘭長
바람 쐬며 허리춤에 꽃을 차보네.[75]	迎風我佩華

1902년에 지은 「아이들의 과제에 차운하다」이다. 매천은 이 해 11월 29일 만수동을 떠나 구례 월곡으로 이사를 갔다.[76] 이 시를 지을 당시는 아직 만수동이었다. 그는 만수동의 소박한 봄 풍경을 시에 그대로

75 「次兒課韻」(1902), 『梅泉集』 권4, 『문집총간』 권348, 467b면.

76 같은 해에 이사 간 날짜를 제목으로 한 시가 있다.(「十一月二十九日, 自萬壽洞移居月谷.」(1902), 『梅泉集』 권4, 『문집총간』 권348, 471면).

동안 바쁘게 일했던 꿀벌들은 눈에 띄게 한가로워 하릴없이 담장 주변을 날아다녔다. 매천은 가는 봄이 못내 아쉬워 붙잡고 싶은데, 시냇물이 꽃잎을 무심히 떠내려 보내니 얄밉기만 하다. 이 시는 만수동에서 꽃이 시드는 시절의 모습을 관찰한 뒤, 자신의 심경을 담아내고 있다.

특히 '복사꽃과 살구꽃[桃杏]'은 겨우내 모진 추위를 견딘 뒤 따스한 봄볕 아래 핀 꽃이기에 봄을 더욱 화사하고 달콤하게 만들어 준다. 그 꽃향기에 흠뻑 젖어 시간 가는 줄 모르면, 어느 샌가 향기가 옅어진다. 그제야 놀라 바라보면, 꽃이 지고 나뭇잎이 무성하게 자라고 있다. 꽃이 마냥 있을 줄 알았는데, 자기도 모르는 사이에 꽃잎이 시들어 버리니 한스럽기까지 하였다. 복사꽃과 살구꽃은 봄의 아취를 가득 담고 있으면서 매천의 마음을 기쁘게도 슬프게도 해주고 있다.

'꿀벌[懶蜂]'은 꿀을 얻기 위해 꽃 사이를 분주하게 다녔는데, 꽃이 지니 눈에 띄게 한가로워졌다. 마치 매천의 안타까운 마음을 비웃기라도 하듯이 여유롭게 날아다녔다. 그래서 게으르다고 표현하였다. '여울물[湍激]'은 복사꽃과 살구꽃잎이 떨어지는 곳이다. 본의 아니게 꽃잎을 떠내려 보내는 역할을 한다. 꽃이 지면 아쉬운 마음에 떨어진 꽃잎이라도 보려 하건만, 여울물은 기다려 주지 않는다. 시절을 완상하는 이에게 봄을 빨리 빼앗아 가는 존재이다. 그래서 매천은 여울물에 '얄밉다[憎]'를 써서 표현했다.

'떨어지는 꽃잎[飛花]'은 봄이 가는 것과 직결되어 매천의 안타까움을 자아낸다. 그는 꽃이 지는 것을 보고 봄이 가고 있다며 서운했다. 게다가, 떨어진 꽃잎이 냇물에 떠내려가는 것에 더욱 감정이 북받쳐 올랐다. '桃杏', '懶蜂', '湍激', '飛花'의 네 시어는 가는 봄의 안타까운 심정을 보여주고 있다.

4 만수동의 장마

장마철에 잠시 비가 개었을 때 읊은 시이다. 매천은 모처럼 비가 갠 만수동의 밤풍경을 읊으며 갑자기 서늘해진 의경에 잠 못 이루고 있다.

장마철은 일기가 일정하지 않은데	霖天無定候
마침 달이 떠 유난히 밝게 비추니	時復月偏明
습한 섬돌엔 벌레들이 기어 나오고	階濕虫皆出
찌는 듯한 외양간엔 소 절로 놀라지	欄蒸牛自驚
먼 등불은 방아 찧어 가는 거겠고	遠燈收碓去
주변 말소리는 물 길어 가는 거겠지	鄰語汲泉行
나무들이 차츰차츰 서늘해져 오니	樹樹微凉進
잠 못 이루며 동트는 걸 바라보네.[80]	不眠看曉晴

장마철에 모처럼 비갠 밤풍경을 형상하고 있다. 날씨 변동이 심한 장마철에 때마침 비가 그치니 구름 사이에 달빛이 유난히 밝게 빛났다. 비가 오랫동안 내려서 그런지 매천의 눈에는 이곳저곳의 움직임이 포착되었다. 섬돌에선 숨어 있던 벌레들이 기어 나오고, 소는 모처럼 보는 달이 해인지 착각하고 놀랐다.[81] 그동안 비 때문에 밀린 일을 하는 사람들도 분주하게 오갔다. 저 멀리에선 물레방아 찧어 가는 사람들의 불빛이 보이고, 담장 밖에선 샘물 길어 가는 사람들의 말소리도

80 「夜坐」(1890), 『梅泉集』 권1, 『문집총간』 권348, 418c면.

81 『世說新語』에 다음과 같은 얘기가 나온다. "滿奮은 바람을 두려워했다. 晉나라 武帝와 앉아 있는데, 북쪽 창이 유리로 된 병풍으로 만들어져 있어 실제로는 막혔지만 트인 것 같았다. 분이 난색을 띠자 무제가 웃었다. 그래서 분이 대답하기를, '신은 오나라 소가 달을 보고 헐떡거리는 것과 같습니다.'라고 하였다.[滿奮畏風. 在晉武帝坐, 北窗作琉璃屛風, 實密似疎. 奮有難色, 帝笑之. 奮答曰, '臣猶吳牛, 見月而喘.']"(『世說新語』, 「言語」第二, 〈20장〉).

들렸다. 그런데 비온 뒤라 그런지 서늘한 바람이 집안에 불어와 어느덧 가을이 온 듯한 착각이 들어 잠이 오지 않았다.

매천은 비갠 당시 풍경을 세밀하게 관찰하여 정수를 뽑아 전개하였다. '달[月]'은 지루한 장마철에 맑은 밤 풍경을 떠올리게 해주고, '벌레[虫]'와 '소[牛]'의 움직임은 비가 그친 것을 더욱 부각시키고 있다. '먼 등불[遠燈]'과 '주변 말소리[鄰語]'는 비 그친 뒤 사람들의 움직임을 나타낸 것이다. 그는 비 그친 장마철에만 볼 수 있는 밤 풍경으로 새로운 의경을 만들어 내었다.

이 시는 미련에서 서늘하다는 표현을 하여 다소 쓸쓸해 보이지만, 고즈넉이 가라앉은 분위기는 한적한 농촌의 정경을 나타내고 있어서 매우 안정된 정감을 주고 있다. 게다가 벌레와 소, 사람들의 움직임은 고요한 밤 풍경에 활기를 불어주었다. 다만 나무들이 서늘해진 것 때문에 가을을 떠올리며 세월 가는 안타까움을 여운으로 남긴다.

5 한여름의 정감

한여름의 정경을 읊은 시이다. 매천은 은거에서 오는 힘든 현실을 한여름 비온 뒤의 풍경을 보며 풀어냈다.

막 난 돌과 등덩굴로 길도 구분 안되건만	亂石脩藤路不分
이곳에서 십년 동안 티끌세상 떠났는데	十年於此謝塵紛
비갠 뒤에 한때 다시 활짝 한번 웃어보니	雨餘時復欣然笑
집안 가득 뭉게뭉게 흰 구름이 이는구나.[82]	滿屋蓬蓬生白雲

82 「中夏山居卽事」四首中四首(1901), 『梅泉全集』 권1, 호남학연구소, 436면.

매천은 현실의 고뇌를 잊어보려 했지만 쉽게 잊히지 않았다. 만수동의 생활이 그리 호락호락하지는 않았기 때문이다. 그곳은 울퉁불퉁 솟아있는 돌길에 등덩굴이 뻗쳐서 어디가 길인지도 모를 정도였다. 그는 척박한 만수동에서 고된 생활을 10년이나 했다. '막 난 돌[亂石]'과 '등덩굴[脩藤]'은 이러한 고된 생활을 대변해 주는 역할을 하고 있다.

그런데 만수동에 한바탕 비가 내리자, 울적했던 기분이 깨끗이 씻기고 다시 활짝 웃을 수 있었다. 그는 이때의 기분을 온 집안에 흰 구름이 뭉게뭉게 일어나는 것으로 형상하였다. 인위적이지 않고 자연스럽게 기뻐하는 모습을 나타낸 것이다. 특히 '뭉게뭉게[蓬蓬]'는 구름이 피어나는 모습으로 웃음이 퍼져나가는 모습을 형용하였다. 이는 기뻐하는 모습을 표현한 의태어지만, 비온 뒤의 풍경에서 찾아낸 정수이다. 만수동의 고된 생활이 날씨의 변화로 기분이 전환되고, 마음은 구름이 뭉게뭉게 피어나듯 부풀어 올랐다.

〈사진15〉 비온 뒤의 만수동 계곡

6 가을 밤

가을밤의 적막하고 고요한 분위기를 꾸밈없이 읊은 시이다. 낙엽이 날리는 가을 밤 매천의 심경과 일상이 그대로 나타나 있다.

차가운 강 기운 보내 골짝 하늘이 열리고	寒江送氣峽天開
많은 낙엽 날려가니 밤 골짜기 애달파라	萬葉流風夜壑哀
산 개 문득 조용하니 범 지난데 놀란 게고	山犬忽喑驚虎過
호롱불 정히 밝히니 사람 올까 두렵구나	書燈正亮怕人來
장난삼아 아이 불러 이불 함께 덮고 자고	戲呼稚子聯衾宿
마당쇠를 재촉하여 방아감 찾아오라 했네	催送園丁卷碓回
괴이치 말려므나, 오늘밤 몹시 졸리는 건	莫怪今宵偏睡困
열흘이나 나막신에 계곡 이끼 밟았으니.[83]	經旬野屧破溪苔

만수동에 가을이 찾아 왔다. 강물 따라 더운 기운이 물러가고 이제 골짜기에는 가을의 푸른 하늘이 펼쳐졌다. 밤이면 낙엽이 바람에 날리는 스산한 소리가 애달프게 들려온다. 여기에서 '찬 강[寒江]'은 서늘해진 기온을 나타내고, '수많은 낙엽[萬葉]'은 나뭇잎의 죽음을 의미하는데, 매천은 '애달프다'는 표현을 사용하였다. 이 두 시어는 모두 만수동의 쓸쓸한 가을 풍경을 그려냈다.

'산 개[山犬]'는 적막한 산의 정취를 깨며 짖곤 했는데, 무슨 이유에서인지 갑자기 조용해졌다. 아마 범이라도 봤는지 추측해본다. 사방이 고요하니 호롱불 밝혀 책 보기에 좋은데, 혹시 이 불빛 때문에 누가 찾아오지나 않을까 걱정이다. 지금의 고요함을 누구에게도 방해받기

83 「秋夜吟」(1890), 『梅泉集』 권1, 『문집총간』 권348, 418d면.

싫기 때문이다. 여기에서 '호롱불[書燈]'은 쓸쓸하고 적막한 가을밤을 밝히는 역할을 한다. 개 짖는 시끄러운 소리가 사라지면, 호롱불은 더욱 밝게 보이는 법이다. 매천은 그 당시 현장의 정수를 드러낼 수 있는 것으로 '개'와 '호롱불'을 집어내어 정감을 투영했다. 그래서 특별할 것 없는 풍경이지만, 그의 심미안으로 인해 그림 같은 장면을 상상하게 만든다.

매천은 이 시에서 가을밤에 쓸쓸한 바람소리를 듣고, 개도 짖지 않는 적막함 속에 책을 보기도 한다. 하지만 이내 적막을 없애려고 아이들을 불러 잠을 청하고 마당쇠에게는 심부름도 시켰다. 쓸쓸하고 적막한 가운데 시상이 전개되다가, 아이와 마당쇠가 등장하여 분위기를 전환해 주었다. 하지만, 열흘 동안 계곡을 다닌 일로 결국 피곤하여 잠을 자게 된다. 이 시는 만수동의 적막한 가을 풍경에 쓸쓸한 감정을 투영하여 형상하고 있다.

7 중추절의 보름달

중추절 보름달을 보며 쓸쓸한 심정을 읊은 시이다. 매천은 가을의 보름달이 지니고 있는 이미지에 자신의 서글픈 심정을 반영해서 나타내고 있다.

밝은 달을 못 봤으나 아마 둥글었을 텐데	不見冰輪意已圓
갈바람이 만 봉오리 안갤 이제 걷어냈네	金風初捲萬峯煙
천 길 동해 물속에서 천천히 오르더니만	千尋徐引東溟水
한번 바라보니 북극하늘 높이 솟았구나	一望偏高北極天

가을 달빛 속 대지는 쓸쓸하고 적막하며	大地蕭森秋影裏
새벽 누대 앞의 은자 슬프고도 처량하네	幽人怊悵曉樓前
이로부터 가득 찼다 이지러짐 알겠으니	定知從此虧於滿
뜬 인생의 장년 시절이 애석하기만 하네.[84]	合惜浮生盛壯年

매천은 중추절에 달을 보러 나왔다. 아쉽게도 산안개에 가려져 달을 볼 수 없었다. 조금 지나자 바람이 불어 산에 꼈던 안개가 걷혔다. 비로소 달이 그 모습을 드러냈다. 이 달은 동쪽 바다에서 천천히 떠올라 어느새 북쪽 하늘 한 가운데 떠 있었다. 여기에서 '천 길[千尋]'은 달을 기다리는 매천의 마음이 매우 간절하다는 것을 비유적으로 드러냈다. '한번 바라본다[一望]'는 간절히 기다리던 달을 이제야 볼 수 있어서 크게 한번 바라본다는 의미이다. 이 두 시어는 달을 간절히 기다리고 있는 매천의 마음을 그대로 보여준다.

이윽고 하늘에서 달이 비추자, 가려졌던 대지가 차츰 드러나기 시작했다. 만수동의 가을 풍경이 달빛을 통해 더욱 쓸쓸하게 느껴졌다. 매천은 이른 새벽까지 잠 못 이루고, 누대에서 달을 보다가 슬픔이 차올랐다. 달은 매천이 생각했던 것과 달리 오히려 쓸쓸한 분위기를 자아냈다. '쓸쓸하고 적막함[蕭森]'과 '슬프고 처량함[怊悵]'은 달빛에 의해 만들어졌다. 그는 달을 보길 간절히 원했는데, 중추절 달은 서글프기 짝이 없었다. 이는 매천의 마음속에 있는 서글픈 심정 때문에 생긴 감정이지만, 달은 그런 감정을 받아주기에 적합한 대상이었다.

---

84 「中秋夜次許丁卯韻」(1897), 『梅泉集』 권2, 『문집총간』 권348, 438b면.

〈사진16〉 보름달(출처: 한국교육방송공사)

매천이 달을 보며 서글퍼진 것은 달이 가득 찼다가 이지러지듯이 자신의 인생도 달과 같기 때문이다. '가득 찼다가 이지러짐[虧於滿]'은 보름달을 보았기 때문에 생긴 정감이다. 휘영청 밝은 가을 달을 기다리다 막상 뜬 달을 보니 더욱 처량해졌다.

이처럼 이 시는 매천의 쓸쓸한 심경이 가을 달에 투영되어 나타나고 있다. 그는 달을 보게 되는 과정을 읊으면서 처음에는 보려는 마음이 간절했지만, 달이 나타나자 심경이 서글퍼졌다. 달의 성질을 들어 자신의 삶을 애석하게 여긴 것이다. 그의 심경이 중추절의 달이 가진 쓸쓸한 이미지와 같았기 때문에 가능했다.

8 늦가을의 정감

매천은 가을에 유난히 쓸쓸한 감정의 시를 많이 읊었다. 늦가을의 여러 대상에 자신의 감정을 조화롭게 투영하여 시로 읊기도 했다.

꽁꽁 언 참새 교목에서 슬피 울고	凍雀悲喬木
닭 떼들 연이어 석양에 꼬꼬 우네	連鷄鬧夕陽[85]
산 추운지 나무꾼 그림자 움츠리고	山寒樵影小
냇물 줄었나 방아소리 뜸해지네.[86]	溪斷碓聲長

추운 날 교목 위에는 참새가 짹짹 거리며 울고, 해질 무렵에는 닭들이 연이어 울고 있다. 나무꾼의 그림자가 움츠린 걸 보니 산이 몹시 추운 것을 알겠고, 물레방아소리가 뜸해진 걸 들으니 냇물이 많이 줄어든 것도 깨달았다. 계절이 초겨울에 접어든 것이다. 매천은 늦가을에서 초겨울로 접어드는 때에 주변을 유심히 살펴보았다. 늦가을 풍경에서 자신의 심경을 드러낼 만한 정수를 뽑아 시를 전개하였다.

'꽁꽁 언 참새[凍雀]'는 감성적으로 바라본 참새의 모습이다. 그는 자신이 추운 것을 참새에 투영하여 표현하였다. 참새가 슬피 우는 것 역시 같은 맥락에서 이해할 수 있다. '석양[夕陽]'은 하루 중 가장 쓸쓸한 시간을 나타낸다. 연중으로 치면 늦가을과 같고 사람의 일생으로 치면 노년에 해당된다. 이미 늙어버린 자신의 신세와 꽁꽁 언 참새는 뜻을 펴보지 못하고 움츠리고 있는 동일한 모습으로 여겨지기도 한다.

'추운 산[山寒]'은 낙엽이 진 쓸쓸하고 적막한 산이다. 그래서 나무꾼이 움츠리고 있다고 하며 자신의 감정을 투영했다. '줄어든 냇물[溪斷]'은 물레방아소리를 듣고 알게 된 사실이다. 물레방아는 물이 일정량이

85 『황현전집』의 정오표에는 '連'을 '健'으로 바꾸라고 되어 있으나, 『매천전집』(호남학연구소 편), 『매천시집』(석인본)에는 '連'으로 되어 있으며, 정오표에는 고치라고 한 글자가 이미 고쳐져 있는 경우도 있음. 또한 시의 내용으로 보아 늦은 가을에 해당된다. 닭은 날씨가 추워지는 때에 병아리를 부화하지 않기 때문에 병아리를 뜻하는 '健'자는 적합하지 않다.

86 「絶句」(1900), 『梅泉集』 권3, 『문집총간』 권348, 454c면.

차야 돌아간다. 비가 오거나 냇물의 수위가 높은 여름철에는 일정한 속도를 내며 돌아가서 방아소리가 자주 들리지만, 가을이 되어 냇물 수위가 낮아지면 돌아가는 시간이 길어져 소리도 뜸해지게 된다. 매천은 물레방아소리가 최근 뜸해진 것을 깨닫고 다시 가을이 깊어진 것을 확인하였다.

이 시는 청각과 시각을 통해 주변의 대상을 형상하였다. 특히 시의 저변을 깔고 있는 매천의 수심이 '언 참새', '석양', '추운 산', '줄어든 냇물' 등에 투영되어 그대로 나타났다. 늦가을의 풍경에서 볼 수 있는 여러 가지 소재들이 매천의 감정과 서로 배합을 이루어 형상화되고 있다. 이처럼 가을에 읊은 시는 대부분 쓸쓸한 심상을 드러내고 있다.

9 함박눈이 내릴 때

매천은 함박눈이 내리는 만수동의 모습에서 새로운 의경을 발견해 냈다.

언뜻 보니 서쪽 골짝 쌓이더니만	俄看漲西峽
잠깐 사이 이미 뜰을 뒤덮었는데	倏已覆中庭
바탕은 있으나 끝내 변해 버리고	有質終成幻
소리 나는듯하나 분별할 수 없네	如聲不辨聽
몇 그루 강기슭 나무는 짧아지고	數行江樹短
한 줄기 들녘 바람에 어둑해지니	一道野風冥
지금 당장 초은시를 읊어 보려고	徑欲歌招隱
갖옷 입고 냇가 정자 나가보누나.[87]	披裘出澗亭

87 「大雪拈唐詩韻」(1902), 『梅泉集』 권4, 『문집총간』 권348, 466c면.

만수동에 눈이 많이 온 풍경을 읊고 있다. 서쪽 골짝이 어둑해서 눈이 내리는가 싶었는데, 잠깐 사이에 집 마당이 온통 눈에 덮여 버렸다. 소리 없이 내리는 눈의 특징이다. 매천은 눈을 유심히 관찰해 보았다.

눈은 분명 색깔도 있고 만질 수도 있다. 하지만, 날씨가 따뜻해지면 결국 물이 되어 사라지게 된다. 또 세상을 온통 하얗게 바꿔버리지만, 소리조차 내지 않는다. 그래서 매천은 눈이 그 실체가 없고 단지 눈에만 보이는 환상으로 여겼다.

강기슭에 있는 나무들은 눈이 쌓이면서 그 키가 상대적으로 작아지고, 들녘에서 부는 바람에 눈이 날려 주위가 어둑해지기도 했다. 강가의 나무는 산에 있는 나무와 달리 빽빽이 모여 있지 않기 때문에 그 높이를 쉽게 분별할 수 있다. 그렇기 때문에 눈이 쌓이는 과정을 쉽게 확인할 수 있다. 그리고 들녘 바람은 매천이 바라보는 풍경의 긴장감을 더욱 고조시키는 역할을 한다. 함박눈이 내릴 때면 구름이 잔뜩 끼어 사방이 어둑어둑한데 바람이 불어 눈보라까지 휘날리면, 주위는 더욱 어두워지며 새로운 의경을 만들어 낸다.

매천은 「초은시(招隱詩)」[88]를 떠올렸다. 이 시는 왕희지(王羲之)가

---

88 「招隱詩」의 招隱은 은자를 부른다는 뜻으로 左思의 「招隱詩」에, "채찍을 잡고 간 은사를 부르려 하나, 거친 길이 예나 지금 가로막았더라. 바위 굴 속에 집도 없는 채, 언덕에서 거문고 소리만 들리네.[杖策招隱士, 荒塗横古今. 巖穴無結構, 丘中有鳴琴.]"라고 하였다. 여기에 나오는 은사는 바로 전국시대 齊나라 사람인 魯仲連이다. 「魯仲連列傳」을 보면, 그가 趙나라에 있을 때에 秦나라를 물리쳤는데, 상과 벼슬을 모두 사양하고 떠나면서 말하길, "내가 부귀를 누리면서 남에게 굽실거리는 것보다는, 차라리 빈천하더라도 세상을 자유롭게 살겠다."라 하고는 동쪽 바다를 향해 갔다고 한다.(「魯仲連列傳」, 『史記』 제83권, 사고전서 전자판). 매천은 여기에서 큰 눈이 내리는 풍경에 감흥을 일으켜 「초은가」를 부르던 것인데, 그 내면에는 노중련의 호탕한 모습을 염두에 두고 있었던 것 같다.

눈 내린 밤에 잠에서 깨어 홀로 흥이 나 술 마시며 읊었던 것이다.[89] 매천은 이러한 풍경은 평소에 볼 수 없기 때문에 왕희지가 그랬던 것처럼 자신도 「초은시」를 읊으려고 하였다. 그는 눈이 내리는 풍경을 좀 더 가까이에서 보려고 냇가의 정자까지 나갔다. 그곳은 시상을 더욱 넓혀주는 공간이었다.

이 시는 함박눈이 내리는 겨울풍경에 시상이 일어 읊은 것이다. 매천은 눈 내리는 풍경을 보면서 눈이 지니고 있는 특징을 나타내기도 하고, 눈 쌓인 풍경을 통해 새로운 의경을 만들어 내기도 하였다. 또한 부귀를 버리고 자유롭게 살길 원했던 노중련(魯仲連) 고사를 떠올리며 「초은시」를 읊조리기도 하며 은자의 기상을 드높였다.

〈사진17〉 함박눈이 덮인 나무

89 「王徽之列傳」, 『晉書』 제80권, 사고전서 전자판.

10 소결

이 절에서는 만수동의 계절이 바뀌는 것에 따라 매천의 시가 어떻게 변화하는지 살펴보았다. 그는 계절이 바뀌는 하늘의 이치에 순응하며 자신도 함께 변하였다. 봄을 기다리면서는 기쁘고 설레는 마음이 있었고, 봄을 보내면서는 아쉬움이 가득했다. 또한 여름에는 무성한 그늘과 장마, 뭉게뭉게 피어나는 구름을 보며 흡족한 마음을 드러냈다. 하지만, 가을에는 대부분 애달프거나, 쓸쓸하거나, 슬픈 표현을 주로 사용하여 읊었다. 매천에게 가을이 주는 이미지는 서글픔이었다. 겨울에는 눈 내린 풍경에서 새로운 의경을 시에 담으려고 노력하였지만, 그 내면에는 역시 세상과 단절된 은자의 삶을 반영하고 있었다.

매천은 만수동의 은거생활에 구안실을 건립하여 독서와 강학을 하면서 그런대로 만족하는 삶을 보냈다. 그런데 가난한 삶은 어쩔 수 없었다. 만수동의 척박한 농토에선 농사가 날씨와 기후에 의존하기 때문에 항상 여기에 민감하게 반응할 수밖에 없었다. 매천 역시 이를 벗어날 수 없었기에 그의 시에는 계절에 따라 주변 풍경을 세밀하게 표현한 것을 볼 수 있다. 그리고 기본적으로 만수동의 은거 생활은 계절의 변화에 순응하며 천리를 따르는 삶을 고수하고 있었다.

11 장 마무리

은둔자의 삶에서 매천의 시는 크게 세 부분으로 나누어 살펴보았다. 첫 번째는 그가 만수동에 은거하면서 그 생활에서 오는 심상의 변화가 어떻게 나타나는지 살펴보았다. 처음 만수동에 은거할 적에는 자신의 절개를 위해 마음을 다잡으며 다짐하기도 했다. 그런데 만수동은 척박한 토지에 농사를 생계로 하기 때문에 그 역시 궁핍한 생활을 면할 수 없었다. 만수동 생활은 가난한 삶으로 일관하는데, 그는 가난에도 불구하고 근검절약을 몸소 실천하면서 소박한 은둔자의 삶을 보여줬다. 그래서 은거 생활이 십년을 넘기자, 그는 만수동 생활에 자족하며 스스로 무릉도원이라고까지 표현하였다.

두 번째는 매천의 은거생활의 핵심이 되는 호학(好學)의 삶을 살펴보았다. 그는 만수동 초기에 구안실을 건립하여 독서와 강학을 위한 공간을 마련하였다. 그 뒤 공간이 좁고, 특히 장마철에는 습기가 많아서 일립정을 추가로 건립하게 되었다. 이때부터 그의 은거 생활은 독서와 강학, 그리고 풍류가 함께 어우러질 수 있었다. 그는 은거 도중 힘든 일을 겪을 때는 찾아온 벗에게 자신의 어려움을 토로하며 다시 마음을 다잡기도 하였다. 그리고 세상을 버리고 절개를 위해 자신이 꼭 해야만 하는 독서와 강학을 실천하며 그 속에서 기쁨을 찾았다. 결국 그는 절개를 실천한 은둔지사로 스스로를 높이며 자신의 삶에 가치를 부여하였다.

세 번째는 산골에서 계절의 변화에 민감하게 반응하면서 순응하는 삶을 살펴보았다. 농사를 생계 수단으로 하고 있는 만수동의 일상생활은 날씨와 기후에 순응하며 살아갈 수밖에 없다. 매천 역시 그곳 주민으로 날씨와 기후에 민감할 수밖에 없었다. 그는 계절에 따라 시상을 달리 하였다. 봄에는 기쁨, 여름에는 흡족함, 가을은 쓸쓸함, 겨울은 은둔자의 삶을 각각 읊었다. 그는 계절이 갖는 고유한 특징에 자신의 정감을 투영하여 시를 읊조렸다. 이는 자연의 이치에 순응하는 삶의 모습을 보여준다고 할 수 있겠다.

Ⅲ. 여행자의 삶을 노래하다

매천시를 연도별로 살펴보면, 시기에 따라 시 창작 편수가 달라지는 것을 볼 수 있다. 과거시험을 준비하는 기간, 가세가 기울어 이사를 가던 해, 양친의 상례기간 등에는 시 편수가 현저히 적게 나타났다.

〈표4〉 매천시의 연도별 편수[1]

연도	수	연도	수	연도	수	연도	수	연도	수	연도	수
1876	85	1882	3	1888	5	1894	0	1900	142	1906	118
1877	103	1883	8	1889	38	1895	117	1901	83	1907	45
1878	67	1884	15	1890	21	1896	70	1902	108	1908	229
1879	52	1885	30	1891	15	1897	116	1903	87	1909	22
1880	66	1886	7	1892	7	1898	137	1904	41	1910	9
1881	3	1887	18	1893	0	1899	43	1905	42	미상	119

1 이 표는 한국고전번역원에서 간행된 『梅泉集』과 호남학연구소에서 간행된 『梅泉全集』을 바탕으로 작성하였다.

1880년 이전의 매천은 개성 왕씨 집안[2]의 인사들과 시를 주고받으며 활발한 교유활동을 했다. 이 시기 그는 서울을 출입하며 강위(姜瑋, 호 秋琴), 이건창(李建昌, 호 寧齋), 김택영(金澤榮, 호 滄江), 신정희(申正熙, 호 香農), 박문호(朴文鎬, 호 壺山) 등 당대의 뛰어난 시인들과 교유하였다. 또한 금강산과 경상도 지역을 유람하며 많은 기행시를 남기기도 했다.

그러나 유람을 다녀온 뒤 과거시험을 준비하기 위해 시를 거의 짓지 않았다. 1883년 과거에 낙방하고 고향으로 돌아온 뒤 은거를 결심하였는데, 이때부터 가세가 기울기 시작하였다. 결국 1886년 광양에서 구례 만수동으로 이사를 했다. 이 시기는 다른 시기와 비교해볼 때 시가 이례적으로 적은 것을 알 수 있다.[3]

1892년과 1893년에는 차례로 양친의 상을 당하였다. 그는 "어버이를 잃은 슬픔이 마음을 흔들고 살을 벗기는 듯해 인사에 얽매어 시 지을 겨를이 없었다"[4]고 스스로 밝히고 있듯이 이 시기에는 실제로 지은 시가 없다. 그런데 양친의 상례기간이 끝난 시점부터 많은 수의 시를 짓기 시작하였다. 그는 매년 봄이 되면 구례를 중심으로 그 일대를 유람

---

2 개성 왕씨 집안이란 川社 王錫輔(1816~1868)와 그의 세 아들(鳳洲 王師覺(1836~1895), 素琴 王師天(1842~1909), 小川 王師瓚(1846~1912))을 말한다. 왕석보는 일찍 세상을 떠난 매천 백부의 처남이다. 백부가 죽자, 백모는 매천 부친의 보살핌을 받았기에 매천은 자연스럽게 왕씨 집안과 가까워질 수 있었다. 매천이 구례 만수동으로 이사를 간 것도 왕씨 집안의 세거지가 그 근처에 있는 이유도 있었다.

3 만수동의 초창기에 지어진 『苟安室新稿』가 새롭게 발견된 것으로 봐서 당시 원고가 따로 존재했을 가능성을 추측해 볼 수 있다. 하지만, 현재로선 상고할 길이 없다. 『구안실신고』는 현재 간행된 매천문집 중 어디에도 포함되지 않았다.

4 "余以壬辰六月丁憂, 至明年二月丁內艱, 因廢詩不作, 非敢遵禮防. 蓋喪憂震剝, 人事轇轕, 無暇乎詩也."(「四月二十日夜五鳳山塾作」(1895), 『梅泉集』 권1, 『문집총간』 권348, 420d면).

하면서 시를 지었다. 특히 김택영이 『매천집』을 간행할 적에 발문에서 그의 시를 평하면서, "만년에 대성하였다"[5]고 한 것을 보면 상례기간이 끝난 시기부터 시가 체계를 갖추고 완숙되었던 것으로 보인다.

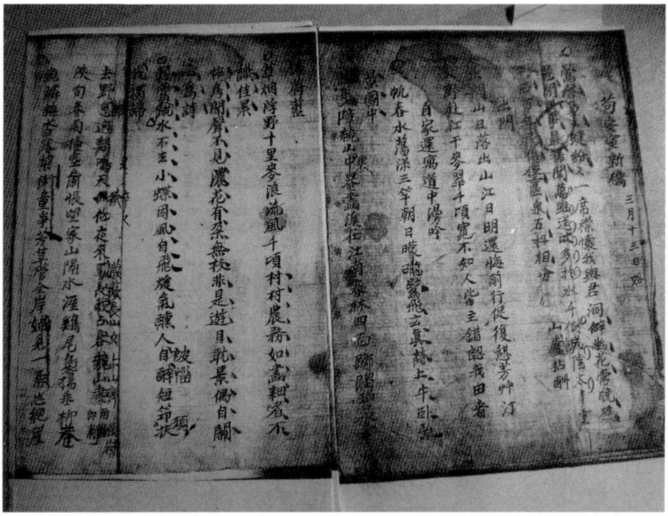

〈사진18〉 『구안실신고』(순천대박물관 소장)

이처럼 매천의 시는 시기에 따른 굴곡이 있는데, 그중 전 시기에 걸쳐 고르게 창작되고 전체의 삼분의 일을 차지하고 있는 것이 기행시이다. 큰 비중을 차지하는 만큼 따로 한 장을 두어 매천이 평생 유람하면서 지은 시를 살펴보려고 한다. 특히 매천은 유람에 대해서, "금경(禽慶)과 향장(向長)[6]의 자취와 나란히 할 수 있다면, 내 자신 야위어 감을 한스러워 하지 않겠다[但得齊蹤禽向, 自家不恨枯黃.]"고 읊을 정

5 金澤榮, 「跋」, "詩盖晚而大成."(黃玹, 『梅泉續集』, 『문집총간』 권348, 560b면).

6 금경과 향장은 다음 시에 자세히 나온다.

도로 남다른 애착을 지니고 있었다.

매천이 유람을 즐긴 이유는 새로운 곳을 경험하면서 견문을 넓히려는 것도 있지만, 그 이면에는 자신이 살고 있는 나라의 곳곳을 직접 체험하고자 했기 때문이다. 또 그는 전국을 다니면서 마주한 낯선 풍경과 홍미로운 풍습을 시에 그대로 담으려고 노력했다. 여행은 시를 짓는데 좋은 소재와 동기를 제공해 주었다.

매천의 유람은 일상의 공간을 벗어나 정감과 시상의 확대를 가져다주었다. 한정된 공간에서 가지지 못했던 생각을 유람을 통해서 할 수 있었다. 이 장에서는 유람을 크게 세 부분으로 구분하였다. 첫째, 평소 진지한 삶의 태도는 자성과 성찰을 기본으로 삼았다. 낯선 풍경에서 얻은 감흥 역시 자신을 돌아보는 계기가 되었다. 이 때문에 낯선 풍경이 주는 감흥을 통해 일상을 벗어난 지식인의 삶의 면모를 알 수 있다.

둘째, 매천은 곳곳을 유람하면서 산과 강의 아름다운 경치를 접하였다. 그는 승경지를 만나면 곧장 시에 담으려고 했다. 특히 그의 눈에는 산과 강이 그림처럼 아름다웠다. 이 때문에 자연의 아름다움을 읊은 시에는 '시중유화(詩中有畵)'를 연상할 수 있는 구가 많다.

셋째, 매천은 낯선 지역을 다니면서 그 지방 풍습에 홍미를 가졌다. 각 지방마다 특산과 특색, 고유한 풍속이 있고, 과거의 역사도 품고 있었다. 그에게는 이 모두가 홍미로운 삶의 현장이었다.

매천이 유람하면서 지은 시를 보면 눈으로 보는 것처럼 그 풍경을 상상할 수 있고, 손으로 잡는 것처럼 생동감 있게 느껴진다. 직접 체험하면서 예리한 시각으로 대상의 참 모습을 파헤쳐 자신의 정감을 그대로 나타냈기 때문이다. 그래서 독자는 그의 시를 이해하다보면 어느 순간 그가 여행하면서 겪은 시공간을 체험하게 되는데, 간접체험을 넘어서 직접체험을 한 것 같은 착각이 들기도 한다. 매천의 시가 현장의 정수를 그대로 담아내었기에 가능한 일이다.

이처럼 핍진하고 생동감 있는 시를 보면, 그가 유람하면서 만난 곳을 단순한 경치나 현실도피처로 여기는 것이 아니라, 민족의 터전으로 여기며 그려낸 것임을 짐작할 수 있다.[7]

이 장에서는 매천이 여행 도중에 지은 시를 통해 여행자로서의 지식인의 면모를 살펴보기로 하겠다.

1. 낯선 풍경이 주는 감흥

매천은 집을 나서는 순간 나그네가 된다. 이때부터 그의 눈에 들어오는 산과 강은 모두 나그네의 시선으로 바라본다. 일반적으로 나그네의 심상은 집에 있을 때와 사뭇 다르다. 같은 풍경을 보더라도 집에서 보는 것과 나그네의 처지로 보는 것은 연상되는 대상이나 감정의 깊이가 다르기 때문이다. 예를 들어 밝은 달을 바라보며 느끼는 감정이 집에서 보는 것과 나그네로 보는 것이 질적으로 같을 수 없다. 이는 자신의 처지에 따라 대상을 인식하는 정감이 변하기 때문이다. 이 절에서는 나그네로서의 심상이 시에 어떻게 드러나는지 살펴보기로 하겠다.

7 이희목(2010), 24면.

1 여행의 설렘

매천은 집을 떠나 산과 강을 유람하는 것을 평생 갈망하였다. 평소 그가 유람을 얼마나 원하고 있었는지 다음 시를 통해 알 수 있다.

수염 눈썹 산수보다 검푸르고	須眉碧于山水
옷과 갓은 안개 서리 물들었는데	衣笠染盡煙霜
금경 · 향장 자취 따라할 수 있다면	但得齊蹤禽向
내 자신이 야위어도 한이 없으리.[8]	自家不恨枯黃

1895년에 순강(鶉江)을 지나면서 지은 시이다. 이 시는 6언의 기승전결로 되었으며 총 4수로 이뤄졌다.[9] 순강은 순자강이라고도 불리며 섬진강의 이칭이다. 매천은 「영의정기(永矣亭記)」에서, "순자강은 두 원류를 지닌다. 남쪽 원류는 장흥군에서 시작하여 북쪽으로 꺾여 동으로 흘러 순천과 곡성을 지나 압록진에 이른다. 여기에서 북쪽 원류인 남원으로부터 온 물과 합쳐진다"[10]라고 하였다. 순강은 섬진강의 다른 이름이지만, 여기에서는 특별히 압록진의 하류를 말하고 있다.

---

8 「鶉江途中」四首中一首(1895), 『梅泉集』 권1, 『문집총간』 권348, 430c면.

9 이 시의 1수는 매천이 여행을 얼마만큼 좋아하는지 읊으며 이번 유람의 발단이 되고 있다. 2수는 집을 나설 때의 풍경을 상기시키며 이번 유람이 시작된 시점을 읊고 있다. 3수는 유람 도중에 펼쳐진 장면을 파노라마식으로 읊으며 유람의 절정을 보여주고 있다. 그리고 위의 4수는 쓸쓸하고 처량한 풍경을 읊으며 잔잔히 감정을 추스르고 있다. 이처럼 이 시 4수가 기승전결의 구조를 이루고 있는 듯 독특한 구성방식을 볼 수 있다. 이러한 방식은 「筏橋雜絶」 4수와 비슷한 구성을 지니고 있다.(이희목(2010), 6~9면).

10 "鶉子江有兩源. 其南源出自長興郡, 北折而東. 經順天 · 谷城, 至鴨綠津. 與北源之南原來者合."(「永矣亭記」, 『梅泉集』 권6, 『문집총간』 권348, 503b면).

〈사진19〉 섬진강

이 시를 지은 해는 매천이 양친의 상사를 모두 마친 해이다.[11] 그는 상례를 치르는 기간에는 시를 전혀 짓지 않았다. 담제가 끝나고 나서야 비로소 시도 짓고 외출도 하였다. 그는 자신의 수염과 눈썹이 산수보다 더 푸르다고 표현하면서 산수를 가까이 하고 싶은 마음을 나타냈다. '수염과 눈썹[須眉]'은 얼굴의 의표(儀表)를 말할 때 가장 먼저 얘기가 된다.[12] 그래서 수염과 눈썹이 산수보다 푸르다는 것은 그 사람의 얼굴을 산수와 비교할 정도로 조화를 이루고 있다는 것이다. '옷과 갓[衣笠]'은 겉으로 드러나는 의표인데, 자연의 안개와 서리에 물들어 버렸다고 하였다. 그는 수염과 눈썹, 옷과 갓을 통해 자신이 자연과 얼마

11 매천은 1892년에 부친상을 당하고, 이듬해에 모친상을 당하여 삼년상을 모두 마친 해가 1895년이 된다. "임진년(1892) 6월에 부친상을 당하고 이듬해 2월에 모친상을 당하고는 줄곧 시를 짓지 않았는데, 감히 예법을 준수하고 있었던 건 아니었다. 어버이를 잃은 슬픔이 마음을 흔들고 살을 벗기는 듯하였고, 인사가 시끄러워 시를 지을 겨를이 없었던 것이다.[余以壬辰六月丁憂, 至明年二月丁內艱, 因廢詩不作, 非敢遵禮防. 盖喪憂震剝, 人事轇轕, 無暇乎詩也.]"(「四月二十日夜五鳳山塾作」(1895), 『梅泉集』 권1, 『문집총간』 권348, 420d면).

12 "凡稱男子之儀表, 必先言其鬚髯, 曰美鬚髯."(李圭景, 「人事篇-身形-鬚髯辨證說」, 『五洲衍文長箋散稿』, 한국고전종합DB).

나 가까운지 드러내고 이미 산수에 심취된 자신의 모습을 형용하였다.

'금경(禽慶)'과 '향장(向長)'은 마음 내키는 대로 오악(五嶽)의 명산을 찾아다니며 죽은 곳도 알려지지 않은 사람들이다.[13] 후대 사람들은 이 둘을 인용하여 명산대천을 떠돌아다니며 노닐고 싶은 마음을 나타내었다. 매천은 이들을 시에 인용하여 천하를 유람하고 싶은 소망을 드러냈다. 특히 마지막 구에서 몸이 야위더라도 유람을 하겠다고 하였다. 여기에서 '야위다[枯黃]'는 것은 유람을 위해서는 궁핍한 생활도 감수하겠다는 강렬한 의지를 드러낸 것이다. 이 표현은 그의 유람에 대한 갈망을 더 이상 의심할 수 없게 한다.

이 시에 등장하는 '須眉', '衣笠', '禽向', '枯黃' 등의 시어는 매천이 유람을 떠올리면서 도출해낸 정수에 해당한다. 그는 여기에 자신의 정감을 투영하여 위와 같이 유람을 선호하는 마음을 드러냈다. 하지만, 나그네의 생활이 항상 즐거운 것만은 아니었다.

2 나그네의 설움

나그네로 추석을 맞이해 지은 시이다. 객지에서 추석을 보내는 외롭고 서글픈 심정이 다양한 측면으로 나타난다.

좋은 때에 이 밤을 맞이했는데	佳辰當此夜
어인 일로 강가 모래톱 이르렀나?	何事到江洲

13 "向長, 字子平, 河內朝歌人也. 隱居不仕, 性尙中和, 好通老·易. …中略… 讀易至損益卦, 喟然歎曰, '吾已知富不如貧, 貴不如賤, 但未知死何如生耳.' 建武中, 男女娶嫁旣畢, 勅斷家事, 勿相關, 當如我死也. 於是, 遂肆意與同好北海禽慶, 俱遊五嶽名山, 竟不知所終."(「向長傳」, 『後漢書』 제113권, 사고전서 전자판).

들판 색은 집집마다 달이 비추고	野色家家月
벌레 소린 하나하나 가을 알리니	蟲聲箇箇秋
사람들은 좋은 과일 묘소 올리나	果香人薦墓
나그네는 타향에서 누대 오르고	鄕遠客登樓
꿈속은 찬 등불처럼 어지러우니	夢與寒燈亂
하늘가에 저만 홀로 시름에 겹네.[14]	天涯獨自愁

매천은 나그네로 좋은 시절을 만나자, 잠 못 들어 강가 모래톱에 나갔다. '좋은 때[佳辰]'는 중추가절이고, '강가 모래톱[江洲]'은 고향에 대한 그리움에 잠을 이룰 수 없어서 나온 곳이다. 고향이 그리워 강으로 나온 이유는 강은 세상 어느 곳이든 다 통하여 서로 떨어진 곳을 물리적으로 이어주기 때문이다. 애초에 강은 길을 단절시켜서 이별의 장소가 된다. 하지만, 동시에 끊임없이 이어지는 연속성이 떨어진 곳을 이어주기도 하고, 끝없는 그리움을 질적으로 대변해 주기도 한다. 이 때문에 떨어져 있는 사람이 그리울 때 강가에 나가는 것이다.

매천은 나그네로 명절을 맞이하자 서글픈 마음이 들었는데, 강가에 나가 그나마 시름을 풀 수 있었다. 그는 당시 자신의 시름을 표현하기 위해 '좋은 때'와 '강가 모래톱'을 집어내어 정감을 투영하였다.

하지만, 강가에서 보고들은 '달[月]'과 '벌레소리[蟲聲]'는 오늘이 중추가절이라는 것을 알리게 하여 그의 심정을 더욱 서글프게 만들었다. 휘영청 밝은 보름달은 눈에 들어오는 모든 집들을 비추어 오늘이 명절인 것을 다시 알리고, 가을밤의 귀뚜라미 소리는 이곳저곳에서 마치 추석을 알리는 것처럼 울어댔기 때문이다.

---

14 「客中八月十五日」, 『梅泉全集』 권3, 호남학연구소, 272면.

흔히 보고 들을 수 있는 두 대상을 유심히 관찰하여 자신의 정감을 투영하고 나니 나그네의 시름은 더욱 커지고 말았다. 시름 때문에 강가에 나왔지만 오히려 더 시름겹게 되었다. 게다가 고향에 있는 사람들은 과일을 준비하여 조상님 묘소에 성묘를 하는데, 자신은 아무것도 할 수 없어서 더 서글퍼졌다. 그래서 혹시라도 고향이 보일지 몰라, 높은 누대에 올라갔다. 다른 사람과 비교하여 상대적인 고독과 슬픔을 느끼면서, 누대에 오르는 모습에는 고향을 그리는 애틋한 심정이 드러난다.

매천은 꿈에서조차 편안하지 않았다. 일반적으로 꿈속은 현실의 외로움과 설움을 한꺼번에 극복할 수 있다. 하지만 지금 그에게는 이러한 꿈조차 허락되지 않았다. 그는 극한에 달하도록 서글픈 나그네의 심정을 이 시에 드러낸 것이다. 그리고 나그네가 추석을 맞아 홀로 객지에 있는 것이 얼마나 외롭고 서글픈 일인지 상상할 수 있게 하였다.

이 시에는 객지에서 추석을 맞이한 매천의 심경이 고스란히 드러나 있다. 특히 명절을 지내는 다른 사람들과 비교하여 자신의 외로움을 크게 부각했다. 그는 강가에도 나가고 다락에도 오르지만, 외롭고 서글픈 마음은 점점 더 깊어지고 있다. 빨리 잠들어 잊으려고 해도 잠들지도 못한 채, 어쩔 수 없이 괴로워해야만 하는 나그네의 심정을 고스란히 표출했다. 이는 객지에서 명절을 맞은 매천이 고향을 그리워하는 정도의 깊이를 보여주기도 한다. 객지를 유람하는 것이 비록 하고 싶은 일이지만, 언제나 좋은 것만은 아니라는 것을 단적으로 보여준다.

3 자아성찰

배를 타고 섬진강을 따라 내려가면서 지은 시이다. 십년 만에 같은 곳을 다시 지나게 되어 자신의 삶을 돌아보며 스스로에게 반문하고 있다.

하루 종일 강을 따라 내려가나니	終日循江下
물가 모래사장 눈에 익어 가는데	汀洲慣眼成
북소리 끊긴 곳 배에 안개 무겁고	鼓喑船霧重
돛 찢어진 곳 저자 바람 비릿하네	帆裂市風腥
눈 다 녹은 남악산이 비껴져 있고	雪盡橫南岳
하늘 푸르러 동정호에 들어가는 듯	天青入洞庭
십년이 지나도 또한 그대로인데	十年亦陳跡
무슨 일로 여길 거듭 지나가는가?[15]	何事此重經

이 시는 매천이 만수동에서 하동으로 갈 적에 지었다. 만수동 골짝을 나와 섬진강이 보이는 곳이 구례 간전면이다. 여기에서 하동으로 가려면 섬진강을 따라 내려가야 된다. 섬진강은 남원과 보성에서 흘러오는 두 지류가 압록진에서 만난다. 그리고 동쪽으로 물굽이를 돌려 구례군과 오봉석벽을 지나 화개면까지 간 뒤에 다시 남동쪽으로 꺾여 하동으로 흘러간다.

매천은 만수동을 나와 간전면에서 섬진강을 따라 내려가는 길이다. 지리산이 가로막고 있다는 것으로 보아 아직 화개면을 가기 전이

15 「沿蟾江東下河東」(1887), 『梅泉集』 권1, 『문집총간』 권348, 415d면.

다. 하동에는 성혜영(成蕙永)[16]과 조정현(趙正顯)[17] 등이 사는 곳이다. 1879년에도 하동에 가서 성혜영과 함께 진암(陣巖)을 유람한 적이 있었다.[18]

매천은 하동까지 하루 종일 배를 타고 가야할 것을 생각하며 강가 풍경을 바라보았다. 이른 봄이라 섬진강 하류 곳곳에 있는 모래사장이 눈에 들어왔다. '하루 종일[終日]'은 매천이 하동까지 가는 시간을 나타낸다. 매천은 지난해 12월 만수동으로 이사하고, 겨울을 지낸 뒤 날이 풀리자 하동에 있는 벗을 방문하려고 집을 나섰다. 벗을 만나고 싶은 마음에 빨리 하동에 도착하길 바랐지만, 갈 길이 멀어 그렇게 할 수 없었다. 이때의 안타까움을 '하루 종일'로 표현하고 있다.

얼마나 갔을까 북소리가 끊어지더니 배에는 안개가 더욱 짙어지고, 돛이 찢어진 곳에서는 저잣거리의 비릿한 냄새가 풍겨왔다. 청각과 시각, 후각을 통해 당시 풍경을 세밀하게 관찰하여 나타냈다. 특히 '찢어진 돛[帆裂]'은 거친 풍파를 이겨낸 거룻배의 모습을 형용한 것으로 비릿한 냄새를 풍기는 강가 특유의 모습으로 다가왔다.

배가 물안개를 지나 물결을 따라 유유히 가다보니 눈이 다 녹은 남

---

16 매천은 南坡 成蕙永(1844~?)과 석정 이정직, 소천 왕사찬을 남방의 시인으로 높이 여겼다. "近日南方之詩, 於嶺右推成南坡, 湖右推李石亭, 其稱鼎足而駸駸欲執耳者. 吾鄉有王小川先生, 皆風流弘長, 一時詞林之望也."(「壽王小川六十一歲序」, 『梅泉全集』 권2, 호남학연구소, 50면).

17 『매천집』에 이 시 다음에 「訪河東使君, 趙東石正顯, 信宿郡齋.」라는 시가 편차되어 있다. 東石 趙正顯을 使君이라고 한 것으로 보아 당시 하동군수를 하고 있는 것을 알 수 있다. 이 시는 모두 2수로 되어 있는데, 둘째 수에서는 "흥이 나서 백리도 멀다 않고, 거룻배를 타고 곧장 와서 만났네.[興來無百里, 輕舸卽相從.]"라 읊고 있다.

18 이때 지은 시가 두 수 있다. 「河東水城村訪南坡」(1879) · 「携南坡至陣巖」(1879)(『梅泉全集』 권3, 호남학연구소, 165면).

악산[지리산]이 눈앞을 가로막고 있었다. '지리산[南岳]'은 안개가 걷힌 뒤 눈앞에 펼쳐진 풍경이다. 구례에서 하동으로 가는 길에 지리산의 풍경이 펼쳐지는데, 이는 물길이 화개면에서 남동쪽으로 꺾이기 전까지이다. 구례에서 화개면까지는 뱃길로 10리가 조금 넘는데, 시상은 이 사이에서 모두 이루어진 셈이다.

다시 시선을 하늘로 옮기니, 그 크고 푸름은 마치 배가 동정호(洞庭湖)에 들어가는 것 같은 기분이 들게 했다. 동정호는 중국 호남성(湖南省)에 있는 호수로 과거 문인들이 시에 등장시키며 관습적으로 사용해 왔다. 푸르고, 넓고, 크다는 이미지를 가지고 있다. 매천은 많은 문사들이 관습적으로 읊은 동정호를 인용하여 아름다움을 표현하였다.

이처럼 주변 풍경을 보고 있자니, 십년 전 이곳을 지나던 때가 기억났다. 그때나 지금이나 이곳 풍경은 별다른 변화가 없는데, 십년이란 세월에 자신은 감회가 새로웠다. '그대로이다[陳跡]'는 십년 전과 같은 섬진강의 모습을 표현하여 유한한 인간의 삶과 대비를 이루고 있다. 그런데 십년 전과 별반 달라진 것 없는 자신을 뜻하기도 한다. '거듭 지나간다[重經]'는 표현에서 '거듭'이 섬진강의 풍경과 자신이 예나 지금이나 다름이 없다는 것을 암시하고 있는 듯하다.

일반적으로 인간사는 변하기 마련이지만, 매천은 그렇지 않은 자신에게 반문하고 있다. 그는 끊임없이 변하는 인간사를 강물이 흘러가듯 멈추지 않는 시간으로 여기고 그 속에서 새로워지지 않고 머물러 있는 자신의 모습을 형상해 내었다. 이 여정에서 그는 새로워져야 하는 자신의 삶을 스스로 돌이키며 성찰하는 계기로 삼았다.

5 자연의 이치 발견

산골에 있는 집을 나서서 강가에 이르렀을 때 지은 시이다. 이 길을 걷는 도중에 산과 강을 보며 깨달은 이치를 시로 나타냈다.

문 나설 땐 산에 해가 뉘엿뉘엿	出門山日落
산 나서니 강에 해가 아직 밝네	出山江日明
앞 길 재촉한 게 도리어 후회되어	還悔前行促
방초 가에서 다시 휴식을 취하네.[20]	復憩芳草汀

문을 나설 때는 해가 이미 진 상태였으나, 산을 나서니 아직 해가 강에 떠 있었다. 매천이 살던 만수동은 산골에 있었기 때문에 해가 일찍 지는 곳이었다. 그래서 집을 나서면서 발걸음을 재촉했는데, 강가에 이르자 아직 해가 있었다. 그제야 주변 경치도 제대로 보지 못하고 급히 지나온 것을 후회하였다. 그래서 강가의 방초 옆에 앉아 기분을 전환했다.

'산[山]'은 나무숲이 우거지고 지형이 고르지 못해 해가 일찍 진다. 또 길도 험하고 다니는 사람도 적다. 반면, '강[江]'은 대체로 주변이 평지여서 산에 비해 해가 늦게 지며 길은 평평하고 인가도 근처에 있다.

'해[日]'는 뜨고 지는 것이 일정하나, 자신이 산에 있는지 강가에 있는지에 따라 다르게 나타난다. 그래서 매천의 발걸음이 빨라지기도 하고, 느려지기도 하였다. '방초[芳草]'는 숨을 돌리며 쉬는 장소로 계절이 봄인 것을 알려주는 시어이다.

매천은 집을 나선 뒤 자신의 행로를 있는 그대로 읊었다. 그는 산에

---

20 「出門」二首中一首(1896), 『苟安室新稿』, 순천대박물관소장, 1면.

서 발걸음을 재촉한 것을 후회했다. 한치 앞도 내다보지 못하고 허겁지겁 지나온 길을 돌아보았다. 비단 이번 행로에만 해당되는 것은 아니었다. 여행을 통해 자신의 삶을 돌아보는 일면이 드러난다고 할 수 있다.

6 지난날을 반성하며

영재 이건창을 제사하러 가는 길에 공주의 금강을 건너면서 지은 시이다. 매천은 이곳의 풍경을 보다가 지난날 벼슬을 구하려고 여기를 지나던 때를 떠올리며 부끄러워하였다.

백사장의 사람들은 배가 오길 기다리고	沙頭人坐望來舟
봄물에 상앗대가 모래톱에 모두 드러났네	春水全篙露半洲
산 계곡의 안개 걷혀 거센 강물 굽이치고	峽翠微分江勢轉
끊임없는 풀 바람에 강 언덕은 흐르는 듯	艸風不斷岸身流
호남 호서 승경지가 쌍수산성 이어지니	兩湖形勝連雙樹
백제국의 흥망성쇠 갈매기에 물어보고	百濟興亡問白鷗
술병 잡고 부끄럽게 나루 아전 대면하니	把酒羞看津吏面
지금까지 열 번이나 수령 찾아 건넜구나.[21]	曾經十渡訪諸侯

매천은 지난 해 이건창(1852~1898)의 부음을 늦게 들은 바람에 가지 못했다.[22] 이때 소상에 맞춰 비로소 길을 떠났다. 구례 만수동에서

21 「錦江」(1899), 『梅泉集』 권3, 『문집총간』 권348, 449c면.

22 이때 매천은 친구 尹泰卿(名 鐘均), 尹允伯(名 滎柱), 崔亨國과 함께 갔다. (「三月, 將往江華吊寧齋, 尹友泰卿, 尹允伯, 崔亨國從之. 路中拈春字.」(1899), 『梅泉集』 권3, 『문집총간』 권348, 448d면).

강화도까지 가는 긴 여정이었다. 그는 지나는 곳마다 감흥이 일면 곧장 시를 짓곤 했는데, 모두 14편을 지었다. 이 시는 그 중에서 공주의 금강을 제재로 삼아 지은 것이다.

매천은 배를 타고 금강을 건넜다. 시의 앞부분에서는 강 풍경을 그대로 읊었다. 배를 기다리는 반대편 사람들을 보다가, 봄이 되어 불어난 강물에 상앗대가 훤히 보이는 모습을 그려냈다. 그리고 강물이 흘러오는 곳을 바라보다가 안개가 사라지니 굽이쳐 돌아가는 물굽이가 보였다. 또 강가에 부는 바람에 풀이 하늘거려 마치 강 언덕이 흘러가는 듯했다.

'백사장머리[沙頭]'는 매천이 타고 있는 배가 곧 도착할 나루터이다. 그곳에는 배를 타려고 나온 사람들이 기다리고 있었다. 그는 관습적으로 나루터에서 연상되는 '기다림'을 자연스럽게 읊었다. '봄물[春水]'은 계절을 알려주는 동시에 불어난 강물을 상상하게 해준다. 게다가 상앗대가 물속까지 보인다고 하며 맑은 강물을 형용하여 당시 풍경을 고스란히 그려내고 있다.

'푸른 물안개[峽翠]'는 강 풍경을 사실적으로 드러내면서 마치 한 폭의 그림을 연상하게 만든다. 그리고 저 멀리 굽이쳐 흐르는 강물이 드러나면서 시간의 흐름에 따라 변하는 풍경을 실감나게 읊고 있다. '풀바람[艸風]'은 강변의 풀이 바람에 흔들리는 모습을 나타내었는데, 봄에 갓 올라온 여린 풀들이 바람 따라 물결치는 것이 마치 강둑이 흘러가는 것 같은 착각을 불러일으키게 하였다. 이러한 착각은 매천에게 시를 창작하게 하는 중요한 동기가 되고 있다.[23] 그는 금강의 모습을

23 착각이 창작의 동기가 된다는 것은 안대회의 '「한시와 시조 의상의 유형적 특질-착각

푸른 물안개와 물결치는 강둑을 특징으로 형상하였다.

'호남과 호서[兩湖]'는 금강을 두고 나누어지는 지역이다. 매천은 금강으로 인해 호남과 호서의 형승이 나눠지는 것에 생각이 미치자, 백제 때 건설된 공주의 쌍수산성까지 이어지고 있다. 그는 이곳이 요충지였다는 점을 생각하며 수많은 전쟁을 겪으면서 흥망성쇠를 거듭한 역사를 떠올리며 무상한 인간사를 느꺼워하였다. 또 이와 상대적으로 무심히 날아다니는 갈매기를 무한한 자연에 비유하여 자신의 복잡한 심경을 그려내고 있다.

마지막 연에서 매천은 그동안 금강을 건너던 자신의 모습을 돌아보고 있다. 배가 반대편에 도착할 무렵, 나루터에 기다리고 있는 아전을 통해 옛 일들을 연상하였다. 한때 벼슬을 위해 서울을 출입하면서 이 나루터를 수없이 지나갔는데, 지금 생각하니 부끄러운 마음이 가득했다. 금강을 건너며 과거를 회상하고 스스로 성찰하였다.

'백사장머리', '봄물', '푸른 물안개', '풀 바람', '호남과 호서' 등은 모두 금강을 보면서 떠올린 시어들이다. 매천은 금강을 건너면서 그 현장을 유심히 관찰한 끝에 그 정수를 집어내어 자신의 정감을 투영하였다. 처음에는 금강의 풍경을 있는 그대로 읊다가 나중에는 인사와 관련한 내용으로 이어지면서 무상한 인간사를 통해 자신의 모습을 성찰하고 있다. 이러한 내적 성찰은 무한한 시간속에 퇴락한 인간사를 만났을 때도 나타난다.

모티브를 중심으로」(『한국 한시의 분석과 시각』, 연세대학교 출판부, 2000)'에서 자세하게 다루고 있다.

7 유한한 인간의 삶

지도(智島)에 유배중인 운양(雲養) 김윤식(金允植, 1835~1922)을 만나러 가면서 지은 시이다. 매천은 이 여정에서 주변 풍경을 감상하다가 퇴락해버린 역사를 보며 유한한 인간사를 떠올렸다.

열흘 동안 장마 그쳐 차츰차츰 개이더니	十日乾霖冉冉晴
갈바람이 짚신으로 문득 가볍게 들어오네	西風忽入草鞋輕
강가 험한 산 밑에 소와 양의 길 나 있고	江干陡落牛羊路
밭가엔 조금 서늘한 수숫대 소리 들리누나	田際微凉蜀黍聲
어촌의 인가 연긴 퇴락한 역에서 피어나고	漁戶人煙生廢驛
관루의 나무 빛은 외로운 성에 가려졌네	官樓樹色隱孤城
문 나서면 먼 하늘 끝에 잊어버리게 되나	出門忘却天涯遠
바보 같은 나 늙을수록 정 깊어 저냥 웃노라.[24]	自笑痴儂老更情

김윤식은 7년 전 민비사건(閔妃事件)으로 인해 제주도에 유배되었는데, 일 년 전 지도 둔곡(屯谷)으로 이배되었다. 매천이 지도까지 가는 여정은 구례 토동에서 배를 타고 보성군 문덕면의 봉정리까지 간 뒤, 화순군 동면과 읍내를 지나, 나주시 다시면을 거쳐 함평군 엄다면에 있는 학포에서 배를 타고 지도로 들어가야 한다. 총 400리가 넘는 거리지만, 매천은 김윤식의 사람됨을 알고 있었기에 찾아갔다.

김택영(金澤榮)이 "(매천은) 평소 좋아하던 사람이 유배되거나 죽었을 경우 도보로 천리 길을 달려가 위문하는 경우가 많았다"[25]고 하였

24 「八月二十五日, 將往智島, 午發土洞, 沿江口拈.」(1902), 『梅泉集』 권4, 『문집총간』 권348, 469a면.

25 "其於生平所好者之遷謫死喪, 徒步走千里, 存吊者爲多."(金澤榮, 「黃玹傳」, 『梅泉集』

는데, 이때의 여정도 이러한 이유 때문이었다. 그리고 이 여정은 매천에게 유람의 시간이 되기도 했다.

가을에 내리는 장맛비가 차츰 개이더니 이제는 서늘한 가을바람이 짚신에 불어왔다. '비가 갠[晴]' 것은 비로소 길을 떠날 수 있게 된 것을 의미한다. '짚신[草鞋]'은 떠날 준비가 된 것을 나타낸다. 매천은 이 두 시어를 사용하여 집을 나서는 장면의 특징을 들어내었다. 특히 열흘 동안 비가 개기만을 기다린 것에서 떠나고픈 심정을 알 수 있다.

이어서 토동에서 배를 타고 가면서 주변 풍경을 읊었다. 함련과 경련에서 자연이 만들어 낸 풍경과 사람이 만들어 낸 풍경을 각각 표현하였다. '소와 양이 다닐만한 길[牛羊路]'은 사람들이 다니지 않는 곳에 만들어진 길이다. 매천은 강가의 풍경을 보다가 절벽 아래에 나 있는 작은 길을 보았다. 그 길은 사람이 다닐 수 없는 길이어서 소와 양 같은 짐승들이 다닌다고 표현하였다. '수숫대 소리[蜀黍聲]'는 가을철 밭에서 들리는 자연의 소리로 청각을 자극하였다. 그는 강가를 걸으면서 자연풍경을 눈과 귀로 즐기고 있다.

'퇴락한 역사[廢驛]'는 오래되어 무너진 역사를 말한다. 인공적으로 만들어진 역사는 자연의 긴 시간 속에 결국은 무너져 버렸다. 이는 자연적으로 생겨난 소와 양의 길에 비해 인공적인 역사는 한계를 드러내며 덧없는 인간사를 떠올리게 한다. 그리고 '외로운 성[孤城]' 역시 인간사의 서글픔이 배어있다.

매천은 어쩔 수 없는 인간사의 근심이 늙을수록 더욱 많아져 이제는 집을 나서고도 떨쳐버리지 못하였다. 그의 근심에는 집안 걱정이 컸

卷首, 『문집총간』 권348, 404b면).

다. 특히 이 시를 지은 해는 가난 때문에 만수동을 떠나 월곡으로 이사를 갔다. 시에서 '문을 나서는 것[出門]'은 여행의 시작이며 한편으로 일상을 벗어나는 측면도 있다. 하지만, 이제는 그렇지 않다. 길에서 본 퇴락해가는 역사는 서글픈 인간사의 모습을 보게 하여 일상의 근심과 걱정을 떠올리게 했다. 여행의 자유로움도 나이가 들고 정이 깊어져 전과는 달라진 것이다. 이때 그의 나이는 48세였다.

8 소결

이 절에서는 매천이 나그네가 되어 지은 시 중에 그의 심상이 드러난 작품에 초점을 맞추었다. 그는 집을 떠나 낯선 풍경을 보는 것을 즐거워했다. 심지어 자신의 몸이 야위는 것까지 감수하며 평생토록 여행을 떠나려고 했다. 드넓은 자연을 보고 있으면 호방한 뜻을 품게 되어 보잘 것 없는 인간사에서 가지는 근심과 걱정을 털어버릴 수 있었다. 하지만 실제로 그가 여행지에서 지은 시를 보면 단순히 현실도피처로 유람을 선택한 것은 아니었다.

매천에게 유람은 넓은 세상을 체험할 수 있게 하여 객관적으로 자신의 삶을 돌아볼 수 있는 기회를 제공해 주었다. 과거에 지나던 곳을 다시 지나면서 예전의 자신과 지금의 자신을 비교하며 스스로 발전했는지 반문하기도 하고, 여정을 마치 인생의 길처럼 여기며 지나온 삶을 돌아보기도 하였다. 또한 주변을 살피지 못해 한치 앞도 보지 못하는 자신을 일깨우기도 하였다. 이처럼 그에게 유람은 끊임없이 스스로를 단련해 가는 계기가 되었다.

매천은 대부분 낯선 풍경을 있는 그대로 형상하였다. 그의 눈에 들어온 모든 풍경은 시로 읊기에 충분하였다. 또 그는 현장의 정수를 집어내어 자신의 정감을 투영하는 것에 익숙했다. 무엇보다 여행자의 입장에서 낯선 풍경은 늘 새로운 의경을 일으켜 주었다. 자신이 본 풍경에 대한 애착 없이는 불가능한 일이다. 그가 아름답게 여기며 애착을 가진 풍경을 어떻게 형상했는지 다음 절에서 살펴보았다.

2. 자연의 아름다움

자연은 항상 우리 곁에 있지만, 일상에서 그 아름다움을 자각하기란 쉬운 일이 아니다. 여행을 시작하는 날 집을 나서면 그동안 보이지 않던 주변이 새롭게 보일 때가 있다. 여행이라는 특수한 상황은 일상생활을 벗어나는 것이기에 평소 지니고 있는 일상의 질서가 사라지고, 새로운 관념이 생겨나기 시작한다. 여행을 시작할 때 느끼는 홀가분한 마음이 익숙한 주변을 낯설게 보여주며 새로운 시상을 불러일으킨다.

매천이 집을 나서면서 바라던 즐거움은 아름다운 자연을 직접 경험하는 데 있었다. 그는 자신이 살고 있는 곳곳이 아름다움을 간직하고 있다고 생각하였다. 그래서 눈에 비친 풍경을 사소한 것까지 모두 포착하여 시의 소재로 삼아 읊조렸다. 매천이 지닌 세밀한 관찰력이 있기에 가능했겠지만, 무엇보다 자기가 태어나고 자란 이 땅에 대한 애착에서 비롯된 것이다. 이 절에서는 매천이 바라보는 자연의 아름다움을 그의 시를 통해 유추해보기로 한다.

1 새벽 포구에서

새벽에 한적한 초포(草浦)[26]를 지나면서 지은 시이다. 매천의 정감이 깊이 투영되어 있다.

벌교 남쪽 새벽달은 티도 없이 밝은데	橋南晨月白無痕
닭 울음은 들리지만 마을은 보이지 않네	祗是鷄鳴不見村
강가 길은 풀과 진흙 깊고 좁게 나있는데	水際草泥深逕處
발자국에 놀란 게가 옆으로 달아나네.[27]	驚隨人跡蟹橫奔

매천은 해가 뜨기도 전 밝은 달에 의지한 채 길을 나섰다. 길을 걷다가 닭 우는 소리가 들려 그 곳에 마을이 있는지 바라보았으나, 아직 어두워 보이지 않았다. 그는 흰 달빛과 닭울음소리만 존재하는 낯선 곳의 새벽길에서 시각과 청각을 중심으로 위와 같이 읊었다.

'새벽달[晨月]'은 시간을 나타내는 동시에 흰 빛의 색감을 띠며 새벽 풍경을 만들어내고 있다. '닭 울음소리[鷄鳴]'는 적막한 새벽 분위기를 전환시키는 기능을 하고 있다. 달빛과 닭 울음소리는 어느 농촌에서나 접할 수 있는 특별할 것 없는 풍경이다. 하지만 매천은 이 풍경을 세밀하게 관찰하여 그 정수를 집어내었다. 그래서 한 폭의 그림을 보듯이 선명하게 형상화되었다.

이어 발아래에서 일어나는 현상을 읊었다. 풀과 진흙으로 된 강가의 좁은 길에서 옆으로 도망가는 게의 모습을 포착하여 그대로 시에 읊으며 생동감을 불어넣었다. 여기에서 '깊고 좁은 길[深逕]'은 매천이 현재

---

26 초포는 전라도 벌교 근처의 강가에 있다.

27 「草浦晨行」(1878), 『梅泉全集』 권1, 호남학연구소, 384면.

서있는 곳이다. 이 길은 다니는 사람이 적고, 시골에 어울리며 나그네의 한적한 여정을 나타내기에 적당했다. 그는 이 길을 홀로 걸으며 달빛을 받고 닭 울음소리를 들으며 한가롭고 평온한 시골의 새벽 정취에 빠졌다.

'게[蟹]'는 발밑을 기어 다니는 작은 생명체지만, 매천에게는 중요한 시의 소재가 되었다. 그는 앙증맞은 게의 걸음에서 현재 자신이 있는 곳의 특징을 발견했다. 비록 보잘 것 없는 미물이지만 역시 자연의 일부이다. 그는 자연의 모습을 그대로 시에 담아내어 새로운 의경을 만들어냈다. 이는 자신이 살고 있는 이 땅에 대한 애착의 표현이라고 할 수 있다.

2 섬마을의 새벽 봄비

27세 때 섬마을의 어느 봄날 새벽에 가랑비가 내리고 있었다. 그 고즈넉한 풍경을 시에 담아냈다.

물안개 몽실몽실 피어나는 물가 마을에	烟霧濛濛水上村
복사꽃 핀 시절이라 새벽 향기 짙은데	桃花天氣曉氤氳
봄날의 강 수면엔 실 같은 가랑비 내려서	春江一面如絲雨
둥근 모래톱 해오라기 자취를 허물지 않네.[28]	不壞圓沙鷺坐痕

주변 풍경을 한 폭의 수채화처럼 아름답게 나타내었다. 새벽녘 강가 마을의 물안개 피어나는 모습은 시각에만 의지한 채 풍경을 읊었다.

---

28 「島村春曉」(1881), 『梅泉集』 권5, 『문집총간』 권348, 492d면.

고요한 섬마을에 여명의 빛을 받은 물안개가 붉게 물들어 있을 것 같은 상상을 하게 만든다. 여기에서 '물안개[烟霧]'는 섬마을의 새벽 풍경을 표현하는 데 빼놓을 수 없는 소재이다. 그는 주변 풍경에서 가장 핵심이 되는 특징을 뽑아 형상화하였다.

후각을 이용하여 같은 풍경을 다른 측면에서도 나타내었다. 때마침 복사꽃이 만발하여 새벽부터 그 향기를 맡을 수 있었다. 복사꽃 향기는 물안개와 서로 조화를 이뤄 풍경을 입체적으로 표현하였다. 다만, '복사꽃[桃花]'은 눈으로 본 것이 아니라, 후각을 통해 그 존재가 드러났다. 물안개가 시각적 아름다움을 주는 반면, 복사꽃향기는 후각으로 그 아름다움을 상상할 수 있게 한다.

눈에 보이는 꽃은 그림으로 쉽게 표현할 수 있지만, 향기는 꽃을 그리지 않으면 나타내기가 쉽지 않다. 하지만 이 시에서는 물안개가 일어나는 한 쪽에 복사꽃이 가려져있는 모습을 상상할 수 있게 한다. 또 복사꽃향기가 새벽부터 짙게 퍼졌다는 것은 꽃이 활짝 폈기 때문이다. 매천은 주변 풍경의 정수를 시각에 이어 후각을 통해서도 뽑아냈다.

이어서 고요한 풍경에 변화를 일으킬 수 있는 요소를 등장시켜 긴장감을 주었다. 잔잔한 수면위에 가랑비가 내려서 파동을 일으켰다. 실처럼 가는 가랑비지만 수면에 파동을 일으키기엔 충분했다. 하지만 수면을 통해서만 가랑비가 내리는 것을 알 수 있기에 고요한 풍경에 큰 영향을 주진 못하였다. 해오라기 자취를 허물지 못한다고 한 것이 바로 이 때문이다. 여기에서 '실 같은 가랑비[絲雨]'는 시각과 후각에 이어 청각을 나타내는 듯하지만, 고요한 새벽 풍경에 큰 변화를 주지 않은 채 들리지 않는 작은 소리를 내고 있는 뿐이다.

'해오라기 자취[鷺坐痕]'는 눈앞에는 없지만, 어디선가 그 울음소리가 들리는 것 같은 상상을 하게 한다. 그는 모래톱에 남아있는 해오라기 발자국을 보면서 섬마을에서나 들을 것 같은 소리를 나타내고 있다. 특히 해오라기와 함께 자연을 공유하며 살아가는 것을 인정하면서 아무도 없는 모래톱에 생기를 불어주었다.

이처럼 매천은 새벽의 섬마을 풍경을 시각과 후각, 청각을 통해서 읊었다. 하지만, 유일하게 소리를 낼 수 있는 가랑비가 너무 약하여 전반적으로 고요한 풍경 속에 그림 같은 아름다움을 상상할 수 있다.

3 두거령을 넘어가며

두거령을 넘어가며 읊은 시이다. 두거령은 현재 그 위치를 상고할 길이 없다. 매천은 주로 청각을 이용하여 고갯길 풍경을 읊었다.

지척 간 나무꾼의 노랫소리 어디인가	咫尺樵歌何處
봉우리마다 비 부르는 비둘기 울음소리	峯峯喚雨鳩鳴
반드시 사람 만나 길 물을 필요 없고	不必逢人問路
다만 원근의 계곡 물소리만 찾아가네.[29]	只尋遠近溪聲

매천이 걸어가는 고갯길에는 나무꾼의 노랫소리가 들리지만, 나무가 우거져 있어서 사람을 볼 수는 없었다. '나무꾼의 노랫소리[樵歌]'는 홀로 길을 가는 매천의 적적하고 외로운 마음을 달래주는 역할을 하고 있다. 속되지 않은 이 노랫소리는 매천에게 산속 풍경의 일부가 되어 자연스럽게 다가왔다.

---

29 「踰杜居嶺溯鴨江賦」七首中二首(1889), 『梅泉集』 권1 ,『문집총간』 권348, 417d면.

그리고 하늘에서 비둘기 소리가 들려 그곳을 쳐다보았다. 속담에 '비둘기가 울면 비가 오고, 까치가 울면 맑아진다'고 했다. '비둘기 울음소리[鳩鳴]'는 비를 연상시키는 역할을 한다. 비는 농촌에서 한 해 농사를 좌우할 만큼 매우 중요하기 때문에 비둘기 울음소리를 듣고 자연스럽게 이 속담을 떠올려 시로 읊었다.

매천은 나무꾼의 노랫소리와 비둘기 울음소리를 들으며 걷는 산길이 좋아서 굳이 갈 길을 재촉하지 않았다. 다른 사람에게 길을 묻지 않는 것은 지금 자신이 가고 있는 산속 길의 정취를 즐기고 있기 때문이다. 여기에서 '다른 사람[人]'은 매천에게 길을 가르쳐 줘서 이 산을 빨리 빠져나갈 수 있게 도와주는 존재이다. 하지만 매천은 아름다운 산수에 심취해 있기 때문에 홀로 걷는 산길을 충분히 즐길 수 있는 지경이 되었다. 앞 구에서 나무꾼의 노랫소리가 어디에서 들려오는지 알지 못한다고 한 것도 굳이 나무꾼의 모습을 찾으려 하지 않고, 단지 그 소리를 산속 풍경의 일부로 받아들였기 때문이다.

매천은 이러한 산의 정취에 방해받지 않으려고 사람이 아닌 계곡 물소리를 들으며 길을 내려갔다. '계곡의 물소리[溪聲]'는 매천에게 길잡이 역할을 했다. 나무꾼의 노랫소리와 비둘기의 울음소리, 계곡의 물소리는 모두 청각을 자극하며 고갯길의 아름다운 풍경을 나타내었다. 그는 주변 풍경에 도취되어 단순히 산수를 감상하는 것을 넘어서 그 속에 동화되어 갔다.

매천은 자연의 아름다운 소리를 시의 중심에 두고 풍경을 읊었다. 그 소리는 경쾌하고 밝은 느낌을 주어 고갯길을 걷는 매천의 정감을 그대로 대변해 주고 있다. 독자는 이 시를 통해 아름다운 자연의 모습을 보며 기뻐하는 매천을 상상할 수 있다. 이 시는 동일한 제목으로 모두 7수를 지었는데, 그 중 셋째 수를 더 살펴보기로 한다.

4 고갯길을 내려오며

고갯길을 넘어 산중턱까지 내려와서 갈 곳을 조망하며 읊은 시이다.

산 중턱의 서쪽 조망이 딱 좋구나	嶺腰正好西望
멀리 강은 초승달 같은 모양인데	遠江如月初生
모래땅 풀 아득하여 분간 못 하고	沙草瀰茫不辨
한 점 푸른 것은 응당 교성이리라[30]	點靑應是蛟城

두거령을 내려오는 도중에 전망 좋은 곳이 있었다. 그곳에서 넓은 산하의 풍경을 감상하다가 눈에 보이는 대로 읊었다. 고갯길의 중턱을 내려오고 있으면 이제 힘든 길은 다 지나온 셈이다. 그는 여기에서 자신이 가야할 곳을 바라보며 잠시 휴식을 취했다.

저 멀리 펼쳐져 있는 풍경에는 섬진강이 굽이치고 있었다. 마침 햇빛에 반사되어 초승달처럼 반짝였다. 그리고 강가의 모래밭에는 짙푸른 풀들이 자라고 있었다.[31] 풀을 일일이 분간하기는 어려웠지만, 강물빛과 서로 대비를 이루며 아름다운 풍경을 만들어냈다. 매천은 먼 풍경을 바라보다가 문득 자신이 가야할 곳을 바라보았다. 저 멀리 한 점 푸르게 솟아 있는 교성(蛟城)이 눈에 들어왔다. 그는 힘들게 고갯길을

---

30 「踰杜居嶺溯鴨江賦」(1889)六言三首, 『梅泉集』 권1, 『문집총간』 권348, 417d면.

31 여기에서 말한 풀이 무성한 곳은 곡성군에 해당되는데, 여기에 대해 매천이 일찍 거론한 적이 있다. "압록진 상류 수백 리는 산봉우리와 협곡을 뚫고 시내와 여울을 모아 구불구불 꺾여 흘러 이따금씩 뛰어난 경치가 많다. 또 연안의 기름진 땅은 농사에 적합하여 평소에 낙토라고 불려졌다. 그런데 둘 다 아울러 지닌 곳은 곡성군의 本基村만한 곳이 없다.[津以上數百里, 穿嶂峽聚溪澗, 縈紆曲折, 往往多勝境. 且沿岸腴沃可耕, 素稱樂土. 而其兼而有之者, 莫如谷城郡之本基村.]"(「永矣亭記」, 『梅泉集』 권6, 『문집총간』 권348, 503b면).

넘은 뒤 전망대에서 눈에 보이는 풍경을 파노라마처럼 읊었다.

이 시는 주변 풍경을 매우 사실적으로 그려내고 있어서 시를 통해 두거령의 위치를 고증할 수 있다. '고개 중턱[嶺腰]'은 고개를 넘어 내려오다가 중간지점이란 것을 알 수 있고, '서쪽 조망이 좋다[好西望]'는 것은 매천이 평소 동쪽에 살고 있다는 것을 뜻한다. 즉 그는 동쪽에서 서쪽으로 고개를 넘어 온 것이다.

햇빛에 반사된 '초승달[月初生]'같은 강물과 짙푸르게 나있는 '모래땅의 풀[沙草]', 그리고 목적지인 '교성[蛟城]'이 눈에 보이는 곳이다. 교성은 남원의 중심에서 북동쪽에 있다. 이 정보를 바탕으로 지도를 보면 두거령의 위치가 구례 용방면에서 곡성 고달면으로 넘어가는 고갯길에 해당되는 것을 알 수 있다.[32]

매천은 눈에 보이는 자연풍경을 사실에 입각하여 핍진하게 시로 읊었다. 마치 그림을 그리는 듯 전개한 것은 눈에 보이는 아름다운 모습을 그대로 시에 담고 싶었기 때문이다. 고갯길에서 만난 평범한 풍경이 그의 눈에는 더없이 아름답게 비춰지고 있는 것은 스스로 심미안을 갖춘 것일 수도 있지만, 자연에 대한 애착이 없이는 불가능한 일이다.

---

32 이곳은 아직도 '杜柯里' 또는 '杜溪'라는 지명을 가진 곳이 있어서 어원도 가깝다. 이 고개를 넘어서 내려오다 보면 중간쯤에 우측으로 급하게 꺾이는 곳에 전망대가 한 곳 있다. 이곳에서 매천이 이 시를 지으며 봤던 풍경을 아직도 볼 수 있다.

5 올해의 단풍을 처음 보며

올해의 단풍을 처음으로 보고 지은 시이다. 비교적 따뜻했던 날씨가 간밤의 비바람으로 갑자기 추워져 하룻밤 새 단풍이 들었다.

강의 남쪽 날씨는 비교적 따뜻해서	江南天氣較暖
절기가 상강 지나도 서리 안 오는데	時序經霜未霜
하룻밤 산 속에서 비바람 몰아치더니	一夜山中風雨
문 나설 땐 숲에 온통 단풍들었지.[33]	出門千樹丹黃

매천은 순강(鶉江, 섬진강)에서 배를 타고 가면서 집을 나설 적의 일을 회상하였다. 순강을 사이에 두고 강의 남쪽과 북쪽 기후가 조금 달랐다. 강물의 영향으로 강의 남쪽지역은 북쪽에 비해 상대적으로 따뜻했다. 그래서 강의 남쪽은 서리 내리는 절기가 지났는데도 아직 서리 소식이 없었다.

여기에서 '강의 남쪽[江南]'은 매천이 살고 있는 지역이다. 이 시를 지을 당시 매천은 만수동에 살았는데, 그곳은 순강의 남쪽에 위치하고 있다. 그리고 '절기[時序]'는 기후와 관련이 있다. 특히 이 시에서 기후 변화에 서리를 중요한 요인으로 여긴 것은 서리와 관련한 자연변화 때문이다. 그것은 다름 아닌 단풍이다. 서리는 나뭇잎에 단풍이 들게 하여 가을의 정취를 끌어오는 중요한 역할을 하기 때문이다.

매천이 집을 나서기 전날 밤 비바람이 몰아쳤다. 이 때문에 이튿날 문을 나설 때 나무들이 모두 단풍이 들었다. '비바람[風雨]'이 나뭇잎을 갑자기 변화시켰는데, 이 시에서는 먼저 단풍을 보고 난 뒤에 그 원인

---

33 「鶉江途中」四首中二首(1895), 『梅泉集』 권1, 『문집총간』 권348, 430c면.

을 생각하다가 간밤의 비바람을 떠올렸다. 매천은 주변 풍경에 민감히 반응하여 그 변화를 놓치지 않고 그대로 포착하여 시로 읊었다. 그는 단풍이 드는 자연변화에 감동하여 순강을 지나면서도 아침에 집을 나설 때를 생생히 떠올렸다. 서리를 맞고 단풍이 든 산수의 풍경을 끝내 못 잊은 것이다.

이 시는 단풍든 집 주위의 풍경을 떠올리며 그 특징을 드러내려고 했다. 매천은 단풍과 관련하여 '강의 남쪽', '절기', '비바람' 등을 뽑아내었다. 그는 자연의 이치로 단풍이 드는 현상을 분석하였다. 풍경을 보며 눈에 보이는 것만 읊으려 하지 않고, 그 원인과 이치를 밝혔다. 이것은 대상을 세밀하게 관찰하여 그 장면의 정수를 뽑아내는 하나의 방식이 된다.

6 강가의 풍경

위 시와 같은 제목의 마지막 수이다. 위 시는 집을 나설 때의 단풍든 모습을 읊었다면, 이 시는 순강을 지나면서 그 주변풍경을 읊은 것이다.

찬 강은 쓸쓸하게 건너는 이 없는데 寒江悄無人渡[34]
백사장을 바라보니 서리처럼 희구나 一望沙白如霜
갑자기 가랑비 한 두 방울 떨어지더니 忽然微雨點滴
얼룩구름 금방 웅황[35] 빛을 뿜어내네.[36] 駁雲旋撥雄黃

34 悄 : 『황현전집』을 따름. 호남학연구소본인 『매천전집』에서는 '初'라고 하여 '찬 강은 처음부터 건너는 사람 없고'가 된다. 문맥상 '悄'를 선택하였다.

저물녘 찬 강과 백사장은 쓸쓸하고 처량한 풍경이다. 그런데, 가랑비가 개고 구름이 황혼 빛을 내자 잔잔한 감정이 일었다. 매천은 순강을 지나며 본 풍경을 그대로 시에 읊었다.

'찬 강[寒江]'은 시가 지어진 계절을 알려주고, 동시에 쓸쓸한 강 풍경을 형상하며 또 날씨가 차다는 것을 의미한다. 순강의 가을 풍경이 이 한 단어로 집약되어 있다. '모래사장[沙]'은 서리처럼 흰 빛깔로 순강의 또 다른 풍경이다. 아무도 건너는 이 없는 쓸쓸한 강이지만 흰 모래사장이 눈부신 곳으로 만들며 아름다운 자연의 모습을 이뤄주고 있다.

'가랑비[微雨]'는 강 풍경을 감상하던 매천의 시선을 전환해 주는 역할을 한다. 쉼 없이 가야하는 나그네의 발길을 멈추게 했다. 그는 빗방울이 떨어지는 것을 보고 걱정스레 하늘을 올려다보았다. 하늘은 웅황빛을 뿜어내는 듯한 '얼룩구름[駁雲]'으로 물들어 있었다. 그는 하늘의 변화를 주의 깊게 관찰하여 핍진하게 형상화했다.

강가를 거닐며 본 풍경이 그렇다할 특별한 것은 없지만, 매천의 심미안은 그 현장을 세밀하게 관찰하여 그림처럼 아름답게 읊고 있다. 현장의 맥을 짚어서 정수를 뽑아냈기에 가능한 것이다. '찬 강'과 '모래사장', '가랑비'와 '얼룩구름'은 당시 현장에서 뽑아낸 정수이다. 이를 통해 매천이 보았던 공간을 상상할 수 있다.

---

35 雄黃은 鷄冠石이 분해되어 생기는 광물로 石雄黃이라고도 한다. 산의 양지쪽에서 캔 것은 웅황이고, 음지쪽에서 캔 것은 雌黃이다. 그 빛이 붉고 투명하다.

36 「鶉江途中」四首中四首(1895), 『梅泉集』 권1, 『문집총간』 권348, 430c면.

이 시는 언제 지었는지 알 수 없다.[40] 매천은 동해 바다 한가운데 울릉도가 있다는 사실을 알고, 직접 눈으로 확인하기 위해 동해를 바라보았다. 삼척에서 울릉도까지는 약150km 떨어져 있다. 날이 맑으면 육안으로 볼 수 있는 거리이다.

해안에서 동쪽 하늘 구름 끝을 바라보고 있으려니 그 곳에 검은 형체의 울릉도가 가물거리고 있었다. 그는 울릉도에 가고 싶었지만, 검푸른 바다가 가로 막고 있어서 갈 엄두를 낼 수 없었다. '구름머리[雲頭]'는 수평선 너머로 울릉도가 바로 그곳에 있다. 너무 멀리 떨어져 있기 때문에 뚜렷이 보이지 않았다. 그래서 '가물가물'거린다고 표현하였다.

매천은 바다를 한참 바라보다 바닷물이 파도치는 모습이 흡사 빗질한 머릿결과 같다는 상상을 했다. 그래서 '바다 신선[水仙]'을 끌어와 신선이 빗질한 '검푸른 머릿결[翠鬟]'이 바다 밖으로 드러난 것 같다고 읊었다. 바다 신선은 상상 속에 동해를 주관하고 있는 신선이다. 동해 바다의 검푸른 파도를 형상하기 위해 등장하였다. 동해에 일어나는 모든 현상을 이 신선의 조화로 보고 있다.

매천은 유람을 좋아해서 삼척까지 왔다. 하지만, 동해가 가로막고 있어서 울릉도는 갈 수가 없었다. 그는 울릉도 유람을 포기한 채 광활한 동해바다를 시에 담아내려고 했다. 그래서 신선을 끌어와 형상하였는데, 동해를 처음 본 그의 상상력이 표출되었다. 그의 심미안을 통해 동해바다는 '구름머리', '바다 신선', '검푸른 머릿결' 로 형상되었다.

---

40 補遺篇에 나와 있어서 정확한 연대가 나오지 않지만, 시의 내용을 보면, '바다 물결'을 '신선의 머릿결'로 비유한 것으로 보아 젊었을 때의 작품으로 추측된다.

〈사진22〉 넘실거리는 바다

9 소결

이 절에서는 매천이 전국을 다니면서 곳곳의 아름다운 풍경을 접할 때마다 그 현장을 간직하기 위해 읊은 시들을 살펴보았다. 그는 자연에 있는 작은 생명체부터 하늘에 있는 구름과 광활한 동해바다까지 거의 모든 것을 소재로 시를 지었다. 이는 그가 시를 지을 때 자연이 가지고 있는 지극한 특성을 나타내려고 했기 때문이다.

매천은 자신이 경험한 풍경을 세밀하게 관찰하여 그 속에서 정수를 끄집어내었다. 이 때문에 현장의 맥을 짚어서 그림 그리듯이 선명하게 드러낼 수 있었다. 그는 시 속에 등장하는 자연경물이나 풍경을 매우 적실하게 표현하여 독자로 하여금 실제 풍경을 보는 듯이 만들어 주었다.

매천은 전국 곳곳의 풍경을 접할 때마다 감흥을 받아 시로 읊었다. 새벽녘 강가, 섬마을, 산속의 고갯길, 전망대, 단풍든 산골, 비갠 뒤의 하늘, 밤꽃 핀 풍경, 바닷가 등등 그리 특별할 것 없는 장소지만, 그의 심미안을 통하면 그곳은 아름다운 곳으로 다시 태어나게 된다. 일반인에게 평범한 곳이 그의 눈에 더없이 아름다울 수 있는 것은 그만큼 자연에 대한 애착과 자부심이 있었기에 가능했을 것이다.

3. 흥미로운 삶의 현장

매천은 자신이 살던 당대의 생생한 현장을 사실적으로 시에 담아내려고 했다. 그는 전국을 다니며 각 지방의 독특한 풍습에 관심을 가졌다. 이는 평소 자신의 주변에서 일어나는 일을 어느 것 하나 소홀히 대하지 않고 유심히 관찰하여 시로 나타내었기에 가능한 일이었다. 앞 절에서 살핀 자연의 아름다운 모습을 시로 형상화한 것은 그 일환이라고 할 수 있다. 그리고 그 풍경에 포함된 우리 민족의 고유한 모습도 간과할 수 없다.

매천은 유람하는 곳의 풍경을 아름답게 여긴 것처럼 그 속에 살고 있는 사람들의 모습에도 깊은 애착을 보였다. 그는 그 모습을 오래 간직하기 위해 시로 읊었다. 이 시들은 매천이 직접 경험하고 읊은 것이기 때문에 당시 그가 보았던 삶의 현장을 생동감 있게 그려내고 있다. 그래서 그 시대 사람들의 사회상과 풍속을 알 수 있다.

이 절에서는 매천이 각지의 삶의 현장을 소재로 지은 시를 통해 각지의 다양한 모습을 살펴보고, 그 속에 그의 정감이 어떻게 표출되어 있는지 드러내려고 한다.

1 강원도의 냉면

금강산을 유람하러 가는 길에 강원도의 냉면을 먹고 지은 시이다. 냉면을 제재로 삼아 지은 것도 흥미롭지만, 예리한 관찰력으로 적절한 비유를 들어 표현하였다. 이 시는 7언 고시로 이루어져 있는데, 여기에서는 앞부분을 인용하였다.

관동지역 냉면은 그 맛이 매우 좋다는데	關東冷麪品奇絶
먹어보니 풍토가 유별나서 그런 것 알겠구나	服食可驗風土別
이어지는 둥근 면발 봄누에 고치실 같고	纚纚作團春繭絲
꿈틀하다 들어 올리니 용의 침이 맺힌 듯	蜿蜿拂水龍涎結
유연하고 쫄깃하나 흐물 빳빳하진 않고	軟亦不爛堅不棘
입술에 감겨 가늘게 엉기는 꽃 돼지기름이며	繞吻細凝花猪肪
가락으로 휘저으니 봄눈처럼 새하얗고	雙箸劚開春雪白[41]
코 찌르는 씹는 맛은 송이버섯 향이구나[42]	刺鼻歆嚼松菌香
	… 下略 …

매천은 일찍부터 관동냉면에 대한 이야기를 들었기에 그 맛을 확인해 보고 싶었다. 마침 금강산을 가는 길에 관동냉면을 만드는 집이 있어서 시식을 하게 되었다. 그는 관동냉면이 그 특유의 맛을 지닐 수 있는 이유를 이 지역의 풍토에서 찾았다. 그 지역의 풍토가 냉면의 맛을 결정지을 정도로 고유한 특성을 지니고 있다는 것을 인정한 셈이다. 그리고 이 점은 관동지역 뿐만 아니라 모든 고을을 바라보는 매천

41 "繞吻細凝花猪肪 雙箸劚開春雪白" 이 부분은 원문에 도치되어 있다. 운자 '香'을 통해서 바로잡음.

42 「關東冷麪歌」(1880), 『梅泉全集』 권3, 호남학연구소, 174면.

의 기본적인 관점이다.

매천은 냉면의 모습을 구체적으로 읊었다. 면이 둥글게 뭉쳐진 모습은 '누에고치[繭絲]'에 비유하였고, 면을 젓가락으로 젓다가 들어 올릴 때 육수가 떨어지는 모습은 '용의 입가에 침이 맺힌 것[龍涎]'같다고 비유하였다. 냉면을 유심히 관찰하다가 그 특징을 누에고치와 용에 비유한 것은 매우 독특한 발상이다. 냉면을 처음 본 사람이 아니면 어려울 것이다. 더 나아가 면의 모습과 먹을 때의 느낌이며 입에서 씹을 때 나는 향까지 매우 세밀하게 묘사하였다.

면은 '유연하지만 흐물거리지 않고[軟不爛]', 쉽게 끊어지지 않을 정도로 '쫄깃하지만 가시처럼 뻣뻣하지도 않다[堅不棘]'고 하였다. 면의 가늘고 질긴 정도를 서로 상반되는 용어를 사용하여 알맞게 탄력 있는 면의 모습을 상상할 수 있다. 또, 면이 입으로 들어갈 때 입술에 냉면의 기름이 묻어나는 것까지 핍진하게 읊고 있다.

젓가락을 넣고 저으면 '봄눈처럼 하얗다[春雪白]'고 하였는데, 이는 육수에서 우러나는 기름을 보고 형상화한 것이다. 매천의 냉면에 대한 관심과 애착은 그의 심미안을 통해 봄철에 내리는 함박눈처럼 아름답게 표현되었다. 그리고 냉면을 입으로 씹어보니 코를 찌를 듯한 '송이의 향[松菌香]'이 미각을 자극하였다. 관동지역에서 나는 송이가 후각을 자극하여 이 지역 냉면을 더욱 특색 있게 해줬다.

매천은 냉면을 처음 씹는 순간의 느낌을 시각과 후각, 미각을 통해 특징이 되는 정수를 뽑아 핍진하게 표현하였다. 특히 음식을 제재로 시를 지었다는 점에서 매우 흥미롭다. 뿐만 아니라, 이 시를 읽는 사람은 마치 직접 냉면을 먹는 것 같은 착각이 들 정도로 구체적이고 생동감 있는 묘사를 하였다. 그가 관동냉면의 특징을 이처럼 세밀하게 표현할 수 있었던 것은 먹거리도 그냥 지나치지 않고 이 지역의 특성이며 삶의 다양한 모습으로 여기고 있었기 때문이다.

2 다리 공사

역시 금강산 유람 길에서 본 풍경이다. 마침 지나는 길에 주민들은 단풍나무를 베어 다리를 보수하고 있었다.

금수강산 고운 단장 옥이슬에 시들고	錦繡粧鮮玉露凋
하늘 가득 단풍 기운 쓸쓸히 떨어지는데	滿天楓氣落蕭蕭
그곳 주민 익숙하게 보아서 아끼지 않고	土人慣看不相愛
가을 풍광 다 베어서 들판 다릴 보수하네.[43]	伐盡秋光塡野橋

매천에게 가을은 비단으로 수놓은 금수강산이었다. 그는 온통 단풍으로 가득한 산하를 보면서 즐거워했다. 그런데 이제는 차가워진 이슬에 잎이 시들어 떨어지니 그의 기분도 쓸쓸해졌다. 여기에서 '금수[錦繡]'는 단풍이 든 강산의 모습을 비유한 것이다. 가을 모습을 이렇게 표현한 것은 이 풍경을 아끼며 좋아했기 때문이다. '옥이슬[玉露]'은 잎을 시들게 만드는 서리를 말한다. 그는 서리가 잎을 지게 하는 자연의 이치를 보며 계절의 무상함과 함께 유한한 인간사를 떠올리며 떨어지는 단풍잎을 아까워하였다.

그런데, 그 지역 주민들은 단풍든 나무를 베어서 들판의 다리를 보수하는 데 여념이 없었다. 매천은 단풍을 감성적으로 바라보며 아끼지

43 「路傍見斫楓補橋」(1880), 『梅泉全集』 권1, 호남학연구소, 377면.

만, 주민들은 현실적인 다리가 우선이었다. 그는 단풍나무를 베는 것이 가을 풍광을 베는 것이라고 원망도 하지만, 주민들의 삶도 인정할 수밖에 없다. 사실 그들에게 단풍은 애당초 아무런 관심거리가 되지 않았다. '들판 다리[野橋]'는 매천과 그곳 주민들을 연결해주는 역할을 하면서 창작동기가 된다.

매천은 단풍나무가 주민들의 다리로 변하는 과정을 지켜보면서 시상을 떠올렸다. 그는 자신의 입장만 고수하지 않고, 그들의 삶을 인정하며 이해하려고 하였다. 아름다운 자연을 아끼지만, 그 속에서 살아가는 주민들의 삶 역시 자연의 일부로 여기면서 애착을 가지고 있었다.

3 가야국이 어디인가

낙동강을 건너면서 지나온 길이 옛 가야국이었다는 것을 회상하며 읊은 시이다. 지금은 풀밭으로 변해버린 지역이지만, 역사에는 번성했던 곳이라는 점에 착안하여 유한한 인간사의 성쇠를 느끼고 있다.

낙동강 동쪽으로 건너자니 눈이 번쩍 떠져	洛東東渡眼初開
안팎의 강과 산이 비단 조각 잘라 놓은 듯	表裏河山錦片裁
넘실대는 봄 물결에 갈매기는 높이 날고	積水漾春鷗浩蕩
짧은 뜸의 빗소리에 나그네는 배회하네	短篷聆雨客徘徊
한 지역의 풍습이 사투리로 구별되고	一區風氣鄉音別
처음 보이는 뭍에서 봉화대가 다가오네	首起封疆海燧來
아득히 안개 낀 물결에 다시 옛날 생각하니	極目烟波更懷古
오가야국 있는 곳엔 풀만 무성하더구나.[44]	五伽倻國盡蒿萊

매천은 대구에 사는 하산(夏山) 정재동(鄭載東)[45]을 방문하여 함께 가야산 자락의 홍류동, 합천의 해인사, 거창의 영귀정(咏歸亭)과 수승대(搜勝臺) 등을 유람하였다.[46] 매천의 일생을 살펴보면 영남지역을 간 것은 이때가 처음이었다. 그는 낙동강을 건너면서 처음 대하는 낯선 풍경에 자못 흥미를 가지고 있었다.

매천은 처음 본 영남의 아름다운 강산에 놀란 감정을 금치 못했다. '낙동강[洛東]'은 그가 탄 배가 떠 있는 곳으로 시상을 일으킨 공간이다. 그는 이 강이 영남을 흐르고 있어서 새로운 지역을 경험하게 된 것에 큰 의미를 부여했다. 그래서 영남의 산수를 '비단 조각 잘라 놓은 듯하다[錦片裁]'고 매우 아름답게 표현하였다.

거룻배 밖으로는 봄이라서 불어난 강물이 넘실거리고, 그 물결 너머에는 갈매기들이 활기차게 날아다녔다. 이때 보슬비가 내려 그는 거룻배의 뜸[47] 안으로 들어갔다. 그곳에서 풍경을 보기 위해 이쪽저쪽 두리번거렸다. 익숙한 섬진강과 달리 낙동강은 새로운 분위기를 연출하

---

44 「渡洛東江」(1889), 『梅泉集』 권1, 『문집총간』 권348, 417a면.

45 鄭載東(1859~?)은 본관이 延日이다. 1888년에 매천과 함께 진사시에 급제하였다. 이때부터 매천과 교류가 있었던 것으로 여겨진다.

46 매천은 이때의 유람에서 「大邱訪鄭夏山同年載東, 臨別留題壁上.」二首, 「紅流洞」, 「籠山亭次板上韻」, 「紅流洞見石刻題名甚多」, 「海印寺, 贈鏡潭和尙, 搜勝臺. 次舊韻.」, 「宿薑洞鄭介石然甲草堂」(여기까지는 『梅泉集』), 「宜寧世干里, 訪田同年溶泰. 不遇.」, 「至淸道郡, 鄭雲齋(基雨)先生已移涖益山, 悵然有懷.」, 「向達城擬訪奉化倅徐葆堂(丙壽), 途中又聞其遞歸.」, 「大邱訪鄭夏山同年(載東), 臨別留題壁上.」, 「達城」, 「咏歸亭」, 「搜勝臺. 次退溪三淵原韻.」(여기까지는 『梅泉全集』에 추가된 시) 등을 남겼다.

47 "뜸[篷]'이란 것은 대나무를 엮어 배를 덮는 기구이니 '舟'자와 '船'자의 글자로 대신 사용하는 것은 또한 온당하지 못한 듯합니다. 옛사람도 일찍이 차용했다는 것을 아는지 모르겠습니다. 가르쳐 주시길 바랍니다.[篷者, 編竹覆舟之具, 用代舟·船字, 亦恐未安. 未知古人, 曾知是借用否, 望有拈敎也.]"(丁若鏞, 「上海左書」, 『與猶堂全書』 제18권, 『문집총간』 권281, 393c면).

여 풍부한 시상을 떠오르게 했다.

'갈매기[鷗]'는 불어난 낙동강 위를 힘차게 날아갔다. 봄이 되자 짝짓기를 위해 그 움직임이 더욱 활발해 진 것이다. 그리고 자신을 '나그네[客]'로 읊으며 '갈매기'와 대구를 이루고 있다. 갈매기는 드넓은 허공을 자유롭게 날지만, 자신은 비 때문에 뜸으로 들어갈 수밖에 없었다. 그는 한 없이 자유로워 보이는 갈매기에 비해 지극히 제한된 공간에 있는 자신의 모습을 대조적으로 그려내었다. 나그네 역시 자유로운 존재지만, 갈매기에 비하면 어쩔 수 없는 한계를 가질 수밖에 없다.

매천은 배에 탄 사람들의 말소리를 들으며 사투리가 다른 점을 발견하였다. 지역이 같아서 풍습도 같은 줄 알았는데, 뜻밖에 사투리가 이들을 구분하였다. 때문에 낙동강 너머에 대한 호기심이 한층 고조되었다. 그는 도착할 곳을 멀리서 바라보았다. 그곳에 있는 봉화대가 제일 먼저 눈에 들어왔다.

'풍습[風氣]'은 영남과 호남의 인문 지리적 특성을 가리킨다. 두 지역은 같은 남쪽지역이지만 사투리가 달라서 서로 구분된다. '봉화대[海燧]'는 매천이 도착해서 경험해야 할 곳이다. 그는 자신이 배를 타고 새로운 곳으로 간다고 표현하지 않고, 새로운 곳이 자기에게 다가온다고 하였다. 자신을 세상의 중심에 두고 새로운 공간을 인식하겠다는 것이다.

그는 지나온 곳을 돌아보며 그곳의 역사를 회고하였다. 집을 나서 섬진강을 건너고 지리산을 지나 낙동강을 건넜다. 거창, 합천, 고령을 순서대로 지나왔다. 세 지역은 모두 옛날 가야국이 있었던 곳이다. 그는 낙동강을 건너며 아득히 안개 낀 물결 너머로 그 옛날 가야국이 홍성했던 시대를 떠올렸다. 하지만 자신이 지나온 곳에는 가야국의 흔적은 모두 사라지고 풀만 무성하게 자라고 있었다.

'안개 낀 물결[烟波]'은 지나온 곳의 풍경이다. 안개로 인해 뚜렷하지 않은 모습은 선명하지 않은 과거를 떠올리는 작용을 하였다. 그래서 번성했던 '오가야국[五伽倻國]'을 떠올리게 되었다. 그는 번성했던 국가가 흔적도 없이 사라진 것을 생각하며 자연의 무한함 속에 끊임없이 변하고 사라지는 무상한 인간사를 떠올렸다. 이 구절은 두보(杜甫)가 황폐해진 장안(長安)을 돌아보며, "나라가 망하니 산과 강만 남아있고, 성에 봄이 오니 초목만이 무성구나.[國破山河在, 城春草木深.]"라고 읊은 시와 같은 의경을 이루고 있다.

매천은 여행을 통해서 새로운 지역의 풍경을 경험하며 즐거워하는 반면, 지난 역사를 떠올리며 번성했던 국가가 지금은 황폐해버린 사실에 무상한 인간사의 어쩔 수 없는 비애를 몸소 느꼈다. 그리고 지금의 번성한 지역도 언젠가 오가야국처럼 사라질 것을 생각했을 것이다.

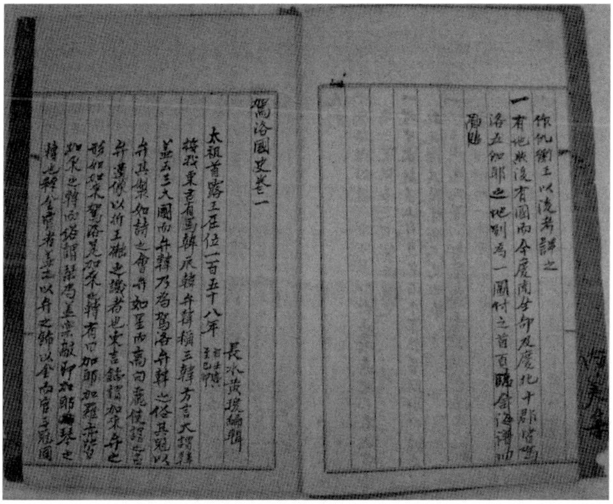
駕洛國史卷一

長水黃瑗編輯

太祖首露王在位一百五十八年

〈사진23〉 황원이 편집한 『가락국사』(순천대박물관 소장)

4 모내기와 들밥

모내기 풍경을 읊은 시이다. 모내기철 농가에서 들밥 내오는 장면을 생동감 있게 표현하였다.

한 낮 들밥 내가려고 다 차려보니	午饁傾家出
흰 밥에다 푸른 어육, 포가 있는데	飯白魚脯青
어린 계집에게 도랑 저편에서 소리치니	小婢隔溪喚
뛰다 넘어져 술 주전자를 떨어뜨렸네.[48]	踉蹌遺酒甁

과거 농촌에는 품앗이가 있어서 모내기철엔 동네 사람들이 한 논에 모여 일하였다. 이때 논 주인은 밥과 새참을 대접하는 데, 집에 있는 여러 음식을 풍성하게 차려서 내간다. '들밥[饁]'은 밥을 머리에 이고 시골길을 걸어가는 아낙의 모습을 상상하게 만든다. '온 집[傾家]'은 집에 있는 사람들과 집에 있는 온갖 먹거리를 동시에 표현한 것이다. 일하는 사람들을 생각하여 푸짐하게 준비해간다는 의미로 표현되었다.

시에 등장하는 아낙은 흰 쌀밥에 푸른 어포를 정성껏 마련하였다. 어려운 시골 형편에 '밥[飯]'과 '어포[魚脯]'는 제법 후한 들밥이다. 모내기라는 특별한 날을 위해 준비한 것이다. 매천은 이날이 시골에서 평소에는 먹기 어려운 음식을 배불리 먹을 수 있는 특별한 날인 것을 시에 드러내려고 하였다. 모내기의 일면이 되기 때문이다.

아낙네는 밥을 머리에 이고, 어린 계집은 손에 '술 주전자[酒甁]'를 들고 따라갔다. '밥'이 일하는 사람들의 배를 채워주는 것이라면, '술 주전자'는 일하는 사람들의 피로를 풀어주는 역할을 한다. '어린 계집

48 「觀移秧夜賦短句」四首中二首(1895), 『梅泉全集』 권1, 호남학연구소, 524면.

[小婢]'은 시에 생동감을 주며 시의 분위기를 좌우하고 있다. 일손을 도우려고 술 주전자를 들고 따라 나섰다가 도랑을 만나 멈칫 하였다. 술 주전자를 들고 있는 것도 힘겨운데, 이것을 들고 도랑을 건너가려니 겁이 났다. 어쩔 줄 몰라 머뭇머뭇 하는데, 건너편에서 빨리 오라고 소리를 쳤다. 어린 계집은 그 소리를 듣고 겁을 먹고 뛰었는데, 그만 술 주전자를 도랑에 떨어뜨리고 말았다. 이때 일꾼들의 모습과 계집의 얼굴이 자못 홍미롭게 상상된다.

매천은 농촌 모내기 풍경을 지켜보다가 이 같은 모습을 보게 되어 한 폭의 그림을 그리듯이 읊었다. 그는 모내기 풍경의 다채로운 모습을 오래 간직하고 싶었던 것이다.

5 섬진강의 게장

풍성한 수확을 앞둔 섬진강 주변의 가을 풍경과 제철 맞은 게장을 찾은 사람들의 모습을 읊은 시이다. 늦가을 농촌의 인정세태가 어떤지 알 수 있게 한다.

익은 벼는 비에 어지럽게 쓰러졌고	老稻紛披倒雨
늦배추는 서리 맞아 잎이 새파랗네	晚菘萋綠迎霜
강 가까운 곳에 큰 별미가 있으니	近江大有風味
주막의 사람들 게장 먹기 바쁘다네.[49]	壚人競嚼蟹黃

섬진강 주변의 벼는 이미 누렇게 다 익었지만, 간밤의 비바람을 맞

49 「鶉江途中」四首中三首(1895), 『梅泉集』 권1, 『문집총간』 권348, 430c면.

고 이리저리 쓰러졌다. 늦배추는 서리에 언 듯 잎이 새파랗다. 늦가을 논과 배추밭의 풍경을 눈에 보이는 대로 읊었다. '익은 벼[老稻]'는 낟알이 무거워져 머리를 숙이고 있기 때문에 비나 바람이 불면 쉽게 쓰러진다. '배추[晩菘]'는 추위를 잘 견디고 서리를 맞으면 오히려 맛이 더 좋아진다. 매천은 쓰러진 벼와 서리를 맞아 새파랗게 된 배추의 모습을 늦가을을 상징하는 시골 풍경으로 읊었다.

그리고 이맘때 섬진강 하류에는 소문난 별미인 '게장[蟹黃]'이 한창이었다. 게장은 봄·가을에 제철을 맞는다. 많은 사람들이 게장을 맛보기 위해 모여들었다. 매천은 게장을 먹기 위해 모여든 사람들의 진풍경을 포착하여 그대로 읊었다. 게장을 먹는 풍습은 이 지역 특유의 풍경이 되어 시상을 불러일으키는 요소가 되었다.

매천은 섬진강 주변의 늦가을 풍경을 벼와 배춧잎을 통해 드러내고, 게장을 먹기 위해 모여든 사람들의 인정세태를 시에 그대로 담아내면서 그 지역의 독특한 풍습으로 기억하려고 하였다.

6 농촌 풍경

농촌에 살고 있는 자신의 모습을 핍진하게 읊었다. 매천의 농촌생활이 눈으로 보는 것처럼 선명하게 그려졌다.

소나무 밑 사립문은 마주보며 열려 있고	松下柴門相向開
가을볕은 종일토록 푸른 이끼 비추는데	秋陽終日在蒼苔
늦은 매민 시든 잎에 맴맴 울며 붙어있고	殘蟬葉冷鳴鳴抱
새 한 마린 빈 뜰에서 탁탁 쪼며 오가는데	一鳥庭空啄啄來
분 달콤한 칡의 순은 깨물어서 붓을 삼고	粉甘葛筍咬爲筆

씨 잘 익은 석류 열맨 쪼개어서 잔 삼지만 核爛榴房剖作盃
붉은 홍시 천여 그루 이웃집은 부자이니 朱柿千林鄰舍富
처음부터 감나무를 심지 않아 후회로다.[50] 悔從初寓未曾裁

소나무 아래에는 언제부터 열려 있는지 모르는 사립문이 있고, 처마 아래에는 푸른 이끼가 가을볕에 반짝이고 있다. 매천은 시각적으로 자신이 있는 공간을 그려냈다. '사립문[柴門]'은 매천이 있는 공간의 일부분이다. 열려있다고 한 것은 평화로운 농촌 풍경을 드러낸 것이다. '가을볕[秋陽]'은 시간을 나타낸다. 따사로운 가을 햇살이 비추는 때인 것을 알 수 있다. 그는 가을 햇살을 받으며 사립문이 열려있는 집에서 시를 지었다.

고요한 가운데 매미 소리가 들리기 시작했다. 소리 나는 곳을 바라보니 나뭇잎들이 벌써 시들어 가고 있었다. 매미의 울음소리는 마치 시든 잎을 위로하고 있는 것처럼 들렸다. 이때 뜰에서 탁탁하는 소리가 들려왔다. 그곳에는 새 한 마리가 먹이를 쪼아대고 있었다. '탁탁[啄啄]'이라는 음향적 효과를 내어 시에 입체감을 더하였다.

매천은 '늦은 매미[殘蟬]'와 '새 한 마리[一鳥]'가 내는 소리를 포착하여 표현하였다. 특히 매미가 울면서 시든 잎을 감싸 안는다고 한 것은 자신의 심경을 투영해서 읊은 것이다. 또 한 마리 새라고 읊은 것 역시 외로운 자신의 심경을 나타내기 위해서였다.

'칡순[葛笋]'은 입으로 깨물어 줄기가 갈라지면서 거친 붓을 만들 수 있고, '석류[榴]'는 껍질이 단단해서 속을 파내면 술잔으로 쓰기에 적합하다. 매천은 칡순으로 만든 붓(=文)과 석류로 만든 술잔(=風趣)으로

50 「偶成」(1897), 『梅泉集』 권2, 『문집총간』 권348, 438b면.

자신의 일상생활을 드러냈다.

매천은 생계수단으로 '감나무[柿]'를 중요하게 생각했다. 감나무는 당나라 학자 단성식(段成式)이 일곱 가지 좋은 점을 들 정도로[51] 여러 가지 덕을 갖추고 있다. 그는 이러한 감나무가 천 그루나 있는 이웃집을 부러워하였다. 하필 천 그루라고 한 것은 오나라 단양태수(丹陽太守)의 감귤 천 그루와 같이 생계수단을 의미한다.[52] 당시 매천은 양친의 상을 치르고 가세가 급격히 기울어 있을 때였기에 삶의 방편으로 감나무를 떠올린 것이다. 이처럼 자기의 일상을 소재로 읊은 시에 그 지역의 특성이 잘 드러나 있다.

7 과거시험 발표장 풍경

처음 서울에 올라와 과거시험의 방이 붙은 것을 보고 지은 시이다. 합격을 축하하는 행렬의 화려한 모습을 지식인의 비판적인 시각으로 바라보고 있다.

옥피리와 귀한 마차 가는 곳마다 봄이니	珂笛輪軒處處春
서울 길은 말굽 먼지에 하늘이 뿌옇구나	九街天暗馬蹄塵
알지 못하겠네, 안탑에 이름 남긴 이 중에	不知雁塔留名地
창생을 구할 사람 그 몇이나 있을런가.[53]	濟得蒼生有幾人

---

51 唐 段成式, 『酉陽雜俎』, 「木篇」. "수명이 긴 것, 잎이 풍성하여 그늘이 짙은 것, 새둥지가 없는 것, 벌레가 없는 것, 단풍 들었을 때의 아름다운 것, 먹음직스러운 열매, 落葉이 매우 肥大하여 글씨를 쓸 수 있다[一壽, 二多陰, 三無鳥巢, 四無蟲, 五霜葉可翫, 六嘉實, 七落葉肥大.]"

52 2장 주24) 참조.

53 「看文科放榜」(1878), 『梅泉集』 권1, 『문집총간』 권348, 410c면.

매천은 1878년 과거시험과 학문을 위해 처음 서울에 올라왔다. 이때 길에서 문과 급제자들의 축하행렬을 보았다. 그는 그들이 기뻐하는 모습 뒤에 가려진 백성을 위한 책임의식을 드러냈다. 당시 과거시험은 부조리하게 치러지고 있었다. 『매천야록』에서 과거의 폐해를 다음과 같이 기록하고 있다.

> 무인년(1878, 고종15)년 봄에 정시과(庭試科)가 있었다. …중략… 순조·헌종 이후로 척족이 대대로 권력을 잡아 온갖 일이 공도(公道)가 없었는데 과거의 폐해가 특히 심하였다. 이때에 이른 바 '통과(統科, 권문세가의 자제들을 합격시키기 위한 제도)'로 일컬어지는 것이 있었는데, 여러 사람들의 눈이 있는데도 귀족 자제들을 낯 뜨겁게 선발하였다. 이들은 올해 뽑히지 않았으면 내년에는 떨어지지 않는다 하여 차례대로 손가락 꼽는 일을 당연한 법처럼 여기고 있으니, 곧 고려 말 홍분방(紅粉榜)[54]의 전철인 것이다. 임금이 이때에 속마음과는 달리 먼 지방에 있는 사람들을 달래고 고무시키고자 하여 공도를 억지로 행하니 초야의 미천한 사람이 왕왕 과거에 합격하기도 하였다. 그러나 문벌에 구애되어 오랫동안 출세를 못하고 방황하며 성내어 불평하게 되니 과거에 붙지 않는 것만 못하였다.[55]

매천은 온갖 부조리를 자행하며 권문세가의 자제들만 뽑는 과거시

54 紅粉榜 : 고려 때 나이 어린 權門의 자제로 과거에 급제한 것을 일컬었던 말이다. 禑王 때 代言 尹就가 成均試를 관장하면서 모두 세도가의 나이어린 자제들을 뽑았으므로 당시 사람들이 이를 기롱하여 홍분방이라 하였다.

55 黃玹,『梅泉野錄』제1권. "戊寅春, 有庭試科. …中略… 純憲以後, 權戚世柄, 百爲無公道, 而科弊尤甚. 於是, 有所謂統科之稱, 對衆目而靦取綺紈子弟, 今歲不選, 明歲不黜, 挨次屈指, 視爲常典, 卽麗季紅粉榜故轍也. 人主有時矯情, 欲慰悅遐遠, 强行公道, 則艸野傖荒, 往往得中. 然屈於門地, 郎潛躑躅, 抑屈憤咤, 不如不科."(번역은 임형택 외, 『역주매천야록』 상, 문학과지성사, 2005, 111~113면)

험에서는 백성을 구제할 관리가 나오기 어렵다는 것을 말하였다. 그리고 설령 어쩌다가 뜻있는 선비가 과거에 합격하더라도 조정에 설 곳 없는 건 매한가지였다. 그는 서울 생활을 하면서 과거와 조정에 대한 부조리를 알게 되었고, 이후 벼슬할 생각을 버리는 계기가 되었다. 이러한 그의 심경이 위의 시에서 잘 나타나 있다.

과거 결과가 발표되면 급제한 사람들은 삼현육각(三絃六角)의 연주 속에 귀한 마차를 타고 지나간다. 그들이 가는 곳은 항상 봄처럼 화사할 것이고, 타고 가는 말발굽은 먼지가 하늘을 뿌옇게 만들 정도였다. 매천은 급제자들의 행차에 온 서울 안이 들썩이는 풍경을 표현하였다. 여기에서 '옥피리[珂笛]'와 '귀한 마차[輪軒]'는 급제한 사람들의 명예를 드러낸 것이다.

하지만, 지식인의 시각에서 보면 화려한 풍경 뒤에 어두운 측면이 있었다. '알지 못하겠네[不知]'라고 한 것은 앞의 내용에 대한 반전의 의미이다. 그 중심에는 '안탑[雁塔]'이 있다. 안탑은 당나라 위조(韋肇)가 진사급제를 하고 장안의 자은사(慈恩寺) 안탑 아래에 이름을 적은 것에서 유래한 말이다. 과거급제를 가리킨다. 매천은 당시 안탑이 매매가 가능하여 부정부패의 근원이 되는 점을 부각하려고 했다. 보통 돈으로 벼슬을 매수하면 관리가 된 뒤 그 몇 배를 백성에게 갈취하는 법이다. 이 때문에 과거급제가 부조리 한 것은 사회적으로 큰 문제를 유발한다. 매천은 안탑에 이름 적힌 사람 중에 제대로 직분을 수행하여 백성을 구제할 사람이 몇 명이나 있을지 의문을 품었다. 그는 급제한 사람들에게 책임의식을 요구한 것이다.[56]

---

56 이의강은 이 시가 매천이 동시대 인사들에 대한 책임의식을 요구한 것이라 하였다.(이의

이처럼 매천은 과거시험의 이면을 지식인으로서 냉정하게 바라보며 현실을 걱정하고 있었다. 이는 현실을 객관적이고 날카롭게 바라보고 있었기 때문이다. 이러한 시각은 『매천야록』을 저술하는 기본바탕이기도 하였다.

8 소결

이 절에서는 매천이 여러 지방을 다니면 읊은 시를 통해 흥미로운 삶의 현장을 살펴보았다. 그는 지식인으로 사회비판의식을 지니고 있었다. 하지만 그가 전국을 다니며 경험한 현장에서는 이러한 비판의식이 드러나기 보다는 대체로 긍정하며 받아들이려는 측면이 강했다. 이 점은 전국에서 겪은 생활현장이 비록 인간사이긴 하지만 우리의 고유한 풍속이며 그 지역의 특색이기 때문이다.

매천은 전국을 다니며 그 지방의 특별한 음식을 먹어보고, 그것을 소재로 삼아 시로 읊기도 하고, 다리를 보수하는 광경을 지켜보다가 시를 읊기도 했다. 과거에는 홍성했던 곳이 이제는 황폐해져 버린 유적지를 지나면서 무상한 인간사를 느끼기도 했다. 또 모내기의 현장과 계절 별미를 먹기 위해 주막에 모여든 사람들의 모습, 그리고 자신의 일상까지 읊으며 당시 사람들의 삶의 모습을 사실적으로 그려냈다. 그는 다양한 삶의 현장에 흥미를 갖고 세밀하게 관찰하였다. 눈에 보이는 삶의 현장이 모두 우리의 다양한 모습이었기 때문에 애착을 가지고 있었다.

강(2010), 67면).

또한 매천은 일상의 모습을 시에 그대로 드러내려고 했다. 그에게는 일상의 모든 것이 시의 소재가 되었다. 그는 굳이 아름답거나 서정성이 풍부한 시어를 찾으려 하지도 않았고, 일상에 있는 모든 것을 시어로 선택하여 사용하였다. 시를 지으려고 하는 조탁의 측면이 보이지 않는 이유가 여기에 있다. 뿐만 아니라 그림 그리듯이 핍진하게 표현하였기 때문에 그의 시를 보고 있으면, 직접 그의 삶에 들어가 있는 것 같은 착각이 들기도 한다.

9 장 마무리

이 장에서는 매천이 집을 나서며 읊은 시들을 중심으로 그의 정감이 어떻게 나타나는지 살펴보았다. 그는 여행을 통해서 자기 자신을 성찰하는 계기로 삼아 끊임없이 반성하는 자세를 가졌다. 그에게 여행은 보다 넓은 세계를 알게 하여 자신을 객관적으로 바라볼 수 있게 하는 기회를 제공해 주었다. 또, 그는 전국을 다니며 아름다운 풍경을 시에 담아내려고 하였다. 이점은 자연 풍경에 대한 애착을 지니고 있었기에 가능하였다. 나아가 그는 곳곳에서 볼 수 있는 삶의 현장을 있는 그대로 읊었다. 그 모습이 모두 우리의 다양한 특성을 지니고 있기에 흥미를 가지고 관찰한 것이다.

이처럼 매천이 전국 곳곳을 다니며 지은 시에서는 그가 여행을 통해서 자신을 성찰하려 하고, 아름다운 자연에 대해 애착을 가졌으며, 우리의 다양한 모습에 흥미를 느끼고 있다는 것을 알 수 있었다. 이 점은 지식인의 자성과 애국, 애족의 일면이 드러난 것으로 볼 수 있겠다.

IV. 마음 속 그리움을 노래하다

이 장에서는 매천이 인적대상을 소재로 읊은 시에 드러나는 서정적 특징을 살펴보고, 이러한 시들을 통해 그의 인간적인 면모가 어떻게 나타나고 있는지 주목하였다. 인간관계에서 정감은 그리움과 아쉬움을 표출할 때 가장 진솔하고 풍부하게 나타난다. 이 점을 감안하여 이별할 때나 이별한 뒤 상대를 그리워할 때, 또는 고인을 회고할 때 지어진 시를 중심으로 살펴보았다.

이 시들은 소재별로 세 부분으로 나눌 수 있다. 색시에서 고향의 가족과 친지를 그리워한 시, 학문적으로 교유한 벗을 그리워한 시, 그리고 역사 속의 지사(志士)와 의인(義人)들을 회고한 시이다. 양적으로 보면 벗을 그리워하는 시가 가족과 친지를 그리워한 시보다 매우 많지만, 주제가 대동소이하므로 한 절로 삼아 전개하였다. 가족에 관한 시는 몇 편 되지 않지만, 매천의 인간적인 면모를 살피기 위해서 간과할 수 없는 부분이다.

이렇게 세 부분으로 나눈 것은 매천이 속한 인간관계를 확대해 나가는 특징이 있다. 처음에는 가족의 한 구성원으로서, 다음에는 교유관계를 통한 사회의 한 구성원으로서, 마지막에는 역사에 나오는 위인을 포함한 민족의 한 구성원으로서 드러나는 인간적인 면모이다. 그는 도가 실행되지 않는 세상을 버리고 은거를 선택했지만, 어쩔 수 없이 공동체의 한 구성원이 될 수밖에 없었다. 즉, 그의 일생도 끊임없이 타인과의 관계 속에서 이뤄졌기 때문에 이를 바탕으로 지어진 시가 많은 양을 차지한다. 그래서 따로 한 장을 두어 살펴보려는 것이다.

그리움은 인간관계에서 비롯된다. 매천은 어려서부터 유교의 가르침을 받았기에 타인과의 관계에서 인(仁)을 중요하게 생각하였다. 그의 일생에서 인관관계는 모두 인을 기준으로 이뤄진 것이라고 해도 과언이 아니다. 인의 중요성에 대해서 정약용(丁若鏞)은 다음과 같이 말하였다.

> 사람이 이 세상을 살아가는데, 많은 선과 악이 모두 사람과 사람의 접촉에서 일어난다. 사람과 사람이 접촉하면서 그 본분을 다하면 그것을 仁이라 한다. 仁은 '二'와 '人'이 뜻을 합한 글자이다. 아버지를 섬기는 孝를 仁이라 하니 자식과 아버지가 두 사람이다. 형을 섬기는 悌를 인이라 하니 아우와 형이 두 사람이다. 자식을 기르는 慈를 인이라 하니 父子가 두 사람이다. 君臣도 두 사람이고, 夫婦도 두 사람이고 長幼도 두 사람이고, 民牧도 두 사람이다. 仁親과 仁民에 있어서 仁이 아닌 경우가 없다.[1]

1 "人生斯世, 其萬善萬惡, 皆起於人與人之相接. 人與人之相接而盡其本分, 斯謂之仁. 仁者二人也. 事父孝曰仁, 子與父二人也. 事兄悌曰仁, 弟與兄二人也. 育子慈曰仁, 父子二人也. 君臣二人也, 夫婦二人也, 長幼二人也, 民牧二人也. 仁親仁民, 莫非仁也." (丁若鏞, 「大學公議」, 『與猶堂全書』 제2집 제1권, 『문집총간』 권282, 22c면).

정약용은 인(仁)은 '人'과 '二'가 뜻을 합한 글자라고 하여 두 사람 사이에 있는 것으로 보았다. 그래서 효를 자식과 아버지가 두 사람이기 때문에 인이라 하였다. 이런 논리에 의해 형제 사이에 존재하는 우애가 인이고, 군신 사이에 존재하는 충성도 인이고, 붕우 사이에 존재하는 책선(責善)도 인이 된다. 나아가 세상의 모든 사람과 사람 사이에 그 본분을 다하는 것이 인이다. 정약용의 이러한 논리는 일반적으로 모든 유자가 공통으로 생각하는 바이다.

매천 역시 유자로서 인에 대한 생각이 정약용과 별반 다르지 않았다. 그가 평소 매우 진지한 삶의 자세를 유지한 것으로 보아, 또 절명시에서 '인간 세상 지식인 노릇하기 참 어렵구나'라고 읊은 것은 모두 인을 실현한 것으로 볼 수 있다. 하지만 인은 내면적인 것이고, 인간관계에서 기인한다. 때문에 그가 인적대상을 상대로 지은 시를 통해 그의 인간적인 면모가 진솔하게 드러날 것이다.

1. 가족을 향한 그리움

매천은 24세(1878) 때 처음으로 고향을 떠나 서울에서 객지 생활을 하였다. 그의 서울행은 광양과 구례의 어둡고 비루한 환경을 벗어나기 위한 것이었고,[2] 한편으로는 과거준비를 위한 것이었다. 이때부터 매천은 거의 십여 년 동안 서울을 출입하면서 가족과 떨어져 지냈다.

---

2 金澤榮, 「本傳」, "弱冠, 患鄕里闇陋, 北遊京師."(黃玹, 『梅泉集』 卷首, 『문집총간』 권348, 403c면).

매천이 처음 서울에 왔을 적에 고향집에는 양친과 두 동생, 그리고 부인과 어린 딸이 있었다. 그는 낯선 서울에서 늘 고향을 생각하며 가족들을 그리워했다. 하지만 그의 문집에 가족을 그리워한 시가 많이 남아있지 않았다. 서울에 머무는 기간에는 시 자체가 거의 없는 점을 감안하면 당연한 결과이다.

학계에서는 매천이 가족을 그리워한 시가 따로 주목받지 못하였다. 지극히 개인적이고 감성적인 내용이라서 매천의 역사의식이나 민족의식과 결부시킬 수 없고, 또 우국시(憂國詩)나 사회시(社會詩)와도 전혀 성격이 다르다. 하지만 서정이나 문예적 측면으로 접근할 경우, 특히 그의 인간적인 면모를 밝히기 위해서는 반드시 필요한 시이다. 『맹자』에서 "내 노인을 노인으로 섬겨서 남의 노인에게까지 미치며, 내 어린이를 어린이로 사랑해서 남의 어린이에게까지 미친다"[3]라고 하였듯이 유교적 측면에서 보면 인간관계의 시작은 모두 가정에서 비롯되기 때문이다.

이 절에서는 먼저 서울에서 고향집을 그리는 나그네의 시름 섞인 시를 살펴보고, 부친의 편지를 받고 지은 시와 과거 급제 후 양친을 떠올린 시를 살펴볼 것이다. 고향은 부모님이 계시는 것을 가장 중요한 이유로 삼기 때문이다. 그리고 부인을 떠올린 시와 매부의 죽음을 슬퍼한 시, 마지막으로 두 아우를 그리워한 시를 살펴볼 것이다. 이를 통해 매천의 인간적인 면모가 더욱 적실하게 드러날 것이다.

3 「梁惠王」상 7장, 『孟子』(사고전서 전자판). "老吾老, 以及人之老, 幼吾幼, 以及人之幼."

1 그리운 내 고향집

청년 매천은 처음 고향을 떠나 낯선 서울에 살면서 고향집을 그리워하였다. 여름 밤하늘을 보면서 고향을 그리워하였다. 가족과 고향에 대한 그리움이 진솔하게 나타나 있다.

구름 꼈다 흩어지고 달이 방금 나왔는지	雲合雲離月方出
사방 산은 어둑어둑 나무숲은 칠흑 같네	四山冥冥樹如漆
또렷해진 남색 별 빛 가만있다 흔들리니	星角紺青定還搖
은하수는 점점 길어져 비단 비껴 펀듯하네	河影漸長橫練疋
처마 밑을 감아 돌던 박쥐 돌연 떨어지더니	蝙蝠繞簷忽自落
거꾸로 날아 빽빽한 박꽃 사이 들어가는데	倒飛走入匏花密
사람들은 관솔불 밝혀 고요하게 있을 테고	人語寥寥松作燈
우리가족 보리밥 먹고 배부르다 자랑하겠지.[4]	全家麥飯誇腹實

서울 주동(注洞)에 머물던 집에서 여름밤 고향을 생각하였다. 주동은 동대문 밖 30리 지점에 있는 불암산 아래 마을이다. 강위(姜瑋)를 만나기 위해 주동에 있는 홍기정(洪基正)의 집에 머물 때였다. 24살의 그에게 서울은 매우 낯설게 느껴졌다. 그래서 서울의 밤 풍경은 고향에 대한 그리움을 자아내기에 충분했다.

먼저 밤풍경을 읊었다. 달이 구름에 가려 어두워졌다가 구름이 걷히니 저 멀리 사방의 산들이 점점 형체를 드러내기 시작했다. 하지만 칠흑처럼 어두운 나무가 겨우 보일 뿐, 색은 분간할 수 없었다. 매천은 나무숲을 보다가 머리를 들어 밤하늘을 쳐다봤다. '달[月]'은 시에서 일반적으로 나그네의 외로움을 달래주는 벗이 되기도 하고, 고향을 이어

4 「漢京注洞寓舍, 夏夜憶鄕作.」(1878), 『梅泉集』 권1, 『문집총간』 권348, 410b면.

주는 매개체 역할을 하기도 한다.[5] 그는 짙은 어둠이 약간 가신 것을 통해 달이 뜬 것을 알아챘다.

이어서 밤하늘의 별과 은하를 읊었다. 남색별은 처음에 매우 선명했다. 하지만 문득 고향에서 이 별을 보고 있다는 생각이 들자 별빛이 가물거리기 시작했다. 눈물이 고였던 것이다. 그래서 은하수는 점점 길어져 마치 비단을 가로로 펼친 모습과 같았다. '별[星]'과 '은하수[河]'는 고향을 이어주는 매개체 역할을 한다. 별은 달과 같이 멀리 떨어져 있는 사람과 자신을 이어주는 역할을 하고, 은하수는 고향을 그리워하는 감정의 질량을 드러내고 있다.

돌연 박쥐의 등장은 적막한 밤 풍경에 생동감을 불어넣고 있다. 박쥐는 처마를 날다가 박꽃 핀 지붕 아래로 들어갔다. 매천은 박쥐의 이러한 생태를 관찰하여 정수를 짚어냈다. 그래서 직접 보는 것 같은 느낌을 받을 정도로 생생하다. 밤에 흔히 볼 수 있는 모습이지만 매천만의 참신한 표현으로 새로운 의경을 이뤄내고 있다. 지붕 아래 보금자리를 찾아가는 박쥐를 보고, 집 떠난 자신과 비교하며 쓸쓸한 심경을 드러냈다.

이제 고향의 모습이 떠올랐다. '관솔불'과 '보리밥'은 고향을 대표해서 읊은 것이다. 관솔불에는 동네 사람들의 정겨운 모습이 있을 것이고, 보리밥에는 가족들의 웃음이 있을 것이라고 상상하였다. 소박하지만 정이 듬뿍 느껴지는 두 의상(意象)이다.

이 시는 처음으로 객지 생활을 시작한 매천의 심경을 반영하였다.

---

5 白光勳(1537~1582)은, "퉁소 소리 이십사교 위에 뜬 저 밝은 달로, 강남땅에 있는 아내가 먼 이별에 상심하리.[一聲二十四橋月, 人在江南傷遠情.]"라고 하면서 고향에 있는 아내가 달을 보며 자신을 그리워 할 것이라고 읊고 있다. (白光勳, 「洛中秋夜」, 『玉峯詩集』 上, 『문집총간』 권47, 110b면).

나그네로 멀리 떨어져 있으면서 달 뜬 밤하늘을 보며 고향을 그리워하였다. 서울의 밤 풍경도 고향에서 보던 것과 같은 익숙한 대상이 있어서 쉽게 고향을 상상할 수 있었다. 그는 고향을 분명하게 나타낼 수 있는 의상을 끄집어내어 그리운 고향을 상상했다. 번뜩이는 심미안이 있기에 가능했다. 그는 밤하늘을 보며 고향생각에 눈물짓고, 처마에 들어가는 박쥐를 보며 집에 갈 수 없는 자신의 신세와 비교하였다.

매천은 객지 생활에서 늘 고향을 그리워하며 걱정하였다. 객지의 외로움도 있었겠지만, 부모와 처자를 만날 수 없는 것이 더 서글펐다. 특히 자식으로서 부모님을 봉양하지 못한 것은 늘 마음 속 근심으로 자리 잡고 있었다.

2 부친의 편지를 받고서

금강산을 유람하고 서울 처소에 돌아와 보니, 부친의 편지가 책상에 놓여 있었다. 편지를 받고 내용을 읽기까지의 감정을 고스란히 시로 읊었다. 처음부터 끝까지 고향집을 걱정하는 매천의 모습을 볼 수 있다.

서신을 보낸 지 얼마나 되었을까	發書曾幾日
그땐 내가 금강산에 들어갈 땐데	是我入山時
상에 꽂힌 편지 보니 걱정이 일고	揷案情先惕
봉투 뜯다 눈은 다시 머뭇거리나	披緘眼更遲
말씀 속에 집안 평온 기뻐하면서	辭詳欣室穩
글자 획에 부친 늙음 두려워지네	字瘦恐親衰
거듭 나그네 된 사연 알지 못하고	不知復爲客
돌아갈 날 늦춰진 것만 깨우치셨네.[6]	惟戒緩歸期

1880년 매천은 서울에 있었는데, 가을에 금강산 유람을 떠났다. 음력 8월 18일 혜화문을 나와 금강산에 갔다가 9월 14일 서울에 돌아왔다. 약 한 달의 여정을 마치고 처소에 돌아와 보니, 부친의 편지가 책상에 꽂혀 있었다. 편지를 본 매천은 걱정부터 일기 시작했다.

그는 집안에 나쁜 일이 생겨 편지를 보낸 것은 아닐까 염려가 되었다. 그래서 봉투를 뜯으면서도 머뭇머뭇했다. 다행히 편지에는 집안이 평온하다고 하여 안도하면서 기뻐했다. 하지만 글씨 획에 힘이 없는 것을 보고 다시 근심에 쌓였다. 편지를 쓴 부친의 기력이 많이 쇠해진 건 아닌지 두려운 마음이 들었기 때문이다. 객지에서 고향집의 안녕과 부친의 건강을 걱정하는 매천의 진솔한 마음이 느껴진다.

매천이 편지를 받고 내용을 읽기까지의 감정변화가 시의 중심에 전개되었다. 대장을 이루고 있는 두 연구가 시의 내용을 다 말해주고 있다고 해도 과언이 아니다. 특히 시어가 대구를 이루고 있는 것을 보면 편지에 의해 감정이 변화하는 것을 알 수 있다.

'惻', '遲', '欣', '恐'은 감정변화의 순서를 나타내고 있다. '惻'은 편지를 처음 봤을 때의 걱정이다. '遲'는 혹시 모를 걱정으로 생겨났다. '欣'은 편지를 읽고 난 뒤의 기쁨이다. '恐'은 편지 글씨로 인해 생겨난 두려움이다. 처음부터 끝까지 편지로 인한 고향 집과 부친에 대한 걱정이 가득하다. 이와 반대로 매천은 객지에서 부모님이 기뻐할 것을 생각하기도 했다.

---

6 「抵寓拜家大人書」(1880), 『梅泉全集』 권1, 호남학연구소, 381면.

3 양친의 웃음은 천금

매천은 벼슬에 대한 미련을 버리고 만수동에서 은거를 결심했다. 하지만, 부모님의 마음을 헤아려 다시 과거시험을 보게 되었다. 열심히 노력한 결과 장원급제를 하게 되었는데, 합격의 기쁨보다 허탈한 감정이 더 컸다. 이때 고향에 계신 부모님을 떠올리며 다음과 같은 시를 지었다.

서생이 두더지 배로 강 깊이를 깨달으니	書生鼴腹覺河深
이전의 헛된 마음 씀이 도리어 우습구나	還笑從前枉費心
멀리 고향 뜰에서 聞喜宴 할 날 생각하니	遙想鄕園聞喜日
양친의 한번 웃음은 천금의 값어치리라.[7]	爺孃一笑抵千金

1888년 2월 서울을 출입한 지 10년 만에 드디어 생원 복시에 장원급제했다. 하지만 기쁨보다 이내 자신을 일개 서생으로 비유하며 두더지 배와 같이 조그만 것만 있으면 만족할 줄 안다고 하였다. 두더지 배는 『장자』의 「소요유(逍遙遊)」편에 나오는 고사이다. 요(堯)임금이 허유(許由)에게 천하를 양보하니, 허유가 "뱁새가 깊은 숲에 둥지를 튼다 해도 한 나뭇가지에 지나지 않으며, 두더지가 강물을 마신다 해도 제 배를 채우는데 지나지 않습니다."[8]라고 하면서 허락하지 않았다. 매천은 허유처럼 벼슬을 원하지 않았다. 스스로를 표현한 '서생[書生]'은 마음속에 이미 벼슬에 대한 미련이 없다는 것을 단적으로 보여주고 있다.

---

7 「戊子二月生員覆試預魁選有作」(1888), 『梅泉集』 권1, 『문집총간』 권348, 416c면.

8 "鷦鷯巢於深林, 不過一枝, 偃鼠飮河, 不過滿腹." (「逍遙遊」, 『莊子』, 사고전서 전자판).

그는 과거 시험을 위해 지금까지 마음 쓰며 노력한 것이 모두 헛된 수고로만 여겨졌다. 그동안의 노력이 한바탕 웃음에 불과했다. '도리어 웃다[還笑]'는 이러한 허탈감을 표현한 것으로 부질없는 일을 했다는 것에서 오는 계면쩍은 마음을 적실히 드러냈다.

그런데, 고향에 계신 부모님을 생각하면 마음이 달라졌다. 진사급제를 축하하는 문희연(聞喜宴)에서 기쁘게 웃으시는 부모님의 모습은 천금의 값어치에 해당한다고 하였다. 과거를 위해 노력한 것이 부모님을 웃게 할 수 있다는 것에 만족하였다.

사실 그는 2년 전 1886년에 만수동으로 이사하면서 은거를 결심했다. 그에게 조정은 어지러운 정책과 부패한 관리들이 들끓는 곳과 다르지 않았다. 하지만 조부 때부터 내려오던 과거급제에 대한 집안의 염원을 저버릴 수 없었기에 시험을 보았다.[9] 그가 과거시험을 본 것은 효를 실천하는 측면에서 했을 뿐, 조정에 대한 생각이 바뀐 것은 아니었다. 그는 평생 벼슬할 생각을 하지 않았다.

4 고마운 아내에게

객지 생활은 부모님 봉양뿐만 아니라, 남편 노릇도 할 수 없었다. 그래서 항상 자기 대신 부모님을 봉양하는 아내에게 고마움과 미안한 마음을 지니고 있었다. 한번은 서울로 떠나는 길에 아내를 생각하며 시를 지었다. 남편으로서 인자한 모습이 이 시에 드러난다.

---

9 瓠山 朴文鎬는 「梅泉黃公墓表」에서 만수동으로 이거하여 과거를 보려고 하지 않았으나, 어버이가 허락하지 않아서 마지못해 과거를 보았다고 기록하였고, 滄江 金澤榮은 「本傳」에서 외세에 대한 걱정은 날마다 깊어지고 내정은 날마다 어그러져서 벼슬에 나아갈 뜻을 버리고 고향에 돌아왔다고 기록하였다.

약한 아내 도리어 강한 마음 지녀	弱妻反剛腸
이별할 때 꿋꿋하게 말이 없었지	臨別悄無語
술을 걸러 이별 자리에 바치니	壓酒供祖筵
돌아올 기약 하려 내실을 찾았네	歸期訪姑所
문 나설 때 서쪽 해를 바라보다가	出門望西日
머리 숙여 어린 자녀 어루만지니	低頭撫兒女
어찌 가족을 그리워하지 않겠는가	豈不懷室家
응당 나그네 되는 것이 두려워서지	應恐傷羈旅
결혼한 지 이제 십년이 되었으니	結髮今十年
부부금슬 다만 하기 나름이건만	琴瑟徒云御
천하를 경영할 뜻에 흔들려서	搖搖四方志
부모님 봉양 항상 그댈 의지하네	侍養常倚汝
일찍이 들으니 악양자의 아내는	嘗聞樂羊妻
베틀 잘라 내조를 이루었다 하니	斷機成內助
봄에 핀 꽃은 쉽게 시들 떨어져도	春華容易凋
천년토록 열녀는 전해지는 법이네.[10]	千載傳列女

모두 2수를 지었는데, 그중 두 번째 수이다. 연대 미상이나 시의 내용에 결혼한 지 십년이 되었다고 한 것으로 보아 1881년으로 추정할 수 있다.[11] 1878년부터 과거 준비와 견문을 넓히기 위해 서울을 출입하였기에 이때 다시 서울로 길을 떠나려던 참이었다.

1 · 2구에서는 이별의 순간에 부인의 꿋꿋한 모습을 읊고 있다. 비록 나약한 아녀자의 몸이지만 마음속은 강직할 것이라고 했다. 부인에 대한 믿음이 깊이 자리하고 있는 것을 알게 한다. '강한 마음[剛腸]'과 '말

10 「辭家將赴漢城」(1881), 『梅泉全集』 권3, 호남학연구소, 250면.

11 매천은 1871년 海州 吳氏와 결혼하였다.(黃瑗, 「年譜抄」, 黃玹, 『梅泉全集』 권3, 호남학연구소, 20면).

없음[無語]'은 꿋꿋하고 미더운 아내의 덕을 읊었다.

3·4구에서는 부인이 자신을 위해 이별의 술자리를 마련해 준 것에 고마움을 표현하였다. '이별의 자리[祖筵]'는 부부간의 인정을 드러낸 것이다. 여기까지는 말없이 헤어지는 부부의 모습이지만, 그 속에 서로에 대한 신뢰가 가득 담겨져 있는 것을 알 수 있다.

5·6구에서는 어린 아들딸을 쓰다듬는 자상한 아버지의 모습을 볼 수 있다. 매천은 1873년에 첫 딸을 낳고, 1880년에 장남인 암현(巖顯)을 낳았다. 이때 각각 9살, 2살이었다.

7·8구에서는 어쩔 수 없이 가야만하는 자신의 처지를 나타내었다. 아들딸을 어루만지던 것을 떠올리며 타지에서 가족을 그리워할 것은 틀림없겠지만, 애써 태연한 척 했다. 이제 나그네로 쓸쓸히 보내야 할 자신을 위해서였다. 가족과 떨어져 외롭게 보내야 할 타지생활이 그에게도 쉬운 일만은 아니었다. 이상의 네 구는 어쩔 수 없이 가족과 떨어져야 하는 마음이 드러나 있다.

9구 이하는 모두 남편으로서 아내에게 얘기한 내용이다. 결혼한 지 십년이라 부부간의 금슬을 만들어 가야하는데, 자신은 천하를 경영할 뜻을 두어 항상 떠돌아다니고 부모님 봉양까지 모두 아내에게 맡겨 두었다. '그대에게 의지한다[倚汝]'는 말에서 남편으로서의 미안한 마음을 읽을 수 있다.

매천은 그런 아내를 위해 열녀 얘기를 했다. 중국 동한의 악양자(樂羊子)가 공부하러 갔다가 일 년 만에 돌아오자, 그의 아내는 칼을 들고 베틀로 가서, "당신께서는 학문을 쌓아 매일 모르는 것을 깨우쳐 훌륭한 덕을 이뤄야 하는데, 중도에 폐하고 돌아오시니 이 베를 자르는 것과 무엇이 다르겠습니까?"라고 했다.[12] 남편의 학문을 위해 내조한 아내의 고사이다.

매천은 아름다운 여인은 봄철 활짝 핀 꽃 같이 쉽게 시들지만, 열녀는 천년이 지나도 전해진다면서 그 덕을 높이 평가하였다. 자신의 아내도 역시 이러한 모습이 있다고 칭찬하고 있는 것이다. '악양자의 아내[樂羊妻]', '내조[內助]', '열녀[列女]'는 모두 아내의 덕을 칭찬하기 위해 표현한 것이다.

매천이 서울을 출입하면서 집을 자주 비우기 시작한 지도 이미 3년이 되었다. 그동안 아내에게 미안한 마음이 컸지만, 자신도 어쩔 수 없는 상황이었다. 그는 자신의 입장을 이해해주고, 집안을 잘 돌보는 아내를 악양자의 아내에 비유하여 내조 잘하는 열녀로 높이 여겼다.

5 두 아우를 생각하며

금강산 유람 도중 고향에 있는 두 아우를 생각하며 지은 시이다. 5언 32행의 장편 고시로 이뤄져 있는데, 내용별로 다섯 부분으로 나누어 전개하였다.

〈1〉

둘째는 나보다도 나약하였는데	仲氏羸比吾
올 가을에는 병석을 벗어날 테고	今秋得免恙
막내는 머리털이 이마를 덮었는데	季兮髮覆額
늘어진 머리가 두 배는 길었겠지	髧髧想倍長

---

12 "東漢樂羊子遠出求學, 以久行懷思, 一年卽歸, 妻引刀趨機曰, '夫子積學, 當日知其所亡, 以就懿德. 若中道而歸, 何異斷斯織乎?"(「樂羊子妻」, 『後漢書』, 사고전서 전자판).

〈2〉

지금 형은 형 노릇이 부끄러우니　乃兄愧爲兄
부모 봉양을 너희에게 맡겼구나　老親委弟養
근래 나그네로 지내는 날 많아서　年來客日多
지팡이 하나로 온 나라 막 다니니　八域橫一杖
봉래산은 국화 한창인 가을이라　蓬山菊正秋
두 눈은 남쪽 바라보며 반짝였지　雙眸烱南望
돌아보니 어떤 형상 높이 있는데　顧作何狀高
리 삼형제 서로 오른 것 같구나　登我仲季相[13]

〈3〉

집에서는 떠난 이를 걱정하고　居者念行者
떠난 이는 집을 잊지 못하는 법　行者居不忘
비록 집에서 떠난 이를 염려하지만　縱是居念行
나의 행로는 그런대로 괜찮으니　我行自佳況
끼니마다 떠돌면서 밥을 먹는데　頓頓喫旅飯
산과 바다 경치가 매우 빼어나구나　海山極奇壯

〈4〉

내가 보니 세상에서 형제지간은　我觀人兄弟
어진 형을 아우가 우러러보는데　兄賢弟有仰
둘째는 나 같은 형을 두었지만　仲輩兄如我
본보기를 어찌 본받아 하겠는가　柯則安所倣
원컨대 둘째는 형을 본받지 말고　願仲勿效兄
노력하여 바른 길을 향해 가서　努力正趨向
막내가 보고 느낄 수 있게 하고　使季有觀感
형처럼 방탄하게 두지 말거라　毋如兄誕放
내가 대문을 들어서는 날에는　使吾入門日
책 읽는 소리 낭랑하게 들렸으면　讀書聽瀏亮

---

13 顧作何狀高 登我仲季相 : 이 聯句는 원문이 도치되어 있다. '相'이 韻字이기 때문에 바로 잡았다.

〈5〉

한갓 이루지 못한 일 생각만하다　　徒思不濟事
객사 등불 새벽 휘장에 깜박이구나　　羇灯耿晨幌
문밖 나서니 달빛은 서리 같은데　　出戶月如霜
기러기 떼 저 하늘에 울고 있구나.[14]　　連鴈空際響

매천에게는 두 아우가 있었다. 둘째는 황연(黃璉, 1862~1889)이고, 막내는 황원(黃瑗, 1870~1944)이다. 이때 각각 19세, 11세였다. 매천은 금강산을 유람하다가 고향에 있는 두 아우를 떠올리고는 잠 못 이루다가 이 시를 지었다. 그는 형 노릇을 제대로 못한 것을 스스로 인정하며 동생들에게 미안한 마음을 드러내고, 형으로서 충고도 하였다.

〈1〉은 집을 떠날 적에 본 두 아우의 모습을 떠올리고 시간이 지남에 따라 변했을 지금의 모습을 상상한 것이다. 둘째는 병에 걸려 있었는데 이제는 다 나았을 것이고, 막내는 머리카락이 이마를 덮었었는데 이제 두 배는 길게 자랐을 것이라고 떠올렸다. 두 아우의 마지막 모습에서 떠올린 것이 '병[恙]'과 '머리카락[髮]'이었다. 매천은 집을 떠난 시간을 헤아리면서 두 아우가 어떻게 변했을지 그 모습을 상상하였다.

〈2〉에서 매천은 지금 객지에 있는 자신의 처지를 읊으며 고향생각과 아우생각을 하였다. 장남으로서 부모님을 봉양하지 않고 유람을 다니니, 형 노릇이 부끄럽다고 하였다. 하지만 국화가 한창인 때에는 남쪽을 바라보며 눈물을 글썽이고, 높은 곳의 바위를 보면서는 아우들을 떠올린다고 하여 마음속에는 언제나 가족과 형제들 생각뿐이라는 것을 드러내었다. 특히 국화가 한창인 가을에는 중양절과 추석이 있어서 나그네는 고향을 그리는 마음이 더욱 간절해진다고 읊었다. 당나라 왕

14 「憶二弟擬寄」(1880), 『梅泉全集』 권1, 호남학연구소, 378면.

유(王維)의 시에서 "홀로 타향에서 나그네로 있자니, 명절 때마다 어버이 생각 갑절이구나. 형제들은 높은 곳에 올라가서는, 수유 꽃 머리에 꽂고 한 사람이 적은 것을 알겠지."[15]라며 나그네가 되어 만나는 명절의 처량한 심정을 읊었다. 매천 역시 같은 의경이었다.

〈3〉은 자신이 집을 걱정하듯이 집에서는 자신을 걱정할 것으로 생각하고 읊었다. 그는 아우에게 자신은 끼니마다 밥을 먹고 산과 바다의 명승지도 두루 다니고 있다고 하였다. 지금 금강산을 유람하고 있는 자신을 말한 것이다. '그런대로 괜찮다[佳況]'고 한 것은 상대방이 자신을 걱정할 것을 염려하여 한 표현이다.

〈4〉에서는 형제간의 관계와 아우에 대한 형의 역할을 말하였다. 아우가 어진 형을 본받는 것은 세상의 이치지만, 지금 자신이 집에 없기 때문에 그럴 수 없다. 그래서 그는 둘째에게 본보기가 되는 것은 '도끼로 도끼자루를 벨 때 자기가 잡고 있는 도끼자루를 모범으로 삼는다'고 했듯이 남을 본받지 않아도 스스로의 노력으로 이룰 수 있다고 하였다. 자신이 형으로서 본보기가 될 수 없는 상황에서 둘째를 타이른 내용이다. 그리고 어린 막내에게도 둘째의 역할이 크다는 점을 얘기하였다. 이 부분은 이 시에서 가장 핵심이 되는 내용이다. 그리고 두 아우에게 부친 시이지만, 둘째를 중심에 두고 지은 것을 알 수 있다. 객지에서 아우를 걱정하는 자상함이 느껴지는 대목이다.

〈5〉는 시의 결론에 해당된다. 매천은 집과 동생들 생각에 잠을 이루지 못했다. '새벽[晨]'은 잠 못 이룬 것을 나타낸다. 그는 일어나 문밖으로 나갔다. 서리 같은 달빛과 기러기 떼의 울음소리가 들렸다. '기러기

---

15 王維, 「九月九日憶山東兄弟」. "獨在異鄕爲異客, 每逢佳節倍思親, 遙知兄弟登高處, 遍揷茱萸少一人."

떼[連鴈]'는 두 아우를 떠올리게 하는 매개체이다. 새벽하늘에 기러기가 날아가는 모습을 보면서 객지의 매천은 아우에 대한 그리움이 더욱 커졌다.

매천은 형제간의 우애를 바탕으로 고향에 있는 두 아우에게 이 시를 지어 보냈다. 그는 자신의 안부를 먼저 말하여 두 아우를 안심시키고, 형으로서 아우에게 해줄 수 있는 충언을 하였다. 특히 둘째에게 부모님을 봉양하고 막내의 본보기가 되도록 힘써 노력해 줄 것을 당부하였다. 객지에서 형의 도리를 다하려고 하는 매천의 모습을 볼 수 있다.

6 매부의 죽음과 누이의 아픔

매천에게는 누이가 둘 있었다. 한 명은 부안 김씨 김하술(金河述)에게 시집가고, 다른 한 명은 선산 류씨 류덕기(柳德基)에게 시집갔다. 그런데 매부인 류덕기가 병에 걸려 앓다가 죽었다. 매천은 매부의 부고를 듣고 만시를 지었다. 매부의 죽음을 슬퍼하면서 곁에서 간병하던 누이의 아픔에 대해서도 잊지 않았다.

다시 보자고 몇 번이나 다짐한 건	累囑重相見
지난겨울 병문안 갔을 때였는데	前冬問疾時
누이 때문에 저절로 속이 상하여	自傷吾有妹
용한 의원 없다 심히 절규했었지	痛罵世無醫
그 옛 마을엔 봄 제비 찾아오고	古里來春燕
앞산에선 두견이가 울어대는데	前山哭子規
벽 사이 책엔 거미줄 쳐져 있건만	壁間蛛網卷
남긴 시를 베낀 것이 바람에 말리네.[16]	風捲鈔殘詩

류덕기의 자는 치공(稚恭)이다.[17] 매천은 지난겨울 매부가 병이 든 것을 알고 병문안을 갔다. 헤어지면서 곧 다시 만나자고 약속을 했다. 그것이 마지막이었다. '몇 번이나 다짐한 것[累囑]'으로 보아 그는 이미 류덕기의 병환이 심한 것을 알았다. 그래서 자기와의 약속을 지키기 위해서라도 병을 이겨낼 의지를 갖길 바랬다.

그는 병든 류덕기를 간병하는 누이의 모습을 보고도 서글펐다. 그래서 병을 치료할 용한 의원이 세상에 없다고 절규도 했다. 하지만 모든 것이 허사가 되고 말았다. 류덕기가 죽은 것이다. 여기에서 '누이가 있다[有妹]'는 것과 '의원이 없다[無醫]'는 것은 묘한 대구를 이루고 있다. 전자는 병 수발을 들고 있는 누이에 대한 연민이 담겨있고, 후자는 류덕기의 병을 치료할 수 없는 절망을 표현하였다.

류덕기가 죽은 마을에는 여전히 봄이 오고 제비가 찾아왔다. 무심한 자연은 매년 변함없이 돌아오건만 사람은 그렇지 않았다. 매천은 앞산에서 울고 있는 짝 잃은 두견이를 누이에 비유하였다. '봄 제비[春燕]'와 '두견이[子規]'는 자연에서 정수를 뽑아 류덕기의 죽음을 읊은 것이다. 제비는 봄이면 변함없이 찾아오는 무한한 자연이다. 유한한 인간사는 변할 수밖에 없지만, 무한한 자연은 항상 변함이 없다. 류덕기의 죽음에도 변함없이 찾아오는 자연을 보며 매천은 더욱 마음이 아팠다. 또, 두견이는 짝을 잃고 서럽게 우는 새이다. 죽음을 슬퍼하는 형상을 표현한 것이다. 앞산에서 들려오는 두견이 울음소리가 류덕기를 잃은 매천의 마음을 더욱 처량하게 만들고 있다.

---

16 「哭妹婿柳稚恭」(1901), 『梅泉集』 권4, 『문집총간』 권348, 465a면.

17 柳德基(?~1901)는 본관이 善山이고 그 밖의 정보는 찾을 수 없다.

매천은 매부가 죽었다는 소식에 매부와 누이를 동시에 떠올리며 슬픈 마음을 시로 읊었다. 시집간 누이와 매부에 대한 애틋한 정이 고스란히 느껴진다.

7 소결

이 절에서는 가족을 향한 그리움을 중심으로 전개하였다. 매천은 타지에서 늘 고향을 걱정하고 그리워하였다. 그는 객지의 밤하늘을 바라보면서 끊임없이 고향을 연상하였다. 그러다 고향의 특징을 드러낼 수 있는 의상(意象)을 찾아내어 거기에 자신의 정감을 투영하여 그리운 심정을 표현하였다. 관솔불과 보리밥이 대표적이라고 할 수 있다.

매천은 고향 소식에 매우 민감하게 반응하며 가족들을 걱정하였다. 부친의 편지 한통에서 감정이 급변하는 것을 보면 몸은 객지에 있지만, 마음은 항상 고향집에 있다는 것을 알 수 있다. 그는 부모님에 대한 효성도 뛰어나, 부친의 글씨체만 보고도 체후를 걱정할 정도였다. 특히 부모님을 기쁘게 하기 위해 과거 시험을 치르기도 하였다. 그는 시험에 합격한 뒤에 맨 먼저 부모님이 기뻐할 것을 떠올리며 만족하였다.

매천에게는 항상 묵묵히 믿고 의지할 부인이 있었다. 그는 부모님 봉양을 비롯해서 자신의 몫을 대신하는 부인을 위해 시를 지었다. 부인의 노고에 대한 미안한 마음과 남편노릇 하지 못하는 자신을 탓하는 자상한 모습을 보여주었다. 그리고 부인을 열려로 알려진 악양자의 아내에 비유하며 위로하기도 하였다.

두 동생을 그리워 한 시에서는 헤어질 때 동생들의 모습을 떠올리면서 그리운 심정을 읊었다. 그는 자주 집을 비워 형 노릇을 제대로 못했지만, 객지에서 늘 동생들을 걱정했다. 동생을 타이르고 충고도 해 주는 인자한 형의 면모가 드러났다.

마지막으로 매부의 죽음을 슬퍼한 시에서는 곁에서 수발을 들던 누이의 아픔까지 안타까워했다. 특히 봄이면 어김없이 찾아오는 무심한 제비와 짝 잃고 우는 두견이를 등장시켜 매부의 죽음을 더 적실히 드러내었다. 누이와 매부에 대한 애틋한 정이 그대로 표출되었다.

이처럼 가족을 읊은 시에서는 몸은 비록 떨어져 있지만, 마음은 항상 가족이 있는 곳에 함께 있다는 것을 알 수 있다. 여기에는 양친에 대한 극진한 효성과 부인을 믿고 따뜻이 대하는 자상함, 두 동생을 걱정하는 형의 모습과 매부와 누이에 대한 자애로움 등 그의 인간적인 다양한 면모를 볼 수 있다.

2. 나를 알아주는 벗

매천은 벗에 대한 정이 많아서 이별할 때나 헤어져 있을 때 벗을 그리워하는 시를 많이 지었다. 그는 꿈에서 죽은 벗을 만나면 깨어나 그리움에 사무쳐 시를 짓기고 하고, 문득 벗의 말이 떠올라 시를 지어 그리워하기도 하였다. 뿐만 아니라 봄에 꽃이 활짝 피거나, 은거하며 힘들 때에도 자신과 같은 처지에 있는 벗을 떠올리며 시를 짓곤 하였다. 이별의 장소에서는 벗의 모습이 사라지면 바로 그리운 심정을 읊었고, 이별한 뒤에 벗을 그리워할 것을 걱정하기도 했다. 이처럼 그는 벗에게 풍부한 정감을 표출하였다.

매천의 동생 황원(黃瑗)은 그가 벗을 대할 적에 매우 풍류가 있었다고 기록하였다.

> 처음 이건창을 만났을 때 그의 체구가 작은 것을 보고는 대뜸 "주인은 어디 갔소?"라고 하였다. 이에 이건창이 "내가 주인이오."라고 하자, 매천은 "아니오."라고 거부하였다. 그래서 이건창이 "아니, 그렇지 않소."라 하니, 매천은 "주인은 반드시 훤칠한 팔척장신일 터인데, 지금 보니 육척도 다 되지 못하니, 주인이 아닌 게 분명하오."라고 하였다.[18]

매천이 이건창(李建昌)과 나눈 짧은 대화이다. 처음 만난 사이에 이렇게 대화를 나누는 것을 보면, 그가 벗을 대할 적에 얼마나 풍류 있고 호방한 지 짐작할 수 있다. 그렇지만 함부로 친교를 맺은 것은 아니다. 『논어』에서, "군자는 학문을 통해 벗을 모으고, 벗을 통해 자신의 인(仁)을 돕는다."[19]고 한 벗으로 삼을만한 조건을 충실히 따랐다. 때문에 주로 시와 학문을 통해서 교유를 했다. 그리고 한번 친교를 맺으면 평생 벗으로서 깊은 정을 쏟아내곤 했다.

이 절에서는 벗에 대한 정이 깊이 드러난 시를 살펴볼 것이다. 벗과 이별할 때와 떨어져 있을 때 벗을 그리워한 시는 성정이 충만해 있기 때문에 매천의 인간적인 면모가 그대로 드러나 있다.

---

18 黃瑗, 「先兄梅泉公事行零錄」, "始訪寧齋李公, 見其短小, 故問'主人爲誰?' 李曰, '我也.' 公曰, '非也.' 李曰, '非非也.' 公曰, '主人必巍巍長八尺, 而乃今不滿六尺, 其非也決矣.'"(黃玹, 『梅泉集』 권4, 『문집총간』 권348, 406d면).

19 「顏淵」 24장, 『論語』(사고전서 전자판). "君子以文會友, 以友輔仁."

1 벗의 죽음

황원은 "(매천은) 평생 문자로 교유하던 친구 중에 이건창과 김택영(金澤榮)을 최고로 여겼는데, 그중 이건창에게 더욱 마음이 쏠렸다."[20] 고 하였다. 하지만, 매천은 이건창의 부고를 뒤늦게 들어서 그의 장례식에도 참여하지 못하였다. 그는 슬픔을 이기지 못해 시를 지었다. 친구를 그리워하는 매천의 심정이 진솔하게 드러나 있다.

세상살인 그 변덕이 일정하지 않으니	世路炎凉不可常
남에게 지우(知遇) 입으면 잊기 어려운 법인데	被人知遇是難忘
구름과 용 되어 감히 천추에 남진 않겠지만	雲龍敢自千秋許
난초와 혜초의 한결같은 향기는 낼 수 있네	蘭蕙猶能一氣香
두보는 방차율(房次律)의 죽음을 가장 슬퍼했고	杜甫最悲房次律
공융은 채중랑(蔡中郎)을 유난히도 떠올렸는데	孔融偏憶蔡中郎
서주의 성문 밖에는 가을 풀만 무성해지니	西州門外多秋草
천지가 쓸쓸하여 만 줄기 눈물이 흐르누나.[21]	天地蕭蕭淚萬行

모두 8수를 지었는데, 그중 일곱 번째 수이다. 이건창은 1898년 6월 18일 강화도에서 타계하였다. 당시 매천은 구례 군수 박항래(朴恒來)의 초청을 받아 천은사에 갔다가 돌아오는 길에 이건창의 부고를 들었다.[22] 이미 장례식이 끝난 뒤였다. 그는 평생지기의 죽음을 견디지 못

20 黃瑗, 「先兄梅泉公事行零錄」, "生平文字之交, 以寧齋 · 滄江二公爲最, 而於寧齋傾向尤深."(黃玹, 『梅泉集』 권4, 『문집총간』 권348, 406d면).

21 「聞寧齋葬期已過作詩哀之情見于辭」八首中七首(1898), 『梅泉集』 권3, 『문집총간』 권348, 447b면.

22 「六月二十日, 錦士城主, 置酒泉隱寺見招, 余輿疾赴之, 二山 · 海鶴 · 小川亦至. 共賦」(1898), 『梅泉集』 권3, 『문집총간』 권348, 444d면; 「道中聞寧齋捐館已在六月十八日愕然下涕」(1898), 『梅泉集』 권3, 『문집총간』 권348, 445c면.

해 시를 지어 애통해하였다.

『매천야록』에서는 이건창의 죽음을 다음과 같이 기록하고 있다.

> 전 참판 이건창이 졸했다. 그는 성품이 청렴 개결하여 악을 증오하였으며 시류에 영합하지 않았다. 이 때문에 벼슬길이 순탄치 않았다. 과거에 급제한 이후 40년[23]이 되어서야 비로소 가선대부의 품계에 올랐다. 갑오년(1894) 6월에 통곡하고 고향으로 돌아가 다시는 서울에 올라가지 않았다. 이때에 이르러 중풍으로 강화도의 시골집에서 죽었는데, 나이는 47세였다. 이 소식을 들은 이들은 모두 그를 애도했다. 이건창은 문장이 고아하여 홍석주와 어깨를 견줄 만하였다.[24]

사서의 특성상 개인적인 감정을 배제한 채 간결하게 기록하였다. 이건창은 강직한 성품 때문에 벼슬살이를 하면서 갖은 고난을 당했지만, 그의 죽음은 많은 사람들을 슬프게 했다고 하였다. 이건창의 삶에 대해 전반적으로 긍정적인 평가를 내리고 있다. 하지만 어디까지나 역사가의 시각을 고수하고 있기에 감정은 극히 제한되어 있다.

한편, 위 시에서는 매천의 감정이 그대로 드러나 있다. 그는 세상을 살면서 남에게 지우를 입기란 정말 어렵다고 하였다. '세상살이[世路]'는 일반적인 사람들의 생활이다. 자신만의 특별한 얘기를 하기 위해 앞에 전제를 둔 것이다. '지우[知遇]'는 자신과 이건창의 관계가 세상에 둘도 없는 사이라는 점을 스스로 밝힌 것이다.

---

23 40년은 24년의 착오로 여겨진다. 이건창은 1866년 16세의 나이에 별시문과에 급제하여 19세부터 홍문관에서 벼슬하였다. 43세에 가선대부에 오른 것을 감안하면 벼슬한 지 24년만의 일에 해당된다.

24 黃玹, 『梅泉野錄』 제2권, 「戊戌光武二年六月」. "前參判李建昌卒. 建昌淸介嫉惡, 不與時俯仰. 蹭蹬仕路, 釋褐四十年, 始階嘉善. 甲午六月, 痛哭還鄉, 不復入都. 至是, 患風痺, 卒于江華田舍, 年四十七. 聞者相弔. 而建昌文章爾雅, 與洪奭周當雁行云."(번역은 임형택 외, 『역주매천야록』 상, 문학과지성사, 2005, 551~552면).

그는 자신과 이건창이 구름과 용은 아니지만 난초와 혜초처럼 같은 기운으로 향기를 낼 수 있는 동류라고 하였다. 구름과 용은 '같은 소리는 서로 응하고, 같은 기운은 서로 구한다'[25]는 의미로 천추의 이치를 따르며 오래도록 남는다는 말이다. 매천은 자신과 이건창을 이렇게까지 비유하지는 않았다. 다만 언젠가 시들어버리겠지만 단단하기가 황금과 같고, 향기롭기가 '난초와 혜초 같은 사귐으로[金蘭之交]' 한 시대 한 마음으로 살았다는 것만으로도 다행으로 여겼다.

매천은 전고를 끌어와 자신과 이건창의 관계를 비유하였다. 두보가 방차율을 대한 것처럼 어려운 상황에서도 벗의 신의를 잊지 않았고,[26] 공융이 채중랑을 대한 것처럼 죽어서 헤어져도 그 모습을 잊을 수 없다[27]고 하였다. 여기에서 두보와 공융은 모두 매천 자신을 비유하였다.

끝에는 서주[28]의 성문 밖의 쓸쓸한 풍경을 읊었다. 서주는 이건창이

---

25 "同聲相應, 同氣相求. 水流濕, 火就燥, 雲從龍, 風從虎."(「乾卦」 九五, 『周易』, 사고전서 전자판).

26 次律은 房琯(697~763)의 字이다. 杜甫(712~770)가 布衣로 있을 때 방관과 교유를 했는데, 이때 방관이 陳濤斜에서 패하여 재상에서 파직되자 두보가 변호해 주었다.[會祿山亂, 天子入蜀, 甫避走三川. …中略… 與房琯爲布衣交, 琯時敗陳濤斜, 又以客董廷蘭罷宰相. 甫上疏, 言罪細不宜免大臣. 帝怒, 詔三司雜問. 宰相張鎬曰, '甫若抵罪, 絶言者路.' 帝乃解, 甫謝, 且稱, 琯宰相子, 少自樹立, 爲醇儒, 有大臣體. 時論許琯才堪公輔, 陛下果委而相之.](『新唐書』 卷201, 사고전서 전자판).

27 蔡中郎은 蔡邕(132~192)을 말한다. 孔融(153~208)은 虎賁의 군사가 蔡邕과 닮았다고 하여 매번 술이 취하면 번번이 불러서 앉혀놓고, "비록 덕 있는 늙은 신하는 없지만 그 典刑은 아직도 있구나."라고 하였다.[虎賁士有貌似蔡邕者, 融每酒酣, 輒引與同坐曰, '雖無老成人, 尙有典刑.'](「孔融」, 『後漢書補逸』 제14권, 사고전서 전자판).

28 서주는 晉나라 謝安이 살던 곳이다. 羊曇은 평소 사안의 총애를 받았는데 사안이 죽자, 음악도 연주하지 않고 서주의 길도 지나다니지 않았다. 한번은 술에 취해 자기도 모르게 서주의 성문에 이르러서는 曹子建의 "살아서는 화려한 집에 계시더니, 죽어서는 산언덕으로 돌아가셨네.[生存華屋處, 零落歸山丘.]"라는 시를 읊고서 통곡하고 돌아갔다고 한다.(「謝安傳」, 『晉書』, 사고전서 전자판).

사는 곳을 가리킨다. 매천은 이건창이 죽은 곳에 벌써 가을 풀이 무성해졌다며 쓸쓸한 분위기를 상상하며 감정에 북받쳐 눈물을 흘렸다. 평생지기의 장례식을 참석하지 못한 벗의 애통한 심정이 그대로 나타났다. 특히 '가을 풀[秋草]'은 이건창이 떠나고 없는 풍경에서 찾아낸 의상(意象)이다. 메말라 언제 쓰러질지 모르는 파리한 가을 풀은 인간사의 마지막 모습에 비유하였다.

매천은 결국 1주기에 이건창을 제사지내러 강화도에 갔다. 이때도 시와 제문을 지어 애통한 마음을 표현했다.[29] 그는 제문에서 이건창은 고금에 없던 지기로 속마음을 다해서 충고도 해주고 입이 마르도록 칭찬도 해주었다고 회상하였다.[30] 둘의 관계는 그 저변에 붕우 사이에 지켜야 할 신의와 책선의 도리를 다했기에 가능했다.

〈사진24〉 강화도에 있는 이건창 묘(출처:네이버 까페)

29 이때 매천이 지은 시은 「江華沙谷哭寧齋靈几因留五宿與其仲弟建昇堂弟建芳話舊拈丁卯集韻」(1899)이다.

30 "疇無師友, 疇無知己. 今古芒芒, 疇公之似. 箴我箚我, 盡抽己有. 亦復賞我, 舌不容口."(「祭寧齋李公文」(1899), 『梅泉集』 권7, 『문집총간』 권348, 519c면).

4 복사꽃에 그리운 벗

복사꽃 핀 봄 풍경을 보면서 벗을 그리워하였다. 벗이 오래전 자기에게 준 시구가 지금 풍경과 같아서 그 시구를 떠올리다보니 자연스럽게 벗을 그리워하게 되었다.

구름과 용 다행히 위아래에 함께 있지만	雲龍上下幸同時
백로와 제비는 동서로 이별하기 마련이네	勞燕東西足別離
대숲 밖의 복사꽃 바위 틈 집에서 피어나니	竹外桃花石間屋
10년 전에 그대가 지은 시구 기억나누나.[36]	記君十載以前詩

남파(南坡) 성혜영(成蕙永, 1844~1911)에게 준 시이다. 성혜영은 하동에 살았는데, 매천에 의해 남방의 삼대 시인으로 뽑히기도 했다.[37] 1876년 서울에 올라가 강위에게 근체시를 배우며 육교시사(六橋詩社)에 가입하여 활동했다. 매천과의 교제도 이때부터 시작되었다. 매천은 이건창, 김택영 다음으로 성혜영을 지기로 생각하며 평생 교유했다.[38] 이 시는 매천이 그를 만난 지가 오래되어 그리운 심정을 담아 부친 것

---

36 「寄成南坡」(1900), 『梅泉全集』 권1, 호남학연구소, 406면.

37 매천은 성혜영을 石亭 李定稷(1841~1910), 小川 王師瓚(1846~1912) 등과 함께 솥의 세 발을 이룬다고 하였다. "近日南方之詩, 於嶺右推成南坡, 湖右推李石亭, 其稱鼎足而駸駸欲執耳者, 吾鄉有王小川先生. 皆風流弘長, 一時詞林之望也. 始余十二三時已從小川讀書, 其後十年識南坡, 四十始與石亭相見. 雖交有早晚, 皆驩然無間, 而皆年長于余. 余以辛丑壽石亭, 甲辰壽南坡, 今又壽吾小川. 噫, 君子盡老之歎, 奚獨古人, 而余亦將老矣."(「壽王小川六十一歲序」(1906), 『梅泉全集』 권2, 호남학연구소, 50면).

38 "寧齋墓草已宿, 滄江盡室客中國, 其不可復見, 與寧齋無異. 而風雨一樽, 可得重會而論文者, 惟吾南坡而已."(「成南坡蕙永壽序」, 『매천속집』 권1, 『문집총간』 권348, 543d면). 또한 매천의 시문 중에 성혜영과 관련하여 「憶南坡」(1876)을 비롯한 시 14수, 편지 2편, 「成南坡蕙永壽序」(1907) 1편이 있다.

이다.

자연의 이치는 같은 기운이 함께 있으려고 한다. 그래서 구름과 비를 몰고 오는 용이 같은 기운으로 함께 있듯이 붕우 사이도 가까이 있어야 한다. '구름과 용[雲龍]'은 붕우 사이를 비유하는데, 위아래에 함께 있는 형상이라고 한 것은 상대방을 만나고 싶은 바람을 드러낸 것이다.

한편, 백로와 제비는 천성이 달라서 각각 다른 곳으로 날아간다. 이 때문에 '백로[伯勞]와 제비[勞燕]'는 벗의 이별을 상징한다.[39] 매천은 현재 자신과 성혜영의 처지를 백로와 제비를 끌어와 비유하며 떨어져 있는 현실을 안타까워하였다.

매천은 전에 성혜영이 지어준 시구가 떠올랐다. 1892년 편지의 답장에 칠언 절구 두 수를 함께 받은 적이 있다. 그 첫 수에, "만수동 안은 깊고 깊어서, 복사꽃 · 닭 · 개가 예나 지금이나 같은데, 비록 세상 사람들 도원의 꿈 있긴 하나, 겨우 춘강에 이를 뿐 여긴 찾질 못하네."[40]라고 하였다.

매천은 '복사꽃[桃花]'을 보며 10년 전 성혜영이 준 시구를 떠올렸다. 특히 '10년[十載]'이라고 한 것은 상대방에 대한 그리움을 더욱 고조시켰다. 실제로 매천의 시문을 보면 1892년 이후로 성혜영과 한동안 소식이 끊어진 것을 알 수 있다. 1895년 하동사람을 만나 그의 소식을

---

39 勞燕은 백로와 제비로 벗과의 이별을 표현할 때 쓰는 말이다. "백로가 동쪽으로 날고 제비가 서쪽으로 나니, 견우와 직녀가 이때 서로 만난다.[東飛伯勞西飛燕, 黃姑織女時相見.]"(「梁武帝歌辭」, 『玉臺新詠』 제9권, 사고전서 전자판).

40 成蕙永, 「答梅泉書」, 〈在昇州時贈二絶詩兼用和呈〉, "萬壽洞天深復深, 桃花鷄犬古猶今, 世人縱有僊源夢, 纔到春江不可尋."(최승효 편(1985), 112면).

묻기도 했지만,[41] 1901년이 되어서야 그를 만나기 위해 하동에 있는 사평나루를 건너간[42] 것을 확인할 수 있다.

활짝 핀 복사꽃을 보니 벗의 시구가 떠오르고 자연히 벗을 그리워하게 되었다. 복사꽃 핀 경치를 벗과 함께 즐기고 싶은 간절함도 있었을 것이다.

5 지조가 통한 벗

과거시험에 함께 합격한 사람을 동년(同年)이라 한다. 동년 중에 자신처럼 절의를 꿋꿋이 지킨 벗에게 부친 시이다.

사람들은 달성이 좋다고 말하나	人言達城好
더욱 좋은 것은 달성사람이라네	尤好達城人
말은 붓 끝에서 꽃이 피는 듯 하고	語可花生筆
얼굴은 보름달처럼 둥글었거니	顔如月滿輪
구름과 산 바라보매 정 어찌 다하겠나	雲山望何極
비바람 속 꿈은 실현되기 어려운데	風雨夢難眞
오직 날이 추워진 뒤의 지조만은	惟有歲寒思
멀리 떨어져도 이웃과 다름없구려.[43]	天涯卽比隣

41 "不見吾老坡, 秋風意若何."(黃玹, 「逢河東人問南坡消息」(1895), 『梅泉集』 권2, 『문집총간』 권348, 427c면).

42 黃玹, 「訪南坡渡沙坪津」(1901), 『梅泉集』 권4, 『문집총간』 권348, 466a면.

43 「寄鄭夏山」(1890), 『梅泉集』 권1, 『문집총간』 권348, 419d면.

정재동(鄭載東, 1859~?)은 달성[대구]에서 태어나 그곳에 살았던 인물이다. 1920년 서병오(徐丙五, 1862~1935)가 만든 교남시화(嶠南詩話) 연구회의 인물로 활동하기도 했다. 매천은 이 시를 짓기 한해 전 대구로 그를 찾아가 시 두 수를 지은 적이 있다.[44] 그 뒤 고향으로 돌아와 정재동을 그리워하며 이 시를 지었다.

사람들은 달성이 좋다고 하지만, 그곳에 사는 달성사람이 더 좋았다. '달성사람[達城人]'은 정재동을 두고 한 말이다. 매천은 정재동의 사람됨을 높이 평가하였다. 말은 아름다워서 붓끝에서 꽃이 피어날 정도이고, 얼굴은 보름달처럼 둥글다고 하였다.

'붓 끝에 꽃이 핀다[花生筆]'는 것은 이백이 젊었을 때 꿈속에서 글씨를 쓰던 붓 끝에서 꽃이 피어났는데, 이후에 재주가 더욱 넉넉해져 천하에 명성을 얻었다[45]는 고사이다. 여기에서는 정재동의 걸출한 재능을 비유하였다. '얼굴이 보름달처럼 둥글다[月滿輪]'고 한 것은 두보가 꿈속에 이백을 만나고서 "지는 달빛이 지붕에 가득하니, 여전히 그대 얼굴이 비추는지 의심스럽네."[46]라고 하여 몹시 그리운 벗의 얼굴을 밝은 달에 비유하였다. 매천은 이 두 고사를 끌어와 정재동의 재능과 덕을 표현하였다.

---

44 「大邱訪鄭夏山同年載東臨別留題壁上」(二首)(1889), 『梅泉集』 권1, 『문집총간』 권348, 417a면.

45 王仁裕, 「夢筆頭生花」(『開元天寶遺事』 卷2, 사고전서 전자판). "李太白少時, 夢所用之筆頭上生花, 後天才贍逸, 名聞天下."

46 杜甫, 「夢李白」二首中一首(『杜詩詳註』 卷7, 사고전서 전자판). "死別已呑聲, 生別常惻惻. …中略… <u>落月滿屋梁</u>, <u>猶疑照顔色</u>."

〈사진26〉 필봉(筆峰): 중국 황산에 있다. 일찍이 이백이 이곳에서 취했다고 하여 '몽필생화(夢筆生花)'의 고사가 전해진다.

'구름과 산[雲山]'은 정재동이 살고 있는 달성 방향을 쳐다본 것이고, '비바람[風雨]'은 백거이(白居易)가 빗속에서 벗을 초청한 고사[47]를 인용한 것이다. 매천은 정재동이 못내 그리워 그가 사는 곳을 바라보며 그를 초대하고 싶었지만, 현실은 그럴 수 없었다.

지금 자신과 정재동은 지조를 지키기 위해 힘든 시기를 겪고 있었다. 『논어』「자한」편에 "날씨가 추워진 뒤에야 소나무와 잣나무가 늦게 시듦을 안다.[歲寒然後, 知松柏之後彫也.]"고 하였다. 당시 매천은 과거에 급제하고 어지러운 조정에는 나가지 않겠다며 만수동에 은거하였고, 정재동 역시 매천과 같이 벼슬하지 않고 있었다.[48] 이 때문에

47 白居易는 「雨中招張司業宿」에서 "여기 와서 함께 자지 않으려나, 빗소리 들으며 침상 마주해 자자꾸나.[能來同宿否 聽雨對牀眠]"라고 하며 빗속에 벗을 불러 즐겁게 담소를 나누자고 읊고 있다.

48 정재동에 관한 기록을 찾아보면, 『승정원일기』 네 번 나오는 것밖에 없는데, 그는 1888년 식년시에 3등으로 합격한 뒤 1900년이 되어서야 겨우 현릉참봉에 제수될 수 있었다.

정재동에게 동지애를 느끼며 그리운 심정을 시로 읊었다.

6 벗과의 이별

벗을 그리워할 때처럼 벗과 이별할 때에도 정감이 크게 일어난다. 중양절을 하루 남겨둔 날 윤종균(尹鍾均)을 만나러 순천에 갔는데, 마침 그는 떠날 채비를 하고 있었다. 중양절을 함께 보내려 한 계획은 무산되고 이별의 슬픔만이 남았다. 매천은 이때의 심정을 주변 풍경에 투영하여 나타내었다.

호남 땅은 백리라 타향이나 마찬가지니	湖山百里已他鄕
성곽 동쪽서 손잡으니 갈 길이 멀겠구려	携手城東一路長
단풍나무 끝없는 바람 귀밑머리 불어오고	紅樹無端吹鬢髮
시든 연은 여전히 저낭 연못에 가득한데	敗荷猶自滿池塘
나귀 타고 가는 이엔 가을빛이 이어지고	疋驢人去連秋色
피리 불던 찬 누대엔 술 향기도 사라지누나	一笛樓凉捲酒香
국화를 대해 앉았자니 서글픈 맘 이는데	坐對黃花怊悵久
강남땅이 내일이면 바로 중양절이라서네.[49]	江南明日是重陽

윤종균(1861~1940)은 매천과 6살 차이밖에 나지 않지만 매천에게서 시를 배웠다.[50] 하지만 매천은 그를 벗으로 여기며 36수나 되는 시를 지었다. 「세모회인제작(歲暮懷人諸作)」에서 매천은, "내 친구들은 대부

---

49 「九月八日過昇平尹酉堂泰卿仍餞其行」(1898), 『梅泉集』 권3, 『문집총간』 권348, 445d 면.

50 윤종균에 대한 정보나 그가 매천의 문인이라는 것은 기존 연구에서 이미 밝힌 바 있다. (김정환(2007), 28~32면).

분 시인인데, 모두가 기린의 뿔처럼 대단하네. 중년에 또 그대(윤종균)를 알게 되었는데, 봉황을 더하게 되어 기쁘다네."[51]라고 할 정도로 높이 평가하였다.

〈사진27〉『유당시집』 내 윤종균사진
(순천대박물관 소장)

매천은 멀리 떠나는 윤종균을 위해 동쪽 성곽까지 가서 전송하였다. '타향[他鄕]'은 윤종균이 가는 백리 떨어진 호남 땅이다. 낯설고 외로운 나그네의 심정을 타향으로 표현하여 이별의 슬픔을 배가 시키고 있다. '손잡는다[携手]'는 서로 인사를 나눈 것이다. 만났다 바로 헤어지는 아쉬움이 묻어난다. 매천은 윤종균과의 이별을 '타향'과 '손잡는다'는 표현으로 나타내었다.

그리고 이별의 슬픔을 주변 풍경에 감정을 투영하여 읊었다. 단풍나무에서는 가을바람이 불어오고, 연잎은 시든 채 연못에 가득했다. 모두 쓸쓸한 가을 분위기를 자아냈다. '단풍나무[紅樹]'와 '시든 연[敗荷]'은 대표적인 가을 풍경이다. 그런데 단풍나무에 가을바람이 불면 낙엽을 재촉하여 더욱 쓸쓸해지고, 연못 가득히 말라비틀어진 연잎은 처량하기 짝이 없다. 이러한 모습은

51 "我友多詩人, 個個麟出角. 中歲又得君, 喜添一鸑鷟."(「歲暮懷人諸作」(1900), 『梅泉集』 권3, 『문집총간』 권348, 461d면).

당시 매천의 슬픈 심정을 그대고 반영하고 있다.

그는 윤종균의 뒷모습을 보며 그의 뒤에 가을 풍경이 이어진다고 하고, 남아 있는 이별 누대에는 술 향기마저 사라진다고 하였다. 윤종균의 자취가 주변으로 스며드는 모습을 시각과 후각을 이용하여 회화적으로 표현하였다. '가을빛[秋色]'과 '술 향기[酒香]'는 생생한 이별 현장의 정수를 집어내어 감정을 투영시킨 것이다. 특히 가을빛은 처음부터 있었지만, 윤종균의 모습이 점점 작아지면서 나타나기 시작했다. 이별의 서글픈 심정이 가을빛을 쓸쓸하게 만들어 윤종균의 뒤를 따르게 했다. 그리고 윤종균의 자취가 사라진 것을 술 향기가 공기 중으로 확산되어 사라지는 것에 비유하였다. 매천은 주변의 현상에 자신의 심경을 그대로 토로하였다.

이제 '중양절[重陽節]을 하루 앞두고 홀로 남은 자신의 신세는 더욱 처량해졌다. 애초 중양절을 윤종균과 함께 국화를 보며 보내려고 했다. 하지만, 뜻하지 않게 찾아온 이별은 국화를 보는 매천의 마음을 더욱 서글프게 만들었다. 국화는 중양절에 빠뜨릴 수 없는 꽃이다. 이때 '국화[黃花]'를 이용하여 술과 떡을 만들기도 하고 머리에 꽂기도 한다. 하지만 이제는 국화가 오히려 슬픔을 자아내고 있다.

매천은 이별의 정감 하나하나를 가을풍경에서 찾아냈다. 가을의 쓸쓸한 풍경에 자신의 서글픈 심정을 대입하면서 자연스럽게 표현하였다.

7 벗을 떠나보내며

자신을 벗으로 대했던 군수가 다른 곳에 부임해 갔다. 벗을 멀리 떠나보내는 매천의 아쉬운 감정이 드러난다.

하얀 풀이 하늘에 닿아 기러기 지나가면	白草連天雁影流
변방 서린 하루 밤새 가을에 들게 하겠지	邊霜一夜入新秋
꿈속서도 관산 길을 아득 찾지 못한다면	夢中不識關山路
강남 있는 심은후는 애간장 끊어지겠네[52]	腸斷江南沈隱侯

비가 내리고 있는 토동에서 금사(錦士)가 곧 떠난다는 소식을 듣고 시를 지어 부쳤다. 금사는 무과 출신이며 당시 구례군수로 있던 박항래(朴恒來, 1852~1933)의 호이다. 그는 1897년 구례군수로 부임해서 매천과 류제양(柳濟陽), 이기(李沂), 왕사찬(王師瓚) 등을 초대하여 시를 짓기도 하고,[53] 구례에서 백일장도 개최하는[54] 등 그곳의 문사들과 폭넓은 교유를 하였다. 특히 매천을 높이 평가하여 성균관 박사시에 응시해보라는 추천을 하기도 했다.[55] 『매천집』에는 박항래와 관련된 시문이 여러 편 있다. 그가 다른 곳으로 부임해 간 뒤에도 꾸준히 시문을 주고받았던 것이다.[56] 위 시는 박항래가 자성군수로 떠날 적에

---

52 「兎洞雨中聞錦士將發賦三絶句却寄」(1899), 『梅泉集』 권3, 『문집총간』 권348, 450c면.

53 「六月二十日錦士城主置酒泉隱寺見招余輿疾赴之二山海鶴小川亦至共賦」(1898), 『梅泉集』 권3, 『문집총간』 권348, 444d면.

54 「錦士城主設白日場先期見速余與海鶴幷赴因留小酌」(1898), 『梅泉全集』 권1, 호남학연구소, 394면.

55 黃瑗, 「先兄梅泉公事行零錄」, "戊戌, 設博士試于成均館, 求禮郡守朴恒來勸公赴試, 將薦之."(黃玹, 『梅泉集』 卷首, 『문집총간』 권348, 406b면).

56 매천은 1906년 박항래에게 보낸 「答朴錦士恒來」에서 "을사늑약의 변란을 당했는데도

지었다. 모두 3수를 지었는데, 그중 마지막 수이다.

시는 가을 풍경을 읊으며 시작한다. 갈대나 억새풀이 끝없이 펼쳐지게 되면 구름 한 점 없는 하늘에서 기러기가 날아온다. 기러기 그림자가 울퉁불퉁한 흰 풀밭을 물 흐르듯 잘도 다니는 모습이 그려진다. 강 풍경을 한 폭의 그림처럼 나타내고 있다. 특히 '하늘에 이어진다[連天]'는 것은 강 풍경과 함께 매천의 공허한 마음을 중의적으로 나타내고 있다. 박항래가 간다는 소식에 매천의 마음은 공허한 풍경처럼 변해버렸다. 그는 가을 풍경에 자신의 감정을 끌어올리고 있다.

또 박항래가 가는 변방은 지금쯤이면 쓸쓸한 가을이 되었을 것이라고 추측하였다. 여기에서 '변방서리[邊霜]'는 하룻밤에 계절을 바뀌게 하는 매서운 존재로 혹독한 변방 기후를 비유하였다. 매천의 지기에 대한 걱정이 담겨져 있다. 상대방이 가는 곳의 기후를 미리 떠올리며 앞으로 그곳에 있을 상대를 걱정하였다.

이어서 박항래가 떠난 뒤 자신의 심경을 읊었다. '關山'은 변방의 험준한 산을 가리킨다. 이 산은 박항래와 매천 사이에 큰 장애물이 되어 둘 사이를 단절시킨다. 그래서 헤어지면 다시 만나기 어렵다고 하여 안타까운 심정을 극대화하였다.

이 심정이 심은후(沈隱侯)의 애간장을 끊어지게 하였다. 심은후는

인끈을 던지는 관료가 없다"며 쓴 소리를 거침없이 할 정도로 그에 대한 신의가 두터웠다. 위에 언급된 시 외에도 「陪城主朴錦士恒來拈唐詩韻海鶴厚春并在座」(1898), 「萬壽聖節錦士城主設宴稱慶與郡中士庶北向祝萬歲因取天保詩如松柏之茂無不爾或承十字分韻賦各體名曰華封帖余得之字七排賦五十二韻」(1898), 「四月二十六日赴錦士華寺之約」(1898), 「與錦士會于華嚴寺敍別時苦雨連句」(1898), 「送錦士明府移任慈城」(1899), 「柬錦士慈城任所」(1900), 「塞下曲寄朴錦士慈城任所.」(1900) 등이 있고, 편지도 5편이 남아 있다. 박항래의 문집은 현재 찾을 수 없지만 '『황매천 및 관련인사 문묵췌편』(최승효 편(1985))'에 매천에게 보낸 편지 두 편이 남아있다.

제나라의 심약(沈約, 441~513)이다. 그가 '隱'이라는 시호를 받아서 이렇게 불렀다. 여기에서는 매천을 심약에 비유하였다. 박항래가 자성으로 떠나면 찾아갈 방법이 없어서 자신의 애간장이 끊어진다는 것이다. 벗과 이별하는 심정이 마지막 구에 고스란히 나타났다.

8 소결

이 절에서는 벗을 그리워하는 시를 살펴보았다. 평상시 교유가 친밀할수록 그리움이 크게 나타나는 것은 당연하겠지만, 매천은 시를 짓는 상황에 따라 그리움을 표출하는 방식이 다르게 나타나는 것이 흥미롭다. 그는 이건창의 부고를 늦게 듣는 바람에 장례식에 참여를 못하였다. 이때 시를 지어 슬픔을 나타냈는데, 여기에서는 주로 고사를 인용하여 복잡한 심경을 표출하고 있다. 하지만 몇 해 뒤 이건창을 꿈에서 보고 지은 시에서는 꿈 내용을 그대로 표현하였다. 세세한 것까지 모두 읊어서 마치 곁이 있는 사람처럼 느껴지게 하였다. 신교를 맺은 벗에 대한 끝없는 정이 드러났다.

김택영을 떠올린 시는 매천이 금강산을 유람할 때였다. 이전에 김택영이 유람과 관련하여 자신에게 한 말을 떠올리며 시를 지었다. 풍류있는 답변이었지만, 그 속에 느껴지는 벗에 대한 신뢰와 정이 깊게 드러났다. 성혜영을 그리워한 시의 경우는 복사꽃이 활짝 핀 계절이 동기가 되었다. 이전에 성혜영이 복사꽃에 관한 시구를 지어 준 적이 있는데, 도리어 복사꽃이 그 시를 연상하게 하여 자연스럽게 상대방을 그리워하게 만들었다.

정재동을 그린 시에서는 자신의 주변 풍경에서 상대방의 특징을 드러낼 수 있는 의상(意象)을 찾아내어 거기에 자신의 감정을 투영하여 그리움을 표출하였다. 윤종균과 헤어질 때는 가을이 한창이었다. 매천은 가을 풍경에서 자신의 정감을 표출할 수 있는 현상을 찾아내어 아쉬움과 그리움을 표출하였다. 마지막으로 박항래가 다른 곳으로 부임한다는 말을 듣고 지은 시는 상대방이 부임할 곳을 미리 상상하며 걱정하고, 앞으로 상대를 그리워할 자신을 표출하였다.

이처럼 매천은 상대를 그리워하는 시를 지을 때, 주변 환경에서 상대방과 이을 수 있는 현상이나 소재를 찾아 상대에 대한 그리움을 나타내는 데 적극적으로 활용하였다. 또 상대를 통해 상상되는 공간을 그려내어 자신의 감정을 투영하기도 하였다. 이 점은 매천이 끊임없이 현실을 관찰하여 시로 핍진하게 나타내려고 한 것을 알게 해준다. 또한 이러한 시는 벗을 그리워하며 지어져 그의 진실하고 솔직한 감정을 그대로 대변해준다.

3. 절의를 지킨 위인

매천은 지금 시대의 사람뿐만 아니라, 문헌과 유적을 통해 접할 수 있는 역사 속 고인을 시의 제재로 삼아 읊기도 하였다. 특히 목숨까지 버리며 충절과 절의를 지킨 지사(志士)와 의인(義人)을 많이 읊었는데, 이는 자신의 내면에 존재하는 충정을 남김없이 토로하여 비통함을 극도로 표출한 것이다. 그의 천성이 절의를 더 없이 좋아했기 때문이다.[57]

이 절에 인용된 시는 모두 매천이 고인들의 유적지를 방문하여 읊은 것이다. 그는 문헌을 통해 이미 그들을 알고 있었지만, 문헌만으로는 부족하다고 여기며 직접 그들의 유적지를 답사하였다. 그는 답사하면서 정감이 일어날 때 고인에 대한 시를 지었다. 이 점은 그가 고인에 대한 지식만으로 시를 읊기보다, 직접 그들의 자취가 남은 곳을 찾아가 그곳의 정취를 느끼고 나서 감흥을 얻은 뒤에 읊은 것이다.

매천은 유적지를 방문하여 고인의 숨결을 느끼며 전보다 한층 깊이 이해하였다. 특히 유적지에서 읊은 시는 고인과 같은 공간을 공유하고 있어서 감성을 깊이 끌어낼 수 있었다. 이를 통해 그가 고인을 회고한 시에서 무엇을 드러내려고 했는지 살펴보기로 한다.

1 최치원의 피리소리

가을 섬진강을 따라 내려가면서 화개에 있는 최치원의 취적대를 보고서 읊은 시이다. 신라 말 최치원의 불우한 삶에 현재 자신의 삶을 비춰보고 있다.

국말에는 재상감도 용납하기 어려웠으니	國末難容黼黻才
계림의 누런 잎이 슬픔을 자아낼만 하네	鷄林黃葉足興哀
유선(儒仙)으로 어찌 세상 흥망사에 관여하여	仙家何管興亡事
애써 새 왕조 향해 참언 바치러 왔는가.[58]	勤向新朝獻讖來

57 金澤榮, 「本傳」, "古今人伏節捐軀之事者甚多, 莫不傾肝倒腸, 極其悲痛, 然後乃已, 非天性篤好而能然哉."(『韶濩堂文集』 제9권, 『문집총간』 권347, 341b면). 같은 글이 『매천집』에도 실려 있음.(黃玹, 『梅泉集』 卷首, 『문집총간』 권348, 404c면).

58 「孤雲吹笛臺有感」(1895), 『梅泉集』 권2, 『문집총간』 권348, 427b면.

1895년에 고운(孤雲)의 취적대(吹笛臺)에서 느낌이 일어 지었다. 매천은 이해 가을 구례에서 섬진강을 따라 악양, 하동을 경유하여 고향인 광양 석현고을을 방문하고 그대로 순천까지 유람하였다. 1892년과 1893년 차례로 양친의 상을 당하고서 상기를 모두 마치고 난 뒤였다. 섬진강을 따라 내려가다 보면 화개면의 쌍계사로 가는 길이 있는데, 이 근처에 옛날 고운(孤雲) 최치원(崔致遠, 857~?)이 피리를 불었다는 취적대가 있다.[59] 매천은 이곳을 지나면서 최치원을 떠올리며 시를 지었다.

최치원은 신라 말기에 태어나 어지러운 세상에 벼슬할 생각을 버리고 유유자적한 인물이다. 매천은 최치원이 뜻을 펼칠 수 없는 국운이 다한 당시 신라의 조정을 읊었다. 계급사회에서 빚어지는 부조리보다 신라 말기라는 점에 초점을 두었다. 이는 매천이 처한 구한말 조선을 염두에 둔 표현이다. 매천은 지금의 조정이 훌륭한 인재를 뽑아 쓸 줄 모르던 신라 말과 비슷하다고 여겼다. 이 시기에 뜻있는 지식인은 대부분 벼슬을 포기하고, 홀로 깨끗함을 추구하기 위해 은둔한다. 최치원의 은둔이 그러했고, 매천 역시 같았다.

최치원은 고려 태조가 비상한 사람인 것을 알아보았다. 태조에게 "계림은 누런 잎이고, 곡령은 푸른 솔이다."라는 시구를 지어줬다.[60] 계림은 신라고, 곡령은 송악의 옛 이름이니 바로 왕건을 가리킨다. 즉 신라는 국운이 다했고, 고려는 한창 부흥하고 있다는 것이다.

---

59 최치원이 쌍계사에서 글을 읽었다는 전설이 있어서 이곳은 그와 관련된 지명, 刻字, 설화 등이 많이 전해지고 있다. 절로 들어가는 입구의 좌측 편 바위에는 '雙磎', 우측 편 바위에는 '石門'이 새겨져 있고, 그 외 喚鶴臺, 馬足臺, 翫瀑臺 등이 있다.

60 "初我太祖作興, 致遠知非常人, 必受命開國. 因致書問, 有'雞林黃葉, 鵠嶺青松.'之句." (金富軾, 「崔致遠」, 『三國史記』 卷46, 한국사데이터베이스).

매천은 신라가 최치원 같은 훌륭한 인재를 알아보지 못하고 누런 잎처럼 멸망한 것을 안타까워했다. 태조가 고려를 건국한 기쁨보다 최치원이 속한 신라의 멸망이 더 가슴 아팠다. 그에게 신라는 조선을 연상케 하고, 최치원의 불우한 삶은 곧 자신과 상통했기 때문이다. 그래서 최치원을 읊으면서 한말의 상황을 비유했던 것이다. 『매천전집』 권1에 있는 총독부 검열본에 이 시는 '삭제(削除)' 표시가 되어 있다. 총독부에서 매천의 이러한 의도를 파악했기 때문이다.

매천은 최치원이 왕건에게 새 왕조를 예언한 시를 준 것에 대해 비판하였다. 최치원은 세상에 대한 미련 없이 신선처럼 살았으면 그만일 것인데, 무슨 이유로 부흥하는 새 왕조를 예언했는지 의문을 가졌다. 매천에게는 자신이 태어나서 몸담은 나라가 전부이고, 그 나라가 망하고 난 다음은 생각할 필요조차 없었기 때문이다. 조국이 멸망한 뒤 벌어질 일들은 무가치하기 때문에 최치원의 이러한 행동을 이해할 수 없었다. 이 점은 매천은 조선이 망한 이후의 세상을 받아들일 생각이 없다는 것을 암시하고 있다. 그는 불우한 시대를 살고 간 최치원을 읊으며 어지러운 세상에는 벼슬을 버리고 은거를 선택한 절의를 드러냈다.

2 정여창의 옛 집터

최치원의 유적지가 있는 화개를 지나 하동방향으로 조금만 더 가면 일두(一蠹) 정여창(鄭汝昌, 1450~1504)의 옛 집터가 나온다. 매천은 이곳에서 정여창을 회고하며 절구 시 두 수를 지었다. 그 중 첫째 수이다.

누가 이 분을 불우한 시인이라 말했던가? 誰道斯文薄命騷
짧은 시에 오히려 다시 호걸 면모 보이는데 小詩猶復見人豪
세상에는 앵무같이 읊조린 이 너무 많지만 世間不乏千鸚鵡
'風蒲' 절구 한 수만큼 고상한 시 있지 않았네.[61] 有否風蒲一絶高

정여창의 옛 집터는 하동군 화개면 덕은리에 있다.[62] 그는 함양에서 태어났지만, 홀어머니의 상기를 마치고 이곳에 집을 짓고 살았다. 성리학을 깊이 연구하여 일가를 이루었지만, 연산군 때 무오사화와 갑자사화에 연루되어 불우한 생을 보냈다. 매천은 정여창의 집터를 찾아가 문묘에 배향된 그의 학식과 높은 절의를 생각하면서 이 시를 지었다.

세상 사람들이 정여창이 오래 살지 못한 불우한 시인이라고 말하는데, 매천은 그렇게 생각하지 않았다. 그는 정여창의 시에서 호걸스런 면모를 보았기 때문이다. 정여창이 사화에 연루되어 부관참시(剖棺斬屍)의 형벌을 받아 불우한 것 같지만, 사실 그의 삶은 일반사람들이 쉽게 따를 수 없는 호걸스런 면모가 있었다.

매천은 정여창이 남긴 시 한 수를 예로 들었다. 일반사람들이 앵무새처럼 남이 읊은 시를 따라 하기에 급급한 반면, 성여창의 시는 비교가 안 될 정도로 고상하다고 평가했다. 그가 정여창의 시를 평가한 것은 의고(擬古)가 아닌, 독창적인 의경(意境)을 말하고 있다. 또한 많은 시보다 한 수의 시라도 일반 사람들이 할 수 없는 소리를 내면 훌륭한 시인이라 여겼다. 이 때문에 시인으로서 정여창의 삶은 불우하지 않다고 판단하였다.

61 「一蠹遺墟」(1895), 『梅泉集』 권2, 『문집총간』 권348, 427c면.
62 曺植 著, 경상대남명학연구소 역, 『南冥集』, 이론과 실천, 1995, 277쪽.

정여창이 남긴 '風蒲' 절구 한 수는 『일두선생유집(一蠹先生遺集)』에 유일하게 실려 있는 「악양(岳陽)」 시이다.[63] '꽃피고 보리 익을 무렵 두류산[지리산]을 유람하고 다시 섬진강에 배를 띄워 노닌다'고 읊은 이 시는 참으로 호방한 기질이 그대로 드러난다. 정여창이 사화에서 죽게 된 것은 결국 자신의 지조와 절개를 지켜서 인을 이루었기 때문이다. 이는 선비가 마땅히 해야 할 일로 매천은 그의 시가 지조와 절개를 바탕으로 하고 있다고 여겼다. 또한 자신이 추구하는 삶과 같았다.

3 논개의 절의

매천은 절의를 실천한 고인을 회고할 적에는 신분의 고하를 막론하고 대상으로 삼았다. 그 예로 의로운 기생 논개(論介)를 경모하는 시를 짓기도 했다. 그는 논개가 생장한 곳을 방문하여 그곳에 세워져 있는 비석을 보고 시를 지었다.

풍천 나루 강물은 여전히 향기로운데	楓川渡口水猶香
얼굴을 깨끗이 씻고 의낭에게 절을 하니	濯我須眉拜義娘
연약한 몸으로 어떻게 적장을 죽였던가	蕙質何由能殺賊
서방님이 이미 군에 편입했기 때문이지	藁砧已自使編行
장계의 부로들 동향 출신이라 자랑하고	長溪父老誇鄕産
단청한 촉석루에선 순국했다 제 올리는데	矗石丹青祭國殤

63 "수양버들 둥실둥실 봄바람에 나부끼고, 사월이라 꽃이 피니 보리 이미 익었는데, 두류산의 천만 봉을 모두 다 보고나니, 외론 배로 또다시 큰 강 따라 내려가네.[風蒲泛泛弄輕柔, 四月花開麥已秋, 看盡頭流千萬疊, 孤舟又下大江流.]"(鄭汝昌, 「岳陽」, 『一蠹先生遺集』 제1권, 『문집총간』 권15, 467a면.) 현재는 『일두선생속집』에 절구시 7수가 더 전해진다.

선조 때를 생각하면 인재들이 많았지만	追想穆陵人物盛
기적에선 천추토록 한 줄기 빛이 되겠네.[64]	千秋妓籍一輝光

『매천집』의 시가 지어진 순으로 편차된 것을 감안하면, 1898년 6월 20일 이후 구례 군수 박항래와 함께 논개의 비석이 있는 장수 장계면을 찾아왔다. 장계면은 논개의 생가가 있는 곳으로 '촉석의기논개생장향수명비(矗石義妓論介生長鄕竪命碑)'라 써진 비가 있다. 매천은 이 시를 지어 논개의 의로운 죽음을 기렸다.

풍천(楓川)은 남원의 봉화산에서 발원하여 아영면을 지나 남동쪽으로 흘러가는 남강의 지류이다. 남강은 논개가 왜장을 안고 투신한 진주의 촉석루(矗石樓) 앞을 지나기 때문에, 그 강에 여전히 논개의 의로운 기운이 남아 있어서 향기롭다는 표현을 하였다.

논개는 처음 장수의 기생이었다. 이후 최경회(崔慶會)의 첩이 되어 1593년 진주에 왔다. 이때 진주성이 함락되어 최경회가 투신하자, 이 소식을 들은 논개는 적장을 꾀어 함께 떨어져 죽었다.[65] '서방님이 군에 편입했다'는 것은 최경회를 따라 진주성에 온 것을 가리킨다. 이는 제나라 장군 전단(田單)이 처첩들을 군대의 항오에 편입시킨 고사를 인용한 것이다.[66] 논개는 일개 기생에 불과했지만, 자신이 죽어야 할 곳에서는 구차히 목숨을 부지하지 않았다.

---

64 「義妓論介碑」(1898), 『梅泉集』 권3, 『문집총간』 권348, 445c면.

65 "論介長水妓, 爲崔慶會妾. 癸巳慶會爲慶尙右兵使, 入晉州, 倭攻晉州急. 天又大雨城潰, 倭附上, 慶會自投矗石之淵. 論介聞慶會死而不慽, 卽盛粧具佩之飾, 就江上巖婆娑以眩倭, 倭酋就, 論介故要帛束腰而舞, 因俱墜淵死. 至今稱其巖曰義巖."(成海應, 「金蟾愛香論介今玉龍岡妓」, 『研經齋全集』 제55권, 『문집총간』 권275, 150a면).

66 "(編行) 齊田單爲將軍, 身操版鍤, 與士卒分功, 妻妾編於行伍."(黃玹 著, 金振明 註, 『箋注梅泉詩集』 권2, 澹齋書室, 1957, 2면).

논개의 절의는 이미 많은 사람들의 추앙을 받고 있었다. 그가 태어난 곳에서는 동향이라고 자부하였고, 그가 투신한 촉석루에선 매년 제사를 지낸다. 논개를 위해 이렇게 하는 것은 당연하다. 임진왜란 때 절의를 지킨 사람이 많았지만, 유독 기생으로 절의를 지킨 경우는 없었기 때문이다. 매천은 논개가 보여준 절의는 다른 사람의 절의와 동등하게 여겨서는 안 된다고 보았다.

매천은 논개가 사대부도 감히 실행하기 어려운 절의를 이룬 것에 큰 의의를 두었다. 또한 매천은 논개처럼 절의를 이룬 고인을 시로 읊어서 오래도록 기억하며 자신의 절의를 더욱 굳게 다지기 위한 방편으로 삼기도 했다.

4 절의를 지킨 일곱 의사

매천이 절의를 실천한 고인을 회고한 것은 그의 시대와도 무관하지 않았다. 나라 안팎으로 드리운 음산한 기운을 없애줄 위인이 필요한 시대를 살고 있었기 때문이다. 그는 석주관(石柱關)에 있는 칠의각(七義閣)을 찾아가 일본에 맞서 싸운 의사들을 회고하였다. 그는 의(義)를 선택하여 죽음도 불사한 칠의사(七義士) 같은 위인이 지금 시대에 몹시 그리웠다.

의와 생을 결단하여 위태로움 보지 않고	一判熊魚不見危
전쟁터에 맞서 싸워 서로 죽으려 했구나	戰如旋踵死嫌遲
어지러운 봉우리 도리어 의병 깃발 상상되고	亂峯猶想疑兵幟
뾰족한 돌은 그대로 순절비를 이루었네	怒石渾成殉節碑
긴 밤 맞은 백사장에 무지개가 뻗쳐 있고	遙夜沙場虹貫處

차가운 강 단풍나무 비 내리는 어둑한 때	寒江楓樹雨冥時
내 근심이 큰 파도를 잠재우기 어려우니	杞憂難保鯨波息
오늘까지 공들 모습 애타게도 그리웁네.[67]	公輩于今汔可思

모두 2수를 지었는데, 그중 첫 번째 수이다. 석주관은 현재 구례군 토지면 송정리에 있다. 만수동이 있는 간전면과는 섬진강을 사이에 두고 있다. 이곳은 좌우로 산세가 험하고, 영·호남이 여기에서 나누어져 삼국시대부터 요충지로 여겨졌다. 특히 임진왜란 때는 일본군이 물자보급을 위해 이곳을 매우 중요하게 생각하였다.

〈사진28〉 구례 석주관 칠의각 전경

정유재란이 일어나 일본군이 석주관을 집중 공격했다. 당시 현감으로 있던 이원춘(李元春)은 결국 남원으로 퇴각하였다. 이에 구례지역 선비 왕득인(王得仁, 1556~1597)은 의병을 모집하여 대항하다가 전사하였다. 그 뒤 그의 아들 왕의성(王義成, 1574~1641)을 포함하여 이정익(李廷翼, 1571~1597), 한호성(韓好誠, ?~1597), 양응록(梁應祿, ?~1597),

67 「石柱七義閣」二首中一首(1901), 『梅泉集』 권4, 『문집총간』 권348, 465d면.

고정철(高貞喆, ?~1597), 오종(吳琮, ?~1597) 등이 타 지역 의병들과 함께 항거하였으나 중과부적이었다. 왕의성을 제외한 나머지는 모두 이때 전사하였다. 1804년 조정에서 칠의사에게 관직을 내렸고, 이들의 충절을 기리는 후인들에 의해 칠의각도 세워졌다. 매천은 칠의각을 찾아가 칠의사의 충절을 기리며 이 시를 지었다.

매천은 칠의사가 생(生)과 의(義)[68] 중 의를 선택하여 죽음도 마다하고 전쟁터에 나간 것을 높이 기렸다. 그래서 석주관 주변에는 그들의 충절이 고스란히 남아 있다고 읊었다. 특히 석주관 주변 풍경에서 그들의 충절을 드러낼 수 있는 정수를 집어내었다.

'어지럽게 있는 여러 봉우리들[亂峯]'은 전쟁 시에 만들어 둔 가짜 병사의 깃발을 상상하게 하고, '뾰족하고 모난 돌[怒石]'은 마치 이곳에서 순절한 사람을 위한 비석이 된 것 같다. 그리고 '긴 밤[遙夜]'은 무지개가 뻗쳐서 병란의 기운이 있는 것 같다고 하고, '찬 강[寒江]'은 비가 내려 어둑어둑하여 침울한 분위기를 자아낸다고 하였다.

매천은 주변 풍경의 의상에 '亂', '怒', '遙', '寒' 등 어두운 분위기의 수식어를 사용하였다. 바로 죽음을 무릅쓴 칠의사들의 비장한 모습을 드러내기 위해서다. 매천은 의를 선택한 지사들의 비장한 모습을 드러내려고 밝은 면보다는 어두운 면을 강조하였다. 어두운 면은 병란을 암시하고 자연스럽게 비장한 마음을 가지게 하기 때문이다.

칠의사 당시의 병란을 암시하는 것은 '疑兵幟', '殉節碑', '虹貫處',

68 원문의 '熊魚'는 『孟子』 「告子上」 10장에, "孟子曰, 魚我所欲也, 熊掌亦我所欲也, 二者, 不可得兼, 舍魚而取熊掌者也. 生亦我所欲也, 義亦我所欲也, 二者, 不可得兼, 舍生而取義者也."라고 하였다. 웅장과 생선 중에서 더 귀한 웅장을 선택하듯이 生과 義 중에서는 더 중요한 의를 선택한다는 것을 말하고 있다.

'雨冥時' 등이 있다. 이 중 '虹貫'은 '白虹貫日'의 준말로 중국 연나라 태자 단(丹)이 진시황을 죽이려고 자객을 보냈는데, 일이 실패하여 앞으로 자기 나라에 병란이 일어날 것을 암시한 고사이다.[69] 매천은 절의를 위해 일어선 칠의사의 업적을 더욱 크게 기리기 위해 병란이 일어날 조짐을 읊으면서 긴장된 상황을 설정하였다.

〈사진29〉 칠의각과 매천이 지은 「칠의각상량문」

그런데 매천이 살고 있는 지금 역시 '鯨波'가 일어나 잠재우기 어려운 시기라고 했다. 경파는 큰 파도를 말하는 것으로 여기에서는 일본의 침략을 뜻한다. 칠의사 시대의 긴장된 상황이 매천의 시대에도 일어난 것이다. 그래서 칠의사처럼 의를 위해 죽음을 불사하는 충절의 위인들을 그리워하였다. 나아가 그는 이들의 충절을 읊으며 지금의 현실과 결부시켜 자신의 절의를 더욱 굳히는 계기로 삼았다.

---

69 "昔者, 荊軻慕燕丹之義, 白虹貫日, 太子畏之." (「魯仲連鄒陽列傳」, 『史記』 卷83, 사고전서 전자판).

5 임제의 호방한 절의

매천은 평소 절의를 실천한 지사를 경모하였다. 그래서 백호(白湖) 임제(林悌, 1549~1587)의 유적지를 찾아가 시를 지었다.

천리 뛰는 명마에다 백 번 단련한 칼인데	千里名駒百鍊刀
강호에서 소요하며 시필이나 희롱하다	翩翩湖海弄吟毫
티끌세상 책사로서 용천같이 늙어 갔고	風塵策士龍川老
병영에서 시 재주는 두목처럼 호방했네	幕府詩才杜牧豪
번들한 담 푸른 이낀 황폐한 길 이루었고	油埒蒼苔成廢徑
낚시터의 단풍잎은 찬 물결에 떨어지네	釣磯楓樹落寒濤
저승에서 영웅적인 한스러움 품지 마오	九原莫抱英雄恨
오늘날엔 우리조정도 제왕자리 높으니.[70]	今日朝廷帝座高

임제의 옛 집터가 있는 회진촌은 영산강을 끼고 있다. 현재 나주시 다시면에 위치한다. 매천은 신안군 지도에 유배중인 김윤식(金允植, 1835~1922)을 만나러 가는 길에 이곳을 지나게 되었다. 임제는 훌륭한 시문을 남겼고, 매우 호방한 성격을 지닌 인물로 평가되고 있다. 특히 그가 죽기 전에 자식들에게 한 말은 유명한 일화로 남아있다. 매천은 임제의 이러한 성품에 주목하여 이 시를 지었다.

매천은 임제의 자질을 높이 평가하여 하루에 천리를 가는 '명마[名駒]'[71]와 백 번이나 단련해서 만든 명검에 비유했다. 임제는 강호를 떠

---

70 「會津村林白湖故居感賦」(1902), 『梅泉集』 권4, 『문집총간』 권348, 469d면.

71 임제 시 중 「發龍泉, 冒雨投宿宣川郡, 途中吟策馬雨中去, 逢人關外稀之句. 乃分韻成五言絶句十首」의 둘째 수에서 '追風'이라는 천리마를 소유하였는데, 전쟁 없는 지금 세상에는 그 값어치를 알아주지 않는다고 하였다. 추풍은 임제가 자신을 염두에 두고 읊은 것으로 그의 호방한 기개가 드러난다. 관련된 시는 다음과 같다. "我有追風騎, 胡驄玉面

돌면서 시를 읊조리는 것으로 많은 시간을 보냈다. 당시 조정의 관리들이 동인과 서인으로 갈라져 서로 비방하는 행태가 보기 싫어 자주 벼슬을 버렸기 때문이다. 매천은 이러한 임제의 이력을 옹호하였다.

그는 임제의 지조와 호방한 기개를 남송시대의 진량(陳亮, 호 龍川)과 당나라의 두목(杜牧)에 비유하였다. 진량은 자신의 주장이 조정에 받아들여지지 않자, 벼슬을 버리고 떠난 지조 있는 인물이다.[72] 두목은 천고의 호방한 시인이다. 매천은 임제가 병영에서 지은 변새시(邊塞詩)[73]를 두목의 시에 비유하였다. 그래서 임제를 진량같이 지조 있고, 두목같이 호방한 시인으로 높이 평가하였다.

하지만, 지금 그의 옛 집터는 쓸쓸하기만 하였다. 담장은 무너져 이끼 낀지 오래되었고, 그 사이로 황폐한 길도 나 있었다. 그리고 임제가 낚시 했을 법한 영산강변은 단풍잎에 쌓여 있었다. '번들한 담[油埒]'과 '낚시터[釣磯]'는 임제의 집터를 관찰하여 끄집어 낸 것으로 매천의 정감이 투영되어 있다.

임제는 살아서는 호방한 성품을 가지고 한 시대를 풍미했던 걸출한 인물이었지만, 죽은 뒤 그의 집에는 무너진 담장과 떨어진 낙엽만이

馬. 塵沙靜四關, 誰識千金價."(林悌, 「發龍泉冒雨投宿宣川郡途中吟策馬雨中去逢人關外稀之句乃分韻成五言絶句十首」十首中二首, 『林白湖集』 제1권, 『문집총간』 권58, 254c면).

72 "亮以與世不合, 甘自放棄於田夫樵子之間, 誓將老死而不悔."(陳亮, 「劉夫人陳氏墓誌銘」, 『龍川集』 제13권, 사고전서 전자판)

73 대표적으로 경상우병영에서 지은 시에서 호방한 풍격을 볼 수 있다. "眼老素書看似霧, 劍藏塵匣吼如雷."(林悌, 「營中偶題」(慶尙右兵營), 『林白湖集』 제3권, 『문집총간』 권58, 305b면). 임제의 시 중 변새시는 염정시와 함께 많은 양을 차지하고 있다. 특히 임제는 변새시에 있어서 조선 중기에 일가를 이루었다고 할 수 있다. 관련된 저서로는 '임준철(2010), 97~110면'이 있다.

가득했다. 무상한 인간사의 어쩔 수 없는 한이다.

하지만, 임제의 평소 기개로 보았을 때 이런 것은 아무런 문제가 되지 않았다. 매천은 그가 죽기 전 자식들에게 한 말을 떠올렸다.

> 천하의 모든 나라가 황제를 일컫지 않는 자가 없는데, 유독 우리 나라만이 예전부터 그렇지 못했다. 이러한 보잘 것 없는 나라에 태어났으니 죽은들 무엇이 애석하겠느냐?[74]

임제의 호방한 면모는 황제를 거론할 정도였다. 매천은 임제의 이 말을 떠올려 영웅적인 한이라고 높이 평하고, 지금은 조선도 '제국'을 칭하고 있다고 하였다. 고종은 1897년 10월 스스로를 황제라 칭하고, 국호를 '대한제국'으로 결정하였다.

매천은 임제의 호방한 성격이 사사로운 감정에 얽매이려 하지 않기 때문에 지조 있는 삶이라고 평하였다. 반면 자신은 지금 집을 나서고도 사사로운 감정에 얽매여 있었다.[75] 임제의 호방한 성격을 떠올리며 그 역시 호탕하게 시를 읊을 수 있었다.

---

74 이 말은 李恒福이 夜對에서 宣祖에게 올린 말로 『성호사설』에 자세히 나온다. "四海諸國, 未有不稱帝者, 獨我邦, 終古不能. 生於若此陋邦, 其死何足惜."(李瀷, 「善戲謔」, 『星湖僿說』 제9권, 한국고전번역원DB).

75 매천은 이번 길을 떠나면서 읊은 시에 사사로운 감정에 얽매여 스스로 겸연쩍어 한 부분이 있다. "문 나서면 먼 하늘 끝에 잊어버리게 되나, 바보 같은 나 늙을수록 정 깊어 저냥 웃노라.[出門忘却天涯遠, 自笑痴儂老更情.]"(「八月二十五日, 將往智島, 午發土洞, 沿江口拈.」(1902), 『梅泉集』 권4, 『문집총간』 권348, 469a면).

6 정충신의 당당한 외교

임제의 집터를 지나 광주에 도착했을 때, 금남군(錦南君) 정충신(鄭忠信, 1576~1636)의 옛 집터를 지나게 되었다. 매천은 정충신이 대청 외교를 잘한 점을 높이 평가하였다.

유능한 신하 사리판단이 매우 밝아	才臣審勢眼偏明
맹약이 변할 때쯤 결사를 다짐했지	盟墨將渝判死爭
만약 몸소 남한의 치욕 만났더라면	使也身逢南漢日
괴론 마음 완성보다 뒤지지 않았으리.[76]	苦心端不後完城

모두 4수를 지었는데, 그중 세 번째 수이다. 매천은 유배중인 김윤식을 방문하고 돌아오는 길에 광주(光州)에 있는 정충신의 옛 집터를 찾았다. 정충신은 이괄의 난을 진압하는 데 큰 공을 이루고 금남군에 봉해졌다. 그는 조선 중기 후금과의 관계에서 강화를 주장한 장수 중 한 명이었다. 매천은 그의 외교적 안목을 높이 평가하였다.

정묘년(1627) 오랑캐가 쳐들어왔을 때 정충신은 "이 오랑캐가 지금 쳐들어온 목적은 위협을 해서 강화하려고 하는 것이니, 어떻게 해서든지 강화를 하고 나면 곧바로 물러갈 것이다."라고 했다. 장유(張維)는 이 말을 듣고 오랑캐의 속셈을 잘 알고 있다고 평가했다.[77] 매천은 정충신이 국제정세를 바라보는 탁월한 식견이 있음을 인정하였다. 유능한 신하라면 정충신처럼 자기 시대의 사리를 명확하게 파악하여 위로

76 「鄭錦南遺墟」(1902), 『梅泉集』 권4, 『문집총간』 권348, 470c면.

77 "丁卯虜報始至, 鄭錦南忠信從體察張公西出. 余送之郊外, 班荊而語, 鄭曰, '此虜今來, 意在脅和, 須得和卽去耳.' 余時意不謂然, 後竟如其言, 蓋鄭習知虜情故也."(張維, 「鄭忠信習知虜情」, 『谿谷先生漫筆』 제1권, 『문집총간』 권92, 579a면).

는 임금, 아래로는 백성을 편안하게 해야 한다고 하였다.

정충신의 사리판단력은 호란과 관련하여 돋보인다. 이 사건은 병자호란이 일어나기 몇 해 전의 일이었다. 임신년(1632) 11월에 오랑캐가 대장 소도리(所道里)를 보내 세폐(歲幣)를 요구했다. 당시 조정에서는 당연히 이를 반대했다. 이때 김시양(金時讓)과 이서(李曙), 정충신 등이 "힘이 같지 않으면 세폐는 중국의 한나라와 당나라도 면치 못한 바이니 저들의 환심을 잃어서는 안 됩니다."라고 상소를 올렸다.[78] 이때 정충신은 '결사[死爭]'의 각오로 주장하였다. 매천은 정충신이 죽음을 무릅쓰면서까지 이러한 주장을 내세운 것은 현명하면서도 절의 있는 일로 보았다.

그리고 정충신이 만약 남한산성 치욕의 순간에 있었으면 어떻게 대처했을지 가정해 보았다. 정충신은 당시 강화를 주장한 '완성[完城]'과 같은 길을 갔을 것이다. 완성은 최명길이다. 그는 인조반정의 공으로 완성에 봉해졌다. 완성은 대청 외교에서 시세의 변화를 인정하며 이에 유연하게 대처해 나간 인물이다. 척화파로부터 거센 비난을 받았지만, 끝까지 강화론(講和論)을 주장하며 병자호란 후 대청관계의 안정을 회복하는데 공을 이루었다.

매천이 정충신을 최명길에 비긴 것은 시세의 변화를 인정하고 받아들이려는 유연한 외교에 초점을 둔 것이다. 이는 대청관계뿐만 아니

78 "壬申十一月初七日, …中略… 時虜遣大將所道里, 要歲幣, 留十餘日竟不許. 遣申得淵報之. 所道里言語怏怏而去. 獨金時讓李曙, 以爲不可不許. 上有摠戎李兵判金皆生㤝之敎. 得淵至瀋陽, 爲虜所黜而還. 時讓(時爲元帥)西巡至安州. 朝廷又遣金大乾, 更申歲幣難從, 以示絶和之意. 時讓留大乾于灣上. 上疏以爲, '强弱不同, 歲幣, 漢唐所不免. 不可失其歡矣. 天下事皆可悔, 獨此事不可悔.' 鄭忠信請同疏, 許之."(『燃藜室記述』 제25권, 「仁祖朝故事本末」, 〈丙子虜亂丁丑南漢出城〉).

라, 한말의 조선에도 절실히 필요한 외교정책이었다. 매천은 정충신 같이 외교에 밝은 사람이 이 시대에 있었으면 하고 바랬다. 이 시의 네 번째 수에서 "광주에 봄풀이 가득해도 돌아온 적 없으니, 영웅이 고향 그린다는 말 믿지 못하겠네.[光山春艸無歸日, 不信英雄戀故鄕.]"라고 읊은 것은 정충신이 이 세상에 다시 나타나길 간절히 바라는 표현이다.

매천은 대청관계에서 국제정세를 제대로 읽고 판단한 정충신과 최명길을 높이 기렸다. 국가의 존망이 달려있을 때는 의리보다 나라의 안위를 우선으로 여긴 것이다. 개인적인 절의를 중요하게 생각한 매천이 이러한 주장을 한 것은 의외일 수 있다. 하지만 그는 국제관계에는 힘의 강약이 있음을 인정하였고, 무엇보다 국가와 민족의 존립이 우선인 것을 알았다. 이런 측면에서 정충신과 최명길은 민족의 자존을 지켰으며 나라를 보전하는 데 큰 역할을 한 셈이다.

매천에게 절의는 민족의 안위가 있고 난 뒤의 문제였다. 한말 나라의 존폐에 큰 위협을 느낀 그는 정충신 같이 외교를 펼칠 위인이 나타나길 간절히 바라고 있었다.

7 소결

이 절에서는 역사 속 위인을 경모한 시를 살펴보았다. 매천은 이들을 통해서 절의를 실천한 꿋꿋한 모습을 보며 스스로 부족한 면을 찾았다. 매천이 읊은 위인들은 각각 방법은 달랐지만, 이들이 추구하는 궁극 목적은 단 하나였다. 자신들이 생각하는 올바른 삶을 살려고 했다.

최치원은 자신의 뜻을 펼 수 없는 조정을 떠나 은거했고, 정여창은 꼿꼿한 지조를 지켜 결국 짧은 생을 살았으며, 의로운 기생 논개는 지아비에 대한 절의를 실천하기 위해 왜장을 안고 투신하였다. 그리고 석주관의 칠의사는 자신이 사는 터전을 지키고자 기꺼이 목숨을 버렸다. 호방한 성격을 지닌 임제의 경우 동인과 서인으로 나눠져 비방하는 조정을 경멸하며 자주 벼슬을 버렸고, 외교에 밝은 정충신은 죽음을 무릅쓰면서까지 자신의 주장을 내세워 나라를 위기에서 구했다.

매천은 위인들의 자취가 있는 유적지를 찾아가, 그 현장에서 그들의 특징을 떠올릴 수 있는 정수를 찾아내었다. 그리고 자신의 정감을 투영하여 읊었다. 이때 유적지는 매천과 고인이 함께 있는 공간이 되어, 더 이상 역사 속 인물에 그치지 않고 현실에서 느낄 수 있는 존재가 되었다. 그래서 고인의 절개와 의리 있는 삶을 높이면서 자신과 비교하여 스스로를 돌아보며 절의 있는 삶을 완성하려고 했다.

8 장 마무리

이 장은 매천이 인적대상을 소재로 지은 시를 중심으로 살펴보았다. 이 시들을 통해 그동안 밝혀지지 않은 매천의 인간적인 면모를 부각시킬 수 있었다. 크게 세 부분으로 분류하여 전개하였다.

처음에는 가족을 대상으로 읊은 시를 살펴보았다. 매천이 타지에서 생활한 시기는 과거시험을 준비하던 기간뿐이었다. 젊은 나이에 낯선 서울에서 고향과 가족을 그리는 절절한 심경이 진솔하게 묻어나 있었다. 그는 객지에서 늘 가족을 그리워하고 걱정하였다. 장남으로서 부모님의 건강을 걱정하였고, 남편으로서 부인에게 짐을 떠넘기고 온 것에 미안해했으며 형으로서 동생들을 타이르고 충고하였다. 매부의 죽음을 슬퍼한 시에서는 시집간 누이에 대한 인자한 마음도 드러났다. 매천은 가족의 한 구성원으로서 비록 떨어져 있어도 항상 가족을 마음속에 두고 있었다.

다음으로 벗을 대상으로 읊은 시를 살펴보았다. 벗은 은거를 택한 매천이 외부와 소통할 수 있게 해준다. 그는 벗을 대할 적에는 호방하면서도 한번 교유하게 되면 마음을 열어 정을 나눴다. 벗을 그리워하는 시에 이런 매천의 정감이 고스란히 드러났다. 한번은 꿈속에서 죽은 벗을 만난 시를 읊었는데, 마치 그 벗이 아직 살아있는 것 같은 착각이 들 정도로 절절한 그리움을 표출하였다. 금강산을 유람하면서는 금강산유람을 말해준 벗을 그리워하였고, 복사꽃이 활짝 폈을 때는 복사꽃을 읊은 친구를 떠올렸다. 또 은거 생활이 힘들 때는 자신과 같은 처지에 있는 벗을 그리며 서로 의지를 다지기도 했다. 한편, 벗과 헤어질 때는 벗의 모습이 사라지자 이내 그리운 마음이 생겼고, 이별한 뒤에 그리워할 것을 미리 아파하였다. 이 시들을 통해 매천이 벗을 그리워하는 진솔한 면모를 알 수 있었다.

마지막으로 절의를 지킨 위인을 경모한 시에서는 그들의 자취가 남아있는 유적지를 방문하여 시를 지었다. 매천은 지조를 지키기 위해 유선(儒仙)의 길을 가거나, 형벌을 감수한 위인을 마음속으로 동경하였다. 그리고 비록 천한 기생 신분이지만 절의를 실현한 논개를 높이 추앙하였다. 또 국가가 위기에 처했을 때 죽음을 무릅쓰고 전장으로 달려간 의사들과 어지러운 조정에서는 벼슬하지 않고 떠난 임제, 국제사회의 힘의 논리를 파악하여 명분을 내세운 의리보다 국가의 존립을 우선시한 정충신을 높이 평가하였다. 매천은 위인들을 읊으며 자신의 삶과 비교하여 부족한 부분을 채우고 스스로를 돌아보며 마음을 다잡는 계기로 삼았다.

V. 마무리

매천의 서정시는 풍부한 정감을 담고 있어서 그의 인간적인 면모가 고스란히 드러난다. 그런데 기존의 매천 연구논문들이 한시 자체가 지니는 서정의 결을 탐색하는 미적 특성을 고려하지 않고, 단지 내용위주로 파악하여 우국충정에 편향된 성과를 이루었다. 이 때문에 아직도 매천시의 전반적인 면모가 제대로 드러나지 않은 것이 사실이다. 따라서 기존 연구에서 부각되지 않은 매천시의 다양한 면모를 전반적으로 드러내고 그 가치를 부여하는 것은 필요한 작업이라고 하겠다.

2장에서는 매천이 구례 만수동에 은거를 시작하게 된 동기부터 시작하여 만수동을 떠나는 시점까지 은둔지사(隱遁之士)의 인간적인 면모를 살펴보았다. 그는 20대에 학문과 과거시험을 위해 십여 년간 경사를 출입하였다. 이때 그는 조정의 부패와 부조리를 경험하고 은거를 결심하였다. 도가 실행되지 않는 세상에서 물러나 은거하며 자기 몸을 깨끗이 하는 절의를 실천한 것이었다.

매천은 은거지로 구례의 만수동을 선택하였다. 이곳은 어려서부터 글을 배우던 개성 왕씨 일가와 가까운 곳이었고, 또한 산속 깊이 자리하고 있어서 출사의 뜻이 전혀 없다는 의사를 그대로 내비친 것이다. 만수동은 산간지대라서 땅이 척박하여 늘 가난했다. 매천 역시 만수동에서 가장 큰 어려움으로 가난을 꼽고 있다. 하지만 그는 이곳에서 한가롭게 노닐며 주변의 정경을 읊조리기도 하고, 구안실과 일립정을 건립하여 제자들을 가르치기도 하면서 자족하였다. 그리고 그는 계절의 변화에 순응하며 살아가는 농부처럼 천리를 따르며 그 속에서 기쁨과 슬픔, 고독과 회한 등의 감정을 읊어내기도 하였다.

매천이 만수동에서 지은 시들을 보면, 크게 숭검(崇儉), 호학(好學), 순천(順天)의 정서를 서정적 한시양식으로 담아내어 그 성과를 이루었다고 할 수 있다. 그에게 가난한 은거생활은 검소함을 숭상하는 선비정신으로 극복되어 스스로 소박한 일상을 즐기게 되었다. 가난이 오히려 매천을 단련시키는 역할을 하여 말년에는 이곳을 무릉도원에 비유하기도 하였다.

매천이 가난을 극복하는데, 시는 늘 곁에서 마음을 다잡을 수 있는 역할을 하였다. 그는 '어부와 나무꾼을 싫어하지 않을 것이다'라고 읊으면서 은거의 의지를 굳히는 방편으로 시를 읊기도 하였고, 주변풍경을 세밀하게 관찰하면서 한가로운 정취를 즐기기도 하였으며, 소박하지만 기쁘고 행복한 일상을 읊기도 하였다. 특히 그는 풍경을 관찰할 적에 그것의 정수까지 들어가서 그 특징을 끄집어냈기 때문에 회화성이 강한 작품과 생동감 넘치는 작품을 완성할 수 있었다.

매천은 어려서부터 학문을 좋아하였는데, 벼슬에 미련을 버리고 나서는 오로지 자신이 원하는 학문에 열중하였다. 그의 은거는 독서와 강학이 중심이 되었다. 만수동에서 구안실과 일립정을 건립한 것은 모두 이 때문이었다. 또한 절의의 실천으로 은거를 선택한 그에게 독서와 강학은 명분을 세워주는 것이기도 했다. 그래서 그는 구안실이 완성되자, 특별히 시를 지어 기쁜 마음을 드러냈다.

매천은 만수동으로 벗이 찾아오면 구안실에서 시를 짓거나 밤늦게까지 토론을 벌이기도 하였다. 그는 벗에게 자신의 은거생활에 대한 어려움을 토로하기도 하고, 도가 실행되지 않는 세상에 뜻을 펴지 못한 우울한 심정을 드러내기도 하였다. 하지만 스스로 세속의 명예와 이익을 좇지 않는다고 자부하기도 하고, 후학들을 가르치는 것에서 즐거움을 찾기도 하면서 절의를 실천한 자신의 자존적 가치를 드러내기도 하였다. 이처럼 은거지에서 독서와 강학을 주제로 삼은 시에서는 은둔지사의 고민과 갈등이 그대로 담겨져 있었다.

매천이 만수동에 은거하면서 가장 인간적인 면모는 자연에 순응하는 삶에서 드러났다. 산골짜기에 있는 만수동은 척박한 지대로 특히 농업을 생계로 하고 있었기에 날씨와 계절에 민감할 수밖에 없었다. 그는 각 계절마다 그 풍경을 세밀하게 관찰하여 그 특징을 시에 담아내었다. 그리고 여기에서 계절에 따라 변하는 그의 감정을 통해 인간적인 면모를 볼 수 있었다.

우선 봄의 풍경은 생기와 홍이 넘쳐나고 있었다. 겨울이 채 다가기 전에 조수초목(鳥獸草木)이 모두 봄을 알리는 소재로 사용되어 봄을 애타게 기다리는 심정을 드러냈다. 또한 봄이 한창일 때는 유람을 떠나고 싶은 마음을 드러내기도 하였다. 하지만 꽃잎이 지기 시작하면 아쉬움에 슬퍼하였다. 매천은 사계절 중 봄을 가장 좋아했다. 봄은 생활면에서는 농번기에 해당되어 바쁘고, 보릿고개가 있어서 매끼니 죽으로 보낼 정도로 힘든 기간이었다. 하지만 그는 그 속에서도 봄의 아름다운 풍경을 감상하고 시를 읊으며 위안으로 삼고 있었던 것이다.

여름의 풍경은 장마철의 모습과 한적한 분위기가 있었다. 장맛비가 내린 뒤 고즈넉이 가라앉은 농촌 정경을 흡족하게 여겼고, 여기저기 구름이 일어나는 풍경에 근심도 사라지는 계절이었다. 그런데 가을은 매천을 몹시 힘들게 하였다. 가을의 풍경은 애달프고, 쓸쓸하고, 적막하고, 슬프고, 처량하여 그의 심정을 침울하게 만들고 있었다. 평소 마음속에 가지고 있던 서글픈 심정은 가을의 풍경이 지닌 쓸쓸한 특징과 결합하여 더 크게 드러났다. 겨울은 눈 내리고 꽁꽁 언 모습이 마치 은둔자의 삶과 같았다. 그래서 매천은 은거하는 자신의 모습을 겨울 풍경으로 담아내었다. 이처럼 계절에 순응하며 살아가는 모습에서 매천의 인간적인 면모와 정감을 볼 수 있었다.

3장에서는 매천이 여행자가 되어 길에서 지은 시들을 살펴보았다. 매천은 평생 유람을 떠나고 싶다고 스스로 말할 정도로 남다른 애착을 지니고 있었다. 그가 유람을 즐긴 이유는 새로운 곳을 보면서 견문을 넓힐 수 있기 때문이다. 그는 낯선 풍경과 새로운 경험을 오래도록 간직하기 위해 시를 지어 그대로 담아내려고 하였다. 또한 유람은 일상의 공간을 벗어나 시상의 확대를 가져다주었고, 아름다운 자연은 이 땅에 대한 애착과 자부심으로 나타났다. 그는 유람 길에서 접한 다양한 풍경을 언제나 우리 삶의 일면으로 인식하였다.

매천은 객지에서 명절을 맞이하여 쓸쓸하고 외로운 심정을 읊기도 하였다. 하지만 그에게 유람은 넓은 세상을 경험할 수 있게 하여 객관적으로 자신의 삶을 돌아볼 수 있는 기회를 제공해 주었다. 유람은 평소 주변을 살피지 못해 한치 앞도 보지 못하는 자신을 깨우치며 끊임없이 스스로를 성찰하게 해주는 계기가 되었다. 특히 지나는 곳의 풍경을 통해 무한한 자연과 대비된 유한한 인간사를 떠올리며 인간이면 어쩔 수 없이 가져야 하는 한(恨)을 경험하기도 하였다.

매천은 아름다운 자연풍경을 시에 담아내려고 하였다. 그렇다할 특별할 것 없는 풍경이라도 그의 눈을 통하면 모두 아름답게 그려졌다. 평소 지니고 있는 세밀한 관찰력과 자연에 대한 애착과 자부심이 크게 작용한 결과였다. 그는 풍경에 포함되어 있는 작은 생명체도 소홀히 대하지 않고 시의 소재로 사용하였다. 갯가의 길을 가면서는 게를 읊었고, 섬마을에선 해오라기의 존재를 부각시켰다. 자연의 아름다운 모습과 그 속에 살아 움직이는 모든 것에 애착을 가지고 있었던 것이다.

매천은 자연의 아름다움을 눈으로만 보지 않고, 귀와 살갗으로도 느끼며 시에 나타내었다. 풍경을 읊을 때 유사한 현상이나 사물을 끌어와 비유하여 나타내곤 하였는데, 이때 그의 참신한 표현이 드러났다. 강물이 굽어 돌아가는 모습을 초승달에 비유하였고, 밤꽃의 흰 빛을 노인의 백발에 비유하기도 하였으며, 동해바다의 파도치는 모습을 바다 신선이 빗질한 머릿결에 비유하기도 하였다. 그에게 산수의 모습이 이처럼 아름다운 소재로 사용되고 있는 것은 역시 자연에 대한 애착이 없이는 불가능할 것이다.

매천은 전국을 다니면서 각 지방의 다양한 삶의 현장을 관찰하여 시에 담아내었다. 그는 유람을 다니며 그곳에서 만난 유명한 음식점에 들러 직접 그 맛을 체험하고서 그 현장을 여러 가지 비유를 통해 실감나게 표현하기도 하였다. 특히 관동냉면을 먹을 적에 휘휘 젓다 들어올린 모습을 용의 얼굴에 침이 맺힌 것 같다고 비유한 것이 압권이다.

매천은 기본적으로 지나는 곳에 보이는 삶의 현장을 자신의 입장에서 보려하지 않고, 그곳 주민들의 입장에서 이해하려고 하였다. 이 점은 단풍나무를 베어 다리를 놓는 모습에서 여실이 드러났다. 또, 그는 역사의 유적지를 지나면서 과거를 회상하며 무상한 인간의 비애를 드러내기도 하고, 모내기의 재미난 풍경을 현장감 있게 읊어내기도 했으며, 자신의 일상을 진솔하게 표현하기도 했다.

하지만 서울에서 문과 급제자 명단을 보고 읊은 시는 성격이 달랐다. 그는 축하행렬의 화려한 풍경 속에 가려진 과거의 폐해를 물었는데, 이는 지식인으로서 사회비판의식을 드러낸 것이다. 그가 전국을 다니며 읊은 시에서는 이러한 비판의식을 찾아보기 어렵다. 이는 시골풍경에서는 그곳 특유의 다양한 풍습과 진솔한 모습을 인정한 것이고, 과거합격자들의 행렬에서는 목민관으로서의 책임의식을 물은 것이다. 매천이 길에서 읊은 다양한 풍경과 풍습은 모두 우리민족의 고유한 특성이 되어 애착과 자부심을 가지고 지켜나가야 할 것들이다.

4장에서는 매천이 인적대상을 소재로 읊은 시에 드러나는 인간적인 면모를 살펴보았다. 그는 타자와의 관계에서 시를 통해 자신의 정감을 진솔하게 모두 드러내고자 하였다. 그런데 인간관계에서 정감은 그리움과 아쉬움을 표출할 때 가장 풍부하게 나타난다. 이 점을 감안하여 이별할 때나 이별한 뒤 상대를 그리워할 때, 또는 고인을 회고할 때로 정하고 소재별로 가족, 벗, 절의지사로 분류하여 전개하였다.

매천이 가족을 그리워한 시는 거의 남아있지 않지만, 그의 인간적인 면모를 살펴보기 위해서는 매우 중요한 소재가 된다. 그는 객지의 밤하늘을 바라보면서 고향을 그리워하다가 '관솔불'과 '보리밥'을 통해 고향을 연상하며 자신의 정감을 투영하여 나타내었다. 매천은 자식으로 부모님을 봉양하지 못한 것을 늘 마음속으로 근심하였고, 이 때문에 고향 소식에 대해 매우 민감하게 반응하였다. 그가 부친의 편지를 받고 지은 시를 보면, 편지의 내용에 따라 감정이 급변하는 것을 볼 수 있다. 또한 그는 지극한 효자로 부모님을 위해서 과거 시험을 치르기도 하였다. 그는 과거 급제 후 허탈한 마음이 들었지만, 부모님이 기뻐할 것을 떠올리며 자족하였다.

매천에게는 항상 묵묵히 믿고 의지할 수 있는 부인이 있었다. 그래서 그는 부모님 봉양과 두 남동생까지 챙기고 있는 부인을 위해 시를 지었다. 이 시에서 남편으로서의 무능한 자신을 탓하며 부인을 악양자의 아내에 비유하여 내조를 잘하는 열녀로 높이 여겼다. 또한 두 아우를 그리워 한 시에서는 자주 집을 비워 형 노릇을 제대로 못한 것에 미안한 마음을 드러냈다. 그는 두 아우를 위해 시를 지어 타이르기도 하고 충고도 해주는 자애로운 형이었다.

매천은 시집간 누이와 매부에 대해서도 깊은 정을 드러내었다. 그는 매부의 죽음을 슬퍼한 시에서 몹시 애통해 하며 곁에서 병수발을 들던 누이의 노고까지 함께 위로하였다. 특히 봄이면 어김없이 찾아오는 무심한 자연의 일부인 '제비'와 짝 잃고 우는 '두견이'를 등장시켜 매부의 죽음과 남편을 잃은 누이의 아픔을 더욱 절실히 드러내었다. 이처럼 가족을 읊은 시에서는 고향과 가족을 그리는 절절한 심경이 진솔하게 묻어나 있었다. 비록 객지에 있지만, 그의 마음은 항상 가족이 있는 고향을 향하고 있었던 것이다.

매천이 벗을 그리워한 시에서는 평상시 교유가 친밀할수록 그리움이 크게 나타났다. 이건창의 부고를 듣고 지은 시에서는 고사를 인용하여 복잡한 심경을 표출하였다. 몇 해 뒤 이건창을 꿈에서 보고 지은 시에서는 꿈 내용을 핍진하게 표현하여 마치 곁에 있는 사람처럼 느껴지게 하였다. 만시에서는 각종 고사를 인용하여 근엄한 시체를 추구하였지만, 꿈을 읊은 시에서는 내면의 심경을 진솔하게 그려내어 벗에 대한 끝없는 정을 드러내었다.

매천은 주변의 경물에서 상대방이 떠올라 시를 짓기도 하였다. 김택영을 그리워 한 시는 금강산 유람이 동기가 되었고, 성혜영을 그리워 한 시는 복사꽃이 활짝 핀 계절이 동기가 되었다. 매천은 금강산 유람을 가면서 김택영이 전에 금강산 얘기를 한 것을 떠올리게 되었고, 복사꽃을 보면서는 성혜영이 복사꽃을 읊은 시구를 떠올리며 자연스럽게 화답하는 내용의 시를 지어 그리워하였다.

한편, 매천은 상대를 떠올리며 그리운 심정을 주변 풍경에 투영하여 읊기도 하였다. 정재동을 그린 시에서는 자신의 주변 풍경에서 상대방의 특징을 드러낼 수 있는 의상(意象)을 찾아내어 거기에 자신의 감정을 투영하여 그리움을 표출하였다. 윤종균과 헤어질 때는 아쉬움의 감정을 가을 풍경에 투영하여 나타내었고, 박항래가 다른 곳으로 부임할 때는 상대방이 부임할 곳의 풍경을 미리 상상하며 거기에 자신의 심정을 표출하기도 하였다.

이처럼 매천은 상대를 그리워하는 시를 지을 때, 상대방과의 만남을 핍진하게 그려내기고 하고, 주변 풍경에서 상대방을 연상하기도 하였으며, 상대방을 떠올리며 자신의 감정을 주변 풍경에 투영하여 나타내기도 하였다. 상대방과 이어질 수 있는 현상이나 소재를 찾아내어 상대에 대한 그리움을 나타내는데 적극적으로 활용하고 있는 것이다.

매천은 절의를 지킨 위인의 유적지를 방문하여 그들을 경모하는 시를 지었다. 최치원의 자취가 남아 있는 취적대를 지나면서 자신의 뜻을 펼 수 없는 조정을 떠나 불우한 생애를 보낸 그를 슬퍼하면서 한편으로 그의 삶을 동경하였다. 정여창의 옛 집터를 지날 때는 형벌도 두려워하지 않으며 꼿꼿한 지조를 지킨 그의 절의를 높이 평가하였다.

논개의 비석이 있는 곳을 찾아가서는 절의를 실현한 의기 논개를 추앙하였다. 천한 신분에도 불구하고 사대부도 감히 실행하기 어려운 일을 한 것을 높이 평가하였다. 그리고 석주관에 가서는 국가의 변란에 죽음을 무릅쓰고 전장으로 달려간 칠의사를 경모하였다. 자신들의 고장을 지키기 위한 칠의사들의 비장한 심정을 석주관 주변의 풍경에 투영하여 나타내었다.

한편, 죽음도 꺼려하지 않을 정도의 호방한 성품을 지닌 임제의 옛 집터를 지날 때는 그의 호방한 성품을 경모하였고, 정충신의 옛 집터를 지날 때는 국제관계의 힘을 파악하여 의리보다 국가의 존립을 우선시한 외교술을 칭송하였다. 특히 매천은 정충신을 읊을 적에 국가와 민족의 존립을 위해서는 국제관계에서 때로는 강화가 중요하다는 것을 냉정하게 짚어내었다. 이처럼 매천은 절의를 지킨 위인을 통해서 자신의 삶과 비교하여 부족한 면을 채우고, 스스로를 돌아보며 마음을 다잡는 계기로 삼았다. 그는 위인들의 절개와 의리 있는 삶을 높이 평가하면서 자신의 삶을 완성하려고 했던 것이다.

이상의 2·3·4장을 통해 매천의 정감이 진솔하게 드러난 서정시를 살펴보았다. 그동안 우국충정에만 편향된 매천 연구의 한계를 극복하기 위해 서정성이 풍부한 시를 뽑아서 문예적 측면으로 접근하여 매천의 심미안을 그의 시에서 찾아내려고 하였다. 그래서 매천이 대상을 치밀하게 관찰한 뒤 정수가 되는 부분을 뽑아서 자신의 정감을 투영한 시어를 찾아 분석하였다. 그는 특별할 것 없는 풍경에서도 그 맥을 짚어서 자신만의 시어로 표현하였는데, 이 점을 매천시의 문예적 특징으로 볼 수 있다.

끝으로 이러한 연구를 통해 다음과 같은 결론에 도달하였다.

첫째, 그동안 우국충정에 가려졌던 매천의 인간적인 면모를 볼 수 있었다. 청운의 꿈을 버린 채 은거하면서 가난을 견디며 극복해가는 모습, 유람에 대한 설렘과 새로운 풍경을 보는데서 오는 즐거움, 그리고 그리운 사람을 향한 다정한 면모 등을 볼 수 있었다.

둘째, 매천이 시를 지을 때 대상의 정수까지 파고들어 그 특징을 뽑아낸 것을 볼 수 있었다. 매천이 읊은 시를 보면 마치 그림을 보는듯한 착각을 일으키고, 심지어 살아서 움직이는 것 같은 생동감을 가진다. 이 점은 대상을 이루고 있는 정수와 골수를 끄집어내어 시로 읊었기에 가능하였다. 나아가 이러한 매천시의 특징은 『매천야록』에서 매서운 필법이 되어 당시대를 꿰뚫어 보고 있었던 것과도 어느 정도 관련이 있을 것으로 보인다.

셋째, 매천은 평생 스스로를 성찰하는 유자(儒者)의 면모를 지녔다. 그는 만수동에서 은거할 때나, 여행을 다닐 때, 또는 사회의 한 구성원으로 여길 때 모두 스스로를 돌아보는 태도를 지니고 있었다. 부족한 점을 보충하고 끊임없이 반성하고 성찰하면서 유자라면 지녀야 할 선비정신을 지켜 나갔다. 특히 그는 여행을 통해 일상의 자신을 돌아보는 계기로 삼았다.

이외에도 매천은 전국을 다니며 본 낯선 땅의 풍경을 우리 민족이 가진 고유한 모습으로 인정하며 거기에 애착과 자부심을 가지며 아름답게 그려내기도 하였고, 사회의 한 구성원으로서 시를 통해 온 마음을 다해 상대방에 대한 정을 드러냈는데, 여기에서 그의 인간적인 면모가 적실하게 나타났다.

1부에서는 매천의 서정시에 드러난 지식인으로서 인간적인 면모를 살펴보았다면, 2부에서는 특정 주제를 정해서 매천의 한시를 다각도로 조명해 보았다.

참고문헌

1. 자료

黃玹, 『梅泉集』, 『문집총간』 제348권, 民族文化推進會, 2005.

____, 朴炯得 編, 『梅泉詩集』(국립중앙도서관 소장)

____, 『梅泉詩選』(필사본)(국립중앙도서관 소장)

____, 『梅泉集』(석판본), 1966.(필자 소장)

____, 金振明 編, 『箋註梅泉詩集』, 澹齋書室, 1957.(존경각 소장)

____, 『梅泉詩律』(필사본)(전남대 소장)

____, 『梅泉詩集』(필사본)(동국대 경주도서관 소장)

____, 『梅泉詩集(幷)續』上 · 下, 朴受容商店, 1932.(국립중앙도서관 소장)

____, 金澤榮 編, 『梅泉集』冊1-3(국립중앙도서관 소장)

____, 『黃玹全集』, 亞細亞文化社, 1978.

____, 『梅泉全集』, 湖南學研究所, 1984.

____, 『梅泉野錄』, 國史編纂委員會, 1955.

____, 김종익 역, 『(번역)오하기문』, 역사비평사, 1995.

____, 임형택 옮김, 『(역주)매천야록』, 문학과지성사, 2005.

____, 임정기, 『국역 매천집』 제1권, 한국고전번역원, 2010.

____, 박헌순, 『국역 매천집』 제2권, 한국고전번역원, 2010.

____, 권경열, 『국역 매천집』 제3권, 한국고전번역원, 2010.

____, 이기찬, 『국역 매천집』 제4권, 한국고전번역원, 2010.

黃玹 編, 『集聯』(순천대학교박물관 소장)

이우성 감수, 최승효 편, 『(國譯)黃梅泉 및 關聯人士文墨萃編』, 未來文化社, 1985.

최승효 편, 『黃梅泉 및 關聯人士文墨萃編 : 影印原文』, 未來文化社, 1985.

姜瑋, 『古歡堂收艸文稿』, 『문집총간』 제318권

金富軾, 『三國史記』(한국사데이터베이스)

金允植, 『雲養集』, 『문집총간』 제328권
______, 『陰晴史』(한국사데이터베이스)
金澤榮, 『韶濩堂文集』, 『문집총간』 제347권
朴齊家, 『貞蕤閣文集』, 『문집총간』 제261권
______, 정민 외 역, 『정유각집』, 돌베개, 2010.
朴趾源, 『燕巖集』, 『문집총간』 제252권
______, 신호열 · 김명호 옮김, 『연암집』 상, 돌베개, 2007.
白光勳, 『玉峯詩集』, 『문집총간』 제47권
白樂倫, 『有是堂稿』(안대회 교수 소장)
______, 『兼山詩稿』(春岡文庫, 호남한문학연구소 소장)
成海應, 『研經齋全集』 제55권, 『문집총간』 제275권
申緯, 『警修堂全藁』, 『문집총간』 제291권
尹鍾均, 『酉堂詩集』(순천대박물관 소장)
______, 진인호 외 역, 『譯註 酉堂詩集』, 순천문화원, 2003.
王師覺, 『鳳洲遺稿』(순천대박물관 소장)
王師瓚, 『小川漫稿』(순천대박물관 소장)
王錫輔, 『王川社詩選』(순천대박물관 소장)
王粹煥, 『白雲自怡』(순천대박물관 소장)
______, 『開城家稿』(국립중앙도서관 원문자료)
柳得恭, 『泠齋集』, 『문집총간』 제260권
李建昌, 『明美堂集』, 『문집총간』 제349권
李圭景, 『五洲衍文長箋散稿』(한국고전종합DB)
李南珪, 『修堂遺集』, 『문집총간』 제349권
李珥, 『栗谷先生全書』, 『문집총간』 제44권
李瀷, 『星湖僿說』 제9권(한국고전번역원DB)
李滉, 『退溪先生文集』 제12권, 『문집총간』 제29권
林悌, 『林白湖集』 제1권, 『문집총간』 제58권
張維, 『谿谷先生漫筆』 제1권, 『문집총간』 제92권
鄭夢周, 『圃隱先生文集』 제2권, 『문집총간』 제5권

丁若鏞, 『與猶堂全書』 제18권, 『문집총간』 제281~282권
鄭汝昌, 『一蠹先生遺集』 제1권, 『문집총간』 제15권
鄭寅普, 『薝園文錄』, 연세대학교출판부, 1967.
______, 정양완 옮김, 『薝園文錄』, 태학사, 2006.
曺植 著, 경상대남명학연구소 역, 『南冥集』, 이론과 실천, 1995.
黃瑗, 『炳靈尺牘』(순천대박물관 소장)
____, 『讓世蒐簡』(순천대박물관 소장)
____, 『往復』(순천대박물관 소장)
____, 『淸詩散抄』(순천대박물관 소장)
____, 『兄書弟讀』(순천대박물관 소장)

長水黃氏大宗會 編, 『長水黃氏世譜』 제12권, 長水黃氏大宗會, 2000.
『承政院日記』(한국사데이터베이스)
『高宗時代史』(한국사데이터베이스)
『靑又日錄』(한국사데이터베이스)
『各司謄錄』(한국사데이터베이스)
『燃藜室記述』(한국고전번역원DB)

段成式, 『酉陽雜俎』(四庫全書 電子版)
杜甫, 『杜詩詳注』, 중화서국, 2007.
蘇軾, 『東坡全集』(四庫全書 電子版)
蘇軾, 『東坡志林』(四庫全書 電子版)
蘇軾 著, 施元之 註, 『施註蘇詩』(四庫全書 電子版)
蘇轍, 『欒城集』(四庫全書 電子版)
沈德潛, 『淸詩別裁集』(河北人民出版社, 1997)
沈德潛, 『淸詩別裁集』(中國基本古籍庫)
沈德潛, 『說詩晬語』(中國基本古籍庫)
王夫之, 『船山全書』 제14책, 長沙嶽麓書社, 1996.
王夫之 著, 조성천 역, 『薑齋詩話』, 지만지, 2008.

王士禛, 『池北偶談』(中國基本古籍庫)
翁方綱, 『石洲詩話』(中國基本古籍庫)
陸游, 『劍南詩藁』(四庫全書 電子版)
胡應麟 著, 기태완 외 역, 『명대문인 역대한시 비평- 譯註詩藪』, 성균관대출판사, 2005.
『全唐詩』(四庫全書 電子版)
『御選宋金元明四朝詩-御選宋詩』(四庫全書 電子版)

2. 단행본

기태완, 『황매천시 연구』, 보고사, 1999.
김정환, 『매천시파 연구』, 경인문화사, 2007.
박혜숙, 『형성기의 한국악부시 연구』, 한길사, 1991.
상해중의학원 편 · 오원교 역, 『중의학기초』, 신아사, 2002
송준호, 『우리 한시 살려읽기』, 새문사, 2006.
안대회, 『한국 한시의 분석과 시각』, 연세대학교출판부, 2000.
이희목, 『이건창 문학연구』, 대동문화연구원, 2005.
임준철, 『조선 중기 한시 의상 연구』, 일지사, 2010.
임형택, 『한국문학사의 시각』, 창작과비평사, 1984.
한의학대사전편찬위원회 편, 『한의학대사전』, 정담, 2001.

3. 연구논문

기태완, 「매천 황현과 석정 이정직의 문학논쟁」, 『한문학보』 제13집, 우리한문학회, 2005년.
김소영, 「매천 황현의 산문에 관한 연구」, 성균관대학교박사, 2007.
______, 「매천 황현의 산문관」, 『한문학보』 제23집, 우리한문학회, 2010.
김정환, 「매천 황현의 『구안실신고』 연구」, 『한문학보』 제12집, 우리한문학회, 2005년.
김종길, 「한국시에 있어서의 비극적 황홀」, 『진실과 언어』, 일지사, 1974.

김진욱, 「『구안실신고』연구」, 『한문학보』 제23집, 우리한문학회, 2010.

박성규, 「고려조 한문학연구의 현황과 과제」, 『국어국문학40년』, 집문당, 1992.

박희병, 「조선시대 한문학 연구사 검토」, 『국어국문학40년』, 집문당, 1992.

배종석, 「『집련』을 통해 본 매천의 학시경향」, 『열상고전연구』 제30집, 열상고전연구회, 2009.

송준호, 「우리 한시 연구에 대한 성찰과 하나의 제언」, 『대동한문학』11집, 대동한문학회, 1999.

심경호, 「한문학 연구의 회고와 전망」, 『고전문학연구』 제18집, 한국고전문학회, 2000.

윤경희, 「황현 시문학 연구」, 고려대박사, 1990.

윤인현, 「매천 황현의 문학에 나타난 선비정신」, 『한문학보』 제23집, 우리한문학회, 2010.

이동환, 「선비정신의 개념과 전개」, 『대동문화연구』, 대동문화연구원, 2001

이의강, 「매천 황현의 서정시 저변에 흐르는 두 가지 의식」, 『한문학보』 제23집, 우리한문학회, 2010.

이종묵, 「한시 연구의 회고와 전망」, 『대동한문학』 제19집, 대동한문학회, 2003.

이현일, 「자하시 연구」, 성균관대박사, 2006.

이희목, 「매천 황현의 산수시 소고」, 『한문학보』 제23집, 우리한문학회, 2010.

임형택, 「황매천의 시인의식과 시」, 『창작과비평』(통권 제19호), 창비, 1970.

______, 「황매천의 비판지성과 사실적 시풍」, 『한국한문학연구』 제18집, 한국한문학회, 1995.

______, 「해제-변역과 위망의 시대상을 담아낸 문집」, 『국역 매천집』 제1권, 한국고전번역원, 2010.

정우봉, 「근대 전환기 역사기록의 보고 서평(황현 지음 『매천야록』, 교문사, 1994, 황현 지음 『오하기문』, 역사비평사, 1995)」, 『창작과비평』(통권 제88호), 창비, 1995.

진동혁, 「광주학생운동의 주역 왕재일에 관한 새 발굴자료 연구」, 『동양학』 제17집, 동양학연구소, 1987.

황수정, 「매천 황현의 시문학 연구」, 조선대박사, 2006.

제2부

의경론과 매천 한시

Ⅰ. 의경론으로 분석한 매천시*

1. 의경론

1 의경의 어원

시는 일반적으로 시인과 세계가 만나서 이뤄진다. 그런데 세계는 객관적인 반면 시인은 주관적이다. 이 때문에 객관적인 세계가 주관적인 시인에 의해 변화되어 나타날 수도 있고, 객관적인 세계가 주관적인 시인의 감정을 변화시킬 수도 있다.[1] 이것은 일찍이 王夫之가 말한 '情

---

* 이 장은 한시의 원론적인 이론으로써 개념을 설명하는 한자가 많이 나온다. 따라서 한자 병기를 하지 않고, 한자혼용을 하였다.

1 '情이 景을 따라 생겨난다'라는 말에서 정은 진실로 경을 따라 생겨나지만 왕왕 처음부터 이미 지니고 있기도 하다. 다만 숨겨져 있기에 분명히 자각하지 못하고 있을 뿐이다. …… 만약 경에 접촉하기 이전에 감정의 축적이 없었다면 경에 접촉한 이후 감정의 진전도 있을 수 없다. 소위 '경을 따라 정이 생겨난다'는 것도 일상적인 생활체험을 떠날 수 없는 것이다.(袁行霈, 姜英順외 역, 「中國古典詩歌의 意境」, 『中國詩歌藝術硏究』 上, 아세아문화사, 1990, 55면.)

中景', '景中情'[2]의 차이로도 이해할 수 있다.[3] 시는 객관적인 세계와 주관적인 자아 즉, '情'과 '景'이 분리되어서는 이뤄지기 어렵고,[4] 이 두 가지가 서로 교융되었을 때 완성되는 것이다.[5] 이때 情·景交融으로 만들어지는 것이 바로 '意境'이다. 의경은 중국에서 미학 사상 중 하나의 중요한 범주이고, 예술의 창조와 감상, 비평에서 예술미를 측정하는 하나의 표준이 되고 있다.[6]

국내에서는 일찍이 윤호진이 이점을 간파하여 景物型[7], 景物指向

---

2 王夫之는 「唐詩評選」에서 岑參의 「首春渭西郊行呈藍田張二主簿」를 평하면서, "경 가운데 정이 생기며, 정 가운데 경이 포함되니, 이 때문에 '경은 정의 경이고, 정은 경의 정이다.'[景中生情, 情中含景, 故曰, '景者, 情之景, 情者, 景之情也.']"라고 하였다.(王夫之, 「唐詩評選」, 『船山全書』 14책, 長沙嶽麓書社, 1996, 1083면.) 姜夔는 「白石道人詩說」에서 "의 가운데 경이 있고, 경 가운데 의가 있다.[意中有景, 景中有意]"라고 하였다.(臺靜農, 「屬於唐宋金元人詩話者」, 『百種詩話類編』, 藝文印書館, 1974, 1369면.)

3 윤호진은 『한시의 의미구조』에서 한시의 의미구조를 경물형, 경물지향형, 정감지향형, 정감형의 네 가지로 분류하였다. 이 중에서 경물지향형과 정감지향형이 바로 이 부분에 해당된다고 볼 수 있다. 경물지향형은 세계가 주관적 자아에 영향을 미치는 것이고, 정감지향형은 자아가 객관적 경물을 수용한 경우이다. 둘 다 세계와 자아가 交融하여 나타나는 것이지만, 어느 것이 주가 되는가에 따라 차이가 있다.(윤호진, 『한시의 의미구조』, 법인문화사, 1996.)

4 "옛 사람들은 詩·詞를 논할 때 景語와 情語의 구별이 있었으니, 일체의 景語가 모두 情語인 것을 알지 못한 것이다.[昔人論詩詞, 有景語·情語之別, 不知一切景語, 皆情語也.]"(王國維, 「十勅」, 『人間詞話』, 大方出版社, 1974, 35면.) "가장 좋은 것은 의와 경이 혼융된 것이고, 그 다음은 경승·의승이다. 만약 그 중 한 가지가 빠지면 문학이라고 말할 수 없다.[上焉者意與境渾, 其次或以境勝, 或以意勝. 苟缺其一, 不足以言文學.]"(위의 책, 66면.)

5 "景은 곧 詩의 술밑이고, 情은 곧 시의 씨눈이니, 둘을 더하면 시가 된다.[景乃詩之媒, 情乃詩之胚, 合而爲詩.]"(謝榛, 『四溟詩話』 3-2.)

6 楊辛·甘霖, 「意境與傳神」, 『美學原理』, 北京大學, 2001, 202면.

7 경물형은 주관적 자아가 개입되지 않아 지극히 객관적이라고 했는데, 자아에 의한 문학적 형상화가 없으면 시적인 존재가치가 없기 때문에 성립하기에 다소 무리가 있다고 본다. 사실 시인이 시를 짓는 자체가 이미 주관적 자아의 개입이 된 상태이기 때문이다. 따라서 시인이 관찰자의 입장이 되어 物情을 있는 그대로 읊은 것은 광의의 차원에서

型, 情感指向型, 情感型[8] 등 네 가지로 구분하여 설명하였다.[9] 이는 의미표출양상에 따라 구분지은 것으로 자아와 세계의 관계를 구조적으로 분석한 것이다. 그 뒤 김태환은 의경을 시가예술의 소박미를 구현하는 방법으로 예술적 측면에서 언급하였다.[10] 최근에 임준철은 의경의 하위 요소인 意象에 대한 개념을 확정하고 실례를 들어서 분석하였다.[11] 그는 한시 분석의 새로운 방법론으로 의상론을 도입하여 성과를 이루었다. 이처럼 국내에서도 한시의 연구 방향에 문제를 제기하며 새로운 시도가 이뤄지고 있다. 구체적 논의를 하기 전에 의경에 대한 개념을 먼저 정리한다.

윤호진의 『한시의 의미구조』에서 경물지향형은 관념화된 경물을 읊을 때 자아가 경물을 보고 변화하는 것이고, 정감지향형은 내·외적인 충격으로 자아에 깊은 동요가 일어났을 때 경물이 변화되어 나타나는 것이다. 이때 중요하게 작용하는 것이 객관적 경물과 주관적 자아이다.

경물지향형과 통한다고 생각한다.

8 정감형은 외부의 자극 없이 오로지 자아로만 이루어졌다고 했다. 시인은 외부의 자극이나 내적인 각성이 없으면 잔잔한 호수와 같은 마음으로 감정의 변화가 일어나지 않는다. 또한 시에는 有·無形의 중심 소재가 있기 때문에 객관적 경물이나 주관적 자아의 개입이 있다. 여기에서 말하는 오로지 자아만으로 이뤄지는 시는 도학자의 시나 禪詩와 가깝다고 할 수 있는데, 이 경우에도 객관적 경물에 의탁하여 나타나는 경우가 대부분이다. 자연과 자아가 합일되는 것을 추구한다고 하였지만, 자연을 바라보는 인식론적 차원에서 정감지향형과 크게 다르지 않다고 생각한다.

9 尹浩鎭, 『漢詩의 意味構造』, 법인문화사, 1996, 298~307면 참조.

10 김태환, 『조선시대 시가예술의 소박미 연구』, 신아출판사, 2003.

11 그는 여기에서 의상을 광의의 의상과 협의의 의상으로 나누었는데, 특히 후자는 의경과 가까운 것으로 보고 있다. 그래서 협의의 의상을 광의의 의상으로 이루어진 의경으로 보며 실제 작품에서 양자간의 관계는 분명하게 구별될 성질의 것이 아니라고 단정하였다.(임준철, 『조선중기 漢詩 意象 연구』, 일지사, 2010, 85면.) 하지만 의경과 의상은 엄연히 다른 것으로 둘 사이에는 일정한 질량의 차이가 존재한다.

> 의경은 客觀(生活과 景物)과 主觀(思想과 感情)이 융화된 산물로 情과 景, 意와 境이 통일된 것이다.[12]
>
> 意(情)와 境(景)의 관계는 곧 心과 物의 관계이다. 意(情)는 주관범주에 속하고 境(景)은 객관범주에 속한다. 意境에는 주관과 객관의 통일이 구체적으로 표현된 것이 情·景交融이다.[13]

의경은 情과 景, 意와 境이 통일되어 나타나는데, 주관적 자아[心]에 해당되는 것이 意와 情이고, 객관적 경물[物]에 해당되는 것이 境과 景이다. 이처럼 意와 情, 境과 景을 서로 명확히 구분 짓지 않고 사용하고 있다. 우선 이들의 의미를 구분하기 위해 가장 기본이 되는 사전적, 어원적 차이점을 들어본다.

意는 意思, 內心, 意氣, 思念[放在心上], 意識 등으로 사람의 두뇌가 객관적 물질세계를 반영할 때 생겨나는 각종 심리과정의 일체를 말한다. 반면 情은 感情, 心情, 情欲, 愛情, 人情, 情趣, 實情, 情況 등 외계의 자극을 반영하는 심정, 사람이나 사물의 관계가 간절하고 기쁘며 사랑스런 심정을 말한다. 때문에 이 둘을 구분을 짓는다면 情은 意보다 감정에 치우친다고 할 수 있다. 조선후기 尹定鉉(1793~1874)은 그의 시에서 "시의 情과 그림의 意는 境이 서로 통하네."[14]라고 하여 情은 시에서 표현되고, 意는 그림에서 표현되는 의미로 구분했다. 하지만 대체로 큰 범주에서 이 둘은 같은 의미로 보고 있다.

---

12 "意境是客觀(生活·景物)與主觀(思想·感情)相熔鑄的產物. 意境是情與景·意與境的統一." 楊辛·甘霖, 「意境與傳神」, 『美學原理』, 북경대학, 2001, 202면.

13 "意(情)和境(景)的關系也就是心與物的關系. 意(情)屬于主觀範疇, 境(景)是客觀範疇. 在意境中主觀與客觀的統一具體表現爲情景交融." 楊辛·甘霖, 「意境與傳神」, 『美學原理』, 북경대학, 2001, 203면.

14 "詩情畫意境相通." 尹定鉉, 「留客」, 『梣溪先生遺稿』 1권, 문집총간 306권, 24면.

그런데 『설문해자』에서는 "情은 사람의 陰氣이니 욕구가 있는 것이다."[15]라고 하였는데, 『繫傳通論』에서 "性은 사람의 양기이고, 情은 사람의 음기이니 욕구가 있는 것이다. 사람의 여섯 가지 情은 다섯 가지 性을 완성할 수 있게 도와준다. 性은 불과 같고, 情은 연기와 같다. 불이 왕성하면 연기가 미약해지는 것처럼 성이 왕성하면 정이 미약해진다. 군자는 성으로 정을 억제하고, 정이 성을 완성하는데 도움이 되길 바란다. 그러므로 문자상으로는 心과 靑이 합해져 情이 된다. 情은 靑聲이다. 情은 또 精神이 생겨나는 곳으로 精이 쌓여 靑을 이룬다."[16]라고 하여 情을 性의 상대 개념으로 설명하였다. 이는 『禮記』에서, "무엇을 人情이라고 하는가? 喜·怒·哀·懼·愛·惡·欲이니 이 일곱 가지는 배우지 않고도 잘 할 수 있다.(何謂人情? 喜怒哀懼愛惡欲, 七者, 不學而能.)"라 하고, 董仲舒는 "정은 사람의 욕구이다. 사람의 욕구를 정이라 하니, 정은 제도를 세워 절제하지 않으면 안된다.(情者, 人之欲也. 人欲之謂情, 情非制度不節.)"라 하여 같은 맥락으로 사용되고 있다. 이처럼 情은 인간의 본능적 욕구로 지극히 감정에 치우친 것으로 이해해야 될 것이다.

한편, 『설문해자』에서 "意는 志이니 마음을 따르고, 말을 살펴 뜻을 아는 것이다."[17]라고 하였는데, 『繫傳通論』에서 다음과 같이 설명하였다.

---

15 "情, 人之陰氣, 有欲者." 「情」, 『說文解字詁林』 10下 心部, 8-1104면.

16 "性者, 人之陽氣也, 情者, 人之陰氣, 有欲者也. 人六情, 所以扶成五性也. 性猶火也, 情猶烟也, 火盛則烟微, 性盛則情微, 君子以性抑情, 企及者, 以情扶性也. 故於文, 心靑爲情. 情靑聲也. 情者, 亦精神之所生, 積精成靑也." 「情」, 『說文解字詁林』 10下 心部, 8-1105면.

17 "意, 志也, 從心察言而知意也." 「意」, 『說文解字詁林』 10下 心部, 8-1110면.

밖으로 드러나는 것을 '意'라 한다. 오나라 季子가 찬 보검을 徐君이 보고서 가지고 싶었는데, 차마 말하지 못하였다.[18] 이때 情이 얼굴에 나타났는데, 이것이 바로 意이다. 그러므로 글자는 心과 音이 합해져 意가 되었다. 意는 억제하는 것과 같아서 욕구가 생기지만 억제한다는 말을 포함한다. 고시에서 '넘실대는 은하수를 사이에 두고, 애틋하게 바라볼 뿐 말 한마디 못 건네네.(盈盈一水間, 脈脈不得語.)'라고 한 것에 意가 쌓여있다. 『초사』에서, '원망이 쌓이고 그리움이 쌓이니, 마음이 번잡하여 식사도 잊었네. 한 번 뵙고 나의 뜻 말하려 해도, 임금님 마음은 나와 다르구나. 수레에 멍에 매어 고국으로 가고 싶어도, 그럴 수 없으니 마음이 아프네. 수레 난간 기대어 긴 한숨 쉬니, 눈물이 흘러 수레의 굴대를 적시네. 의기가 다하도록 얻지를 못하니, 마음이 어지럽고 미혹되는구나. 내 자신의 가련함을 어찌 다 하겠는가?'라고 하였는데, 意를 말한 것이다. 또 心과 音이라 한 것은 소리[말]를 살펴서 그 마음을 안다는 것이다.[19]

---

18 춘추 시대 吳나라 公子 季札이 사신이 되어 여행하던 중 徐國에 들른 적이 있었다. 계찰이 찬 寶劍을 본 徐君은 그것을 가지고 싶었으나 차마 말을 할 수가 없었다. 한편 계찰은 속으로 짐작은 했지만, 그때는 사신으로 여행하던 중이라 검을 줄 수가 없었다. 그 후 일을 마치고 돌아오는 길에 徐國에 당도하고 보니 徐君은 이미 세상을 뜬 후였다. 그래서 계찰은 그 보검을 풀어 徐君의 무덤 옆에 있는 나무에 걸어 놓고 떠났다. 이에 수행하던 자가 서군이 이미 죽었는데 누구에게 주는 것이냐고 묻자, 계찰은 "처음에 내가 이미 마음속으로 그에게 주려고 하였으니, 어찌 그가 죽었다고 해서 내 마음을 저버릴 수 있겠는가."라고 대답하였다. 『史記』 卷31 「吳泰伯世家」

19 "見之於外曰意. 季子, 佩寶劍, 見於徐君, 徐君, 欲而不言, 情見於色, 此意也. 故於文, 心音爲意. 意猶抑也, 含其言欲出而抑之. 古詩曰, '盈盈一水間, 脈脈不得語.' 此畜意也. 楚詞曰, '蓄怨兮積思, 心煩憺兮忘食事. 願一見兮道余意, 君之心兮與余異. 車既駕兮朅而歸, 不得見兮我心悲. 倚結軨兮太息, 涕潺湲兮霑軾. 忼慨絶兮不得, 中瞀亂兮迷惑. 私自憐兮何極?' 意之謂也. 又心音者, 察音以知其心也." 「意」, 『說文解字詁林』 10下 心部, 8-1111면.

즉, 意는 자신의 감정이 밖으로 나타나는 것이지만, 이미 마음속의 통제를 받고 있는 것이다. 따라서 情은 전적으로 감정에 치우친 마음인 것에 비해, 意는 이성적인 절제가 포함된 마음의 표현으로 이해할 수 있다.

境은 境地, 또는 境界로 佳境, 美境, 仙境을 나타내기도 하고, 불교에서처럼 마음의 대상이 되는 세계를 나타내어 塵境, 色境, 法境으로 쓰이기도 한다. 그리고 景은 사건의 景象, 情況이나 자연의 風景, 景致를 말한다. 이렇게 보면 景은 물질적인 사물에 해당되고, 境은 추상적인 마음의 대상이 된다.

尹拯(1629~1714)은 일찍이 "仙境은 원래 景을 표현하기 어려우니, 변변찮은 시를 남에게 보이기가 매우 부끄럽다."[20]라고 읊은 적이 있다. 仙境의 景을 표현하기 어렵다고 하여 境을 景보다 한 차원 높은 것으로 보고 있다. 趙聖期(1638~1689) 역시 "志를 말한 것은 자연의 공교로움이 부족하고, 景을 표현한 것은 對境[21]의 오묘함이 결핍되어 읊기를 오래해 보았지만 진미가 매우 적었다."[22]라고 하여 같은 맥락의 글을 남기고 있다.

한편 심상규는 "모임에서 마음에 흡족하기 어려운 것은 境과 景이고 사람들이 마음에 맞기란 더욱 어려운 일이다. 寄園의 田舍는 境이 진실로 매우 빼어나고, 紫峰山의 白雪은 景이 또 매우 아름답다."[23]라

---

20 "仙境元來寫景難, 陋詩深愧與人看." 尹拯, 「代書寄沈式汝」, 『明齋先生遺稿』 2권, 문집총간135권, 65면.

21 佛教에서 色 · 聲 등의 속세 境과 상대해서 쓰이는 말이다.

22 "言志少自然之功, 寫景乏對境之妙, 咀嚼頗久, 眞味轉少." 趙聖期, 「答金子益書」, 『拙修齋先生文集』 10권, 문집총간 147권, 323면.

23 "會之難愜, 境與景, 而人尤爲難. 寄園田舍, 境固殊勝, 紫峰白雪, 景又絶佳." 沈象奎,

고 하여 境과 景에 대해 언급을 하였다. 여기에서 境은 인공적인 부분이 가미해서 생겨난 공간인 것에 비해, 景은 자연 그대로의 모습을 나타내고 있다는 것을 알 수 있다.

『설문해자』에서는 "境은 疆이다."[24]라고 하였는데, 경전에서는 '竟' 자와 통용되었다. 『禮記』「曲禮」에 "경계에 들어가면 금지하는 것을 묻고, 도성에 들어가면 풍속을 묻는다.(入竟而問禁 入國而問俗.)"라 하였고, 『禮記』「祭義」에 "천자가 순수할 적에 제후는 국경에서 기다린다.(天子巡守, 諸侯待于竟.)"라 하여 국경과 경계를 뜻하는 용어로 사용되었다. 즉 境은 자연에 인위적인 요소를 더해서 만든 공간이다. 그 속에는 특정한 규율이 있을 수도 있고, 때론 관습적인 의미가 포함되기도 한다.

그리고 "景은 光이다."[25]라고 하여 徐灝의 『說文解字注箋』에서 다음과 같이 풀이하였다.

> 光에는 모두 景이 있으므로 일반적으로 항상 '光景'이라 하였는데, 뜻이 확대되어 明이 된다. 그리고 景의 뜻이 '크다'가 되는 것은 '京'을 가차했기 때문이다. 『顔氏家訓』「書證篇」에 이르기를, '陰景은 빛으로 인하여 생겨난다. 그러므로 景이 된다.'라고 하였고, 『淮南子』에는 '景柱(그림자를 재기 위한 장대)라고 불렀다.'라고 하였으며, 『廣雅』에는 '그림자 기둥[晷柱]은 景에 달렸다.'라고 한 것이 이것이다. 葛洪의 『字苑』에서 처음으로 곁에 '彡'을 더해서 그림자를 나타냈다.[26]

「會南麓寄園序」, 『斗室存稿』 3권, 문집총간 290권, 60면.

24 "境, 疆也." 「境」, 『說文解字詁林』 13下 土部, 10-1252면.

25 "景, 光也." 「景」, 『說文解字詁林』 7上 日部, 6-41면.

즉, 景은 처음에는 빛의 상대적인 말로 쓰이다가 점차 그 뜻이 확대되어 밝음이 된 것이다. 그렇다면, 境과 景의 자학적 차이가 명확히 구분된다. 境은 땅을 중심으로 땅위에 인공적인 요소를 가미하며 일정한 경계내의 모든 것을 포함한다. 반면 景은 햇빛을 중심으로 밝고 어두운 가운데 온갖 빛깔들이 만들어내는 모습을 그대로 나타내고 있는 것이다. 즉 景은 그림처럼 평면적인데 비해 境은 입체적인 공간을 나타내고 있는 것이다.

지금까지 情과 意, 그리고 景과 境에 대해 자학적 측면에서 그 의미를 파악했다. 이를 통해 情景과 意境의 차이점에 대해서도 추론이 가능해진다. 情景은 인간의 감정에서 비롯되는 喜·怒·哀·樂·愛·惡·慾이 자연의 풍경을 이성의 어떠한 통제도 받지 않고 천연스럽게 나타내는 것으로 볼 수 있다. 반면 意境은 감정이 이성에 의해 통제를 받는 것이다. 즉, 인공적인 요소가 가미된 공간에서 철저하게 통제되고, 때로는 관념화된 세계를 인식하고 나타나는 것으로 지극히 인위적인 예술행위에서 발생한다고 볼 수 있다. 이 때문에 시인이 시를 짓는 과정이나 시에 나타내려는 뜻은 情景보다 意境에 가깝다고 볼 수 있다. 그렇다면 이러한 의경에 대해서 지금까지의 연구를 참고하여 그 개념을 정리해 보기로 한다.

26 "凡光, 皆有景. 故俗語恒言'光景', 引申之義, 爲明, 其訓爲大者, 京之假借也. 『顔氏家訓』, 「書證篇」云, '凡陰景者, 因光而生, 故卽謂爲景.' 『淮南子』, '呼爲景柱' 『廣雅』云, '晷柱掛景.' 是也. 葛洪 『字苑』, 旁始加彡." 「景」, 『說文解字詁林』 7上 日部, 6-42면.

2 의경의 개념

의경은 당나라의 王昌齡의 『詩格』에서 처음 거론되었다.[27] 그는 "意境은 뜻을 펼치고 마음으로 생각하게 되면 참된 형상을 얻을 수 있다."[28]라고 하여 心·物 상호간의 융합으로 창조된 예술경계를 말하였다.[29] 이후 남송의 姜夔, 명의 謝榛, 청의 布顔圖에 의해서 이 이론이 이어졌다. 이후 청나라 말기에 王國維가 '境界'를 새롭게 언급하면서 의경의 중요성이 크게 부각되었다.

(가) 문학하는 일은 안으로 자기 자신을 펴고, 밖으로는 남을 감동시킬 수 있는 것으로 意와 境 두 가지일 뿐이다.[30]

(나) 詞는 境界를 최상으로 여기니, 경계가 있으면 저절로 고상한 품격을 이루게 되고, 저절로 훌륭한 구가 있게 된다. 五代와 北宋의 詞가 유독 빼어난 이유가 바로 여기에 있다.[31]

(다) 嚴羽가 말한 '興趣'와 王士禎이 말한 '神韻'은 오히려 그 면목만을 말한 것에 불과하니, 내가 '境界' 두 글자를 뽑아 그 근본을 탐색한 것만 못하다.[32]

(라) 氣質을 말하고, 神韻을 말하지만 境界를 말하는 것만 못하다. 경계는 근본이 되고, 기질과 신운은 말단이 된다. 경계가 있어

---

27 단, 이 책은 僞作이라는 것이 거의 정론화 되었음.

28 "意境, 亦張之于意而思之于心, 則得其眞矣"(王昌齡, 『詩格』.)

29 최일의, 「意境의 개념분석」, 『중국학보』 43집, 한국중국학회, 2001, 53면.

30 "文學之事, 其內足以攄己, 外足以感人者, 意與境二者而已."(王國維, 「人間詞乙稿序」, 『人間詞話·人間詞』, 安徽人民出版社, 2005, 168~169면.)

31 "詞以境界爲最上, 有境界則自成高格, 自有名句. 五代北宋之詞所以獨絶者在此."(王國維, 「一則」, 『人間詞話』, 大方出版社, 1974, 1면.)

32 "滄浪所謂興趣, 阮亭所謂神韻, 猶不過道其面目, 不若鄙人拈出'境界'二字, 爲探其本也."(위의 책, 4면.)

서 이 두 가지가 따르게 되는 것이다.[33]

(가)에서는 의와 경을 나눠서 얘기했지만, 시에는 이 두 가지가 모두 포함되어야 하기 때문에 의경을 얘기한 것이나 마찬가지이다. 여기에서는 문학의 외적 요인 즉 독자와의 사이에 의경이 중요한 역할을 하고 있다는 점을 지적하였다. (나)에서 말하는 '境界'는 바로 '意境'이라고 보아도 큰 무리가 없다.[34] 그리고 詞는 詩詞를 말하는 것으로 비평의 측면에서 시도 여기에 포함된다. (다)와 (라)는 '흥취'와 '신운', '기질'보다 경계가 근본이 된다는 점을 강조한 것이다.

이처럼 의경은 시인과 독자를 이어주는 동시에 시의 품격을 높여주고, 그 어느 요소보다 중요하다는 점을 말하고 있다. 이는 의경이 情·景交融에 이르는 것으로 자연히 神韻이 產生되고 氣質이 體現되는 것이다. 또 객관적 자연경물과 주관정사의 관계에 관여하는데, 중국 고대의 文論과 畵論같은 예술분야에서 일찍이 있던 논술이다.[35] 왕국유에 의해 의경의 중요성이 부각되자, 그 뒤에 많은 학자들이 이 이론을 전개하고 발전시켜 나갔다.

---

33 "言氣質, 言神韻, 不如言境界. 有境界, 本也, 氣質·神韻, 末也. 有境界而二者隨之矣."(위의 책, 37면.)

34 왕국유가 사용한 '境界'와 '意境'은 의미상 별 차이가 없다는 것이 대부분 학자들의 견해이다.(柳昌嬌, 「王國維의 文藝美學理論 研究 -境界說을 중심으로-」, 서울대 석사논문, 1992, 41~43면 참고.) (최일의, 「근대 왕국유의 경계설과 전통 한시의 의경설과의 비교 연구」, 『인문학보』 29집, 강릉대학교 인문과학연구소, 2000, 22~31면.)(오태석, 「중국시와 의경미학」, 『중국어문학』 44집, 영남중국어문학회, 2004, 20면.)

35 "情·景交融, 自然也就產生了神韻, 體現了氣質. 關于客觀的自然景物與主觀情思的關系, 在中國古代文論·畵論中早有論述." 楊辛·甘霖, 앞의 책, 203면.

(가) 의경은 情·景交融의 예술형상과 그것이 引發하는 상상적 형상의 總和이다.[36]

(나) 의경은 유한한 대상에 국한되지 않고, '象外之象', '景外之景'을 추구하는데 있다.[37]

(다) 의경은 작자의 主觀情意와 客觀物境이 상호 교융하여 형성된 예술경계를 가리킨다.[38]

(라) 의경은 중국 미학 사상 중 하나의 중요한 범주이다. 예술의 창조와 감상, 비평에서 의경은 예술미를 측정하는 하나의 표준이다.[39]

이처럼 의경은 상상적인 형상에 속하며 일정한 허구성을 지니고 있다. 특히 시의 대상에 국한되지 않고, 시인이 보고 있는 형상과 경물의 밖에 그 의미를 추구하고 있다. 따라서 독자는 이 점을 염두에 두고, 시를 감상하면서 시인이 시를 지을 때 어떠한 감정을 가지고 대상을 읊고 있는지 항상 생각해야 한다. 특히 이러한 점은 의경이 예술경계에 포함되는 것을 나타내준다. 그래서 예술의 창조와 감상, 비평에까지 그 범위를 넓히게 된다.

이밖에도 많은 학자들이 의경에 대해 언급하고 있지만, 대체로 위의 예문을 벗어나지 못하고 있다. 게다가 위의 예문도 넓은 범주에서 "의경이란 주관적 자아와 객관적 경물이 서로 융화되어 나아간 새로운 예

---

36 趙則誠·張連弟·畢萬忱 編, 『中國古代文學理論辭典』, 吉林文史出版社, 1985, 641면.

37 葉朗, 서진희 역, 「中國藝術에 있어서의 意境」, 『예술문화연구』, 서울대 예술문화연구소, 1994, 220면.

38 袁行霈, 「中國古典詩歌的意境」, 『中國詩歌藝術研究(增訂本)』, 北京大學出版社, 1996, 23면.

39 楊辛·甘霖, 「意境與傳神」, 『美學原理』, 북경대학, 2001, 202면.

술의 경지"라는 의미로 귀결된다. 그 일례로 관습화된 객관적 경물에 주관적 자아가 어떻게 융화되어 있는지 살펴본다.

『논어』의 "逝者如斯夫. 不舍晝夜."와 "知者樂水, 仁者樂山."을 보면, 과거 지식인들에게 강물이 얼마나 중요한 존재였는지 알 수 있다. 전자는 강물이 도학자들의 道體와 관련이 깊다. 공자는 강물이 끊임없이 흘러가는 모습을 보고 한 순간도 그침이 없는 도체 본연의 모습으로 비유하고 있다.[40] 직접적으로 도의 본체를 설명할 수 없기에 그 특성이 같은 강물을 끌어와서 이같이 비유한 것이다. 반면 후자는 주석에서 "知者는 사리에 통달하여 두루 유통하고 막힘이 없어서 물과 비슷한 점이 있으므로 물을 좋아한다."[41]라고 하여 전자와 다른 관점으로 물을 바라보고 있다. 이 경우 넓은 지역을 두루두루 퍼져 흘러가고 어디에도 막힘이 없는 강물의 특성을 끌어와 지식인이 가져야 할 요소로 보고 있다.

이처럼 『논어』에서는 강물이 끊임없이 흘러가는 특성과 여기저기 두루두루 통하는 특성을 빌려와 도체와 지자를 비유하였다. 이는 공자 이후로 지식인들이 강물을 바라보는 기본적인 시각이 되어 관습적으로 굳어지게 된다. 우리는 여기에서 쉽게 형상으로 드러내지 못하는 추상적이고 감정적인 요인을 객관적인 물체의 성질을 빌려서 表象화시키고 있다는 것을 알 수 있다. 이 때문에 후인들은 선인들이 만들어 놓은 관습화된 물질적 형상을 그대로 작품에 적용하는 경우가 많다.

---

40 "無一息之停, 乃道體之本然也."『論語』, 「子罕」16章, 注

41 "知者, 達於事理而周流無滯, 有似於水, 故樂水."『論語』, 「雍也」21章, 注

강가에 서서 긴 탄식을 하고	臨流發長嘆
또다시 불우한 삶을 탄식하니	亦復嗟蹭蹬
흘러가는 것이 이와 같을진대	逝者如斯夫
가고 옴은 바로 감응 때문이구나.	往來由感應
나는 천지간에 이 작은 몸으로	而吾眇然身
이것을 탄 흥취가 적지 않구나.	乘此不淺興
독서는 모두 진부한 자취이니	讀書皆陳迹
서른 수레 책인들 어디에 쓰겠는가?	何用三十乘
진리 위해 어찌 많은 말 필요하랴	爲理豈多言
묘처는 누가 보여 주는 것 아니네.	妙處誰見贈
중니께서 물을 자주 일컬었으니	仲尼亟稱水
이 이치를 내가 바로 증명했구나.[42]	此理乃吾證

이 시는 牧隱 李穡의 「臨流有感」이다. 목은이 강가에 서서 쉼 없이 흘러가는 강물을 바라보며 문득 공자가 말한 "逝者如斯夫"를 체득한 시이다. 그는 불우한 인생살이로 인해 강가에 나와 연신 탄식만 하다가, 어느 순간 끊임없이 흘러가는 강물이 인생의 진리를 내포하고 있음을 깨닫는다. 세월이 흘러가는 것이 바로 저 강물처럼 끊임없고, 자신은 그 물에 올라 탄 일개 작은 존재일 뿐이었다. 이렇게 초현실적 사고에 생각이 미치니 자신의 하찮은 존재도 역시 큰 진리 속에 포함되어 함께 흘러가는 것으로 인식하게 되고, 곧이어 흥취가 일어나게 된 것이다.

이 시는 시인이 강이라는 객관적 경물을 바라보다가 주관적 감정이 치밀어 올라 창작을 하게 된 것이다. 여기에서 시인의 감정은 단순한

42 李穡, 「臨流有感」, 『牧隱詩藁』 2권(『문집총간』 3권, 533a면.)

느낌에서 기인하지 않고, 기존에 관습화된 강물의 의미가 절대적인 작용을 하고 있다. 어쩌면 시인은 그것으로 인해 강물의 다양한 모습을 못보고 있을지도 모른다. 반대로 시인이 주관적 감정이 강렬하게 작용하여 강가에 나가게 되고, 또 객관적 경물인 강물을 끌어와 자신의 감정을 읊을 수도 있다. 이 경우 강물은 시인이 자신의 감정을 드러내는 데 필요한 소재에 불과하다.

하지만 이 시에서 읊은 강물은 공자부터 시작된 道體로 시인은 이러한 관습적 의미를 아무런 거부감 없이 받아들여 시를 전개하고 있다. 시에서 강물의 관습화가 철저히 이뤄졌다고 볼 수 있다. 이처럼 객관적 경물이 오랜 세월동안 관습화되어 만들어지는 경우를 볼 수 있다.

강물의 특성에 대해 시인이 바라보는 관점은 객관적 경물이 주가 될 수도 있고, 주관적 감정이 주가 될 수도 있으며, 관습화된 제재가 주가 될 수도 있다. 이러한 것이 모두 융합하여 시의 意境을 이뤄내고 있는 것이다. 결국 이색이 이 시를 통해서 드러내려 한 것은 끊임없이 흘러가는 강물도, 불우한 삶도, 진리도 아닌, 바로 자신의 성찰이었다. 시인은 시를 통해서 자신의 주관적 감정을 객관적 경물을 통해 드러냈지만, 결국 추구하고 있는 것은 그것 밖에 있다는 것이다.

3 의경의 생성원리

> 시를 짓는 묘처는 意境이 융합하는데 있으니, 소리의 밖으로 나가야 곧 진미를 터득한다.[43]

명대의 朱承爵이 시를 논할 적에 한 말이다. 의경은 시를 지을 때부터 중요하게 다뤄지는 것으로 시인에게서 비롯된다. 시인이 자신의 정감과 대상을 어떻게 융합하는가에 따라서 시의 묘처가 나타나기 때문이다. 이때 소리 밖으로 나가야 하는 것은 시어가 나타내는 단순한 의미가 아니라, 그 속에 담겨진 관습적 의미를 포함하여 그것으로 인해 연상되는 뜻을 말하는 것이다. 의경이 융합하여 생성되는 원리는 크게 세 가지로 나눠볼 수 있다.

첫 번째는 주관적 정감이 객관적 경물을 보고서 감정과 생각이 촉발되어 시를 짓게 되는 것이다. 이때는 시인이 객관적 경물로부터 받은 영향이 동기가 되어 시를 창작하게 되는 것이다. 하지만 이 경우에도 시인이 자각하지 못했을 뿐이지 이미 경험에서 축적된 정이 마음속에 있다. 아무리 경물을 통해 정감이 나타나더라도 시인의 일상을 벗어나기는 어려운 것이다.[44]

두 번째는 시인의 강렬한 주관적 정감이 객관적 경물을 임의대로 바라보고 나타내는 것이다. 즉 시인의 마음에 자라고 있는 정을 표현하기 위해 적절한 象이 되는 景을 찾아서 시를 완성하는 것이다. 이것은

---

43 楊辛 · 甘霖, 「意境與傳神」, 『美學原理』, 북경대학, 2001, 202면.

44 이 부분은 원행패의 정이 경을 좇아 생겨나는 것[情隨境生]에 해당되며, 윤호진의 세계가 주관적 자아에 영향을 미치는 景物指向型에 해당된다.(袁行霈, 姜英順외 역, 『中國詩歌藝術硏究』上, 아세아문화사, 1990, 53면.)(尹浩鎭, 『漢詩의 意味構造』, 법인문화사, 1996.)

시인이 어떠한 감정에 북받쳐 올랐을 때 눈에 보이는 객관적 경물도 그 감정을 따라간다는 이론이다.[45]

세 번째는 객관적 경물에도 情이 있다는 가정 하에 성립한다. 사람들이 객관적 경물을 오랫동안 접하게 되면서 공통된 생각이 일어난다는 점을 착안하여 경물에도 정이 있다고 할 수 있다. 이것은 사람들이 오랜 시간에 걸쳐 특정한 경물에 의미를 부여하여 관념화된 것을 말하는데, 예를 들어 '낙엽'이라는 단어에서 공통적으로 나타날 수 있는 생각 즉 '죽음'을 말하는 것과 같다. 만약 이것이 성립하게 된다면, 시인은 자신의 정감을 관념화된 물정에 대응시켜 物·我의 情이 융합되게 하여 높은 경지로 나아가게 된다. 하지만 이는 그 사회 집단의 일정한 제도와 관습에 제한을 받으므로 다른 집단에서는 성립하기가 쉽지 않다.[46]

이상의 세 가지 방식은 의경이 만들어지는 과정에서 빚어지는 것이다. 그리고 이러한 과정을 거쳐 시가 이미 완성되었다면 의경은 하나의 객관적인 심리공간으로서 그 속에 '상상세계'가 존재하게 된다.

> 의경은 시인의 주관적인 정의와 객관적인 물상이 서로 융합하여 형성되는 것으로, 독자로 하여금 충분히 그 속에 젖어들게 할 수 있는 '상상세계'이다.[47]

---

45 이 부분은 원행패의 정을 옮겨 경으로 들어가는 것[移情入境]에 해당되며, 윤호진의 자아가 객관적 세계에 영향을 미치는 情感指向型에 해당된다.(袁行霈, 姜英順외 역, 위의 책, 55면.)(윤호진, 위의 책, 1996.)

46 이 부분은 원행패의 물과 정을 일치시켜 물아의 정이 융합된 것[體貼物情, 物我情融.]에 해당된다.(袁行霈, 姜英順외 역, 위의 책, 58면.)

47 "意境是指詩人的主觀情意與客觀物象互相交融而形成的, 足以使讀者沈浸其中的想象世界."(袁行霈, 「中國古典詩歌的意境」, 『中國詩歌藝術研究(增訂本)』, 北京大學出版

여기에서 말하는 '상상세계'는 바로 의경을 달리 표현한 것이다.[48] 또한 독자를 개입한 것에서 의경의 폭이 한층 넓어졌다. 즉 완성된 시는 그 한 편이 고유한 객관적인 생명체가 되어[49] 시인과 독자가 공통적으로 인식하는 공간으로 예술적 측면에서 이해한 것이다.

고유한 생명력은 한 시인이 같은 감정, 같은 공간에서 시를 짓더라도 각각 다른 의경이 나타날 수밖에 없는 특징이 있다. 시 그 자체를 독립된 하나의 완전한 생명을 가진 존재로 보는 것이다. 송준호는 『우리 한시 살려읽기』에서 시 작품을 하나의 살아있는 생명체로 보고, 구조와 기법을 통해서 작가가 대상들을 어떻게 작품 속에 담고 있는지, 또 이 대상들이 지니고 있는 오묘한 이치와 신기한 비밀을 읽어 내야 한다고 하였다.[50] 그리고 여기에 대한 방법으로 題材的 성질과 표현적 양상으로 구분하여 구체적이고 세부적으로 다루고 있다. 즉 자구의 해

社, 1996, 45면.)(『袁行霈, 姜英順외 역, 앞의 책, 84면.)

48 이상우는 의경·경계를 미학적인 측면에서 "서양철학의 존재론·인식론·가치론에 해당하는 동양적인 사유방식을 포괄적으로 지시하는 개념"으로 보고 있다.(이상우, 『동양미학론』, 시공사, 1999, 20면.)

49 여기에 대한 부연설명은 馮友蘭의 글에서 찾을 수 있다. "개개의 사람들은 각자 자신의 경계가 있다. 엄격히 말하면, 두 사람의 경계가 완전히 같은 일은 없다. 각 사람들이 하나의 개체이고, 각 사람들의 경계는 모두 각 개체의 경계이다. 두 개체가 완전히 같은 일이 없으므로, 두 사람의 경계도 완전히 같은 일은 없다.[各人有各人的境界. 嚴格地說, 沒有兩個人的境界, 是完全相同底. 每個人, 都是一個體, 每個人的境界, 都是一個個體底境界. 沒有兩個個體, 是完全相同底, 所以亦沒有兩個人的境界, 是完全相同底.]"(馮友蘭, 〈境界〉, 「新原人」, 『三松堂全集』 4권, 河南人民出版社, 2000, 497면.)

50 송준호, 『우리 한시 살려읽기』, 새문사, 2006, 5~7면 참고. 송준호 선생은 일찍이 강의시간에 "생명체로서의 시는 문자나 언어로 표현된 무형의 공간으로 내면의 물리적 형태를 가진 공간이며 추상적 형태를 가진 공간이다. 이 공간에서는 특정한 관계가 있는데, 시공간과 존비칭의 일치 관계, 지배관계, 인과관계가 존재한다."라며 시가 가지고 있는 고유한 공간의 의미를 매우 중요하게 다뤘다. 필자는 이 공간이 바로 시가 가지는 의경으로 보고 있다.

석을 넘어서 작자의 본의를 읽어내야 하는 데 중점을 두어야 한다는 것이다.[51]

한편 예술적 측면으로 의경을 바라본 김태환은 "의경은 예술미의 창조와 감상에 관련되어 있는 심미추구의 한 형식이다. 의경은 객관적 대상에 대한 감성적 인식의 내용이자 또한 그것의 표현이다."[52]라 하였다. 또 "의경이란 情·景交融을 통해서 얻은 형상과 그 境界의 총화라 한다. 형상은 정·경 교융을 전제로 하는 주관의 정과 객관의 경을 포함하고, 경계는 言中으로서의 象과 言表로서의 象外를 포함한다. 즉 의경은 象內의 구상성과 象外의 추상성을 동시에 내포하는, 意象의 조합으로 형성된 예술의 형상과 그 경계의 총화이다."[53]라고 하였다. 그는 의경을 의상의 상위 개념으로 보고 있는데, 이 논지는 원행패에게서 비롯된 것이다.

> 意境의 범위는 비교적 커서 통상 시 한 수 전체, 몇 구 혹은 한 구 전체에서 조성된 경계를 가리키고, 意象은 단지 시가의 의경을 구성하는 몇 개의 구체적이고 세부적인 단위에 불과하다. 의경이 하나의 완전한 건축물이라면, 의상은 이 건축물을 구성하는 벽돌에 해당된다.[54]

이처럼 각각의 의상이 모여 이루어 낸 것이 바로 의경이다. 그렇지만 의경이 반드시 의상의 뜻을 가지는 건 아니다. 의경은 비록 의상에

---

51 여기에서 말한 '작자의 본의'와 '오묘한 이치'와 '신기한 비밀'은 시인이 시를 지을 때 염두에 두었던 것으로 시의 의경과 그 의미가 상통하는 것 같다.

52 김태환, 『조선시대 시가예술의 소박미 연구』, 신아출판사, 2003, 112면.

53 위의 책, 114면.

54 袁行霈, 姜英順외 역, 앞의 책, 96~97면.

서 비롯되었지만, 개개의 상을 모아놓은 것이 아니라 새로운 질로 나타나게 되는 것이다.[55] 시를 창작할 때와 완성된 시를 하나의 생명체로 볼 때 의상은 의경을 이루어주는 하위 구성요소가 된다. 즉 의경이 의상보다 한 차원 높은 용어로 사용되고 있다는 것이다.[56] 그렇다면, 의경과 의상의 차이에 대해 살펴볼 필요가 있겠다.

4 의경과 의상

意境을 이루는 소단위는 意象이다. 어떻게 보면 의경은 의상에서 나왔다고 할 수 있지만, 결국은 의상을 뛰어넘게 된다.[57] 의상은 의경을 이루는 하나하나의 부분에 해당하지만 이들이 모여 하나의 유기체[생명체]가 되었을 때 의경이 나타나게 된다. 그 의미가 비슷한 것 같으면서 다른 '境'과 '象'의 어원적 차이점에 대해서 살펴보겠다.

---

55 특히 원행패는 "의경은 구체적인 상의 위로 벗어나 있고, 또 구체적인 시간과 공간을 초월해 있어, 매우 자연스럽고, 더욱 많은 상상의 여지를 지니고 있다. 상으로부터 경에 이르는 것은 땅위에서 날아올라 하늘에 이르는 것과 같다."라며 의경이 의상에 비해 한 차원 높은 개념으로 보고 있다. (위의 책, 85면.)

56 의경과 의상에 대한 차이점에 대해서는 임준철의 논문을 참고할만하다. 그는 의상이 작품에서 구체적 표현에 해당한다면, 의경은 그 의상들이 모여 이룩한 시의 한 구절로부터 시 한 수 전체까지 그 범위가 미친다고 하고, 또 의경은 상을 뛰어넘는 예술 경계의 창조를 지향한다는 점, 그래서 예술적으로 도달한 경계로써 의상에서는 찾아보기 어려운 가치평가의 기준 즉 品格과도 밀접한 국면이 포함되어 있다고 하였다. 하지만 임준철은 실제 비평에서는 양자 간의 경계가 뚜렷하지 않다는 점을 간과하지 않고 있다. (임준철, 『조선중기 한시 의상 연구 -조선중기 한시 이미지 연구』, 일지사, 2010, 58~59면 참고.)

57 이러한 이론은 일찍이 唐나라 劉禹錫이 언급한 적이 있다. "시는 문장의 정수인가? 뜻을 얻고 말을 잃어버려야 하기 때문에 미묘해서 잘 짓기가 어렵고, 境은 象의 밖에서 생겨나기 때문에 정밀하여 화답하기가 어렵다.[詩者, 其文章之蘊耶? 義得而言喪, 故微而難能, 境生於象外, 故精而寡和.]" 「董氏武陵集紀」, 『劉賓客文集』(사고전서 전자판)

『설문해자』에서 "境은 疆이다."라 하였고[58], 象에 대해서는 "象은 긴 코와 어금니를 가진 南越의 큰 짐승으로 3년에 한번 새끼를 낳는데, 귀와 어금니, 네 다리의 형상을 본떴다."[59]라고 하여 특정한 형상을 나타냈다. 또, 『周易繫辭』에서 "易은 象이니 상은 형상이다.[易者象也, 象也者像也.]"라고 하여 고대에는 象이 형상을 나타내는 의미로 쓰였다. 『한비자』에서는 "살아있는 코끼리를 본 사람이 드물어서 죽은 코끼리의 뼈를 얻고 그 그림을 보고서 살아있는 모습을 상상하였다. 그래서 사람들이 상상하는 것을 모두 '象'이라고 한다."[60]라고 하였다. 像의 글자가 있기 전에는 象을 형상, 상상으로 나타낸 것이다.

이러한 상의 어원은 의상을 이미지(image)와 유사한 개념으로 보게 만든다. 하지만 의상을 단순히 이미지로 볼 수 없는 주장이 제기되었다.[61] 여기에서 간과하고 있는 점은 의상이 독자의 차원에서 바라보면 이미지가 될지 모르나, 시인이 창작할 당시에는 동기를 유발시키는 모티브가 되고 있다는 것이다.[62] 즉 의상은 시인이 시를 지을 당시부터

---

58 앞의 '의경의 어원'에서 境과 景을 비교할 때 언급하였음.

59 "象, 長鼻牙, 南越大獸, 三年一乳, 象耳牙四足之形." 그런데, 「段注」에서 '象耳牙四足之形'을 '象鼻耳四足之形'으로 보았고, 「徐箋」에서는 '象耳牙四足之形'을 '象鼻牙四足之形'으로 보았다.(「象」, 『說文解字詁林』 9下 象部, 8-376~377면 참고.)

60 "人希見生象也, 而得死象之骨, 案其圖以想其生也, 故諸人之所以意想者, 皆謂之象也."(『韓非子』, 「解老」第二十.)

61 임준철은 「의상과 이미지」에서 두 가지의 차이점에 대해서 논지를 폈다. 그 주요 논지는 意象이 이미지에 비해 심층적이고, 포괄적이라는 점을 지적하고 있다.(임준철, 앞의 책, 75~82면 참고.) 또 원행패는 「중국고전시가의 의상」에서 영·미의 Imagist가 오히려 중국의 영향을 받았다고 보고 있으며, 억지로 이미지를 끌어다 설명하려 해도 그다지 합치되는 것 같지 않다고 하였다.(袁行霈, 姜英順외 역, 앞의 책, 86~89면 참고.)

62 임준철은 비평용어로 의상을 이미지에 대응하였다. 그런데, 의상은 시인이 시를 창작할 당시 경물을 통해서 받아들이는 모티브로 결국 이 모티브가 시를 완성하고, 완성된 시를 독자가 볼 때 특정한 이미지가 되어 나타나는 것이다.

독자가 시를 감상하거나 비평할 때까지 존재하고 있다는 것이다. 때문에 이러한 의상을 통해서 독자는 시인이 창작할 당시의 감정을 느끼게 되어 시를 심층적으로 이해할 수 있게 된다.

劉熙載가 일찍이 말하기를, "산의 정신을 묘사해서 드러내지 못하니, 안개로 그것을 묘사하고, 봄의 정신을 묘사해서 드러내지 못하니 초목으로 묘사한다. 그러므로 시에 氣象이 없다면 精神도 기탁할 곳이 없다."[63]라고 하였다. 이것은 '景中情'을 말한 것이다. 또한 여기에서의 景은 이미 시인의 예술적 요소가 가미되었기에 자연 상태의 景과는 차이가 있다. 때문에 이러한 景을 '情中景'이라고 한다. 즉 시인이 이미 시를 지었다면 시인의 예술적 요소가 가미되었기 때문에 景 속에 情이 있고, 情 속에 景이 있게 되고 이 둘은 시에 공존하게 된다. 이것은 시를 짓는 과정에서 생성되어 시가 완성된 뒤에도 계속 시에 남아 있게 된다.[64] 즉 시인이 시를 지을 당시의 정감을 담은 기상이 시가 완성되고서도 시 속에 여전히 존재하며 결국에는 독자에게로 전해진다는 것이다. 여기에서 기상은 바로 의상과 상통한다. 다음의 시를 통해 의상과 의경을 구체적으로 살펴보겠다.

사계절을 따르며 가는 세월을 탄식하고	遵四時以嘆逝
만물의 성쇠를 바라보니 생각만 어지럽구나	瞻萬物而思紛
가을 한창 땐 낙엽 때문에 슬퍼지고	悲落葉于勁秋
한 봄엔 여린 가지들로 인해 기쁘구나.[65]	喜柔條于芳春

63 "山之精神寫不出, 以煙霞寫之, 春之精神寫不出, 以草樹寫之. 故詩無氣象, 則精神亦無所寓矣."(劉熙載, 『藝概』, 82頁.)

64 楊辛 · 甘霖, 「意境與傳神」, 『美學原理』, 북경대학, 2001, 205면.

65 陸機, 「文賦」, 『文選』 17권(사고전서 전자판)

이 시는 陸機의 「文賦」 중의 일부이다. 情이 景을 따라 변하고 있는 것을 볼 수 있다. 즉 객관적 경물이 주체가 되어 주관적 정감을 따라오게 하고 있다. 하지만 여기에서 짚고 넘어가야 할 것은 작가의 감정이 외부의 영향을 받아 변화하고 있으나, 객관적 경물이 이미 앞 시대의 많은 사람들에 의해 관습화된 의미를 지니고 있다는 점이다. 계절의 바뀜은 세월의 흐름이 되어 탄식으로 나타나고, 만물의 성쇠 역시 젊고 늙음에 비유되어 생각을 어지럽게 만든다. 또한 가을의 낙엽은 죽음을 상징하여 언제나 시인묵객들의 슬픔을 자아내지만, 봄의 새싹은 생명의 탄생을 의미하여 기쁨을 상징한다.

여기에서 계절의 변화, 만물의 성쇠, 가을 낙엽, 봄의 새싹은 모두 제각기 관습화된 의미를 지니고 있는 것들이다. 이렇게 등장하는 객관적 경물이 제각각의 의미를 가지고 있는 것이 바로 하나의 의상이 된다. 그리고 이들이 모두 모여 무상한 인생사를 떠올리게 하는데, 이것이 바로 이 시의 의경이 된다. 이 때문에 의경은 시인이 각각의 의상을 통해 만들어 놓은 주관적인 시공간을 독자로 하여금 깊이 참여하게 만들고, 결국 시인과 시 그리고 독자를 이어주게 하는 공통의 분모가 되게 한다.

이처럼 의경은 기존의 시를 좀 더 심층적으로 이해할 수 있게 해주는 동시에 시인과 독자의 사이를 더 밀접하게 만들어 주는 역할을 하고 있다. 또, 한 편의 시 속에 등장하는 의상들은 시인의 정감이 포함된 시어로 이는 특정한 경물이 될 수도 있고, 특정한 행위가 될 수도 있다. 다만, 시인의 추상적인 관념이 작용하여 지극히 주관적인 것만은 틀림없다.

2. 매천시와 의경

매천시를 의경론으로 보려고 하는 이유가 있다. 이는 매천이 평소 가지고 있던 시에 대한 전반적인 의식에서 비롯된다. 그는 평소 박학을 중요하게 생각하여 방대한 독서를 했다. 시를 배울 적에도 특정한 인물만을 본받으려 하지 않았다. 그는 '널리 배우고 요체를 잡는 것[博學反約]'[66]을 위주로 하여 특정 시인들의 시에 얽매이지 않고 여러 시인들의 시를 포괄하려고 하였다. 또한 그는 그 시대에 부합하는 시를 지으려고 했다. 특정한 시체에도 구애받지 않고 오직 천지자연의 훌륭한 문장을 법으로 삼아 '자기 뜻에 따라 말을 만들어야 한다[隨意命詞]'고 주장하였다. 그래서 전고에 얽매이지 않고, 현실에서 경험한 평범한 정경을 꾸밈없이 그대로 읊었다.

과거의 뛰어난 시가 모두 그 시대의 특징을 담고 있는 것처럼, 지금 시대의 시인이라면 마땅히 지금 시대의 시를 지어야 한다는 것이다. 결국 그는 많은 시인의 시를 섭렵하여 자기만의 시를 지으려고 했던 것이다. 자기만의 시를 짓기 위해 그가 선택했던 것은 바로 주변의 情·景이 어우러져 형성되는 의경이었다. 자기 주변의 정경은 과거에는 없던 것이기 때문에 자기만의 독특한 의경을 만들 수 있었다.

---

66 "夫博學反約, 非止爲聖門教人之術, 凡九流七畧, 莫不皆然."(「送性茂序」, 『梅泉集』 권6, 『문집총간』 권348, 498a면).

1 뜻에 따라 시 짓기

매천은 평소 박학을 중요하게 여겨 옛 글을 부지런히 읽었다. 하지만 옛 글에만 얽매이려 하지 않았다. 그는 늘 말하기를, "詩文은 성정에서 나오는데, 사람의 習性은 古今이 서로 차이가 있다. 후세에 태어나 억지로 전고의 것만을 본받는다면, 결코 이루어질 리가 없다."[67]라고 하였다. 자기가 사는 시대의 글을 지어야 한다는 것을 밝혔다. 또한, 李定稷에게 준 편지에서도 "그 시대에 태어난 사람은 각각 부여받은 재능에 따라 그 시대의 문장[一代之文]을 완성하면 되지, 모두 法古를 할 필요는 없습니다."[68]라 하며 일관된 논지를 펼치고 있다.[69]

한편, 마지막까지 매천 곁에서 가르침을 받은 金祥國[70]은 스승의 묘지명에서, "선생은 시를 지을 적에 漢·魏·唐·宋의 시체에 구애받지 않고, 오직 天地·日月·星辰·雲霞의 '至文의 文'으로 법을 삼았다."[71]라고 언급하였다. 옛 시체에 구애받지 않고 천지자연의 모든 사물을 통해 그 시대의 문장을 추구했다.

---

67 朴文鎬, 「梅泉黃公墓表」, "常曰, '詩文出於性, 人之習性, 古今殊異. 生乎後世而强效前古, 則決無能成之理.'"(黃玹, 『梅泉集』 卷首, 『문집총간』 권348, 403a면).

68 "生於其時者, 各因其所賦之才, 而成一代之文, 不必皆法古也."(「答李石亭書」, 『梅泉集』 권6, 『문집총간』 권348, 495a면).

69 '一代之文'에 대해서 김소영은 "시대의 眞을 추구하는 산문론"으로 보고 있다.(김소영, 「梅泉 黃玹의 散文에 관한 硏究」, 성균관대학교박사, 2007, 32면 참조).

70 金祥國(字 士元, 號 滄山)은 「梅泉先生墓誌銘」을 지었고, 마지막까지 매천의 신뢰를 받은 문인이다.(金祥國, 「梅泉先生墓誌銘」, 최승효 편, 앞의 책, 144면; 金祥國, 「梅泉先生墓誌銘」, 황현, 『梅泉全集』 권2, 호남학연구소, 445면). 김상국은 『海東集』(海東文藝社, 1914)의 편집 겸 발행인으로 시문에 대한 조예도 상당했던 것 같다.

71 金祥國, 「梅泉先生墓誌銘」, "爲詩, 不拘漢魏唐宋之體, 惟以天地日月星辰雲霞, 至文之文爲法."(최승효 편, 『국역 문묵췌편』 상권, 미래문화사, 1985, 144면).

다음은 매천이 지은 「題小川詩卷後」의 일부이다.

> 무릇 학문이라는 것은 옛 것을 배우는 것을 귀하게 여기고, 옛 것에 얽매이는 것을 귀하게 여기지 않는다. 神明하게 하는 것을 배운다[師]고 하고, 구애되어 통하지 않는 것을 얽매인다[泥]고 하니, 다 같이 옛 것이지만 옛사람과 지금 사람의 성공과 실패의 사례가 분명하다.[72]

매천은 옛 것을 배워 밝히는 것을 귀하게 여겼고, 옛 것에 얽매이는 것을 꺼려했다.[73] 어쩌면 모순된 논리로 보여 질 수 있지만, 매천에게는 옛 것을 배우는 학시경향과 옛 것에 얽매여서는 안 되는 창작의식이 구분되었던 것이다. 그가 청대 시인들의 시를 많이 인용하여 배우려고 했던 것은 학문적인 입장에서 당시 일반 사람들과는 달리 진보적 성향이 있었음을 보여주는 일례라 할 수 있겠다.[74]

매천은 또한 위 인용문의 다른 곳에서, "자기 뜻에 따라 말을 만들고[隨意命詞] 어느 특정한 詩家를 닮으려 하지 않아야 정신과 정이 이른 곳에 자연스런 솜씨가 나오게 된다."[75]고 한 바 있다. 창작에 있어서는

---

72 黃玹, 「題小川詩卷後」, "凡以學問稱者, 貴乎師古, 而不貴乎泥古, 神而明之之謂師, 拘執不通之謂泥, 均是古也, 而古今得失之跡, 瞭然矣."(최승효 편, 앞의 책, 63면).

73 이러한 점은 매천이 만난 시대와도 관련이 있다. 임형택은 일찍이 매천의 학문성향에 대해 "근대전환기의 시대에서 그의 논리는 특히 의미를 갖는 바 구문학의 태내에서 신문학을 모색하는 논리로 해석되는 것이다."라고 하였다(임형택, 「黃梅泉의 批判知性과 寫實的 詩風」, 『한국한문학연구』 제18집, 한국한문학회, 1995, 31면 인용).

74 임형택은 매천이 명 · 청대 문집을 열심히 읽었다는 점에 주목하며, "조선조의 사회와 문화는 완고한 복고주의 틀에 갇혀 있어서 일반적으로 독서와 학습의 범위가 명 · 청대로 내려오지 않았던 사실에 견주어 매천의 경우는 특이하다 하겠다. 그 자신의 독서 태도와도 관련되겠지만 문학에 대한 관점 또한 복고주의 틀에서 벗어난 反法古를 제창한 것이다."라고 하였다(임형택, 「해제」, 『梅泉集』 권1, 고전번역원, 2010, 28면).

法古를 하지 않고 자신의 정감이 일어나는 곳에서 진솔하게 표현한 것을 중요하게 여긴 것이다.

봄 저물자 산 계곡물 이끼처럼 푸르른데	溪潭春暮水如苔
아직도 바위틈 꽃은 다 피질 못하고 있네	猶有岩花未盡開
소는 풀내음 맡으며 뜯어 먹진 않고	牛嗅草香還不齕
꾀꼬리는 무성한 나무 찾아 자주 날아드네	鶯尋樹密卽頻來

-「山居卽事」(1890)

긴 장마로 소와 양이 게을러지고	積雨牛羊倦
외진 마을 채소까지 더디 자라는데	窮村蓏果遲

-「夏晴」(1890)

한 골짝은 맑은 시내, 한 골짝은 구름 자욱	一洞淸溪一洞雲
등라 넝쿨 이슬 맺혀 검푸른 빛 감도는데	藤蘿垂露翠紛紛
숲 풀 사이 비친 햇살엔 산벌들이 윙윙대고	林間日斜山蜂沸
코를 찌르는 달콤한 향 모두다 복분자라네	撲鼻甘香盡覆盆

-「採覆盆子」(1895)

이 시들은 모두 현실의 모습을 그대로 드러내어 별다른 조탁의 흔적이 없는 것을 볼 수 있다. 평범한 농촌의 정경을 아무런 꾸밈없이 그대로 읊어내고 있다. 매천이 唐代 시인의 시나, 그 시대와 가까운 시기를 살았던 시인들의 시를 본 것도 자기만의 시를 짓기 위해서 많은 시를 참고하려던 것이지 그들의 시체를 본받으려는 것은 아니었다.

---

75 黃玹, 「題小川詩卷後」, "蓋隨意命詞, 不求似乎一家, 而神情所到, 脫乎天然."(최승효 편, 앞의 책, 64면).

2 지금 시대의 시 짓기

매천은 옛 시를 본받기보다 '지금의 시'를 지으려고 했다. 그는 겉모습만 취하려는 法古·擬古에 대해 반대하였다. 의고를 비판하는 글에서, "실체가 없는 옛날은 참 지금만 못하고, 겉모양만 취한 것은 마음으로 얻는 것만 못하다."[76]라고 하여 무엇보다 마음으로 얻는 것을 중요하게 여겼다.[77] 이 점은 시의 형식이 아니라 그 내용과 의미, 나아가 시 전체의 의경까지도 포함하고 있다.

다음은 매천이 지은 「鳳洲先生詩集序」의 일부분이다.

> 嚴滄浪(名 羽)이 말하지 않았던가. "시는 별도의 재주가 필요하니 이치와는 아무런 관련이 없다. 별도의 정취가 필요하니 서책과도 아무런 관련이 없다."라고. 또 사람의 신령한 마음과 지혜로운 생각은 자연에서 나오는 것이니 막을 수 없는 것이다. 고금과 구별 지을 수도 없고, 풍속에 얽매이지도 않는 것이다. 시는 별도의 재주와 별도의 정취로써 논할 수 있는 것이지 견문으로는 논할 수 없다.[78]

매천은 嚴羽의 말을 인용하여 자신의 견해를 드러내고 있다. 엄우는 시가 이치와 책에는 아무런 관련이 없고, 특별한 재주와 정취를 지니고 있어서 인위적이지 않은 곳에서 흥이 일어나면 짓게 된다고 하였다. 어떠한 법칙을 따르거나 꾸미려고 하지 않는 엄우의 '興趣說'이 바

---

76 "贋古不如眞今, 貌取不如心得."(「讀初學集」 其二, 『梅泉全集』 권2, 380면).

77 이에 대해 기태완은 매천의 性情說을 주장하였다(기태완, 「梅泉 黃玹과 石亭 李定稷의 문학논쟁」, 『한문학보』 제13집, 우리한문학회, 2005년).

78 黃玹, 「鳳洲先生詩集序」, "嚴滄浪不云乎. '詩有別才, 非關理也. 詩有別趣, 非關書也.' 且人靈心慧竅, 有根於天, 而不可閼. 古今莫之限, 而風氣莫之囿. 則此可以別才別趣論, 不可以聞見論也."(최승효 편, 앞의 책, 60면).

로 이것이다. 매천은 여기에서 더 나아가 개인의 '신령한 마음과 지혜로운 생각[靈心慧竅]'을 지닌 시는 고금과 풍속까지 벗어난 것으로 보고 있다. 그는 시를 그 자체로 독립적인 존재로 인식했다. 주위의 어떠한 것에도 얽매이거나 관여되지 않는 매우 자유롭고 신비로운 의미를 가지고 있다고 여겼다. 매천은 시의 특징에 대해 한 마디로 표현하지는 못하였지만, 마음속으로 생각하고 있는 것을 위와 같이 나타낸 것이다.

3 雲煙의 기운

매천은 시를 그림과 비교하기도 했는데, 그림보다 시가 雲煙의 기운을 더 많이 받는다고 하였다.

> 화가들이 대체로 오래 사는 것은 雲煙의 기운을 많이 마시기 때문이라고 한다. 雲煙의 기운을 많이 마셔서 오래 살 수 있다면 화가가 어찌 시인에 비할 수 있겠는가? 그림은 표피를 모사하지만 시는 정수까지 드러내며, 그림은 외형에 그치지만 시는 골수까지 아우르는 법이다. 이 원리를 증명할 수 있는 사례가 있다. 옛날 남송 이래로 陸放翁, 劉後村, 楊鐵崖 같은 제공이 모두 喪亂을 겪었는데, 어려움이 심할수록 시가 더욱 뛰어났고 시가 뛰어날수록 더욱 수를 누렸으므로 지금까지 예원의 아름다운 일화로 남아있다.[79]

79 黃玹, 「成南坡蕙永壽序」, "畵家多壽, 以其吸收雲煙之氣爲多也. 夫吸收雲煙之氣爲多而可以壽乎, 則畵家孰與詩家? 畵摸其皮, 詩刮其精, 畵止其形, 詩幷其髓. 蓋其理有足徵者. 故南宋以來, 如陸放翁 · 劉后村, 以及楊鐵崖諸公, 皆經歷喪亂, 窮益甚而詩益工, 詩益工而壽益永, 至今爲藝苑佳話."(『梅泉續集』 권1, 『문집총간』 권348, 543d면). (이기찬 역, 「成南坡蕙永壽序」, 『매천속집』 권1, 한국고전번역원, 2010, 327면).

남파 成蕙永을 祝壽하는 서문이다. 매천은 그림과 시를 비교하면서 그림은 대상의 표피를 모사하고 외형에 그치지만, 시는 대상의 정수를 드러내며 골수까지 아우른다고 제시하고 있다. 여기에서 시인과 화가가 공통으로 받아들이는 '雲煙의 기운'은 사람을 오래 살게 하는 역할을 한다.[80] 雲煙은 실체가 없지만 천지자연에 두루 존재하고 있다. 그래서 운연의 기운이라 하면 鳥獸草木을 비롯한 천지자연의 모든 사물이 가지고 있는 기운을 말한다.

그런데 성혜영은 시에 대해서, "바람·구름·달·이슬·벌레·물고기·풀·나무가 모두 그 재료가 된다. 정신으로 표현해내고, 같은 종류로써 느끼게 하여 남들을 스스로 깨닫게 하는 것이 관찰할 적에 묘미가 된다."[81]라고 하면서 천지자연의 사물에 비유하여 표현하는 것을 중요하게 생각하였다. 이러한 특징은 바로 매천이 천지자연의 훌륭한 문장을 법으로 삼아 '자기 뜻에 따라 말을 만들어야 한다[隨意命詞]'는 것과 일맥상통한다고 할 수 있다.

다음은 자연을 소재로 삼아 지은 시이다.

물안개 몽실몽실 피어나는 물가 마을에	烟霧濛濛水上村
복사꽃 핀 시절이라 새벽 향기 짙은데	桃花天氣曉氤氳
봄날의 강 수면엔 실 같은 가랑비 내려서	春江一面如絲雨
둥근 모래톱 해오라기 자취를 허물지 않네.	不壞圓沙鷺坐痕

– 島村春曉(1881)

80 唐代의 학자 段成式은 구름 기운에는 사람을 장수하게 하는 성질이 있다고 하였다. "山氣多男, 澤氣多女, 水氣多喑, 風氣多聾, 木氣多傴, 石氣多力, 阻險氣多癭, 暑氣多殘, 雲氣多壽, 谷氣多痺, 丘氣多尫, 衍氣多仁, 陵氣多貪."(段成式, 「廣知」, 『酉陽雜俎』 제11권(사고전서 전자판))

81 "風雲月露, 蟲魚草木, 皆其材也. 而行之以神, 感之以類, 使人自喩, 妙於觀者也."(姜瑋, 「成次蘭蕙永詩集序」, 『古歡堂收艸文稿』 제1권, 『문집총간』 권318, 482c면).

이 시는 물안개 피어나는 모습, 복사꽃 향기, 가랑비 내리는 강, 해오라기 자취 등 짧은 절구 형식에 다양한 운연의 기운을 담고 있다. 시가 그림보다 운연의 기운을 더 많이 받는다는 것을 이 시를 통해 이해할 수 있다.[82] 매천은 시가 천지자연의 정수와 골수를 아우르고 있어서 그림보다 운연의 기운을 많이 받는다고 여겼다.

매천은 운연의 기운을 받은 경우로 위 인용문에서 중국의 세 시인을 예로 들었다. 남송의 陸游(1125~1209)와 劉克莊(1187~1269), 원말의 楊維楨(1296~1370) 등은 나라가 망해가는 시대를 살면서 어려움을 겪었는데, 모두 70세 이상을 살며 수를 누렸다. 매천은 이들이 고난을 당하면서도 수를 누릴 수 있었던 까닭은 뛰어난 시를 지었기 때문이라고 했다. 뛰어난 시는 천지자연의 정수를 드러내고 골수를 아우를 수 있어서 운연의 기운도 많이 받게 되어 오래 살 수 있다는 것이다. 시가 그림보다 운연의 기운을 더 많이 받는다는 점을 드러내고, 한편으로 시는 천지자연의 사물을 자기 뜻에 따라 말로 만들어내야 한다는 것을 밝혔다.

4 운연의 기운과 詩境

예부터 시와 그림은 작가의 내면에서 서로 통하는 면이 있다고 여겨왔다.[83] 이러한 관점에서 시와 그림을 동일하게 논할 수도 있다. 일찍이 紫霞 申緯(1769~1847)는 그림을 보고 그 의미를 시로 읊은 적이 있다.

---

82 이 시에 대한 자세한 설명은 1부-3장-2절에 있음.

83 蘇軾이 王維의 「藍田煙雨圖」에 쓰기를, "마힐의 시를 음미해 보면 시 속에 그림이 있고, 마힐의 그림을 관찰해 보면 그림 속에 시가 있다.[味摩詰之詩, 詩中有畫, 觀摩詰之畫, 畫中有詩.]"라고 하였다.

詩境圖를 우리 집안 삼대가 전하노니	詩境吾家三世傳
어찌 묘처를 설명한다 말을 허비하랴	何曾妙處費言銓
그림에서 마음속의 깨달음을 터득해라	畫中領取心中悟
오로지 형체 잊고 담담히 대함에 있으리.[84]	只在忘形對澹然

신위는 어느 날 십 수 년 전의 「詩境圖」를 그의 손자가 오래된 상자 속에서 찾아내자, 이를 보고 감흥이 일어 그림 옆에 시를 지었다.[85] 신위는 「시경도」가 집에 전해지면서 시경에 대한 깊은 뜻까지 전수되고 있다고 자부하였다. 하지만, 시경의 의미를 말로 설명하지 않았다. 시경은 담담하게 「시경도」를 보고 있으면 어느 순간 마음에 깨달음이 생기는 것이다. 말로 표현하지 못하는 시경의 의미를 「시경도」가 포함하고 있다는 것이다.

여기에서 詩境이라는 것은 詩의 意境[86]으로 시에 내포되어 있는 '진정한 뜻[意]'을 말한다. 이 진정한 뜻은 시와 그림이 함께 공유하고 있어서 둘 중 어느 것으로도 나타낼 수 있다. 앞에서 시와 그림이 공통으로 운연의 기운을 받는다고 했는데, 함께 지니고 있는 것이 진정한 뜻과도 관련이 깊다.

그런데, 매천의 경우 시가 그림보다 운연의 기운을 많이 받는다고 했는데, 진정한 뜻에 있어서는 반드시 그렇지 않다. 운연의 기운과 진정한 뜻은 그것이 존재하는 층위가 다르기 때문이다. 운연의 기운은 천지자연의 사물을 작가나 화가가 시나 그림으로 받아들여 나타내는

84 申緯, 「自題舊寫詩境圖幷序」, 『警修堂全藁』 제28권, 『문집총간』 권291, 627a면.

85 이현일, 「紫霞詩 研究」, 성균관대박사, 2006, 104~105면.

86 이현일은 시경의 의미를 여러 가지로 보았다. '詩의 意境·境界', '詩的인 境', '詩가 도달한 境地' 등 여러 가지로 해석될 여지를 두고 있다.(위의 논문, 109면).

것인데, 진정한 뜻은 그 작품 안에만 존재하는 것이다. 안이냐 밖이냐의 차이가 있긴 하지만, 운연의 기운과 진정한 뜻이 명확히 구별되지는 않는다. 신위는 「시경도」에서 이 뜻을 깨달아 위의 시를 읊었다. 그는 여기에서 이것은 말로 표현하기도 어렵고 시로 나타내기도 어려우며 형체를 잊고 담담히 대하고 있을 때 문득 깨달아 터득하게 된다고 말하고 있을 뿐이다.

5 정신과 골수

매천이 진정한 뜻에 대해 언급한 적이 있다. 그가 石亭 李定稷(1841~1910)과 문학 논쟁을 펼 적에,[87] 이정직의 '法古'에 대해 강하게 비판하면서 다음과 같이 주장하였다.

> 그 진정한 뜻[意]를 추구한다는 것은 어쩌면 황당무계하다 할 수 있습니다. '意'라는 것은 형상도 없고 실체도 없는 물건입니다. 그러므로 "내가 아무개의 意를 추구한다."라고 말한다면 누가 다시 그 말을 믿겠습니까? 생각건대 그 표피와 외형만 본뜨지 말고 그 정신과 골수를 포착해내며 그 세계에서 여유롭게 노닐어야 합니다. 한가롭게 배회하다가 어떤 볼만한 작품을 썼는데, 말할수록 정감이 있고 씹을수록 맛이 있으면서 옛글에 어긋나지 않는 경우라야 바로 여기에 가깝다고 할 수 있을 것입니다.[88]

87 이와 관련해서는 기태완의 '「梅泉 黃玹과 石亭 李定稷의 문학논쟁」(『한문학보』, 우리한문학회, 2005년)'에서 자세히 다루고 있다.

88 "所謂求其意者, 亦頗謬悠. 意也者, 是無形象無捉摸之物也. 而乃曰'吾求某人之意.' 誰復信之. 惟其勿剿皮貌, 挹其神髓, 優游自足. 容與可觀, 言之有情, 嚼之有味, 與古不倍者, 斯爲近之."(「答李石亭書」, 『梅泉集』 권6, 『문집총간』 권348, 495a면).(이기찬 역,

매천은 진정한 뜻을 추구하는 것을 중요하게 여기지만, 그 뜻은 형상과 실체가 없어서 현실적으로 불가능한 것처럼 여겨진다. 하지만 거기에도 방법이 있다. 겉모습만 따라하려 하지 말고, 그 정신과 골수까지 들어가야 한다고 하였다. 그리고 그곳에서 여유롭게 노닐다보면 볼만한 작품을 쓰게 되는데, 그 작품이 말할수록 정감이 있고 씹을수록 맛이 있으면서 옛글에 위배되지 않으면 바로 본받으려는 시인의 뜻에 가깝다고 한 것이다. 즉 진정한 뜻은 '그 정신과 골수를 포착해내며[捉其神髓]' 그곳에서 여유롭게 노닐다가 얻게 된다는 것이다.

여기에서 '정신과 골수'는 천지자연의 사물을 시인이 시로 받아들여 나타내는 것으로 '운연의 기운'이라 할 수 있다. 진정한 뜻이 운연의 기운보다 한 층 고차원적인 것만은 틀림없다. 즉 시의 意는 정신과 골수를 아우르면서 만들어지므로 천지자연에 있는 운연의 기운을 많이 받고 있다는 것을 의미한다. 매천은 시에 이러한 意를 담아내려고 했던 것이다.

6 시의 주관적 시 · 공간

다음은 爲堂 鄭寅普(1893~?)가 매천의 시에 대해 평가한 내용이다.

> 매천의 작품은 사물을 표현할 때 반드시 피를 짜내고, 일을 묘사할 때는 반드시 그 골수까지 긁어내니, 잠시 평범한 경물이나 정서에 이르러 남으로는 마치 발의할 게 없을 것 같은데도, 그 눈이 한번

「答李石亭書」, 『매천집』4권, 한국고전번역원, 2010, 22면).

> 스쳤다 하면 반드시 자기만의 느꺼움을 파헤치고, 붓만 대었다 하면 으레 그 숨은 것까지 剔抉하고야 맙니다.[89]

정인보의 평가에 따르면, 매천은 사물과 일을 시에 담을 때 그 맥과 정곡을 포착하여 형상을 다 짜내고 갉아내어 결국 그 숨은 것까지 剔抉한다고 하였다. 특히 평범한 경물이나 정서를 대했을 적에 자신만이 터득한 고아한 경지를 드러냈다고 하였다. 매천이 시에다 그 意를 담기위해 얼마나 고심했는지 정인보의 평가가 잘 나타내준다고 하겠다.

이처럼 매천은 사물의 본질에 접근하여 거기에서 오는 자신의 북받쳐 오르는 감정을 파헤쳐 자신만이 터득한 그 意를 시에 담으려고 했다. 이 때문에 매천의 시를 감상할 적에도 시의 意를 찾기 위해서 그 정신과 골수에까지 들어가야 되는 것이다. 그러기 위해서는 운연의 기운을 담아서 나타내고 있는 시어를 자세하게 분석하여 그 함축적 의미를 알아내야 된다.

또한 진정한 뜻은 시인이 만들어 놓았거나 시 자체가 가지고 있는 주관적인 시·공간에 들어가 있다. 이는 시인이 시를 지을 당시 주위의 시·공간이 될 수도 있고, 임의로 설정된 시·공간이 될 수도 있다. 독자가 시의 진정한 뜻을 감상하기 위해서는 주관적 시·공간 속에 들어가야 한다는 것이다. 이는 매천시를 감상할 때 기본적으로 갖추고 있어야 한다.

---

89 "梅泉之作, 狀物必剔其血, 寫事必抉其髓, 至造次平庸景光情緖, 在人若無可發意, 而目之所矚, 必破其獨, 筆之所及, 必皪其隱."(鄭寅普 지음, 정양완 옮김, 「復黃石田文書」, 『薝園文錄』 上, 태학사, 2006, 223면).(鄭寅普, 『薝園文錄』, 연세대학교출판부, 1967, 80면).

7 자득의 고아한 경지

다시 이정직에게 답한 편지 글이다.

> 흥취가 모여 이른 곳에 영감이 문득 떠오르면, 소매를 걷고 빨리 쓰는데 필력까지 도와줍니다. 곧 확 트인 몇 줄에서 참된 기운이 뭉쳐 일어나 자득의 고아한 경지[自得之古]를 이루게 됩니다. 그것이 전범에 맞진 않지만, 혹시라도 전해지게 되어 점점 오래된다면 나로부터 전범이 만들어진 격이 되니, 또한 전범을 만든 영광스런 대열에 낄 수 있을 것입니다.[90]

매천은 당장 전범에 맞지 않더라도 오래되면 전범이 될 수 있다고 하면서 창조적인 글을 써야 한다고 주장하였다. 매천은 이미 이정직에게, "문장을 짓는 학문은 風氣와 가장 밀접한 관련이 있어서 고금의 경계가 매우 분명하다."[91]고 하면서 그 시대의 풍기에 맞는 글을 써야 된다고 강조하기도 했다. 위 인용문에서 매천이 중요하게 생각한 것은 '자득의 고아한 경지[自得之古]'이다. 홍취로 인해 영감이 떠올랐을 때 글을 쓰다보면 갑자기 확 트여 참된 기운이 뭉쳐 일어나 이뤄진다고 하였다. 이 자신만이 터득한 고아한 경지가 바로 매천에게 있어서의 진정한 뜻[意]이 되는 것이다.

그런데 意는 형상과 실체가 없고 억지로 만들어 지는 것이 아니다. 이 점에 유의하여 매천의 시를 접근할 때 그의 시에 담긴 진정한 뜻에

---

90 "興會所至, 悟解忽詣, 奮袖疾書, 筆力濟之. 卽寂寥數行, 眞氣坌涌, 足以爲自得之古. 卽有不古, 或得傳之稍久, 則自我作古, 亦與榮矣."(「答李石亭書」, 『梅泉集』 권6, 『문집총간』 권348, 496면).(이기찬 역, 『梅泉集』 권4, 고전번역원, 2010, 23면).

91 "竊謂文章之學, 最與風氣相關, 截然有古今之界."(「答李石亭書」, 『梅泉集』 권6, 『문집총간』 권348, 495면).(이기찬 역, 위의 책, 16면).

더 가까워질 것이다. 그의 시 가운데 많이 알려진 「절명시」를 한 수 인용하여 이 시의 진정한 뜻을 추론하여 자득의 고아한 경지를 밝혀보기로 한다.

8 「절명시」 한 수

난리 겪다 나도 몰래 백발 나이 되었는데	亂離滾到白頭年
몇 번이나 죽어야 했지만 되려 죽지 못했네.	幾合捐生却未然
나라 망한 오늘 진정 어찌할 수 없고 보니	今日眞成無可奈
바람 앞의 촛불이 가물대며 창천 비추는 듯.[92]	輝輝風燭照蒼天

이 시는 매천이 자결하기 직전에 지은 것으로 마지막 순간의 감정이 고스란히 형상화되었다. 자신의 삶을 돌아보니, 온통 난리 속에 시간이 어떻게 흘러갔는지도 모른 채 이미 백발이 성성한 노인이 되어 있었다. 그동안 분에 겨워 여러 번 죽어야 했건만, 그럴 때마다 번번이 실패하였다. 그런데 나라가 망하게 되자, 더 이상 아무런 희망이 남아 있지 않음을 깨달았다. 매천에게 이러한 상황은 마치 바람 앞에 언제 꺼질지 모를 촛불이 가물거리면서도 저 망망한 하늘을 비추는 것처럼 생각되었다. 더 이상 아무런 희망을 갖지 못하는 자신의 상황을 객관적인 관점에서 관조하고 있는 것이다.

이 작품에 대한 투철한 감상은 먼저 매천이 자결하게 된 주변 상황을 알아야 된다. 다음은 황원이 지은 「家狀抄」에서 매천이 절명하기 직전 상황을 기록한 부분이다.

---

92 「絶命詩」(1910), 『梅泉集』 권5, 『문집총간』 권348, 492b면.

8월 3일 讓國詔書가 郡에 이르고 4일 반포되자, 맨 먼저 보고는 묶어서 기둥위에 매달아 두었다. 합방된 말을 들은 뒤부터 신기가 막히고 참담하여 말없이 남쪽을 바라보며 탄식할 뿐이었다. 이때 내가 밖에서 들어와 그 글을 읽었는데, 바로 방에서 廳事로 나와 나를 보며, "내 이 글을 듣기 싫구나. 읽고 싶거든 내가 듣지 못하게 하여라."라고 말하였다. 나는 두려워 감추었다. …중략… 다음날 나는 서청에 있고, 선생은 동청에 있었다. 내가 시국을 논하다가 말이 곽종석에 이르렀다. "이 분은 죽어야 하는데 죽지 않으니 어째서입니까?" 웃으면서 나를 보며 말하였다. "지금이 어떤 날이더냐? 사람들이 다 죽어야 할 때다. 하필 곽 참찬뿐이겠느냐? 스스로 죽지 못하면서 남이 죽기를 바라는 건 이 세상의 병통이니라." 나는 계면쩍게 돌아갔다. 뒤에 이웃사람을 보고 말하길, "곽면우는 이번에 어떻게 했소? 이 분은 죽을 줄 아는 분이오."라고 하였다. 5일 저녁에 식사를 하지 않고 밤새 촛불이 있어 집안사람들은 책을 보신다고 생각했다. 6일 이른 아침에 암현 조카가 일찍 일어나 방 밖에서 "죽을 끓일까요?" 여쭈니, 괜찮다며 "早飯을 했느니라."하였다. 암현이 들에 나갔다가 왔을 때는 이미 해가 창을 비추고 있어서 방에 들어가 보았는데, 藥器가 앞에 널브러져 있어 나에게 급히 뛰어와 알렸다.[93]

---

93 黃瑗, 「家狀抄」, "八月三日, 讓國詔到郡, 四日頒行到第一見, 束之懸于柱上. 自聞合邦神氣沮塞慘淡, 無語向南歎咤而已. 時余自外至一讀厥文, 時自房內出廳事, 見余曰, 吾勿聽此文, 欲讀之, 使不聞我. 余惶愧藏之. …中略… 翌日, 余在西廳, 先生在東. 余論時局, 語及郭鍾錫, 曰, 此死不死何爲? 笑而望余曰, 今日何日? 人人可死, 何必郭參贊而已乎? 自不能死而求人之死, 此世人通病, 余笑而去之. 後見隣人曰, 郭勉宇, 今番何爲? 此老知死者也云云. 六日(「本傳」과 정황을 살펴보면, '5일'이 맞다)夕乃不食通宵有燭, 家人疑其看書也. 初六日, 早朝巖侄早起, 自房外問煮粥, 不許曰早飯也. 巖顯自野來, 日已射窓, 入戶, 藥器列前, 急走告我."(黃玹, 『梅泉全集』 권3, 호남학연구소, 9~10면).

이 글은 현존하는 글 중에 당시 상황을 가장 자세하게 기록하고 있다. 매천은 8월 4일 조서를 받아보고 5일 저녁에 자결을 결심한 뒤, 유서와 「절명시」를 짓고 6일 새벽에 절명하였다.[94] 위에 인용된 부분은 매천이 조서를 보고서 절명시를 짓고 자결하기까지의 기록이다. 이를 통해 「절명시」를 짓게 된 당시 배경을 짐작할 수 있다.

〈사진30〉 매천사 내 대월헌(待月軒): 오른쪽 방에서 매천이 자결을 하였다.

이후 시에서 중요하게 전개되고 있는 시어를 꼼꼼히 살펴보아야 한다. 그 방법으로 매구에서 중심이 되는 시어를 뽑아 다시 분석하는 것이다. 이는 시의 전체적인 주제는 파악되었지만, 그것만으로는 매천이 추구한 자득의 고아한 경지를 알기는 부족하기 때문이다. 그래서 좀

94 黃瑗, 「先兄梅天公事行零錄」, "公閉戶作絶命詩, 因作遺子弟書, 先言當死之義云云. …中略… 隆熙四年舊曆秋八月六日曉燈, 梅泉絶筆書."(黃玹, 『梅泉集』 卷首, 『문집총간』 권348, 405c면).

더 심층적으로 접근하기 위한 방안으로 매구에서 중심이 되는 시어를 뽑아 속뜻을 파악하는 것이다.

위 시에서는 매구에서 '亂離', '捐生', '今日', '風燭' 등의 시어를 꼽을 수 있다. '亂離'는 일생동안 겪은 어지러운 일을 말한다. 이는 곧 시인의 일생을 두고 한 말로 白頭와 어우러져 회한에 가득 찬 표현이 된다. 백두는 시인의 안팎을 동시에 보여주고 있다. 일반적으로 백두는 기력이 쇠해진 노인을 뜻하며, 포기와 좌절, 회상 등의 관습적인 뜻을 포함하고 있다. 매천이 백두를 언급한 것은 이미 무엇을 해보기엔 쇠약해져버린 늙은이가 되었다고 스스로 체념하며, 유한한 인간사에 대한 한을 드러낸 것이다. 결국 그가 평생 품은 뜻이 없던 것은 아니지만, 어지러운 세상을 만나 아무것도 하지 못한 채 늙게 되어 한스럽다는 것이다.[95]

'捐生'은 죽음으로 여기에서는 자신이 선택한 죽음 즉 자결을 뜻한다. 이는 승구의 幾合(몇 번이나 해야만 했다)과 합해져 자신이 죽어야 할 때가 몇 번 있었다는 것을 드러냈다. 전통 유교사상에서는 살기보다 더 좋고, 죽기보다 더 싫은 것이 있다.[96] 매천은 일생동안 이와 같

---

95 이는 매천이 스스로의 한계를 의식한 것이다. 임형택은 다음과 같이 말한 바 있다. "'붓'만으로는 일제와의 대결에 너무도 무력했고, 앞으로 역시 무력하리라. 이것이 시인의 절망이었다. 이때 그는 총을 바꿔 들고 나서기 힘들 만큼 이미 노경이기도 했지만, 행동으로 관철할 투쟁적인 체질·사상·교양을 소유하지도 못했다. 선비적인 시인으로서의 한계이기도 한 것이다."(임형택, 「黃梅泉의 詩人意識과 詩」, 『한국문학사의 시각』, 창작과비평사, 1984, 301면).

96 『맹자』「告子上」 10장에 "生亦我所欲, 所欲有甚於生者, 故不爲苟得也. 死亦我所惡, 所惡有甚於死者, 故患有所不辟也."라고 하여 삶보다 죽음을 선택하는 경우가 있다. 이에 朱子는 "釋所以舍生取義之意. 得, 得生也. 欲生惡死者, 雖衆人利害之常情; 而欲惡有甚於生死者, 乃秉彝義理之良心, 是以欲生而不爲苟得, 惡死而有所不避也."라고 하여 '義'를 위해 죽음을 선택한다고 하였다.

은 경우를 여러 번 겪었다. 다음 시에서 구체적으로 볼 수 있다.

아 슬프구나! 갑오·을미 교체될 때	噫吁甲乙交
하늘까지 물 넘쳐 수문이 터졌네	滔天河決閘
만고에 없던 황후의 애통한 일에	萬古長秋慟
황급히 옷깃 여미지도 못했는데	倉黃袵未扱
왕명을 칭탁한 단발령이 내려져	矯誣剃頭勅
우레같은 압박 속에 휩쓸려갔네.[97]	波靡雷霆壓

1900년 세모에 南史 洪楗을 생각하며 지은 시의 도입부이다. 홍건은 홍주에서 의병을 일으키고 단발령을 반대하던 우국지사이다.[98] 시인은 갑오개혁(1894)과 을미사변(1895)으로 수문이 터졌다고 했다. 이는 일본의 군대가 들어온 것을 염두에 두고 한 말이다.[99] 당시 조정에서는 동학난을 진압하기 위해 청나라 군대를 끌어왔다. 이에 청·일간에 맺어졌던 톈진조약(天津條約, 1885)[100]에 의거해 일본군도 거류민 보호를 명목삼아 조선에 들어오게 된다. 일본의 속셈은 조선에서의 입

97 「歲暮懷人諸作」〈洪南史楗〉(1900), 『梅泉集』 권3, 『문집총간』 권348, 460a면.

98 『매천야록』에 홍건에 대해 나온다. "전 承旨 李偰 · 金福漢 등이 洪州에서 의병을 일으켰다. 당시 관찰사 李勝宇는 단발령이 내려지자 머뭇거리며 관망하고 있었다. 營將 洪楗은 교체되어 아직 떠나지 못한 상태였는데, 민심이 분격함을 따라 이설 등과 함께 관찰사 이승우를 협박하여 단발령을 거부하기로 할 것을 의논했다. 그리고 參書官을 내쫓고 警務官을 감금시켰으며, 관내 13개 고을의 군사를 모집하여 홍주성을 거점으로 수비하였다."(1895년 12월, 〈홍주의 의병〉).

99 당시 동학난을 진압하기 위해 조정에서 청나라 군대를 끌어왔다. 이에 과거에 청·일간에 맺어진 톈진조약(天津條約, 1885년)에 따라 거류민 보호를 구실로 조선에 들어오게 되었다. 이를 계기로 일본 군대는 조선에 계속 머무르며 청일전쟁(1894)을 일으키기까지 한다. 갑신정변에 관련하여 조선에서 청·일 양국 군대를 철병할 것을 약속한 조약이다.

100 톈진조약은 갑신정변의 결과로 1885년 청·일간에 이뤄진 조약이다. 양국 군대가 조선에서 철수를 약속하고 이후 조선에 출병할 때는 상호 통고하기로 약속한 것이다.

지를 강화하려는 목적이 있었다. 결국 일본은 청일전쟁을 일으켜 승리했고, 시모노세키조약(下關條約)을 체결시켜 그들이 원했던 대로 조선에서의 입지를 강화할 수 있었다.

여기에서 하늘까지 물이 넘쳤다[滔天]는 것은 큰 일이 일어날 징조이며, 수문이 터졌다[河決閘]는 것은 그 결과를 말한다. 수문이 터진 것은 바로 다음 구에서 말한 황후 시해와 단발령 등 일본의 행포를 자연스럽게 연상시켜 준다. 시인은 하늘까지 물이 넘치는 사건으로 이 두 가지를 지목하였다. 「절명시」에서 말한 죽어야 할 때는 바로 이런 때를 말한다.[101] 하지만 시인은 결국 죽지 못하고 아직까지 살아 있다. 당시 상황을 기록하는 것을 자신의 소명으로 삼고 있었기 때문이다.[102]

다시 「절명시」로 돌아가, 오늘[今日]은 더 이상 아무런 희망도 가질 수 없는 날이다. 그에게 오늘은 나라가 망하여 더 이상 아무것도 할 수 없는, 할 필요도 없는 때이다. 여기에서는 천명이 선택한 상황으로, 다시 되돌리거나 바꿀 수 없는 절대적이고 희망이 없는 현실이다.

풍촉[風燭]은 이 시의 핵심이 되는 부분이다. 매천은 객관적인 상황

---

101 동시대 수당 이남규는 「도적 토벌을 청하는 상소」에서 다음의 경우를 죽어야 할 때라고 말한 바 있다. "신은 갑신년(1884)의 치욕에 죽어야 함에도 죽지 못하고, 갑오년(1894)의 치욕에 죽어야 함에도 죽지 못하고, 을미년(1895)의 변고에 죽어야 함에도 여전히 유약하여 죽지 못하고 살아 있다가, 드디어 오늘의 변란에 이르러 그 극에 달하였습니다. 차라리 바다에 빠져 죽을지언정 도저히 나라를 팔아먹은 도적들과 함께 벌벌 떨면서 원수놈의 종이 되어 小人들의 조정에 구차하게 살아남을 수는 없습니다."(李南珪, 『修堂遺集』, 『문집총간』 제349권, 한국고전종합DB).

102 매천은 유서에서 "서책은 바로 내 정력이 담긴 것이니 잘 수호 하거라.[書冊是吾精力所在, 可善守護.]"라고 하여 평소 저술에 힘을 기울였다는 것을 알 수 있다. 그는 『매천야록』, 『오하기문』, 『동비기략』 등 당시 상황을 자세히 기록하는 것으로 자신의 소명을 삼았던 것이다.

에서 그 순간을 포착하고 있다. 풍촉은 바람을 맞아 곧 꺼질 것 같은 가물거리는 촛불이다. 이는 백발노인이 되어 나약하고, 의욕도 없이 죽음만을 앞둔 자신의 모습을 형용한 것이다. '照蒼天'의 蒼天은 절대적인 존재이며 넓고 큰 법칙을 나타낸다. 풍촉이 창천을 비춘다는 것은 자신을 불살라 창천에 흡수되는 것을 의미한다. 즉 바람 앞의 촛불 같이 나약한 자신을 절대적인 존재인 창천에 자신을 던져 버리는 행위를 비유한 것이다. 그런데 이 구절이 슬프기보다 오히려 통쾌하다는 느낌을 받게 된다.

또한 미약한 자신이 드넓은 창천에 비하면 아무것도 아닌 존재로 볼 수도 있다. 세상의 큰 흐름 속에 아무런 소리도 내지 못하고 그대로 흡수되는 것을 의미한다. 즉 바람 앞의 촛불 같이 나약한 자신은 절대적인 존재인 창천을 어떻게 하지도 어떻게 할 수도 없이 그대로 죽어간다는 것이다. 모든 희망이 사라지고 죽음만을 기다리고 있는 매천의 모습과도 같다.

매천이 자제들에게 남긴 유서에서, "내가 위로는 하늘로부터 타고난 양심을 저버리지 않고, 아래로는 평소에 읽은 글을 저버리지 않으며 영원히 잠들어 버린다면 참으로 통쾌함을 깨달을 것이다."라고 한 바 있다. 그에게는 이미 삶보다 죽음이 더 절실한 상황이었다. 자신이 평생 지녀왔던 사상을 끝까지 고수할 수 있는 길은 죽음뿐이었다. 그래서 죽음을 앞두고 지은 시에 슬픔보다 오히려'황홀한 느낌'이 있었던 것이다.[103]

---

103 김종길은 이 구절을 '悲劇的 恍惚'이라 하였고, 이동환은 '悲劇的 희열'이라며 동의하고 있다.(김종길, 「한국시에 있어서의 비극적 황홀」, 『진실과 언어』, 일지사, 1974. 199면).(이동환, 「선비 精神의 概念과 展開」, 『대동문화연구』 제38집, 대동문화연구원,

이처럼 시가 내포하는 진정한 뜻을 파악하기 위해서는 그 시가 지어진 동기부터 시작하여 시어를 세세하게 분석하여 작자의 정신과 골수를 끄집어내어 역으로 거슬러 올라가 시의 정신과 골수까지 들어가야 한다. 그러면 주제적 접근 방법을 포함하여 시어가 지닌 의미를 통해 내용을 이해하는 과정에서 감정의 깊이와 폭을 느낄 수 있고, 나아가 시인이 창작할 당시의 내면에 좀 더 가까이 접근할 수 있게 된다.

2001, 49면).

Ⅱ. 『집련』을 통해 본 매천의 학시경향*

매천은 초학자들을 가르치기 위해 모범이 될 만한 聯句를 뽑아서 편집하여 『집련(集聯)』을 엮었다. 이를 통해서 그가 모범으로 여기는 시의 특징과 학시경향(學詩傾向)을 알 수 있다. 『집련』의 목적이 제자들을 가르치기 위한 것이지만, 그가 직접 선별하여 편집했다는 점에서 훌륭하다고 판단하는 시의 기준을 제시한 셈이기 때문이다.

매천은 우리나라와 중국의 역대 시인들의 시를 모두 학시대상으로 삼았고, 동시대 인물의 시에서도 모범이 될 만한 시는 적극적으로 인용하였다. 모두 3,000여 구가 넘었는데, 이 연구(聯句)들은 대체로 대상을 세밀하게 관찰하여 그 특징을 포착해서 읊은 것으로, 오로지 그 현장의 특성을 얼마나 잘 나타내었는가에 주목하였다. 그래서 인용된 연구들은 마치 그림을 보는 듯하고, 실제로 움직이는 것 같은 생동감 넘치는 미학적 측면을 지닌 것이 대부분이었다.

---

* 『열상고전연구』 제30집(2009)에 실린 논문을 대폭 수정·보완한 내용임.

〈사진31〉『집련』(순천대박물관 소장)

그런데 매천이 인용한 시 중에 특이한 점은 청나라 시인들의 시와 동시대 시인인 백낙륜의 시를 많이 인용한 것이다. 이는 가까운 시대의 시를 익숙하게 익힌 뒤에 송나라 소식의 시와 당나라 두보의 시로 들어가려는 것으로 '유소입두(由蘇入杜)'의 학시관이 더 확대된 것으로 볼 수 있다. 이러한 매천의 시관은 특정한 시인의 시에 구애받고 자기 시대에 자기만의 개성이 표출된 시를 지으려고 하는 창작의식으로 그대로 이어졌다.

1. 학시경향과 『집련』

1 학시경향

매천은 서책을 지나치게 좋아하여 농토를 팔아서 구입하기까지 했고, 좋은 책이 있다는 말을 들으면 비록 수백 리가 된다 해도 반드시 가서 구해보았다. 이 때문에 비록 시골에 살았지만 그의 식견은 국내외를 두루 통할 수 있었다. 한번은 매천의 제자 노성무(盧性茂)가 이것저것 잡다하게 학문하는 것에 회의를 느끼자, 그는 다음과 같은 충언했다.

> 대저 '널리 배우고 요체를 잡는 것[博學反約]'은 孔子 문하에서 사람을 가르치는 방법일 뿐만 아니라, 모든 제자백가의 분야가 다 그렇지 않은 것이 없다. 그러므로 옛 사람들의 학문은 일찍이 특정한 분야에만 얽매이지 않았다. 온 천하의 책을 펼쳐 보지 않은 것이 없었으며 온 천하의 만물을 궁구하지 않은 것이 없었다. 그리고 두루 포괄하기를 아주 마음껏 하다가, 끝에 가서 자기의 재능과 성격에 맞는 곳에 나아가 그 핵심을 잡아서 일가를 이룬 것이다. 학문이 순일하고 흠되는 것이 없을 수 없지만, 대부분 사라지지 않은 것은 박학에서 재료를 취하여 정수를 뽑아냈기 때문이다.[1]

매천은 『논어』에 나오는 '박문약례(博文約禮)'를 인용하여 학문을 할 적에도 널리 배우고 요체를 잡는 '박학반약(博學反約)'을 중요하게 여

1 "夫博學反約, 非止爲聖門敎人之術, 凡九流七畧, 莫不皆然. 故古人之學, 未嘗規規一塗. 擧天下之書, 無不披閱, 擧天下之物, 無不窮格. 包羅旁魄, 汪溢大肆, 而末乃就其才性之所近, 撮英薈粹, 勒成一家. 故其學不能無醇疵, 而汔不可磨滅者, 由其取材於駁而出之精也."(「送性茂序」, 『梅泉集』 권6, 『문집총간』 권348, 498a면).

겼다. 그는 처음 학문을 할 적에 특정 분야에 얽매이지 않고, 먼저 여러 분야를 두루 섭렵하는 것을 중요하게 여겼다. 그래서 박학으로 얻은 지식을 바탕으로 자신의 재능과 성격에 맞는 분야에 나아가 핵심을 잡아야 된다고 하였다. 박학은 학문의 기본재료가 되고, 여기에서 정수를 뽑아내면 일가를 이룰 수 있어서 자기의 글을 오래도록 전할 수 있다는 것이다. 이처럼 매천은 학문의 기본을 박학으로 보았다.

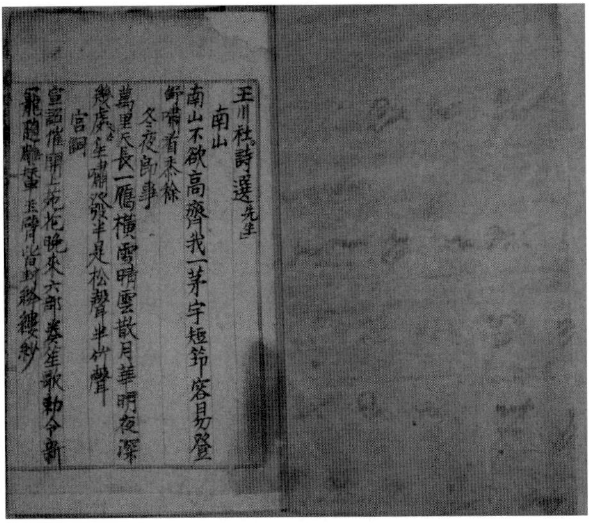

〈사진32〉『왕천사시선』(순천대박물관 소장)

박학은 매천의 학시경향을 보여주는 요체이기도 하다. 「천사시고서(川社詩稿序)」에서 자신의 스승이었던 천사(川社) 왕석보(王錫輔, 1816~1868)의 시를 평하면서 "선생은 율시에 뛰어났지만 고체시는 없었고, 당·송의 시풍에 맴돌면서 한·위의 시풍에는 영향을 받지 않았는데, 이것은 바로 벽지에서 궁하게 살아 고증과 견문이 적었기 때문이다"[2]

라고 자신의 견해를 피력하였다. 고증과 견문이 적다고 한 것은 여러 책을 두루 볼 수 없어서 박학하지 못했다는 것을 의미한다. 매천은 박학을 통해서 이러한 문제점들을 극복해야 한다고 주장하였다. 그리고 박학은 매천이 제자들에게 시를 가르칠 때도 중요하게 여긴 점이었다. 그래서 이 장에서는 매천이 시를 배울 적에 어떤 시를 모범으로 삼으려 했는지 짚고 가려고 한다.[3]

2 초학교재로 만든 『집련』

필자는 매천이 직접 편집한 학시교재인 『집련』을 발견하였다.[4] 순천대학교 박물관에서 전사본으로 확인할 수 있는 『집련』은 매천이 역대 한시에서 모범이 될 만한 연구(聯句)만을 뽑아 엮은 것으로 초학자들을 위한 교재로 만든 것이다.[5] 편집 동기는 순전히 제자들에게 시를

2 黃玹, 「川社詩稿序」, "長於詩律而無古體, 低回唐宋而無漢魏騷選之遺意, 則以窮居地僻, 少考据聞見之助也."(최승효 편, 『(國譯)黃梅泉 및 關聯人士文墨萃編』, 未來文化社, 1985, 57면).

3 매천의 學詩 경향에 대해서 기존의 연구자들은 교유와 차운시, 論詩에서 찾으려 했다. 대표적으로 기태완은 교유시인(王錫輔 一門, 柳濟陽, 成蕙永, 李沂, 李定稷, 姜瑋, 申正熙, 金澤榮, 李建昌)과 차운한 시인(杜甫, 蘇軾, 賈島, 陸游, 陳繼儒, 洪世泰)을 통해서 시의 영향관계를 살펴보았다(기태완(1999, 16~106면)). 그런데 교유시와 차운시의 경우 여러 가지 동기에 의해 지어지게 되었고, 논시의 경우 한 시인의 시에 대해 전반적인 평가를 한 것이다. 이 때문에 그 시인의 다양한 시적 표현과 기술적인 측면이 세밀하게 드러나지 않는다. 그래서 기태완은 매천의 學詩가 근본적으로 창작정신의 골수를 체득하는 데 있지, 특정한 작가에게 영향을 받은 것은 아니라고 하였다.

4 『집련』에 대해 기존의 연구자들은 최승효의 편저인 『(國譯)黃梅泉 및 關聯人士文墨萃編』(未來文化社, 1985)에 실린 「集聯序」의 내용만을 간단하게 언급하고 있다(기태완, 앞의 책, 137면; 김정환, 『매천시파연구』, 경인문화사, 2007, 16면 · 175면).

5 "내가 갑신년(1884) 겨울에 아이들을 가르칠 계획으로 이 책을 수집했다[余於甲申冬, 爲授兒子計, 輯此本.]"(黃玹 編, 「集聯序」, 『集聯』, 순천대학교박물관 소장본).

가르치는 데 있지만, 매천이 직접 역대 시에서 모범이 될 만한 연구를 편집하였다는 것에 의의가 있다. 또 『집련』을 이루고 있는 연구는 시에서 가장 심미적인 부분으로 시인의 공력이 제일 많이 들어갔다는 점에서 더욱 눈여겨 볼 필요가 있겠다. 이를 통해 매천이 시를 배우는 초학자들에게 가르치려고 했던 모범이 되는 연구에는 어떤 것들이 있는지 알 수 있다. 더욱이 특정한 작가의 전체 시가 아닌 연구만을 편집하였기에, 문예적인 측면에서 매천이 모범으로 여긴 시구의 표현을 구체적으로 살펴볼 수 있을 것으로 기대된다.

『집련』에 인용된 연구의 출전을 살펴보면 『시수(詩藪)』(胡應麟), 『동문선(東文選)』(徐居正), 『청시별재집(淸詩別裁集)』(沈德潛) 등을 참고했다는 것을 알 수 있다.[6] 이 책들은 명대, 조선, 청대 때 각각 지어진 것으로 이것만 두고 보더라도 매천이 특정한 시대의 서책만을 참고하여 『집련』을 편집하려고 하지 않았음을 알 수 있다. 특히 『집련』에 인용된 시들을 보면 매우 많은 시인이 등장하는 것을 알 수 있다. 다양한 서책을 참고하여 편집한 것은 널리 배워 요체를 잡는 것을 직접 실천해 보여준 것이다.

한편, 매천은 박학을 중시했기에 특정 시인을 추종하지는 않았다. 두보, 소식, 육유의 시만을 고집하지 않고 다양한 시를 두루 접했던 바, 폭넓은 시각으로 자신만의 시를 창작할 수 있는 여건을 만들고자

---

6 『집련』에 인용된 聯句의 出典을 검색하다보면, 「集聯序」에서 밝혔듯이 앞쪽은 『詩藪』에서 시를 뽑았다. 그리고 우리나라 시는 『東文選』에 크게 의존한 것을 알 수 있었다. 중국의 경우 각 시대의 시선집에 의존하여 뽑은 것을 짐작할 수 있지만, 唐代와 宋代는 시선집이 많아서 명확하게 확인하기 어렵다. 다만 淸代의 경우는 『淸詩別裁集』을 참고한 것은 명확하다. 그리고 다수의 시가 편집된 개인 작가인 두보, 소식, 육유, 白樂倫, 申緯, 등은 개인 문집을 참고하여 발췌했을 가능성이 높다. 後四家의 경우 『韓客巾衍集』에서 대부분 추출된 것을 확인할 수 있었다.

했다. 이러한 태도는 왕사찬(王師瓚)의 시를 평하면서, "대개 자기 뜻에 따라 말을 만들고 어느 특정한 시인을 닮으려고 하지 않았기 때문에 정신과 정감이 이른 곳에서 자연스럽게 자신의 솜씨가 나오게 되는 것이다."[7]라고 한 말에서도 잘 볼 수 있다.

매천은 『집련』의 서문에서 시를 배워 나가는 방향에 대해서 다음과 같이 밝혔다.

> 어떤 사람이 말하기를 "시학의 한 가닥 길은 지금 사람이 옛 사람보다 낫다"고 하였는데, 어찌 그렇겠는가? 오직 옛 것에서 법을 취한 뒤에야 말 역시 예스러워질 것이다. 자하(紫霞, 申緯의 호)와 사가(四家)는 오늘의 모범이 되는데 무방하고, 청대 시인 여러 사람은 중국에 있지만 우리나라 사람의 모범이 되는데 무방하다. 그렇다면 처음 배우는 선비로서 흐름을 거슬러 올라 근원을 더듬어서 옛 작가의 뜻을 연구하는 사람은 또한 여기에서 시의 도를 물어 찾게 될 것이다.[8]

매천은 시를 지을 때는 오직 옛 것에서 법을 취해야 한다고 하였다. 그런데 그가 말하는 '옛 것'은 일반적으로 생각하는 『시경』의 시나 두보 · 이백의 시가 아니다. 그는 모범으로 삼을 만한 시로 우리나라에서는 신위와 사가(이덕무, 유득공, 박제가, 이서구)의 시를 꼽았고, 중국에서는 청대 시인의 시를 주목하였다. 모두 자기가 사는 시대에 근접한

---

7 黃玹, 「題小川詩卷後」, "盖隨意命詞, 不求似乎一家, 而神情所到, 脫乎天然."(최승효 편, 앞의 책, 64면).

8 黃玹, 「集聯序」, "或謂詩學一路, 今人勝古人, 豈其然哉? 惟取法於古, 然後詞亦古耳. 紫霞 · 四家, 不害爲今日之古, 淸人諸家在中國, 不害爲東人之古, 則初學之士, 溯流窮源, 究古作者之旨, 亦有問津於此者乎."(黃玹 編, 『集聯』, 순천대학교박물관 소장본).

시인들이다. 이처럼 그는 우선 자신과 가까운 시대의 시부터 모범으로 삼고, 이로부터 그 흐름을 거슬러 올라가 당·송시와 『시경』의 뜻에 이를 것을 주장했다. 옛 작가의 뜻을 연구하기 위해서는 시의 방향을 가까운 시대부터 찾아야 한다고 여겼던 것이다. 이는 가까운 시대의 시, 즉 청시를 말미암아 당·송시로 들어가는 것이므로 '유소입두(由蘇入杜)'의 학시경향이 더 확대된 것으로 볼 수 있다.

그렇다면 매천이 모범으로 생각하는 시는 어떤 것인지, 『집련』을 좀 더 자세히 살펴보기로 한다. 여기에서는 『집련』에 인용된 시구가 어느 시대의 시구인지, 또 어느 시인의 시가 인용되었는지 두 부분으로 나누어 각각의 시를 살펴볼 것이다.

2. 시대별 학시 대상

『집련』에는 모두 3,118연구가 인용되어 있다. 육조부터 청대까지, 신라 · 고려 · 조선 등 한·중의 모든 시대를 총망라하고 있다. 여기에 등장하는 작가 수만 해도 최소 600명 이상이다.[9] 『집련』의 연구를 각 시대별로 나타내면 다음 표와 같다.

---

9 3,118연구에서 출처를 밝혀보니 모두 618명의 작가가 등장했다. 그러나 출처를 밝히지 못한 부분도 있어서 정확한 수는 더 늘어날 것으로 보인다. 매천이 『집련』을 편찬하면서 앞부분에는 작가의 이름을 밝혀두었는데, 뒷부분에는 주제별로 연구를 편집하면서 출처를 밝히지 않았다. 여러 가지 방법으로 찾아보았지만, 찾을 수 없어서 남겨 둔 것이 모두 639구이다. 검색은 성균관대학교 도서관에서 제공하는 전자판 四庫全書 電子版과 中國基本古籍庫를 사용하여 중국 시를 찾았고, 그 외에는 한국고전번역원DB와 기타 인터넷 포털사이트를 이용하였다.

〈표5〉『집련』 연구의 한 · 중 시대별 구분[10]

	작가	5언	7언	합계
신라	1	5	8	13
고려	24	25	43	68
조선	15	92	368	460
합계	40	122	58	541
육조	33	50	0	50
당	103	625	26	651
오대	30	24	30	54
송	103	253	386	639
금	19	15	11	26
원	29	40	33	73
명	18	5	51	56
청	243	169	220	389
합계	375	1,134	537	2,090
불분명[11]		268	371	639
총합	618	1,571	1,547	3,118

위 표를 보면 중국의 경우 당대까지는 5언시가 압도적으로 많은데, 후대로 내려오면서 7언시의 비중이 점점 높아지는 것을 알 수 있다. 역시 당 · 송의 시가 제일 많이 인용되었고, 그 다음은 조선이었다. 하지만 당대는 두보(333연구)의 시가 대부분이고, 송대는 소식(257연구)과

10 황현 편, 『集聯』, 순천대박물관 소장본 참고.

11 이 부분은 매천이 주제별로 시를 편집한 것으로 交友에 관련된 시가 273聯句로 가장 많고, 그 다음이 故人夜過談虎(44), 元日(19), 秋望(18), 重九(16), 山行(15), 江行(15), 遊春(15) 순이며, 그밖에 立春, 人日, 元夜, 寒食, 淸明, 端午, 立秋, 七夕, 仲秋月, 冬至 등을 중심으로 지어진 시가 있다.

육유(176연구)의 시가 대부분이며, 조선은 백낙륜(239연구)의 시가 대부분이다.[12] 인용된 연구의 숫자와 작가의 수를 함께 보면, 당대 · 송대 · 청대의 시인이 많은데, 그중에서 청대의 시인이 압도적으로 많다는 것을 알 수 있다. 청대의 경우 뛰어난 몇몇 시인에만 주목하기보다는 다양한 시인을 가능한 한 많이 다루고자 했던 것으로 보인다. 또 가까운 시대의 시부터 거슬러 올라가야 한다고 한 매천의 학시경향의 실체가 드러난다고 할 수 있다.

각 시대별로 인용된 시를 구체적으로 살펴보면 다음과 같다.[13]

1 우리나라의 시

먼저 우리나라의 시에서 뽑은 연구이다.

① 山形秋更好, 江色夜猶明.(金富軾)
"산 모습은 가을에 더욱 좋고, 강 빛은 밤에 더 밝구나."[14]

② 欹枕客無夢, 隔窓蟲有聲.(印毅)
"베개 벤 나그네는 잠 못 이루는데, 창 너머 귀뚜라민 잘도 우누나."[15]

---

12 여기에 대해서는 '2) 『집련』에 인용된 시인'에서 다루었다.

13 『집련』의 전사본을 보게 되면, 특별히 잘 되었다고 생각되는 聯句에 따로 批點을 표시해둔 것을 볼 수 있다. 매천이 표시했을 것으로 여겨지나, 명확히 검증할 수가 없다. 다만 批點이 표시된 聯句가 『집련』 내에서 모범적인 것이라는 점은 분명하다. 그래서 비점 표시된 聯句를 중심으로 살펴보았다.

14 金富軾, 「甘露寺次惠遠韻」(『東文選』 卷9). "俗客不到處, 登臨意思淸. 山形秋更好, 江色夜猶明. 白鳥孤飛盡, 孤帆獨去輕. 自慚蝸角上, 半世覓功名."

15 印毅, 「雨夜有懷」(『東文選』 卷9). "草堂秋七月, 桐雨夜三更. 欹枕客無夢, 隔窓虫有聲. 淺莎飜亂滴, 寒葉洒餘淸. 自我有幽趣, 知君今夕情."

③ 春去花猶在, 天晴谷自陰.(李仁老)

"봄이 가도 꽃은 아직 그대로고, 하늘이 개어도 골짝은 저냥 어둑하네."[16]

④ 溪聲淸似雨, 野氣淡如烟.(金克己)

"냇물 소리는 빗소리처럼 맑고, 들 기운은 안개인 양 담박하네."[17]

⑤ 宿露未晞山鳥語, 春風不盡野花開(金時習)

"밤이슬 채 마르지도 않았는데 산새는 울고, 봄바람 끝없이 부는데 들꽃은 피는구나."[18]

①은 산과 강의 모습을 세밀하게 관찰하여 그 맥을 짚어내고 있다. 산은 사계절 중에서 가을이 가장 화려하고, 강은 캄캄한 밤에 달빛이 반사되면 유난히 밝게 빛나서 돋보인다. 이러한 풍경은 특별히 새로울 것이 없지만, 산과 강의 특징을 예리하게 짚어서 표현하였다. ②는 나그네의 외로운 심정을 귀뚜라미 소리를 통해 더욱 크게 부각시키고 있다. 집 떠난 나그네는 언제나 근심에 젖기 마련인데, 특히 밤이 되면 더욱 심란해진다. 그래서 잠은 안 오고, 창밖의 귀뚜라미 소리가 더욱 크게 들려온다. 귀뚜라미 소리는 또한 가을을 나타내기 때문에 나그네 심정은 더욱 서글프게 된다. 한마디로 나그네의 정감이 가장 깊은 시점을 예리하게 포착하여 읊은 것이라고 하겠다. ③은 깊은 산 속에 사는 작가의 일상을 읊은 것으로 그곳의 풍경을 암시할 수 있을

16 李仁老, 「山居」(『東文選』 卷19). "春去花猶在, 天晴谷自陰. 杜鵑啼白晝, 始覺卜居深."

17 金克己, 「仍弗驛」(『東文選』 卷9). "悠悠山下路, 信轡詠涼天. 水有含芒蟹, 林無翳葉蟬. 溪聲淸似雨, 野氣淡如煙. 入夜投孤店, 村夫尙未眠."

18 金時習, 「無題」三首中一首(『續東文選』 卷7). "終日芒鞋信脚行, 一山行盡一山靑. 心非有想奚形役, 道本無名豈假成. 宿露未晞山鳥語, 春風不盡野花開(一作明). 短笻歸去千峯靜, 翠壁亂煙生晩晴."

정도로 그 특징을 날카롭게 잡아내고 있다. 산이 깊어서 꽃이 늦게 피기 때문에 봄이 가도 아직 꽃이 남아 있다고 한 것이고, 계곡이 깊어서 비가 그쳐도 어둑하다고 하였다. ④는 작가가 어느 한적한 역참에서 그곳의 의경을 시로 읊은 것이다. 그에게는 그곳의 냇물 소리와 들판의 모습이 다른 곳에서는 접할 수 없는 느낌이 들었다. 그래서 한적하고 평화로움을 넘어 마치 신선세계와 같은 분위기를 연상시키고 있다. ⑤는 자연 현상을 섬세하게 관찰하여 그 정수를 읊고 있다. 해가 뜨기 전이라 밤이슬이 채 마르지도 않았는데 새들은 벌써 아침이 되었다고 시끄럽게 울어대고 있다. 또한 봄바람은 하염없이 부는데 야생화는 꽃을 피운다. 출구에서는 밤의 여유를 좀 더 누리고 싶은 아쉬움이 묻어나고, 대구에서는 바람 때문에 꽃이 일찍 떨어질 것을 안타까워하는 화자의 마음이 느껴진다. 이처럼 밤의 여유와 봄꽃의 화사함을 방해하는 대상을 두어 시에 긴장감을 주고, 화자의 안타까운 정서를 부각시켰다.

우리나라의 경우만을 살펴보았지만, 이상의 연구들이 모두 대상을 치밀하게 관찰하여 그 맥을 짚어내고 있다는 것을 알 수 있다. 불과 다섯 연구만을 살펴보았지만, 매천이 『집련』을 편집할 때 이상의 연구들은 모두 대상을 치밀하게 관찰하여 맥을 짚어내고 있다. 이는 매천이 모범적이라고 여긴 시구의 특징적인 일단을 보여주는 것이라고 생각된다.

이제 중국의 시를 시대 순서대로 살펴보기로 하겠다.

2 육조시대의 시

다음은 육조시대의 시에서 뽑은 연구이다.

① 山光浮水至, 春色犯寒來.(沈約)
"산의 풍광 물에 떠 이르고, 봄 풍경은 추위를 이겨내고 오네."[19]

② 白雲浮海際, 明月落河濱.(吳均)
"흰 구름이 바닷가에 떠 오를 제, 밝은 달은 하수가에 떨어지네."[20]

③ 雲峰初辨夏, 麥氣已迎秋.(蕭鈞)
"구름 낀 산봉우리가 처음 여름을 알게 하니, 보리는 이미 추수를 맞이하네."[21]

④ 數營流暗草, 一鳥宿踈桐.(劉孝先)
"수많은 반딧불이 우거진 풀밭을 날고, 한 마리 새 성근 오동나무에서 자네."[22]

⑤ 竹密山齋冷, 荷開水殿香.(徐陵)
"대나무 빽빽하니 山齋가 시원하고, 연꽃이 피니 水殿이 향기롭네."[23]

---

19 沈約, 「泛永康江」(『古詩紀』 卷74). "長枝萌紫葉, 清源泛綠苔. 山光浮水至, 春色犯寒來. 臨睨信永矣, 望美暖悠哉. 寄言幽閨妾, 羅袖勿空裁."

20 吳均, 「送呂外兵」(『古詩紀』 卷82). "白雲浮海際, 明月落河濱. 送君長太息, 徒使淚沾巾."

21 蕭鈞, 「晚景遊泛懷友」(『古詩紀』 卷85). "龍開依御溝, 鳳轄轉芳洲. 雲峯初辨夏, 麥氣早迎秋. 山翠餘煙積, 川平晚照收. 浪隨文鷁轉, 渡逐彩鴛浮. 風花轉未落, 巖泉咽不流. 一辭金谷苑, 空想竹林遊."

22 劉孝先, 「和亡名法師秋夜草堂寺禪房月下」(『古詩紀』 卷88). "幽人住山北, 月上照山東. 洞戶臨松徑, 虛窗隱竹叢. 出林避炎影, 步逕逐涼風. 平雲斷高岫, 長河隔淨空. 數螢流暗草, 一鳥宿疏桐. 興逸煙霄上, 神閒宇宙中. 還思城闕下, 何異處樊籠."

23 徐陵, 「奉和簡文帝山齋」(『古詩紀』 卷90). "架嶺承金闕, 飛橋對石梁. 竹密山齋冷, 荷開水殿香. 山花臨舞席, 冰影照歌牀. (闕)."

①은 배를 타고 강을 건너면서 풍경을 읊은 것이다. 배가 강에 떠 있어서 산의 풍광은 강물에 반사되어 눈에 들어오고, 봄의 풍경은 겨울의 추위를 이겨내고 온다. 산의 풍광이 비교적 가볍게 다가오는 반면, 봄의 풍경은 힘겹고 무겁게 오고 있다. 작가는 배 안에서 보이는 풍경을 세심하게 관찰하고 자연의 이치를 생각해서 산과 봄이라는 이질적인 대상에 각각의 정수를 찾아서 읊었다. ②는 흰 구름이 뜰 때 달은 떨어지는 현상을 읊고 있다. 평범한 자연의 모습이 될 수 있지만, 그 속에 작가의 정감을 투영하여 어느 한쪽이 부상할 때, 다른 한 쪽이 가라앉는다는 비유를 하고 있다. ③은 초여름의 풍경을 읊고 있다. 산봉우리에 구름이 낀 모습과 보리 추수를 통해서 계절의 특징을 나타내었다. ④와 ⑤는 모두 자연현상에 대해서 같은 방식으로 읊은 것인데, 모두 세밀한 관찰을 통해서 이루어질 수 있는 표현이다. 단순히 보자면 반딧불이 날아다니고 새가 나무에서 자는 것을 보면 평범한 일일뿐이다. 하지만 이 둘의 관계를 볼 때 반딧불이는 생활하는 곳이 풀밭이고, 새는 나무이다. 각각 제 위치가 있다는 것을 짚어내었다.

이처럼 육조시대의 시 중에서 뽑은 연구도 앞서 살펴본 연구와 마찬가지로 눈에 보이는 대상을 세밀하게 관찰하여 그 맥을 짚어내고 있는 점을 알 수 있다. 그렇다할 특징이 드러나는 모습이 아니지만, 그 이치를 통해서 전후의 사정과 특징을 파악하고, 또 공통점을 찾아내어 대장을 이루고 있다.

3 당나라의 시

다음으로 당대의 시에서 뽑은 연구들을 보도록 하겠다. 『집련』에서 가장 많은 비중을 차지하는 것이 바로 이 당대의 연구인데, 대부분이 두보의 시이다. 두보의 시에 대해서는 뒤에서 별도로 고찰하도록 하고, 여기서는 두보 이외의 당대 시인의 작품에 대해 살펴보도록 한다.

① 鳥宿池邊樹, 僧叩月下門.(賈島)
"새는 연못가 나무에서 자는데, 스님은 달 아래 문을 두드리네."[24]

② 山遠疑無樹, 潮平似不流.(韋承慶)
"산은 멀어서 나무를 분갈할 수 없고, 조수는 잔잔하여 흐르지 않는 듯하네."[25]

③ 白雲巖際出, 淸月波中上.(何遜)
"흰 구름은 바위 가에서 나오고, 맑은 달은 물결 속에서 뜨네."[26]

④ 功名萬里外, 心事一盃中.(高適)
"부귀공명은 만리 밖에 있지만, 마음 속 일은 한잔 술에 있구나."[27]

⑤ 孤燈然客夢, 寒杵擣鄕愁.(岑參)
"외로운 등은 나그네 꿈을 태우고, 차가운 다듬이소리 고향생각 돋우네."[28]

---

24 賈島, 「題李凝幽居」(『全唐詩』 卷510). "閒居少鄰並, 草徑入荒園. 鳥宿池邊樹, 僧敲月下門. 過橋分野色, 移石動雲根. 暫去還來此, 幽期不負言."

25 韋承慶, 「凌朝浮江旅思」(『全唐詩』 卷46). "天晴上初日, 春水送孤舟. 山遠疑無樹, 潮平似不流. 岸花開且落, 江鳥沒還浮. 羈望傷千里, 長歌遣四愁."

26 何遜, 「入西塞示南府同僚」(『古詩紀』 卷83). "露淸曉風冷, 天曙江晃爽. 薄雲巖際(一作岀除)出, 初月波(一作浪)中上(一作生). 黯黯連嶂陰, 騷騷急沫響. 廻楂急礙浪, 群飛爭戲廣. 伊余本羈客, 重暌復心賞. 望鄕雖一路, 懷歸成二想. 在昔愛名山, 自知懽獨往. 情游乃落魄, 得性理隨怡養. 年事以蹉跎, 生平任浩蕩. 方還讓夷路, 誰知羨魚網.

27 高適, 「送李侍御赴安西」(『全唐詩』 卷214). "行子對飛蓬, 金鞭指鐵驄. 功名萬里外, 心事一杯中. 虜障燕支北, 秦城太白東. 離魂莫惆悵, 看取寶刀雄."

⑥ 湖聲蓮葉雨, 野色稻花風.(張籍)

"호수의 소리는 연잎에 비 내릴 때 나고, 들판의 색은 벼꽃에 바람 불 때 생기지."[29]

⑦ 長貧唯要健, 漸老不禁愁.(張籍)

"오랜 가난에 오직 건강만을 원했지만, 늙어감에 시름은 금할 수 없구나."[30]

⑧ 到門不敢題凡鳥, 看竹何須問主人.(王維)

"문에 이르러 감히 '凡鳥'를 쓰지 못하겠으니, 대나무를 구경하는 데 주인에게 물어 볼 필요가 있겠는가?"[31]

⑨ 細雨濕衣看不見, 閑花落地聽無聲.(劉長卿)

"가랑비에 옷 젖는 것 보려고 해도 보이지 않고, 한가한 꽃 땅에 지는 소리 들으려 해도 들리지 않구나."[32]

⑩ 林間煖酒燒紅葉, 石上題詩掃綠苔.(白居易)

"숲 속의 붉은 잎을 태워 술을 데우고, 돌 위의 푸른 이낄 쓸고 시를 짓누나." [33]

---

28 岑參, 「宿關西客舍寄東山嚴許二山人時天寶初七月初三日在內學見有高(一本有近字)道擧徵」(『全唐詩』 卷200). "雲送關西雨, 風傳渭北秋. 孤燈然客夢, 寒杵搗鄉愁. 灘上思嚴子, 山中憶許由. 蒼生今有望, 飛詔下林丘."
「長命女」(『全唐詩』 卷27). "雲送關西雨, 風傳渭北秋. 孤燈然客夢, 寒杵擣鄉愁."

29 張籍, 「送朱慶餘及第歸越」(『全唐詩』 卷384). "東南歸路遠, 幾日到鄉中. 有寺山皆遍, 無家水不通. 湖聲蓮葉雨, 野色(一作氣)稻花(一作苗)風. 州縣知名久, 爭邀與客同."

30 張籍, 「寄昭應王中丞」(『全唐詩』 卷384). "借得街西宅, 開門渭(一作御)水頭. 長貧唯要健, 漸老不禁愁. 獨凭藤書案, 空懸竹酒鉤(一作篘). 春風石甕寺, 作意共(一作會擬待)君遊."

31 王維, 「春日與裴迪過新昌里訪呂逸人不遇」(『全唐詩』 卷128). "桃源一向(一作四面·一作面面)絶風塵, 柳市南頭訪隱淪. 到門不敢題凡鳥, 看竹何須問主人. 城上(一作外)青山如屋裏, 東家流水入西鄰. 閉戶著書多歲月, 種松皆老作龍鱗."

32 劉長卿, 「別(一作送)嚴士元」(『全唐詩』 卷151). "春風倚棹闔閭城, 水國春(一作猶)寒陰復晴(一作水閣天寒暗復晴又作水國春深陰復晴). 細雨濕衣看(一作人)不見, 閑花落地聽無聲. 日斜江上孤帆影, 草綠湖南萬里情(一作程). 東道(一作君去)若逢相識問, 青袍今日(一作已)誤儒生."

①은 퇴고(推敲)의 고사로 유명한 구절이다. 저물 무렵의 풍경을 나타낸 것으로 새가 나무에서 자는 것과 스님이 잠잘 집에 문을 두드리는 것이 묘한 대장을 이루고 있다. 특히 잠자는 새는 고요한데 비해 스님의 문 두드리는 소리는 청명하게 들려오고 있다. 그윽한 곳에 사는 은자의 처소에서 볼 수 있는 저녁 풍경의 정수를 보여주고 있다. ②는 산과 강의 모습을 세밀하게 관찰하여 그 이치를 읊고 있다. 먼 산을 바라볼 때는 잎이 우거진 나무들이 푸르게만 보일뿐 일일이 분간할 수 없고, 강물에 물결이 일지 않으면 흐르는지를 알 수가 없다. 산과 강의 모습은 언제나 볼 수 있는 풍경인데, 그 멀고 가까운 정도와 대상의 상태에 따라 눈에 보이는 것이 각각 다르다는 것을 예리하게 포착하였다.

③은 구름과 달의 특징을 시로 나타내고 있다. 구름은 산골 바위틈에서 나오고, 달은 강 물결 위로 떠오른다. 두보가 우연히 이 시와 비슷한 시를 지었는데, "엷은 구름은 바위 가에서 머물고, 외로운 달은 물결 속에서 번득이네[薄雲巖際宿, 孤月浪中翻.]"이다. 이에 대해 양만리(楊萬里)는 하손(何遜)의 시에서 '出'과 '上' 두 글자가 더 낫다고 평가하였다.[34] '나오고'와 '뜨는 것'이 구름과 달의 본성에 더 가깝기 때문이다. ④는 인간사에 관련해서 읊고 있다. 부귀공명은 자기 안에 있지 않기 때문에 가지려 해도 뜻대로 되지 않고, 마음 속 일은 자기 안에

33 白居易, 「送王十八歸山寄題仙遊寺」(『白氏長慶集』 卷14). "曾於太白峰前住, 數到仙遊寺裏來. 黑水澄時潭底出, 白雲破處洞門開. <u>林間暖酒燒紅葉</u>, <u>石上題詩掃綠苔</u>. 惆悵舊遊無復到, 菊花時節羨君迴."

34 楊萬里, 「詩話」(『誠齋集』 卷115). "句有偶似古人者, 亦有述之者, …中略… 杜云, '薄雲巖際宿, 孤月浪中翻.' 此庾信, '白雲巖際出, 初月波中上.'也. '出上'二字勝矣."

있어서 마음먹기에 따라 쉽게 바뀌는 것이다. 특히 만리 밖과 한잔 술이 대(對)를 이루며 둘의 차이를 명백하게 드러내고 있다. ⑤는 나그네의 심정을 읊고 있다. 여관에서 잠 못 이루는 모습을 외로운 등불이 나그네의 꿈을 태운 것이라고 읊었는데, 잠을 이룰 수 없기 때문에 외로운 등불을 볼 수 있는 것을 도리어 외로운 등불이 잠 못 이루게 했다고 탓하였다. 그런데 마침 멀리서 다듬이 소리가 청명하게 울려 고향 생각을 더욱 간절하게 한다. 다듬이 소리는 고향에서 늘 듣던 소리로 고향을 떠올리게 하는 매개체 역할을 하고 있기 때문이다. 객사에서 일어나는 일을 시각과 청각을 이용하여 세밀하게 관찰한 뒤 거기에 나그네의 심정을 고스란히 담아내고 있다.

이하의 연구도 마찬가지로 인간사에서 경험할 수 있는 대상을 세밀하게 관찰한 결과 그 정수를 뽑아내고 있다는 것을 알 수 있다. 특히 ⑧은 고사를 인용하여 읊고 있다. '鳳'은 파자하면 '凡鳥'가 되어 평범한 새가 된다. 진(晉)나라 여안(呂安)이 혜강(嵇康)의 집을 찾아갔는데, 그의 형 혜희(嵇喜)만 있어서 들어가지 않고 문 위에 '鳳'자를 쓰고 떠나며 그를 조롱했다는 고사이다. 출구에서 먼저 고사를 인용하여 칭찬한 뒤, 대구에서 집에 심어둔 대나무를 통해서 그 이유를 설명하였다. 대나무의 특징을 통해 집 주인의 성품을 함축적으로 나타낸 것이다.

이처럼 당대 시에서 뽑은 연구 역시 세밀한 관찰을 통해서 대상의 정수를 짚어내는 시들이다. 그리고 그 정수를 뽑아낸 구가 대장을 이루어 문예적인 측면을 돋보이게 하고 있다.

4 송나라의 시

다음은 송대 시에서 뽑은 연구이다.

① 黃塵滿面人猶去, 紅葉無言秋又歸.(陳與義)
"누런 티끌 낯에 가득하건만 사람은 오히려 떠나야 하고, 단풍잎은 말이 없건만 가을이 또 돌아가누나."[35]

② 燕子初歸風不定, 桃花欲動雨頻來.(陳與義)
"제비가 처음 돌아올 제 바람은 안정되지 않고, 복사꽃이 피려하자 비가 자주 내리는구나."[36]

③ 蟬聲未足秋風起, 木葉俱鳴夜雨來.(陳與義)
"매미 소리 아직 갈바람 일으키기 부족한데, 나뭇잎은 밤비 내릴 적에 모두 우는구나."[37]

④ 江月不隨流水去, 天風常送海濤來.(趙汝愚)
"강에 비친 달은 흐르는 물 따라가지 않고, 하늘의 바람은 항상 파도가 밀려오게 하는구나."[38]

⑤ 花間語澁春猶淺, 江上飛高雨乍晴.(無名氏)
"꽃 속에서 힘겹게 지저귀니 봄기운 아직 옅고, 강가에 높이 나니 비가 갑자기 개네."[39]

---

35 陳與義, 「以事走郊外示友」(『宋詩鈔』 卷42). "二十九年知己非, 今年依舊壯心違. 黃塵滿面人猶去, 紅葉無言秋又歸. 萬里天寒鴻雁瘦, 千村歲暮鳥烏微. 往來屑屑君應笑, 要就南池照客衣."

36 陳與義, 「對酒」(『宋詩鈔』 卷42). "陳留春色撩詩思, 一日搜腸一百迴. 燕子初歸風不定, 桃花欲動雨頻來. 人間多待須微祿, 夢裏相逢記此杯. 白竹扉前客醉舞, 烟村渺渺欠高臺."

37 陳與義, 「夜雨」(『宋詩鈔』 卷42). "經歲柴門百事乖, 此身只合臥蒼苔. 蟬聲未足秋風起, 木葉俱鳴夜雨來. 碁局可觀浮世理, 燈花應爲好詩開. 獨無宋玉悲歌念, 但喜新凉入酒盃."

38 趙汝愚, 「同林擇之姚宏甫游鼓山(在閩縣)」(『宋詩紀事』 卷85). "幾年奔走壓塵埃, 此日登臨亦快哉. 江月不隨流水去, 天風直(一作常)送海濤來. 故人契闊情何厚, 禪客飄零事已灰. 堪歎人生秖如此, 虛闌獨倚更徘徊(鼓山志)."

⑥ 鶯遷日暖如人語, 草際風來作藥香.(唐庚)
"꾀꼬리 날면 햇살 따뜻하단 사람들 말 그대로고, 풀밭에 바람 부니 약초향이 나는구나."[40]

⑦ 雪意未成雲著地, 秋聲不斷雁連天.(錢惟演)
"구름이 땅에 자욱하나 아직 눈 올 기미는 없고, 기러기 줄지어 날아 가을 소리가 끊이지 않네."[41]

①은 오랜 시간 교외로 돌아다니면서 귀가하지 못하는데, 단풍잎만 말없이 바라봐주고 가을이 또 지나간다고 하여, 일은 성취하지 못하고 또 한해가 기우는데 따른 초조감을 토로하였다. ②봄을 기다리는 작가의 심정과 이를 방해하는 요인을 들었는데, 무심한 자연현상에 긴장감을 불러일으키고 있다. ③은 가을이 오는 것에 대해 쓸쓸한 심경을 읊고 있다. 매미는 늦여름과 초가을에 울지만 다행히 가을바람을 불러일으키기엔 부족하다. 하지만 밤비에 나뭇잎들이 운다고 하면서 가을이 오는 것을 나타내었다. 비온 뒤에 기후가 급격히 바뀌는 이유도 있겠지만, 작가가 심리적으로 느끼는 밤비의 쓸쓸한 분위기가 더 가을을 오게 만들고 있다.

④는 강물의 모습을 세밀하게 관찰하여 읊은 것이다. 밤에 강물에 비친 달은 흐르는 강물을 따라가지 않고, 파도는 바람에 의해 밀려온다고 하며 새로운 의경을 나타내었다. ⑤는 제비를 관찰하고서 읊은

---

39 無名氏, 「燕詩」(徐應秋, 『玉芝堂談薈』 卷8). "無名氏, 詠燕詩, '花間語澁春猶淺, 江上飛高雨乍晴.'" (시 전체를 찾을 수 없음).

40 唐庚, 「春日郊外」(『佩文齋詠物詩選』 卷24). "城中未省有春光, 城外榆槐已半黃. 山好更宜餘積雪, 水生看欲倒垂楊. 鶯遷日暖如人語, 草際風來作藥香. 疑此江頭有佳句, 爲君尋取却茫茫."

41 錢惟演, 「奉使途中」(厲鶚, 『宋詩紀事』 卷6). "雪意未成雲著地, 秋聲不斷雁連天." (시 전체를 찾을 수 없음).

시이다. 제비가 꽃 속에 있을 때는 아직 이른 봄인 것을 나타내며, 하늘 높이 날면 곧 비가 그친다는 것을 새롭게 알아내어 시로 읊었다. ⑥은 봄날에 교외에 나가서 본 풍경을 읊었다. 사람들이 말한 것처럼 교외에는 꾀꼬리도 날고 햇살도 따뜻하며, 풀밭에는 봄바람이 불어오니 약초향기가 바람을 타고 왔다. 이러한 풍경은 봄에 어디에서나 쉽게 볼 수 있어서 특별할 것이 없다고 할 수 있다. 하지만 봄의 정취를 누구나 공감할 수 있도록 자연스럽게 그리면서도 그 정수를 읊고 있다. ⑦은 늦가을의 풍경을 읊고 있다. 구름이 자욱해도 아직은 눈이 내릴 때가 아니고, 기러기가 북쪽으로 연달아 날아가며 소리를 내고 있다. 이 두 현상은 늦가을 풍경을 예리하게 포착하여 나타낸 것이라 할 수 있다.

이처럼 송대의 시에서 뽑아낸 연구도 앞서 살펴본 시들과 같은 특징을 지니고 있음을 알 수 있다. 즉 작가가 대상을 세밀하게 관찰한 끝에 그 대상의 정수를 뽑아내어 시로 읊었다는 공통점을 지니고 있다.

5 명나라의 시

다음은 명대 시에서 뽑은 연구이다. 『집련』에 명대 시는 많이 인용되지 않았는데, 그 중 따로 비점(批點)표시를 해둔 한 연구만을 살펴보기로 한다.

> 堤柳欲眠鶯喚起, 宮花乍落鳥銜來.(林鴻)
> "강둑 버들은 자려하나 꾀꼬리 울어서 깨고, 궁궐 꽃은 갑자기 떨어져 새가 물고 오는구나."[42]

봄날에 궁궐의 풍경을 관찰하고서 읊은 시이다. 강둑에 늘어선 버드나무마저도 따스한 햇살에 졸리운데, 갑자기 꾀꼬리가 울어서 분위기가 전환되었다. 그리고 궁궐의 꽃잎은 갑자기 떨어져 안타까운데, 새가 물고 와서 위로가 된다. 소리와 움직임을 예리하게 포착하여 묘사함으로써 봄날의 풍경이 마치 살아서 움직이는 것 같은 착각이 들 정도로 생동감이 넘친다.

6 청나라의 시

다음으로 청대 시에서 뽑은 연구를 살펴보도록 하겠다. 청대의 경우는 수록된 작가가 당·송보다 두 배 이상이나 많고 다양하다. 그런데 특이한 것은 청대의 시는 모두 청나라 심덕잠(沈德潛, 1673~1769)이 편찬한 『청시별재집』에 의존하고 있다는 점이다.[43] 그러므로 연구의 본격적 고찰에 앞서 심덕잠에 대해 잠시 살펴보기로 한다. 심덕잠은 청대 격조론(格調論)의 대표자로 『청시별재집』은 그가 자신의 시관에 입각해 편찬한 시선집 중의 하나이다. 심덕잠의 시관은 다음 글에 잘 나타나 있다.

---

42 林鴻, 「春日遊東苑應制」(『御選宋金元明四朝詩-御選明詩』 卷71). "長樂鐘鳴玉殿開, 千官步輦出蓬萊. 已敎旭日催龍馭, 更借春流泛羽杯. 堤柳欲眠鶯喚起, 宮花乍落鳥銜來. 宸游好奏簫韶曲, 京國于今有鳳臺."

43 『집련』 내 淸代 시인의 시는 편차가 『청시별재집』의 편차와 같으므로 매천이 이 책을 보면서 모범이 될 만한 시를 선정한 것으로 여겨진다.

> 시는 성정(性情)이 귀중하고 또한 법도 따져야 하니, 난잡하면서 법식이 없으면 시가 아니다. 그러나 법이라고 말하는 것은 가지 않을 수 없는 데서 가고, 그치지 않을 수 없는 데서 그쳐야 기복(起伏)과 조응(照應), 승접(承接)과 전환(轉換)이 절로 그 가운데서 신명스럽게 변화한다. 만약 정해진 것에 빠져 이곳은 이렇게 해야 하고 저곳은 저렇게 해야 한다고 단정하며 생각으로 법을 운용하려 하지 않고 도리어 생각을 법에 따르게 한다면, 이것은 죽은 법이다. 하늘과 땅 사이에 물이 흐르고 구름이 있고 달이 뜨고 바람이 불어오는 것을 보아라. 어디에 죽은 법을 붙일 수 있겠는가?[44]

시는 성정뿐만 아니라 법도 중요하게 다뤄져야 하는데, 그 법은 일정하게 정해진 것이 아니라 때에 따라 상황에 맞게 변화하는 것임을 말하고 있다. 특히 어떤 것에 얽매여 변화하지 않으면 죽은 법이라고 하여 매우 꺼려했다.

그는 또한 시의 효용론과 시교론을 주장하기도 했다.

> 시의 도(道)로 말하면, 그것으로 성정을 다스리고 인륜과 만물을 착하게 하고 귀신을 감동시키고 나라에 교화를 펼치고 제후와 응대할 수 있게 하니, 그 효용은 이처럼 소중하다. …중략… 시를 배우는 사람들은 다만 당시를 높일 줄만 알고 그 근원을 궁구하지 않으니, 바다를 바라보는 자가 물고기의 등을 가리켜 해안이라고 하면서 자기의 소견이 좁은 것을 깨닫지 못하는 것과 같다. 지금 비록 삼당의 시격(詩格)을 뛰어넘지 못한다 하더라도 반드시 차분히 탐색하여 점

---

44 沈德潛, 『說詩晬語』 卷上. "詩貴性情, 亦須論法, 亂雜而無章, 非詩也. 然所謂法者, 行所不得不行, 止所不得不止, 而起伏照應, 承接轉換, 自神明變化於其中. 若泥定此處應如何, 彼處應如何, 不以意運法, 轉以意從法, 則死法矣. 試看天地間水流雲在, 月到風來, 何處著得死法."(차주환, 『중국시론』, 서울대출판부, 1989, 302면).

> 점 몸에 배어들어 우러러 풍아(風雅)를 거슬러 올라가야 시도(詩道)가 비로소 높아질 것이다.[45]

심덕잠은 시도(詩道)의 최종 목표를 『시경』에 두고 있는바, 차분히 탐색하며 학습을 하면 삼당의 시격을 뛰어 넘어 시경의 경지에 오를 수 있다고 보았다. 이러한 시관에 주목하여 기존의 연구자들은 그를 청대의 격조론자로 규정하였다.[46] 하지만 매천이 청대 시를 뽑을 때 심덕잠이 편찬한 책에 주로 의존했다고 해서 매천이 그의 학시경향에 경도되었다고 보는 것은 무리가 있다. 매천은 『청시별재집』에서도 특정한 연구만을 뽑아냈기 때문이다. 그렇다면 어떠한 연구를 위주로 뽑아내었는지 『집련』에서 인용된 청대 시인의 연구를 살펴보기로 한다.

> ① 新月初黃映江出, 遠山一碧送船歸.(王士禎)
> "초승달이 처음에는 누렇게 강에 비추며 뜨고, 먼 산 온통 푸른 곳에 배를 전송하고 돌아오네."[47]
>
> ② 野水合諸澗, 桃花成一村.(施閏章)
> "들판 물은 여러 개울물을 모아 흐르고, 복사꽃은 온 마을에 피어나네."[48]

---

45 沈德潛, 『說詩晬語』 卷上. "詩之爲道, 可以理性情, 善倫物, 感鬼神, 設敎邦國, 應對諸侯, 用如此其重也. …中略… 學者但知尊唐, 而不上窮其源, 猶望海者指魚背爲海岸, 而不自悟其見之小也. 今雖不能竟越三唐之格, 然必優柔漸漬, 仰溯風雅, 詩道始尊." (차주환, 위의 책, 305면).

46 차주환, 위의 책; 김학주, 『중국문학사』, 신아사, 2006 외 다수.

47 王士禎, 「眞州城南作」(『精華錄』 卷5). "眞州城南天下稀, 人家終日在淸暉. 長橋漁浦晩潮落, 曲港叢祠水鶴飛. 新月初黃映江出, 遠山一碧送船歸. 白沙洲上樓臺靜, 好與提壺坐翠微."

48 施閏章, 「過湖北山家」(沈德潛, 『淸詩別裁集』 卷3). "路回臨石岸, 樹老出墻根. 野水合諸澗, 桃花成一村. 呼鷄過籬柵, 行酒盡(一作命)兒孫. 老(一作去)矣吾將隱, 前峰恰對

③ 夕陽鴉背煖, 春雪馬蹄寒.(朱柔則)

"석양에 갈까마귀 등이 따스하고, 봄눈에 말발굽이 차갑구나."[49]

④ 澹雲歸鳥意, 春樹野人心.(大寧)

"엷은 구름에 잘 새의 뜻을 갖고, 봄 나무에 野人의 마음을 먹네."[50]

⑤ 落葉溪邊路, 浮雲海外山.(海嶽)

"시냇가 길에 낙엽지고, 바다 너머 산에 구름 떠있네."[51]

⑥ 青山秋後夢, 黃葉雨中詩.(丁煒)

"푸른 산은 가을 끝난 뒤에 꿈꾸고, 누런 잎은 빗속의 시에 있구나."[52]

①은 한적한 시골에서 볼 수 있는 풍경과 일상을 읊고 있다. 초승달이 뜨는 모습을 세밀하게 관찰하여 강물 빛이 변하는 것을 포착하였고, 한적한 시골이라서 이별할 적에는 배를 멀리까지 전송하였다. 작가는 다른 곳에서 볼 수 없는 이곳만의 특별한 풍경을 관찰하여 시로 읊고 있다. ②는 시골의 풍경을 그림을 그리듯이 읊어내고 있다. 심덕잠은 이 시의 주에서 "'野水'부터 열 글자는 송대의 화가 조령양(趙令穰)과 유송년(劉松年)도 그릴 수 없다. 당대 시인 유신허(劉愼虛)의 '때

門."

49 朱柔則, 「寄遠曲」(沈德潛, 『清詩別裁集』 卷31). "恨少垂楊柳, 殷勤系玉鞍. 夕陽鴉背暖, 春雪馬蹄寒. 入世逢迎拙, 依人去住難. 癡兒啼向我, 昨夜夢長安."

50 大寧, 「寄胡柏庵」(沈德潛, 『清詩別裁集』 卷32). "時有渡江夢, 孤懷曆歲深. 澹雲歸鳥意, 春樹野人心. 岸草青連屋, 山花紅滿林. 好知千古事, 明日幾回尋."

51 海嶽, 「訪友不值」(沈德潛, 『清詩別裁集』 卷32). "尋君複不見, 寂寞出林間. 落葉溪邊路, 浮雲海外山. 午煙桑柘隱, 秋色戶庭閑. 愛爾幽棲好, 歸來亦閉關."

52 丁煒, 「臥病酬林淡亭」(沈德潛, 『清詩別裁集』 卷13). "輕寒腰帶減, 窗竹漸離披. 未得高眠早, 常愁退食遲. 青山秋後夢, 黃葉雨中詩. 酒熟東籬下, 君閑可預期."

때로 떨어지는 꽃잎이 날아와, 물길 따라 멀리까지 향기롭구나(時有落花至, 遠隨流水香)'와 동일하게 자연스럽다."[53]라 하며 산가(山家)를 그림보다 잘 그려냈다고 평했다. 매천 역시 시를 그림과 비교하여 평한 적이 있다. 그는 "그림은 대상의 외형을 표현하는데 그치지만, 시는 그 대상의 골수까지 아울러 나타낸다"[54]고 하여 시가 한 수 위에 있다고 여겼다. ③은 봄날의 풍경을 관찰하고 그 특징을 읊고 있다. 갈까마귀가 봄이 되어 북쪽으로 돌아가는 모습을 석양빛의 아름다운 모습에 담아내고 있고, 이른 봄에 내린 눈 위를 달리는 말발굽이 차갑지만 힘차게 보인다. 한 폭의 그림을 보는 것 같이 심미적 표현을 추구하고 있다. ④는 경물을 보고서 마음이 따라 변하고 있는 것을 읊었다. 여기에서 '엷은 구름'과 '봄 나무'는 시인의 내면을 움직이게 하여 각각 그 특징에 해당되는 마음을 갖게 해주었다. 당시 풍경을 나타내는 가장 특징적인 모습을 읊고서 다시 내면에서 생겨난 감정의 특징을 드러내었다. ⑤는 풍경을 시로 읊은 것으로 세밀한 관찰을 통해 그 특징을 뽑아내었다. ⑥은 단순히 풍경을 읊지 않고, 작가의 주관이 포함되어 있다. 푸른 산은 가을에 잎이 지고 색이 누렇게 변하지만, 봄에 다시 푸르러질 것을 꿈꾸고 있다며 의인화시키고 있다. '누런 잎은 빗속의 시에 있다'고 한 것은 비가 오면 기온이 떨어져 기후가 변하면서 잎이 시들게 될 것을 예감한 것이다. 작가가 이 시를 지을 때 와병 중에 있었기 때

53 施閏章, 「過湖北山家」(沈德潛, 『淸詩別裁集』 卷3). "'野水' 十字, 令穰 · 松年亦不能畫. 唐人'時有落花至, 遠隨流水香', 同一自然."

54 "畵摸其皮, 詩刮其精, 畵止其形, 詩幷其髓."(「成南坡蕙永壽序」, 『梅泉續集』 권1, 『문집총간』 권348, 543d면).

문에 자신의 마음을 푸른 산과 누런 잎에 투영하여 나타내었다.

이처럼 청대 시 역시 대상을 세밀하게 관찰하여 그 특징을 뽑아 시에 담아내고 있다. 특히 ②와 ③의 연구처럼 회화성과 심미적 표현은 이전 시대보다 더 뛰어난 것으로 보인다. 매천이 청대의 시를 중요하게 여긴 데에는 이러한 미학적 측면이 포함되었을 것으로 추정된다. 또한 매천이 청대의 시를 선별한 것을 바탕으로 황원이 편찬한 『청육가시초(淸六家詩鈔)』[55]가 있다. 이를 통해서도 매천이 청시를 얼마나 중요하게 여겼는지 다시 한 번 확인할 수 있다.

이상으로 『집련』에 인용된 연구를 각 시대별로 나누어 살펴보았다. 매천은 각 시대의 시들에서 제자들에게 모범이 되는 연구만을 뽑았는데, 공교롭게도 그 연구들의 공통점이 이와 같았다. 대체로 대상을 세밀하게 관찰하여 그 특징을 포착해서 시에 나타내었다. 그래서 마치 그림을 보는 듯 하거나, 실제로 움직이는 것 같은 느낌을 받는 시들이 대부분이었다. 그는 특정한 시인이나 특정한 시대에 얽매이지 않고, 모범이 되어 본받을 만하면 모두 뽑아내었다. 이 점은 제자들을 가르치기에 앞서 매천이 스스로 훌륭하다고 생각하는 시를 보는 기준이 된다.

55 이 책은 뒤에 毛奇齡, 李因篤, 潘耒, 邵長蘅 등을 추가해서 『淸詩散鈔』(순천대박물관 소장)로 이름했다.

3. 많이 인용한 시인

『집련』에 인용된 시인을 표로 나타내면 다음과 같다.

〈표6〉『집련』의 주요 인용시인[56]

	원저자	5언	7언	합계
1	杜甫(唐)	333		333
2	蘇軾(宋)	70	187	257
3	白樂倫(朝鮮)	56	183	239
4	陸游(宋)	65	111	176
5	申緯(朝鮮)		57	57
6	朴齊家(朝鮮)		50	50
7	李德懋(朝鮮)	8	36	44
8	王維(唐)	16	7	23
9	金麟厚(朝鮮)	20		20
10	柳得恭(朝鮮)	8	12	20
11	陳與義(宋)	7	13	20
12	李書九(朝鮮)		18	18
13	朱元璋(明)		16	16
14	岑參(唐)	12	3	15
15	李奎報(高麗)	8	5	13
16	崔致遠(新羅)	5	8	13
17	賈島(唐)	12		12
18	林椿(高麗)	4	8	12
19	金克己(高麗)	4	7	11
20	施閏章(淸)	9	2	11
	합계	633	721	1,349
	기타	666	453	1,119
	불분명	268	371	639
	총합	1,571	1,547	3,118

56 황현 편, 『集聯』, 순천대박물관 소장본 참고.

위 표는 『집련』에서 인용된 연구를 통해서 그 작가를 나타낸 것이다. 맨 위에서 두보와 소식, 백낙륜(白樂倫), 육유의 시만 모아도 1,005 연구로 전체 분량의 3분의 1에 해당되는 상당한 양을 차지하고 있다. 인용된 분량으로 볼 때, 매천이 편집하는 과정에서 특별히 이들의 문집을 참고해서 추출했을 것으로 짐작된다. 그렇다면 이들의 연구에서 어떤 특징을 모범으로 삼으려 했는지 각각의 경우를 인용하여 살펴보기로 하겠다.

1 두보

두보의 경우는 모두 5언시만을 수록하였는데, 여기에 대해서는 매천이 지은 「제소천시권후(題小川詩卷後)」가 명쾌한 답변을 해준다.

> 세상에서 시를 배우는 자들은 당나라 시가 지극히 성대하다는 얘기만 듣고 입만 열면 "당이 아니면 배우지 않는다"고 한다. 혹은 또 성급하게 당을 논하지도 않고 곧바로 "내가 배울 사람은 두보뿐이다"라고 한다. 두보에게 있어서 또한 7언 율시를 지극히 추앙하고 고금에 둘도 없다고 한다. 아! 이런 사람을 진실로 안다고 할 수 있겠는가? …중략… 두보를 말하자면, 고체가 으뜸이고 5율은 그 다음이며 7·5절구는 또 그 다음이다. 7언 율시의 경우는 이따금 마음대로 힘을 써 방자하고, 어려운 용어로 거칠어 진실로 떳떳한 법으로 삼을 수 없다. 구양수(歐陽脩)가 즐겨하지 않은 것이 마땅히 여기에 있다. 후학들에게 먼저 그 고체에 종사하게 하여 점점 젖어들고 음미하며 역량의 광활함과 기격(氣格)의 웅위(雄偉)함을 탐구하여 옆으로 물러난 보잘 것 없는 시인이 되는 것을 면하고자 노력한다면 누가 옳지 않다고 하겠는가?[57]

여기에서 매천이 으뜸으로 여긴 것은 두보의 고체시가 아니라, 그 고체시에 드러난 역량의 광활함과 기격의 웅위함 같은 풍격과 표현기법을 중요하게 생각하였다. 매천은 평소 "두보의 웅위한 점을 내 앞으로의 정곡으로 간주한다"[58]고 하여 늘 두보를 곁에 두고 배웠다. 하지만 이는 두보의 5언시에만 해당되는 내용이고, 7언시에 대한 평가는 아니었다. 매천은 유독 두보의 5언시에서 드러나는 풍격을 본받아야 한다고 주장하였다. 매천이 『집련』의 저본으로 삼았다고 한 호응린(胡應麟)의 『시수(詩藪)』[59]에서도 두보의 7언 율시에 대해서 혹평을 하였다.

> 두보의 칠언율 가운데 통편(通篇)이 매우 졸렬한 것으로는 "듣자니 운안의 국미춘은[聞道雲安麯米春]"같은 것이 있고, 매우 거친 것으로는 "당 앞의 대추를 서쪽 이웃에서 임의로 따도록 했네[堂前撲棗任西鄰]"같은 것이 있다. 매우 평이한 것으로는 "맑은 강 한 구비 마을 끼고 흐르네[淸江一曲抱村流]"같은 것이 있고, 매우 험삽한 것으로는 "성 뾰족하고 길 기울고 깃발은 수심 어렸네[城尖徑仄旌旆愁]"같은 것이 있다. 두보에게는 가능하나, 두보를 배우는 사람에게는 불가하다.[60]

57 黃玹, 「題小川詩卷後」, "世之學詩者, 勦聞唐人之爲詩之極盛也, 開口稱非唐不學, 或又悍然幷不論唐, 直曰吾所學者, 杜甫而已. 於杜則又極推其七言律詩, 以爲古今無兩. 嗚呼, 是可謂眞知也哉. …中略… 就言乎杜, 則古體上也, 五律次也, 七五絶, 又其次也, 若七言律, 則往往橫厲恣肆, 險崛粗拙, 實有不可以爲常法者. 歐陽公所不喜者, 蓋當在此耳. 使後之學者, 先且從事乎其古體, 沈浸咀嚼, 以究其力量之廣闊, 氣格之雄偉, 求免爲旁門小家, 則誰曰不可."(최승효 편, 앞의 책, 63면).

58 "少陵之所以雄, 以做吾前頭之正鵠."(「圓蕉襍畵詩集自序」, 『梅泉全集』 권4, 호남학연구소, 15면).

59 黃玹, 「集聯序」, "始取胡應麟詩藪爲藍本."(黃玹 編, 『集聯』, 순천대박물관 소장본). 『집련』은 많은 책을 저본으로 삼았는데, 단지 『시수』를 시작으로 편집되었다는 것을 의미한다.

마지막 줄의 '두보에게는 가능하나, 두보를 배우는 사람에게는 불가하다[杜則可, 學杜則不可]'는 말처럼 매천 역시 두보의 7언시에 대해서 이와 같은 입장이었다. 그렇다면 『집련』에 인용된 두보시의 연구가 어떠한 특징을 지니고 있는지 살펴보기로 하겠다.

① 雲巖際宿, 孤月浪中翻.(杜甫)
"엷은 구름은 바위 가에서 머물고, 외로운 달은 물결 속에서 번득이네."[61]

② 花隱亂草, 宿鳥擇深枝.
"찬 꽃은 풀 더미 속에 숨어 있고, 자는 새는 깊은 가지를 가려 앉네."[62]

③ 欄斜點筆, 桐葉坐題詩.
"돌난간에 기대어 붓을 적시어, 오동잎에 시를 쓰노라."[63]

④ 深留客處, 荷淨納涼時.
"대나무 숲 깊으니 나그네가 머물고, 연꽃이 맑으니 서늘해진 때구나."[64]

---

60 "杜七言律, 通篇太拙者, 聞道雲安麯米春之類, 太粗者, 堂前撲棗任西鄰之類. 太易者, 淸江一曲抱村流之類, 太險者, 城尖徑仄旌旆愁之類. 杜則可, 學杜則不可."(胡應麟 著, 기태완 외 역, 『명대문인 역대한시 비평- 譯註詩藪』, 성균관대출판사, 2005, 337면).

61 杜甫, 「宿江邊閣」(『全唐詩』 卷229). "暝色延山徑, 高齋次水門. 薄雲巖際宿, 孤月浪中翻. 鸛鶴追飛靜, 豺狼得食喧. 不眠憂戰伐, 無力正乾坤."

62 杜甫, 「薄暮」(『全唐詩』 卷227). "江水長流地, 山雲薄暮時. 寒花隱亂草, 宿鳥擇(一作探)深枝. 舊國見何日, 高秋心苦悲. 人生不再好, 鬢髮白成絲."

63 杜甫, 「重過何氏」五首中三首(『全唐詩 卷224). "落日平臺上, 春風啜茗時. 石欄斜點(一作照)筆, 桐葉坐題詩. 翡翠鳴衣桁, 蜻蜓立釣絲. 自今幽興熟(一作自逢今日興), 來往亦無期."

64 杜甫, 「陪諸貴公子丈八溝攜伎納涼晩際遇雨」二首中一首(『全唐詩 卷224). "落日放船好, 輕風生浪遲. 竹深留客處, 荷淨納涼時. 公子調冰水, 佳人雪藕絲. 片雲頭上黑, 應是雨催詩."

⑤ 聲集古寺, 鳥影度寒塘.

"매미 소리 옛 절에 모이고, 새 그림자 찬 못을 지나가네."[65]

⑥ 陽薰細草, 江色映疎簾.

"석양에 여린 풀이 향기롭고, 강 빛은 성근 주렴에 비취네."[66]

⑦ 高雲去盡, 江逈月來遲.

"하늘 높아 구름은 다 흘러가고, 강은 멀어 달빛이 더디 오는 구나."[67]

①은 구름과 달의 모습을 세밀하게 관찰하여 읊은 것이다. 구름이 산속의 바위에서 생겨나는 것을 보고 그대로 나타내었다. 그리고 달이 강물에 비쳐 물결이 일면서 번득인다고 하였다. 눈에 보이는 모습을 사실적으로 그려내고 있다. ②는 꽃이 추위를 피해 풀 더미 속에 피어 있고, 새는 안전하게 잠자기 위해서 깊은 가지를 찾아 앉는다는 생태 현장을 읊고 있다. 여기에서 '寒花'는 두보가 노쇠한 자신을 비유한 것이고, '宿鳥'는 날아오를 뜻이 없는 두보를 비유하였다.[68] 두보가 자신의 현재 모습을 자연의 모습에 비유하여 나타낸 것이다. ③은 두보가 시 짓는 모습을 읊고 있다. 돌난간 위에 기대서서 벼루에 붓을 적신

65 杜甫, 「和裴迪登新津寺寄王侍郎」(『全唐詩 卷226). "何限(一作恨)倚山木, 吟詩秋葉黃. 蟬聲集古寺, 鳥影度寒塘. 風物悲遊子, 登臨憶侍郎. 老夫貪佛(一作賞 · 一作費)日, 隨意宿僧房."

66 杜甫, 「晚晴」(『全唐詩 卷226). "村晚驚風度, 庭幽過雨霑. 夕陽薰細草, 江色映疎簾. 書亂誰能帙, 桮乾可自添. 時聞有餘論, 未怪老夫潛."

67 杜甫, 「陪李七司馬皀江上觀造竹橋卽日成往來之人免冬寒入水聊題短作簡李公」二首 中二首(『全唐詩 卷226). "把燭成橋(一作橋成)夜, 迴舟坐客(一作客坐)時. 天高雲去盡, 江逈月來遲. 衰謝多扶病, 招邀屢有期. 異方乘此興, 樂罷不無悲."

68 "師曰, '寒花, 已非其時. 甫自比衰年也.' 趙曰, '『左傳』 鳥則擇木, 木豈能擇鳥.' 師曰, '鳥志在奮飛, 宿鳥, 已有棲息之地. 甫自比無飛騰之志也.'"(杜甫 撰, 黃鶴 注, 『補注杜詩』 卷24).

뒤, 오동잎을 따다가 거기에 시를 짓고 있다. 일상의 소박한 모습을 꾸밈없이 그대로 시로 표현하고 있는 것을 볼 수 있다. ④는 대나무와 연꽃에 일어나는 일을 관찰하여 그 특징을 읊고 있다. 대나무 깊은 곳은 나그네가 머물기에 적당하고, 연꽃이 밝아지면 날씨가 서늘해진 것을 알 수 있다고 하였다. 대나무와 연꽃의 상징을 통해 청정한 의경을 드러내었다. ⑤는 이미 가을이 온 풍경을 읊었다. 가을 매미와 새가 지나가는 것을 통해 가을의 특징을 짚어내었다. ⑥은 저물 무렵의 풍경을 읊었다. 석양에 작은 풀들이 향기를 띠고, 강물에 석양의 노을빛이 반사되어 주렴에 어른거리는 모습을 그림처럼 그려내고 있다. 후각과 시각을 통해 저물 무렵을 읊었는데, 특히 주렴이 어른거리는 빛이 석양이 강물에 반사된 것이라는 점을 짚어내고 있다. ⑦은 가을의 풍경을 읊고 있다. 가을 하늘의 구름 한 점 없는 모습과 강물이 저 멀리에 반사되어 오는 달빛을 그 특징으로 짚어내었다. 이처럼 『집련』에 인용된 두보시의 연구들은 모두 대상을 세밀하게 관찰하고서 그 풍경의 특징과 원인이 되는 자연의 이치를 따져서 그 정수를 읊고 있다.

2 소식 · 육유 · 백낙륜

두보 다음으로 많이 인용된 작가는 소식과 백낙륜, 그리고 육유가 있다. 매천이 소식과 육유를 사숙했다는 것은 현재 연구자들 사이에도 이견이 없다.[69] 매천이 스스로 송시를 좋아한다고 밝히기도 하였고,[70]

69 이병기, 『梅泉詩硏究』, 보고사, 1994, 412~428면; 기태완, 『黃梅泉詩硏究』, 보고사, 1999, 62~71면, 78~91면; 황수정, 「梅泉 黃玹의 詩文學 硏究」, 조선대박사, 2006, 213~296면. 특히 이병기는 매천의 차운시와 소식 · 육유의 원시를 비교하며 동일한 의경을

김택영이 「본전(本傳)」에서 "문장을 짓는 데는 시에 더욱 조예가 깊어서 소식과 육유의 풍모가 있었다."[71]라고 평을 하기도 하였다. 그리고 박문호(朴文鎬)는 「매천황공묘표(梅泉黃公墓表)」[72]에서, 강겸(江謙)은 「매천집서(梅泉集序)」[73]에서, 또 매천의 계씨 황원(黃瑗)은 「행장초(行狀抄)」[74]에서 각각 이를 다시 밝힌 바 있다.

기왕의 연구에서는 매천이 소식과 육유를 사숙했다는 근거를 대부분 논시나 이들의 시를 차운한 것에서 찾았다. 그리고 이를 바탕으로 소식시를 통해서는 호방함과 참신한 시어(詩語) 및 달론(達論)을 배우려고 하였고,[75] 육유시를 통해서는 율시의 형식적인 시법과 경치를 세밀하게 묘사하는 점을 배우려고 했다[76]는 특징을 밝혔다. 그런데 매천의 차운시는 시 한 수를 차운했기 때문에 이로부터 그가 원시에서 배우려고 한 표현기법을 논하기에는 충분하지 못한 면이 있다. 반면,

---

추구했다는 논지만을 펴고 있는데, 기태완의 주장과 다르다. 기태완은 매천이 소식·육유의 시에 차운하면서 시의 다양한 기법을 배우는 것에 초점을 두었다고 주장하였다.

70 年代誰能辨室堂, 宋人高處欲無唐. 君看蘇陸凌霄氣, 肯許曹羅與頡頏.(自註: 余嘗好讀宋詩而不屑晩唐, 小川不以爲然, 故又申前意).(「和小川論詩六絶」(1895), 『梅泉集』 권1, 『문집총간』 권348, 423a면).

71 金澤榮, 「本傳」, "所作爲文章, 於詩尤深, 有蘇子瞻·陸務觀之風."(黃玹, 『梅泉集』 卷首, 『문집총간』 권348, 404b면).

72 朴文鎬, 「梅泉黃公墓表」, "爲詩法蘇·陸, 文則逼魏禧·侯方域."(黃玹, 『梅泉集』 卷首, 『문집총간』 권348, 403a면).

73 江謙, 「序」, "滄江老於詩文, 謂君於詩有別才, 善學蘇·陸, 淸警富健其有焉."(黃玹, 『梅泉集』 卷首, 『문집총간』 권348, 401c면).

74 黃瑗, 「行狀抄」, "詩在蘇·陸之間, 而纖巧壯麗, 隨意能之."(황현, 『梅泉全集』 권3, 호남학연구소, 15면).

75 기태완, 위의 책, 71면; 황수정, 위의 논문, 217면. 황수정은 奔放, 悍厲, 飄勁한 시풍으로써 豪放의 미학을 추구했다고 하였다.

76 기태완, 위의 책, 87~89면; 황수정, 위의 논문, 265면. 황수정은 淸切, 淸遠, 纖巧의 시풍이 드러난 淸新의 미학을 추구했다고 하였다.

『집련』은 모범이 될 만한 연구들을 모은 것이기에 매천이 중시했던 표현기법이 보다 분명하게 드러난다는 이점이 있다. 그럼 『집련』에 인용된 소식과 육유의 시를 예로 들어본다.

3 소식

먼저 소식의 시에서 뽑은 연구이다.

① 微雨止還作, 小窓幽更姸.(蘇軾)
"보슬비가 그쳤다가 다시 내리니, 작은 창은 그윽했다가 다시 밝아오네."[77]

② 綠暗初迎夏, 紅殘不及春.
"녹음이 짙어져 처음 여름을 맞이했지만, 붉은 꽃이 쇠잔하니 봄에 미치진 못하구나."[78]

③ 野桃含笑竹籬短, 溪柳自搖沙水淸.
"대나무 울타리 낮은 곳에 들 복사꽃 미소를 머금고, 냇가 버들은 모래바닥의 맑은 수면에 스스로 흔들거리네."[79]

---

77 蘇軾, 「端午遍遊諸寺得禪字」(『東坡全集』 卷11). "肩輿任所適, 遇勝輒留連. 焚香引幽步, 酌茗開靜筵. 微雨止還作, 小窓幽更姸. 盆山不見日, 草木自蒼然. 忽登最高塔, 眼界窮大千. 卞峰照城郭, 震澤浮雲天. 深沉旣可喜, 曠蕩亦所便. 幽尋未云畢, 墟落生晩烟. 歸來記所歷, 耿耿淸不眠. 道人亦未寢, 孤燈同夜禪."

78 蘇軾, 「眞覺院有洛花花時不暇往四月十八日與劉景文同往賞枇杷」(『東坡全集』 卷18). "綠暗初迎夏, 紅殘不及春. 魏花非老伴, 盧橘是鄕人. 井落依山盡, 巖崖發興新. 歲寒君記取, 松雪看蒼鱗."

79 蘇軾, 「新城道中」 二首中一首(『御選宋金元明四朝詩-御選宋詩』 卷47). "東風知我欲山行, 吹斷簷間積雨聲. 嶺上晴雲披絮帽, 樹頭初日挂銅鉦. 野桃含笑竹籬短, 溪柳自搖沙水淸. 西崦人家應最樂, 煮芹燒筍餉春耕."

④ 雲散月明誰點綴, 天容海色本澄淸.

"구름 흩어지자 달이 밝으니 그 누가 얼룩지게 하였나? 하늘과 바다의 빛은 본래부터 맑은 것을."[80]

⑤ 因病得閒殊不惡, 安心是藥更無方.

"병으로 한가한 것 그리 나쁘지 않으니, 마음 편한 게 약이지 다른 처방이 있겠는가?"[81]

⑥ 人似秋鴻來有信, 事如春夢了無痕.

"사람은 가을 기러기 같아 약속대로 오는데, 일은 봄꿈처럼 흔적 없이 끝나네."[82]

⑦ 淸風欲起鴉盤樹, 缺月初升犬吠雲.

"맑은 바람 일어나려 하자 갈까마귀 숲에 깃들고, 이지러진 달 막 떠오르자 개가 구름사이에서 짖는구나."[83]

①은 보슬비가 그쳤을 때는 창이 어두웠다가, 비가 다시 내리니 창이 밝아진다고 하였다. 일반적인 풍경에는 보기 어려운 상황이다. 여기에 대해 소식은, "내가 오흥태수(吳興太守)로 머무를 적에 비영사(飛英寺)를 유람하였는데, 그때의 시에 '보슬비 ~ 밝아오네'라고 읊었는

---

80 蘇軾, 「六月二十日夜渡海」(『御選宋金元明四朝詩-御選宋詩』 卷47). "參橫斗轉欲三更, 苦雨終風也解晴. 雲散月明誰點綴, 天容海色本澄淸. 空餘魯叟乘桴意, 麤識軒轅奏樂聲. 九死南荒吾不恨, 玆遊奇絶冠平生."

81 蘇軾, 「病中遊祖塔院」(『御選宋金元明四朝詩-御選宋詩』 卷47). "紫李黃瓜邨路香, 烏紗白葛道衣凉. 閉門野寺松陰轉, 欹枕風軒客夢長. 因病得閒殊不惡, 安心是藥更無方. 道人不惜堦前水, 借與匏尊自在嘗."

82 蘇軾, 「正月二十日與潘郭二生出郊尋春忽記去年是日同至女王城作詩乃和前韻」(『御選宋金元明四朝詩-御選宋詩』 卷47). "東風未肯入東門, 走馬還尋去歲邨. 人似秋鴻來有信, 事如春夢了無痕. 江城白酒三杯釅, 野老蒼顔一笑溫. 已約年年爲此會, 故人不用賦招魂."

83 蘇軾, 「十二月十七日夜坐達曉寄子由」(『御選宋金元明四朝詩-御選宋詩』 卷47). "燈燼不挑垂暗蕊, 爐灰重撥尙餘薰. 淸風欲發(一作起)鴉翻(一作盤)樹, 缺月初升犬吠雲. 閉眼此心新活計, 隨身孤影舊知聞. 雷州別乘應危坐, 跨海幽光與子分."

데, 吳越에 가지 않고서는 이 풍경을 볼 수 없다."[84]라고 설명하였다. 소식은 당시 풍경을 관찰하고 사실대로 그 특징을 시로 읊었다. ②는 봄이 가고 여름이 온 풍경에 대해 읊었다. 녹음이 짙어진 것과 붉은 꽃이 쇠잔하다고 하면서 여름이 온 것을 나타내었다. 그런데 꽃이 쇠잔한 것은 봄만 못하기 때문에 여름에 대해 부정적인 생각을 지닌 것을 알 수 있다. ③은 봄에 복사꽃과 버들을 관찰하고 그림을 그리듯 읊어내고 있다. 대나무 울타리와 수면을 통해서만 드러나는 봄의 풍경이라 더욱 가치를 높이고 있다. 이 장면은 한 눈에 확 들어오는 봄의 풍경보다 더 분명한 실마리를 제공하고 있다. ④는 달이 구름에 가려졌다가 구름이 걷히자 그 본연의 밝은 모습을 드러내었다. 여기에서 소식은 달은 본래부터 밝았는데, 구름에 의해서 가려진 점을 예리하게 짚어내고 있다. 눈에 보이는 자연 현상이라도 그 본연의 특징을 간과하지 않고 그 이치의 핵심을 드러낸 것이다. ⑤는 소식의 심사를 읊고 있다. 병으로 인해 오히려 한가해졌다며 처방조차 하지 않는 초탈한 모습을 나타내었다. 일상의 나쁜 일을 오히려 긍정적으로 받아들이는 호방한 모습을 볼 수 있다. ⑥은 지난해의 약속을 잊지 않고 지킨 사람과 허망하게 지나가는 자신의 일을 대비하며 읊었다. 특히 약속을 지킨 사람에 대해 매년 같은 때에 돌아오는 기러기에 비유하고, 허망한 일은 봄꿈에 비유하여 새로운 의경을 드러내고 있다. ⑦은 자연현상에 동물들이 반응하는 모습을 읊었다. 갈까마귀는 맑은 바람이 일자 나무로 날아가고, 개는 달이 구름사이로 떠오르자 짖어대는데 소리가 커서 마치 구름 속에서 짖는 것으로 읊고 있다.

84 "僕寓吳興有游飛英, 詩云, '微雨止還作, 小窗幽更妍. 盆山不見日, 草木自蒼然.' 非至吳越, 不見此景也."(蘇軾, 『東坡志林』 卷9).

소식은 직접 체험한 일상을 세밀하게 관찰하고 그 장면을 있는 그대로 그려내면서 그 원인과 이치를 찾아 자신의 감정을 투영하여 읊고 있다. 이 때문에 그의 시는 꾸미지 않은 듯하면서도 저절로 한 폭의 그림을 이루고 있다.

4 육유

다음은 『집련』에 인용된 육유의 시에서 뽑은 연구이다.

① 雨斷簷餘滴, 雲疎月漏明.(陸游)
"비 그쳐도 처마에는 물방울 남아있고, 구름 성기니 달빛이 새어 나오네."[85]

② 螢孤無遠照, 蟬斷有遺聲.
"반딧불이는 멀리까지 비출 수 없는데, 매미소린 끊어져도 남음이 있구나.[86]

③ 白髮無情侵老境, 青燈有味似兒時.
"백발은 무정하게도 노인이 되게 하나, 푸른 등은 재미나게도 아이 때 같아라."[87]

④ 山重水複疑無路, 柳暗花明又一村.
"겹겹의 산과 계곡에 길이 없을 것 같은데, 우거진 버들과 환한

---

85 陸游, 「晩霽」(『劍南詩藁』 卷15). "雨斷簷餘滴, 雲疎日漏明. 人其如積潦, 天自活疲氓. 溪碓春香稻, 霜叢剪綠橙. 書生久愁臥, 作意賦新晴."

86 陸游, 「又(初秋)」(『劍南詩藁』 卷62). "初夜月猶淡, 入秋風已清. 螢孤無遠照, 蟬斷有遺聲. 命薄慙勛業, 才踈負聖明. 青鞵若耶路, 亦足慰平生."

87 陸游, 「秋夜讀書每以二鼓盡爲節」(『劍南詩藁』 卷1). "腐儒碌碌歎無奇, 獨喜遺編不我欺. 白髮無情侵老境, 青燈有味似兒時. 高梧策策傳寒意, 疊鼓鼕鼕迫睡期. 秋夜漸長飢作祟, 一盃山藥進瓊糜."

꽃 핀 곳에 또 한 마을 있구나."[88]

⑤ 老柏干霄如許壽, 幽花泣露爲誰姸.

"오래된 측백나무 하늘을 찌르도록 수를 받았지만, 그윽한 꽃은 이슬에 젖어 누굴 위해 어여쁜가?"[89]

⑥ 志士凄涼閒處老, 名花零落雨中看.

"志士는 쓸쓸히 한적한 곳에서 늙어가고, 아름다운 꽃은 시들어 떨어짐을 빗속에 보는구나."[90]

⑦ 夕陽遍野人歸後, 秋水生灘鷺集時.

"석양이 들판에 퍼져 사람들이 돌아간 뒤엔, 가을 강물이 여울 이루고 해오라기 모이는 때로다."[91]

①은 비가 막 그친 풍경을 세밀하게 관찰하여 읊고 있다. 아직 처마에 남아있는 물방울이며 구름 사이로 새어나오는 달빛을 중심으로 나타내었다. 육유는 비온 뒤의 밤 풍경에서 볼 수 있는 정수를 보여주고 있다. ②는 반딧불이의 빛과 매미의 울음소리를 관찰하고 읊었다. 반딧불이의 빛은 비추는 범위가 좁아서 금방 사라지는데 비해 매미 소리는 그 울림이 커서 소리가 끊어져도 여운이 있다고 하였다. 두 곤충의

---

88 陸游, 「遊山西村」(『劍南詩藁』 卷1). "莫笑農家臘酒渾, 豐年留客足雞豚. 山重水複疑無路, 柳暗花明又一村. 簫鼓追隨春社近, 衣冠簡朴古風存. 從今若許閒乘月, 拄杖無時夜叩門."

89 陸游, 「夜宿鵠鳴山」(『劍南詩藁』 卷5). "西遊萬里已關天, 采藥名山亦宿緣. 老柏干霄如許壽, 幽花泣露爲誰姸. 苔黏石磴捫蘿上, 燈耿雲房掃榻眠. 安得仙翁索米術, 一生留此弄寒泉."

90 陸游, 「病起」(『劍南詩藁』 卷17). "山村病起帽圍寬, 春盡江南尙薄寒. 志士凄涼閒處老, 名花零落雨中看. 斷香漠漠便支枕, 芳草離離悔倚闌. 收拾吟牋停酒椀, 年來觸事動憂端."

91 陸游, 「秋晩湖上」(『劍南詩藁』 卷48). "已過西成賽廟期, 家家下麥不容遲. 夕陽遍野人歸後, 秋水生灘鷺集時. 靈藥不治懷抱惡, 好詩空益鬢毛衰. 從來未識蘇司業, 愁絶西風滿酒旗."

천부적인 특징을 짚어내었다. ③은 자신의 모습과 등불의 특징을 들어서 대비를 이루고 있다. 자신의 모습은 백발 늙은이가 되어 무정한데, 아직 새파란 등불은 커졌다 작아졌다하며 변덕심한 어린아이 같다고 읊었다. 방안에 있는 등불을 보면서 그 모습을 유심히 관찰하여 자신의 심경을 투영해낸 표현기법이 돋보이는 작품이다.

④는 산골 마을의 특징을 읊었다. 육유는 산골 마을이 산 속 깊은 곳에 외따로 떨어져 있는 점을 제일 큰 특징으로 보고 외부와 차단된 것을 나타내려고 길이 없을 것 같다고 표현하였다. 대상의 진면목을 드러내기 위해 그 정수를 짚어내었다. ⑤는 하늘 높이 자라는 측백나무와 이슬 젖은 꽃의 생태를 관찰하여 각각의 천성을 살려 읊었다. 측백나무는 오래될수록 높이 자라는 천성이 있고, 꽃은 최대한 아름답게 피어서 손님을 찾아오게 해야 하는 천성이 있다. 두 식물의 천성을 예리하게 파악하여 대장을 이루고 있다. ⑥은 지사(志士)를 아름다운 꽃에 비유하였다. 지사가 끝내 자신의 뜻을 펼치지 못하고 한가롭게 늙어가는 것처럼, 아름다운 꽃도 결국 시들어 떨어져 빗속에 처참한 모습이 되고 만다. 뜻이 높은 선비와 아름다운 꽃은 제 스스로 고고하지만 결국 끝에 가서는 허무한 삶이 된다는 것을 드러낸 것이다. ⑦은 들판의 저녁 풍경을 관찰하고 읊은 것이다. 석양이 퍼질 무렵 일하던 사람들은 모두 집으로 돌아가고, 들판은 한적해진다. 사람 없는 들판은 고요해져 강물 소리가 여울물처럼 크게 들리고, 해오라기는 그곳의 새 주인이 되어 모여든다. 이 연구는 한 폭의 그림을 보는 듯한 착각이 들 정도로 풍경의 맥을 짚어가며 읊어내고 있다.

육유는 대상을 세밀하게 관찰하여 그 정수를 시로 읊었다. 특히 세세한 부분까지도 유심히 관찰하는 특징을 볼 수 있다. 하지만 육유시의 연구에 나타나는 이러한 특징은 『집련』의 다른 연구들과 크게 차이가 나지 않는 점을 알 수 있다. 이 때문에 매천이 특별히 육유의 시를 모범으로 삼았다고는 여겨지지 않는다.[92]

이상으로 두보와 소식, 육유의 시에 나오는 연구를 살펴보았다. 매천은 이들의 시에서 특히 풍경을 세밀하게 관찰하여 자신의 감정을 투영하는 것을 중요하게 다루고 있다. 그런데 이러한 점은 『집련』의 다른 연구에서도 대부분 나타나고 있어서 이들만의 특징으로 보기는 어렵다. 그리고 주지하듯이 두보와 소식, 육유의 시는 조선의 문단에서 많은 시인들이 사숙했기 때문에 매천만의 특징이 되기에도 무리가 따른다. 두보와 소식, 육유는 조선의 시인이라면 당연히 따르고 배워야 할 대상일 뿐이었다.

『집련』에서 특기할 만한 사실은 백낙륜(1850~1921)의 연구를 두보, 소식, 육유와 대등할 정도로 인용하거 있다는 점이다. 백낙륜은 1895년부터 매천과 교유해온 사이로 무관이지만 시를 잘 지어 매천에게 호평을 받았다.[93] 백낙륜이 자신의 시집을 매천에게 보내어 매천이 일일이 그의 시집을 평점해 준 일이 있었는데, 『집련』에 인용된 백낙륜의 연구가 바로 이때 평점한 것이었다. 매천이 『집련』의 서문에서 밝혔듯이 가까운 시대에 모범이 되는 시에도 관심을 가졌기 때문에 가능한 것으로 여겨진다.

---

92 매천의 차운시를 통해서 육유의 영향관계를 조명한 기태완은 끝에 가서 매천이 육유시의 표현기법을 본받으려 했고, 육유의 우국정신을 본받았다고 보는 것은 타당성이 없다고 주장하고 있다.(기태완, 앞의 책, 89~91면 참조) 이 점은 『집련』을 통해서도 알 수 있다.

93 백낙륜에 관한 자세한 사항은 졸고, 「『集聯』을 통해 본 梅泉의 學詩傾向」(『열상고전연구』 제30집, 열상고전연구회, 2009, 24~29면) 참조.

5 백낙륜

『집련』에 인용된 백낙륜의 연구를 살펴보기로 한다.

① 幽人晩未起, 簷鳥曉先飛.(白樂倫)
"그윽한 사람 늦게까지 일어나지 않는데, 처마 끝 새들 새벽에 먼저 나는구나."[94]

② 亭午無人聲, 鳴鷄上屋角.
"정오에 사람 소리는 없고, 수탉이 지붕에 올라 우는구나."[95]

③ 徐行無盛暑, 逈立有餘凉.
"천천히 가니 무더위도 없고, 높이 서있자니 서늘함이 충만하구나."[96]

④ 春酒一壺隨量飮, 幽禽三月盡情啼.
"봄 술 한 병 주량 따라 마시고, 그윽한 새들 삼월이라 정을 다해 우는구나."[97]

⑤ 新春却怪江流濶, 四郡青山雪水來.
"새봄에 괴이하게도 강 물결이 넓어지니, 사방의 청산에서 눈 녹은 물 흘러와서네."[98]

---

94 白樂倫, 「石留愚」(『有是堂稿』, 안대회소장본). "園靜蒼苔徑, 林深白板扉. 幽人晩未起, 簷鳥曉先飛. 山翠消春霞, 溪光漾霽暉. 風烟無限好, 且坐莫言歸." (批眼前語心融神解)

95 白樂倫, 「田家」(『有是堂稿』, 안대회소장본). "麥田八短鉏, 不雨雲陰駁. 亭午無人聲, 鳴鷄上屋角."

96 白樂倫, 「夏日臺上」(『有是堂稿』, 안대회소장본). "晴向高臺上, 衣巾暎竹光. 徐行無盛暑, 逈立有餘凉. 野色青天近, 泉聲白晝長. 鳴蟬時復歇, 茂樹滿園蒼."(批物我兩忘)

97 白樂倫, 「次士洪」(『有是堂稿』, 안대회소장본). "四山蒼翠八簾齊, 永日遲遲不肯西. 春酒一壺隨量飮, 幽禽三月盡情啼. 淸歌院落桃花發, 玉笛樓凉燕子低. 風便有聲來遠遠, 滿園深竹暗通溪.

98 白樂倫, 「江上」(『有是堂稿』, 안대회소장본). "樹下長橋抱岸回, 渡頭風急片帆開. 新春却怪江流濶, 四郡青山雪水來."

⑥ 春江新水生, 孤棹忠州去.

"봄 강에 새로 물이 불어났는데, 외로운 배는 충주로 가는구나."[99]

⑦ 春風最是無情緖, 飛盡梨花又杏花.

"봄바람은 가장 감정이 없으니, 배꽃을 다 떨어뜨린 뒤에 또 살구꽃이구나."[100]

⑧ 京國黃花佳節近, 樓臺落木大江橫.

"도성에 국화 피니 명절이 가까웁고, 누대 앞 낙엽 지는 나무에 큰 강이 비껴있네."[101]

①은 유인(幽人)의 한가로운 생활을 새들이 먼저 일어나 지저귄다는 것으로 나타내고 있다. 아침에 일어나는 일들을 세밀하게 관찰하여 그 중에서 새 지저귀는 소리와 유인의 한가로움을 짚어내어 읊고 있다. ②는 농번기를 맞은 농가의 정오 풍경을 읊었다. 이때 사람들이 모두 들판에서 일을 하고, 집에 있던 사람들도 모두 들밥을 내간 상황이었다. 그래서 조용해진 집에 사람 소리가 없는데, 수탉이 지붕에 올라가서 그 적막함을 깨우고 있다. 앞 구에서 '비는 오지 않는데 먹구름이 얼룩덜룩하다[不雨雲陰駁]'라고 읊었기 때문에 수탉이 그 풍경을 새벽인 줄 착각한 것이다. ③은 한 여름의 일상을 읊었다. 한여름에 천천히 걷거나 높은 곳에 오르면 무더위를 피하고 나아가 서늘함을 느낄 수 있다고 읊었다. 평범한 일상의 이치인데, 그것을 간과하지 않고 정수

99 白樂倫, 「送李友之忠州」(『有是堂稿』, 안대회소장본). "出郭月初落, 登途天未曙. <u>春江新水生, 孤棹忠州去.</u>"

100 白樂倫, 「春興」(『有是堂稿』, 안대회소장본). "啼鳥深園雨氣斜, 滿溪楡莢不遮家. <u>春風最是無情緖, 飛盡梨花又杏花.</u>"

101 白樂倫, 「漢江」二首中一首(『有是堂稿』, 안대회소장본). "長繩虛繫日輪行, 秋色蕭然兩鬢明. 京國黃花佳節近, 樓臺落木大江橫. 時名鵲起看堪笑, 老態龍鍾坐忘情. 幽寂軒中成一笑, 嗒然隱几古先生."

를 끄집어내어 시에 나타내고 있다.

④는 봄에 일어나는 일을 읊었다. 백낙륜은 사방에 푸른빛이 가득하고 해가 길어지는 좋은 계절을 만나 도저히 그냥 있을 수 없어 술을 마시며 흥취를 돋우는데, 이때 마침 새들도 정을 다해서 울고 있다. 봄의 정취가 그윽한 것을 술과 새들의 울음소리를 통해 읊어내고 있다. ⑤는 봄에 배를 타고 가면서 본 풍경을 관찰하여 읊었다. 봄의 큰 특징으로 강물이 불어난 것을 들었는데, 그 원인에 대해서 청산의 눈 녹은 물이라고 해명하였다. 단순히 봄의 풍경을 보는데서 벗어나 그 이치를 자연에서 찾아 시로 나타내었다. ⑥은 벗을 전송하는 시이다. 백낙륜은 봄의 경치와 벗을 전송하는 것을 연관 지어 읊고 있다. 강물이 불어 봄의 정취가 한창일 때 벗을 떠나보내야 하는 안타까움을 외로운 배에 담아내고 있다. ⑦은 봄의 상징인 꽃이 바람에 의해 떨어지는 모습을 보며 드는 안타까운 마음을 읊었다. 바람은 아무런 감정이 없어서 무심히 꽃을 떨어뜨리니, 배꽃이 피면 배꽃에 불어와 꽃을 떨어뜨리고, 살구꽃이 피면 또 살구꽃에 불어와 꽃을 떨어뜨린다. 작가의 심정을 대상에 투영하여 바람이 꽃을 떨어뜨리기 위해 부는 것처럼 읊으며 안타까운 감정을 극대화하고 있다. ⑧은 한강가의 누대에서 주변의 국화꽃과 낙엽지는 나무를 통해 가을을 읊었다. 국화는 명절이 가까이 다가왔음을 상징하고, 낙엽 진 나무는 그 사이로 한강이 보일 정도로 가지만 앙상하게 남아 있는 것을 알 수 있다. 국화와 앙상한 나무의 대비를 이뤄주면서 가을의 양 단면의 정수를 보여주고 있다.

이처럼 백낙륜의 연구는 대상을 세밀하게 관찰하여 그 맥을 짚어내고, 눈에 보이는 현상이 일어나게 되는 원인을 찾아내어 그 이치를 들어내고 있다. ⑦에서처럼 자신의 심정을 대상에 투영하여 임의적으로 표현하는 것은 백낙륜의 특징이라고 할 수 있지만, 『집련』의 다른 시들과 대동소이하다는 점은 부인할 수 없다.

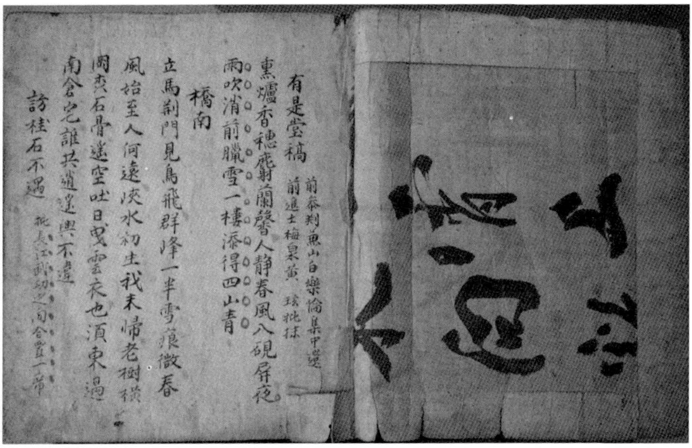

〈사진33〉 백낙륜 시집 『유시당고』(안대회소장본)

6 기타 시인

이상으로 『집련』에 많이 인용된 작가들의 연구를 살펴보았는데, 모두 대상을 세밀하게 관찰하여 그 맥을 짚어내어 정수를 읊고 있다는 것을 알 수 있었다. 이 점은 앞에서 각 시대별로 살펴본 연구와도 일치하는 것으로 매천이 『집련』을 편찬하면서 이러한 시만을 의도적으로 추출한 것을 알 수 있다.

『집련』에는 이밖에도 신위(57), 박제가(50), 이덕무(44), 왕유(23), 김인후(20), 유득공(20), 진여의(20), 이서구(18) 등의 순으로 인용된 수가 현저히 떨어지고 있는 것을 알 수 있다. 이 중에도 서문에서 언급한 신위와 후사가의 시가 대다수를 차지하고 있다. 그 중 박제가의 시관을 보기로 한다.

박제가는 이덕무의 시집 서문에 다음과 같이 말하였다.

> 객이 말했다. "그렇다면 시는 무엇을 본받아야 하는가?" 내가 말했다. "하늘과 땅 사이에 가득한 것이 모두 시일세. 사계절의 변화와 온갖 사물이 내는 소리에는 나름의 자태와 색깔, 소리와 리듬이 절로 존재하네. 어리석은 자는 살피지 못해도 지혜로운 자는 여기에 말미암는다네. 그런 까닭에 다른 사람의 입술만 쳐다보며 진부한 글에서 그림자와 울림을 주워 모으는 것은, 그 본색에서 멀리 벗어나는 것일세."[102]

박제가는 다른 사람의 진부한 글보다 천지 사이에 가득 차 있는 것으로 시를 지으려고 했다. 이러한 박제가의 주장은 18세기 시인들에게서 구체적으로 실천되는 내용으로 일상적 경물, 자연풍물, 사회현상, 인정물태 등의 생생한 모습을 전달하려고 하였다.[103] 이 점은 매천이 『집련』에서 보여준 연구의 특징과도 같다. 매천은 과거 시인들의 진부한 글을 따라하는 것보다 지금 천지 사이에 가득 차 있는 것을 세밀하게 관찰하여 시에 담아내는 것을 중요하게 생각하였다. 이것이 매천이 시를 배우는 초학자들에게 올바른 방향으로 제시해준 길이다. 즉 매천이 생각하는 시를 배우는 방향인 셈이다.

그리고 매천의 이러한 특징은 학시의 대상을 어느 시대, 어느 시인

---

102 朴齊家, 「炯菴先生詩集序」, "客曰, 然則詩何師? 曰, 盈天地之間者皆詩也. 四時之變化, 萬籟之嗚呼, 其態色與音節自在也. 愚者不察, 智者由之. 故彼仰脣吻於他人, 拾影響於陳編, 其於離本也亦遠矣."(『貞蕤閣文集』 제1권, 『문집총간』 권261, 601b면; 정민 외 역, 『정유각집』 하, 돌베개, 2010, 122면).

103 안대회, 「18세기 한국한시사의 구도」, 『18세기 한국한시사 연구』, 2002, 53면.

에게도 국한하지 않았음을 알 수 있게 한다. 그는 오로지 그 현장의 특성을 시가 얼마나 잘 나타내었는가에 주목하였다. 이 점은 매천이 박학을 좋아하는 것과도 밀접한 관련을 가지며 결론적으로 그의 학시 경향이 된다.

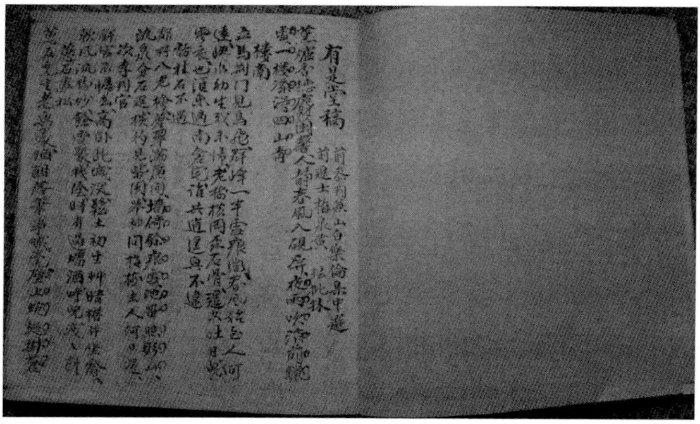

〈사진34〉『유시당고』 이본(전남대 호남한문학연구소 소장)

Ⅲ. 서울 경험의 내면 분석*

1. 서론

매천 황현(1855~1910)은 전남 광양에서 태어났다. 그는 어려서 구례에 있는 왕석보(王錫輔, 1816~1868)를 비롯하여 그의 세 아들 왕사각(王師覺, 1836~1895)·왕사천(王師天, 1842~1909)·왕사찬(王師瓚, 1846~1912)을 찾아가 수학하였다. 왕씨 일가는 당시 구례 일대의 학문을 이끌어갈 정도로 영향력이 있었다. 특히 매천의 큰 어머니 왕씨의 친정이기도 했다. 매천은 이곳에서 청년시기까지 학문을 하였다. 하지만 20세가 되자, 시골의 고루함을 견디지 못하고 서울에 올라갔다.[1]

---

* 『한문고전연구』 제25집(2012)에 실린 논문을 수정한 내용임.

1 매천은 그의 스승인 왕석보의 시를 평하면서 "선생은 율시에 뛰어났지만 고체시는 없었고, 唐·宋의 시풍에 맴돌면서 漢·魏의 시풍에는 영향을 받지 않았는데, 이것은 바로 벽지에서 궁하게 살아 고증과 견문이 적었기 때문이다[長於詩律而無古體, 低回唐宋而無漢魏騷選之遺意, 則以窮居地僻, 少考据聞見之助也]."라고 하였다. 黃玹, 「川社詩稿序」(최승효 편, 『(國譯)黃梅泉 및 關聯人士文墨萃編』, 未來文化社, 1985, p.57).

> 약관이 되어서는 향리(鄕里)의 우매하고 비루한 풍습을 걱정하여 북으로 서울에 가서 유학하였다.[2]
>
> 처음에 운경(雲卿, 황현의 자)이 고향에서 문학공부를 했는데 문견이 고루함을 걱정하자 누군가 서울은 대학사(大學士)가 모이는 곳이라고 일러 주었다. 운경은 흔연히 크게 소득이 있을 것으로 생각하여, 반 천리를 걸어서 북상했다.[3]

김택영과 이건창의 말을 인용하였다. 매천의 학문에 대한 열정이 그를 서울로 이끌게 된 가장 큰 동기가 되었다.[4] 물론 부모님의 권유로 과거시험을 치르는 목적도 있었다.[5]

매천이 처음 서울에 발을 디딘 해는 1878년이었고, 진사에 급제한 뒤 낙향한 것은 1888년이었다. 그는 만 10년간 서울을 출입하면서 유람을 다니며 견문을 넓히고, 다양한 명사(名士)들을 만나 교유의 폭도 넓혔다. 하지만, 매천은 당시 조정의 실정을 직·간접적으로 접하여 '도깨비 세상'이라는 비난을 하면서 결국 은거를 결심하였다. 훗날 그

---

2 "弱冠, 患鄕里闇陋, 北游京師."(金澤榮, 「黃玹本傳」, 『韶濩堂文集定本』 권9, 『문집총간』 권347, p.340c).

3 "始雲卿攻文辭於其鄕, 患固而寡聞, 人道京師之大, 學士之衆也. 意欣然如將有獲, 徒步半千里北上."(李建昌, 「送黃雲卿序」, 『明美堂集』 권9, 『문집총간』 권349, p.134c).

4 매천의 학문에 대한 열정은 도서를 구해 보는 곳에서도 알 수 있다. "가산을 기울여 3천 권 책을 비치해 두고 자신이 그 가운데 있으면서 주야로 책을 읽어 손을 잠시도 놓지 않고 간혹 새벽까지 눈을 붙이지 않았다. 어느 집에 특별한 책이 있는 줄 알면 수백 리도 멀다 않고 찾아가서 필히 빌려다 보고야 말았다[傾家貲儲書三千卷, 身處其中, 晝夜披閱, 手不暫釋, 或達曉不寐. 聞人家有奇文異書, 不遠數百里, 必借讀乃已]." 朴文鎬, 「梅泉黃公墓表」(黃玹, 『梅泉集』 卷首, 『문집총간』 권348, p.403a).

5 매천은 1884년 과거 초시에서 1등으로 뽑혔지만, 한 장석에 의해 낙방되었다. 그리고 조정의 부조리를 경험하여 과거에 대한 미련을 버렸지만, 부친의 강압에 의해 1888년 다시 과거에 응시하여 장원을 하였다. 이러한 내용이 김택영이 지은 「黃玹傳」과 朴文鎬가 지은 「梅泉黃公墓表」에 상세히 나온다.

는 자신이 듣고 본 사실을 『매천야록』에 낱낱이 기록하기도 하였다. 이처럼 매천에게 서울은 불과 10년 동안 몇 차례 다녀간 곳일 뿐이지만, 그의 일생에 큰 전환점을 준 계기가 되었다.

기존의 매천에 관한 연구는 현실인식과 대응, 그리고 그의 문학작품인 한시를 중심으로 이루어졌다. 특히 그의 시대인식은 외세의 위협을 받는 시기에 지식인이 취할 수 있는 대응방안으로 민족적 측면에서 크게 부각되었다.[6] 반면, 그의 문학작품은 격동기 시대와 성격을 달리하는 서정적 측면이 면밀히 드러나는 경향이 짙게 드러났다.[7] 이처럼 지금까지의 연구는 어디까지나 매천의 일평생을 염두에 둔 거시적 평가로 그의 뼈대가 완성된 셈이다.

그런데 여기에 살을 붙이지 않을 수 없다. 거시적 측면에서 보는 것으로 한 사람을 단정할 수는 없기 때문이다. 그 일환으로 본 논문에서는 매천 일생의 특정한 시기를 중심으로 접근하려고 한다.

매천의 일생을 살펴보면서 가장 흥미로운 시기는 서울에 거주할 때이다. 이때는 아직 학문적으로 완숙되지 않은 시기로 그의 일생을 결정하는 매우 중요한 시기임에 틀림없다. 이 때문에 본 논문에서는 매천의 서울경험을 중심에 두고 살펴보려고 한다.

매천의 서울경험을 바탕으로 본론을 크게 세부분으로 나누어 전개하였다. 첫 번째는 서울에 거주하면서 유람할 적에 지은 시를 중심으로 여기에 드러난 내면을 형상하였고, 두 번째는 서울에서 만난 명사들을 읊은 시를 통해서 서울에서의 교유가 평생에 걸쳐 어떻게 나타났는지 살펴보았다. 세 번째로는 나그네의 처지에서 가족과 고향을 그리

6 임형택, 「黃梅泉의 詩人意識과 詩」, 『창작과비평』(통권 19호), 창비, 1970.

7 배종석, 「매천 한시의 서정적 특징 연구」, 성균관대 박사, 2011.

워한 시를 통해 가족에 대한 정이 어떠한지 살펴보았다. 이처럼 서울 경험이라는 제한된 시공간을 중심으로 다각도로 접근하면, 서울이 매천에게 어떠한 의미가 되었는지 깊이 알 수 있을 것으로 여겨진다.

2. 유람 중 내면 형상

매천은 1878년 26세에 처음 상경하였다. 그리고 2년 뒤 1880년 금강산 유람을 떠났다.[8] 고향인 광양에서는 엄두를 내지 못한 일인데, 서울에서는 여기에 대한 정보를 충분히 얻을 수 있었기에 가능했다. 그는 서울을 떠나는 길목에서 「동쪽으로 혜화문(惠化門)을 나서며」라는 시를 지었다.

한 번 도문 나서자니 상쾌한 맘 날 듯 하고	一出都門爽欲飛
하늘 바람 만리 불어 노을 옷을 펄럭인데	天風萬里擧霞衣
비오는 지 맑은지를 헤아리는 일이 없이	休論較雨量晴事
장차 산에 올라가고 강을 따라 돌아오리	且賦登山臨水歸
온갖 짐은 나귀대신 튼튼한 종에 맡겨두고	擔負代驢憑僕健
읊조림은 학과 같아 사람 모습 드물겠지	吟呻如鶴見人稀
사나이의 품은 뜻을 저버릴 수 있겠는가	可能無負桑蓬志
젊은 시절 유람으로 어긋날까 걱정이네.[9]	祇恐浮由少壯違

8 이때 매천은 鄭在鍵, 尹相燮, 俱龍淳 등과 함께 갔다.(黃玹, 「出東小門」, 『매천전집』 권3, 호남학연구소, 1984, p.171).

9 黃玹, 「東出惠化門」, 『梅泉全集』 권1, 호남학연구소, p.368. 같은 시가 「出東小門」의 제목으로 『梅泉全集』 권3(호남학연구소, p.171)에도 있다. 다만, '較'는 '露'로 '祇'는 '只'로 되어 있는데, '較'와 '祇'가 의미상 맞다.

혜화문은 동문과 북문 사이에 위치하며 '홍화문(弘化門)', '동소문(東小門)'이라고도 불린다. 1397년에 처음으로 세워졌고, 1684년 문루를 새로 지었다. 매천이 이곳을 지나갈 무렵에는 옛 모습이 보존되었는데, 그 뒤 일제강점기 때 도시 확장 계획에 의해 사라지게 되었다. 지금의 모습은 1992년에 복원한 것이다. 이 문을 나서면 수유리를 거쳐 의정부 · 양주 · 포천방면으로 갈 수 있었다. 금강산을 향하는 매천은 바로 이 문을 통해 서울을 빠져나갔다.

매천은 이 시에서 서울을 나갈 때의 감정과 앞으로의 여정에 대해 읊고 있다. 그는 혜화문을 나서면서 상쾌한 기분이 들었다. 복잡하고 답답한 도성을 벗어나는 솔직한 심정이다. 게다가 저물녘이라 하늘에는 온통 붉은 노을이 물들어 있었다. 이 풍경을 도성에서는 좀처럼 보기 어려웠는지 수련에서 읊으며 분위기를 고조시키고 있다. 혜화문을 두고 안과 밖의 차이가 매천에게 크게 다가왔던 것이다.

함련부터는 여정에 대한 들뜬 마음이 고스란히 전해지고 있다. 젊은 매천에게 금강산 유람은 매우 큰 기대를 가지게 했다. 그는 비가 내리거나 말거나 따지지 않고, 산을 오르고 계곡을 끼며 돌아다니기로 마음먹었다. 자신의 금강산 유람에 날씨는 아무런 방해가 되지 않았다. 비를 맞으며 걷는 것조차 무릅쓰며 유람을 가겠다는 굳은 의지가 여기에 드러난다.

경련에서는 금강산을 유람하는 자신의 모습을 미리 상상하였다. 무거운 짐은 데려간 종이 들 것이니 자신은 맨몸으로 오로지 경치를 둘러볼 수 있겠고, 좋은 경치에 마음이 감동하여 시를 읊조리면 속세를 떠난 학처럼 신선이 될 것만 같았다. 그는 많은 선인들이 금강산 유람을 평생소원으로 여기는 것을 알고 있었다. 이 때문에 금강산에는 마치 신선이 살 수 있는 특별한 무언가가 있을 것으로 상상하였다.

이처럼 매천은 혜화문에서 금강산을 미리 떠올리며 들뜬 기분을 만끽하고 있다. 그런데, 결구에서는 자신의 유람이 옳은 건지 스스로에게 진지하게 질문하고 있다. 먼저 자신에게 유람이 합당한 이유로 사나이는 태어나 '상봉지(桑蓬志)'를 가지고 있기 때문에 넓은 세상을 둘러봐야 한다고 하였다. 여기에서 '상봉지'는 『예기』「내칙」에 나오는 내용으로 사내아이가 태어나면 뽕나무로 활을 만들고 쑥으로 화살을 만들어 사방에 쏘아 넓고 큰 뜻을 가지라는 의미이다. 매천은 이 점을 들어 자신의 유람을 합리화하고 있다. 그렇지만 그는 유람이 학업에 미칠 영향에 대해 걱정스런 마음을 떨쳐버릴 수 없었다. 자신이 서울에 온 목적은 훌륭한 선비들을 만나 견문을 넓히고, 나아가 과거시험에 합격하는 일이었다. 이런 자신에게 유람은 한갓 사치스런 일은 아닌지 진지하게 자문하고 있다.

무엇보다 이 시에서 혜화문을 나간다는 의미는 유람이 이미 본격적으로 시작된 것으로 많은 기대와 흥분을 일으키고 있다. 또한 공부를 해야만 하는 현실을 벗어나는 지점이기도 하다. 이처럼 매천에게 혜화문은 금강산으로 향하는 출발점이 되었던 것이다.

같은 해 매천은 개성에 있는 천마산에도 갔다. 이 역시 그가 서울에 있었기 때문에 가능한 일이었다. 이때 개성이 자신의 고향이기도 한 김택영은 다음의 시를 지어 매천을 전송하였다.

용감하게 명산 찾아 가는 자　　勇往名山者
나는 황운경을 보았으니　　吾見黃雲卿
먼 길에 찌는 더위를 무릎 쓰고　　長途犯炎熱
서쪽으로 천마성을 오르겠지.[10]　　西上天磨城

김택영의 「천마산에 유람 가는 매천 황현을 전송하며」이다. 천마산은 개성의 주산이다. 김택영은 유람을 떠나는 매천에게 힘을 북돋워 주기 위해 이 시를 지어주었다. 유람을 떠나는 길은 '멀고[長途]' 또 '찌는 더위[炎熱]'를 견뎌내야 했다. 이 때문에 김택영은 이 시에서 유람이 누구나 갈 수 없다는 것에 초점을 두어 매천의 유람을 돋보이게 하였다. 그래서 힘든 여정을 무릅쓰고 유람을 떠나는 매천에게 '용감하다[勇]'는 표현을 한 것이다. 김택영은 이 글자를 시의 첫 자리에 놓고, 또 이 시의 안자(眼字)로 삼고 있다.

이처럼 매천은 김택영의 배웅을 받으며 개성을 유람할 수 있었다. 이 시를 통해 그가 서울에서 각지의 문사들과 교유하며 각지의 유람지에 대한 얘기를 듣고 이와 같이 유람을 떠날 수 있었던 점을 알 수 있다.

뿐만 아니라 매천은 서울에서도 유람을 했다. 한 번은 박문호(朴文鎬)와 함께 김종규(金宗圭)의 원정(園亭)이 있는 삼청동을 찾았다. 그는 이곳에서 「삼청동 진암 김종규의 원정에 자면서 호산 박문호와 함께 짓다」는 시를 남겼다. 매천이 읊은 당시 삼청동의 모습은 지금의 삼청동거리에서는 상상이 되지 않는 한적한 풍경이다.

---

10 金澤榮, 「送黃梅泉雲卿(玹)遊天磨山」(1880)三首, 『韶濩堂詩集定本』 권2, 『문집총간』 권347, p.169d.

들어갈수록 사람 소리 적어지고 漸入人聲少
한 시내의 돌과 모래 빛이 나는데 一溪沙石光
샘물은 여기저기 다 마실 만하고 有泉皆可飮
나무에 걸쳐 평상도 만들어 두니 因樹便爲床
맑은 날엔 두 언덕의 발소리 듣고 兩岸晴聞屐
새벽녘엔 봉우리들 향을 사른 듯 千峰曉爇香
이때 마침 늙은 박을 반으로 쪼개 會須匏子老
이 잔으로 나를 길이 취하게 하네.[11] 刳樽醉我長

삼청동을 깊이 들어갈수록 인적이 드물고 맑은 계곡에는 돌과 모래가 반짝였다. 눈에 보이는 물을 모두 마셔도 될 정도로 청정하였다. 그리고 그곳에 김종규의 원정이 있었다. 김종규는 주변의 나무를 이용하여 평상을 만들어 두었는데, 이때 매천과 박문호를 초청하여 함께 앉아 자연의 풍취를 즐겼다.

좋은 날씨에는 이쪽저쪽 언덕에 유람 온 시인묵객들의 발소리를 들으며 덩달아 흥겨워하겠고, 새벽녘에는 산봉우리에서 구름이 일제히 피어올라 마치 향을 피우는 것 같은 멋진 풍경을 떠올리기도 한다. 이때 마침 매천의 벗은 이러한 상상을 돋우기라도 하듯이 주변의 늙은 박을 쪼개 술잔으로 삼아 이내 흠뻑 취하게 만든다. 이처럼 삼청동 계곡을 찾아 그곳의 자연에 동화되어 즐거워하는 매천의 풍류 있는 면모가 이 시에 고스란히 담겨있다.

하지만 매천이 상경한 더욱 중요한 이유는 과거급제에 있었다. 이는 매천의 부모님이 간절히 원하는 것으로 매천 역시 여기에 큰 부담을

11 黃玹, 「宿三淸洞金振菴宗圭園亭與朴壺山文鎬共賦」(1881), 『매천집』 권5, 『문집총간』 권348, p.492d.

가질 수밖에 없었다. 마침내 그는 1882년 성균 회시에 응시하였다. 하지만 낙방하고 만다.[12] 이때 매천은 함께 낙방한 박문호와 함께 김택영을 불러 북한산성을 유람하였다. 다음은 「박호산 · 김창강과 함께 북한산성을 유람하다」이다.

한양성의 북쪽으로 구불구불 돌아드니	漢陽城北百盤盤
천만 겹의 웅장한 산 관문은 한 구멍 같고	千疊雄山一竇關
기운 쌓인 산은 푸른 하늘 밖에 용이 날 듯	積氣龍騰空翠外
길이 다한 곳은 백운 속엔 새도 없는데다	窮途鳥絶白雲間
지금 같은 요해처로 누구를 기다리는가	如今鎖鑰將誰待
험준한 이 절벽은 기어오를 수도 없겠으니	有此巉巖不可攀
나그네는 일이 없어 봄바람에 말술 마시고	斗酒春風客無事
중흥사 아래 졸졸 냇물소리 듣는구나[13]	重興寺下聽潺湲

매천은 시험에 낙방하고 기분전환을 위해 북한산성을 찾았다. 서울을 둘러싸고 있는 구불구불한 산성 길을 걷다보니, 웅장한 북한산이 한눈에 들어왔다. 자연이 만들어낸 웅장함 속에 인공적으로 만든 산성은 보잘 것 없었고, 눈에 띄는 관문조차 작은 구멍에 불과할 뿐이었다. 이러한 기운이 가득 쌓여있는 북한산은 마치 용이 날아가는 듯하고, 새들은 산이 너무 높아 올라가지도 못한다고 하였다.

12 매천은 과거에 낙방하고 「성균 회시에서 낙방하고 짓다[成均會試見罷作]」(1882)의 시를 지었는데, 여기에서 "쥐 잡는 재주 없다고 천리마를 꾸짖으랴, 갈 길 먼 붕새는 오히려 곤을 기약하네(捕鼠技窮寧責驥 摶鵬路遠尙期鯤)."라고 하여 스스로 위로하였다.(黃玹, 「均會試見罷作」, 『매천집』 권5, 『문집총간』 권348, p.492d).

13 黃玹, 「與朴壺山金滄江澤榮游北漢山城」(1882), 『매천집』 권1, 『문집총간』 권348, p.411b.

이같이 험준한 북한산은 그 자체가 천연의 요새이건만 여기에다 다시 인공적으로 산성을 만들어 더욱 견고한 성이 된다고 하였다. 하지만 험난한 산성의 위엄에도 아랑곳하지 않고, 자신은 단지 나그네로 술 마시며 절에서 쉬면서 한가롭게 냇물소리나 듣는다고 하였다. 매천은 서울을 보호해주는 산성의 위엄이 어떤지 직접 본 느낌을 솔직하게 읊었다. 그렇지만, 시험에 떨어진 자신에게는 산성의 위엄도 부질없다. 마지막 연에서 자신은 지금 '無事'라고 읊조리며 허전한 마음을 드러내며 부질없이 흘러가는 냇물 소리를 들으며 위로하고 있다.

이때 북한산성을 함께 유람한 김택영은 다음 시를 지어 매천과 박문호를 위로하였다.

남쪽 궁궐 시험에서 불리했다 들었더니	聞君不利南宮試
나를 끌고 북쪽 관문 함께 오자 했는구나	携我同來北漢關
가소롭다! 시험관은 아무 생각 없는 건지	可笑主司無計策
좋은 보화 다 버려서 빈산으로 가게 하네.[14]	盡抛奇貨向空山

김택영은 매천과 박문호가 시험에 낙방했다는 얘길 듣고 위로를 할 겸 함께 북한산성을 따라갔다. 그는 이들의 재능을 '좋은 보화[奇貨]'라고 표현하면서 높이 평가하였다. 그리고 이처럼 훌륭한 인재를 알아보지 못한 예조의 시험관에 대해서는 아무 생각도 없는 사람이라고 비난하였다. 특히 마지막 구의 '空山'은 예조의 잘못된 판단을 뜻하기도 하지만, 시험에 떨어진 허탈한 마음을 비우는 의미로 볼 수도 있다.

---

14 金澤榮, 「同壺山梅泉遊北漢山城」(1882), 『韶濩堂詩集定本』 권2, 『문집총간』 권347, p.172d.

이처럼 김택영의 시를 통해서 매천이 마음을 달래러 벗과 북한산성을 찾은 것을 알 수 있다. 매천은 북한산의 웅장한 모습을 보며 감탄하였고, 함께 간 벗이 있어 낙방의 아쉬움도 충분히 위로가 되었을 것이다.

이들의 유람은 북한산성에 그치지 않았다. 그 길로 곧장 북한산 정상인 백운대까지 갔다. 백운대 정상 아래는 가파른 바윗길이기 때문에 낙상사고의 위험이 있는 곳이다. 매천은 28세의 청년이었지만 이곳에서 오르는 것을 포기하고, 김택영과 박문호만 정상에 올랐다.[15] 평소 유람을 즐기는 그였지만, 가파른 백운대는 차마 오를 수 없었던 것이다.

매천은 서울에 있는 동안 벗과 함께 삼청동, 북한산성, 북한산 등을 찾아갔다. 그는 그곳에서 벗들과 술도 마시고 경치도 감상하며 기분전환을 했다. 뿐만 아니라, 그는 고향에서는 쉽게 갈 수 없는 금강산과 천마산에도 갈 수 있었다. 그에게 서울은 전국으로 갈 수 있는 가교역할을 하였던 것이다. 그는 이처럼 유람을 다니며 견문을 넓히길 좋아하였지만, 서울에 온 처음의 목적을 간과할 수 없었다. 그래서 「동출혜화문(東出惠化門)」에서처럼 유람으로 인해 부지런히 학업에 정진해야할 시기가 어긋나지는 않을지 진지하게 고민하였다. 또한 그는 가파른 백운대에 위험을 무릅쓰고 오르는 것보다는 한적한 곳을 찾아가 자연과 어울리는 유람을 위주로 했다.

15 김택영이 지은 시 「同壺山登白雲臺絶頂」의 원주에 "梅泉憚險不能上"라고 나온다.(金澤榮, 「同壺山登白雲臺絶頂」(1882), 『韶濩堂詩集定本』 권2, 『문집총간』 권347, p.172d).

3. 명사들과의 교유

이 장에서는 매천이 서울에서 만난 명사들을 소재로 읊은 시를 살펴보기로 하겠다. 매천은 1878년 처음 서울에 올라와 남산 기슭의 주동(注洞)에 머물면서 맨 먼저 추금(秋琴) 강위(姜瑋, 1620~1884)를 찾아갔다. 그는 강위를 한 번도 만난 적이 없었지만, 그의 시와 인격에 관한 얘길 듣고 이미 마음속으로 경도되어 있었다. 매천은 강위를 만난다는 기대에 부풀어 다음의 시를 읊었다.

내 추금 선생을 뵌 적이 없었지만	我不見先生
마음속엔 일찍이 뵌 것도 같은데	思之如曾見
한 번 뵙고 난 뒤를 미리 상상하면	預想一見後
마땅히 어떻게 사모해야할는지...	當作如何戀
멀리서 온 손은 돌아가질 못하고	遠客不歸去
어린 풀들 정원 가득 돋아났는데	芳草滿庭院
남산에 비바람 치는 저물녘이면	南山風雨夕
평상 둘러 천 번 백 번 맴도는구나.[16]	繞床千百轉

매천의 「추금 강위 선생을 곧 만나게 되어 짓다」이다. 매천은 일찍이 광양에서 성혜영(成蕙永)을 통해 강위의 시를 보고, 그에 관한 얘기를 들었다.[17] 이때부터 그는 마음속으로 강위에게 경도되어 만나고 싶

16 黃玹, 「將見姜秋琴先生瑋」(1878), 『梅泉全集』 권3, 호남학연구소, p.153.

17 매천이 성혜영과 처음 만난 것은 1876년 이었다. 이때 성혜영은 서울에서 추금 강위에게 시를 배우고, 그 외 여러 문사들과 교유한 직후에 매천을 찾아갔다.(黃玹, 「重陽後, 五六日, 河東鎭巖人, 成蕙永, 字彩五, 號南坡, 來訪. 是湖海夙聞者, 今夏遊京師, 學詩於姜秋琴文瑋, 且益習近體, 爲余說秋琴詩累百編. 因及李藕船 · 金阮堂諸名家, 皆可喜可誦. 余聞秋琴久矣. 因經宿連酬.」, 『梅泉全集』 권3, 호남학연구소, p.88).

은 생각이 있었다. 그러다가 서울에 오게 되자, 곧바로 강위를 찾아간 것이다.[18]

이 시는 '先生', '曾見', '預想', '戀', '遠客', '芳草', '風雨', '千百' 등이 중심이 되어 전개되고 있다. '선생[先生]'은 강위를 말하고 있다. 매천이 강위를 선생이라고 부른 것은 학덕과 나이가 모두 자신보다 높아 공경의 뜻으로 일컬은 것이다. '일찍이 보았다[曾見]'는 것은 매천이 강위에게 경도된 정도를 나타내준다. 실제 강위를 만나지 않았는데 만난 것처럼 착각이 들 정도로 평소에도 늘 그를 생각하고 있었다는 것이다.

'미리 상상한다[預想]'는 것은 강위와 직접 만난다는 것에 설레는 마음을 감추지 못하는 표현이다. 역시 강위에게 마음이 경도된 정도를 나타내었다. '사모한다[戀]'는 것은 강위에 대한 감정 표현으로 앞의 내용을 이 한 단어가 모두 담아내고 있다. 특히 매천은 '어떻게 사모할 것인가' 의문형으로 나타내었는데, 이는 강위에 대한 최고의 존경을 표현하려고 노력한 것으로 볼 수 있다.

'멀리서 온 객[遠客]'은 자신을 두고 표현한 것이다. 매천은 서울에서 강위를 만나지 못하면 고향으로 돌아갈 수 없을 정도로 아쉬움이 클 것이라고 읊었다. 그리고 '방초[芳草]'는 계절을 나타내는 단어로 봄에 새싹이 돋아나면 고향으로 돌아가는 때이다. 여기에서 매천이 타지인 서울에 있으면서 고향으로 돌아갈 봄인데도 강위를 만나기 위해 돌아가지 못하는 현실을 말하고 있다.

18 기태완은 매천이 1878년 상경한 것을 오로지 강위를 만나기 위한 것이라고 주장하고 있다.(기태완, 『황매천시연구』, 보고사, 1999, p.38).

'비바람[風雨]'은 방초 가득한 봄의 풍경을 감상할 수 없도록 만들어 주는 것으로 고향으로 돌아가지 못한 매천의 심정을 더욱 서글프게 만들고 있다. 그래서 잠 못 이루고 뒤척이는 것이 '천백 번[千百]'이라고 과장해서 자신의 심경을 드러내고 있다.

결국 매천은 이처럼 그리워하던 강위를 만나게 된다. 그리고 매천은 강위를 통해 서울의 명사들을 두루 알 수 있었다. 당시 강위는 남산 일대 소론 계열의 선비들이 주축이 된 남촌시사(南村詩社)의 맹주로 활동하고 있었는데, 매천도 이 모임에 참여하였다. 강위의 「남촌신석집(南村晨夕集)」에 실려 있는 시를 통해 이 모임에 참여한 인물은 모두 48명이나 된다.[19] 또 매천이 서울에서 교유한 대부분의 명사는 이 남촌시사에 참여하고 있었다. 이건창(1852~1898), 김택영(1850~1927)을 비롯하여 여규형(呂圭亨), 이건승(李建昇), 정만조(鄭萬朝), 정범조(鄭範朝) 등이 모두 포함되어 있었다.

매천은 서울에서 이건창, 김택영과는 더욱 깊이 사귀어 문장이 크게 진취되어 국내에서 명성을 드날렸다.[20] 특히 둘 중에서도 이건창에게 더욱 마음이 쏠렸다.[21] 매천이 이건창을 찾아간 상황을 김택영은 다음과 같이 기록하였다.

---

19 배기표, 「추금 강위의 해외기행시 연구」, 성균관대박사, 2008, pp.47~49 참조. 이 논문에서는 서울대 규장각에 소장된 姜範植筆寫本『古歡堂收艸』를 새롭게 찾아내어 남촌시사에 참여한 인물이 모두 48명인 것을 확인했다.

20 朴文鎬, 「梅泉黃公墓表」, "弱冠後出遊京城, 遍交一世名士, 與姜古懽瑋·李甯齋建昌及金滄江相師友, 尤以李·金託爲神交, 自是文章大進, 聞于國中."(黃玹, 『매천집』 卷首, 『문집총간』 권348, p.402c).

21 黃瑗, 「先兄梅泉公事行零錄」, "生平文字之交, 以寧齋·滄江二公爲最, 而於寧齋傾向尤深."(黃玹, 『매천집』 卷首, 『문집총간』 권348, p.406d).

> 당시 교리 이건창의 문장이 관료들 중에 으뜸이어서 나라 안의 명사들이 강위로부터 그 이하가 그와 종유하지 않는 이가 없었다. 황현이 자신의 시를 가지고 가서 만나니, 이건창은 그 시를 보고 크게 칭찬하였다.[22]

이건창은 15세의 어린 나이로 과거에 급제해 19세에 홍문관에 들어갈 정도로 수재였다. 이 때문에 당시 서울의 명사들은 대부분 이건창과 교유하기를 원하였다. 매천 역시 그와 교유하기 위해 자신이 지은 시를 폐백으로 삼아 찾아갔다. 이 둘이 처음 대면하는 과정에는 재미난 일화가 전해지고 있다. 다음은 매천의 동생 황원이 기록한 내용이다.

> 처음 이건창을 만났을 때 그의 체구가 작은 것을 보고는 대뜸 "주인은 어디 갔소?"라고 하였다. 이에 이건창이 "내가 주인이오."라고 하자, 매천은 "아니오."라고 거부하였다. 그래서 이건창이 "아니, 그렇지 않소."라 하니, 매천은 "주인은 반드시 훤칠한 팔척장신일 터인데, 지금 보니 육척도 다 되지 못하니, 주인이 아닌 게 분명하오."라고 하였다. 그러자 이공이 껄껄 웃었다.[23]

매천은 이건창과 처음부터 뜻이 통하여 신교를 맺고 평생지기가 되었다. 나중에 이건창의 부고를 뒤늦게 받고 이미 장례식이 지나서 이듬해에 800리를 달려가 곡하였다. 이때 시와 제문을 지어 서글픈 마

---

22 "時李校理建昌文章冠薦紳, 國中名士, 自姜瑋以下, 莫不從遊. 玹贄詩以見, 建昌見詩大稱之."(金澤榮, 「黃玹傳」, 『韶濩堂文集定本』 권9, 『문집총간』 권348, p.403c).

23 黃瑗, 「先兄梅泉公事行零錄」, "始訪寧齋李公, 見其短小, 故問'主人爲誰?' 李曰, '我也.' 公曰, '非也.' 李曰, '非非也.' 公曰, '主人必巍巍長八尺, 而乃今不滿六尺, 其非也決矣.' 李爲之大笑."(黃玹, 『梅泉集』 卷首, 『문집총간』 권348, p.406d).

음을 표현하였는데, 제문에서 '고금에 없던 지기로 속마음을 다해서 충고도 해주고 입이 마르도록 칭찬도 해주었다'[24]고 이건창을 회상하였다.

그 뒤 매천은 이건창을 꿈에서 보고는 시름을 이기지 못하여 시를 읊었다. 이건창을 향한 매천의 마음이 얼마나 간절하였는지 짐작할 수 있다.

꿈은 더없이 묘한 것이 되어서	夢爲無上妙
이미 고인이 된 사람도 보이는데	乃見旣骨人
더욱 기이한 건 모습이 안 변해서	尤奇貌不變
여전히 옛날의 젊음 띠고 있었네	尙帶昔年春
논한 문장은 예전처럼 좋았으나	論文猶夙好
말이 많아 어긋난 것도 많았는데	語多頗失倫
내 팔 잡고 수척하다 걱정해주니	約臂問我瘦
누가 꿈이 진실하지 않다 하리오.[25]	孰謂夢非眞

1905년에 지은 「영재를 꿈에서 보고 짓다」이다. 총 4수 중 세 번째 수이다. 이 해에 김택영은 상해로 망명을 갔다. 매천은 처음에 김택영을 따라 상해에 갈 계획을 세웠지만, 집안일로 인해 모두 물거품이 되었다.[26] 이런 상황에서 11월에 을사늑약이 일어나자 매천은 매우 슬퍼

24 "疇無師友, 疇無知己. 今古芒芒, 疇公之似. 箴我箚我, 盡抽己有. 亦復賞我, 舌不容口."(黃玹, 「祭寧齋李公文」(1899), 『매천집』 권7, 『문집총간』 권348, p.519c).

25 黃玹, 「夢寧齋」(1905), 『매천집』 권4, 『문집총간』 권348, p.478a.

26 매천은 「聞金滄江去國作」(1905)의 서문에서 김택영이 편지에서 "소주와 절강 사이에서 노년을 마칠 수 있다면 섬나라 아이들의 노예가 되는 것보다 낫지 않겠습니까?"라고 한 것을 보고는 가족 몰래 여비를 준비하여 가을에 북쪽으로 올라가려고 했다. 그런데 갑자기 혈혈단신의 종가의 종질이 죽어서 모두 수포로 돌아갔다고 기록하고 있다.(黃玹, 「聞

하며 「문변삼수(聞變三首)」를 짓고, 죽은 다섯 명의 절의지사를 읊은 「오애시(五哀詩)」도 지었다. 이즈음 꿈에서 이건창을 꾸게 되었다. 이건창은 죽은 지 이미 7년이나 지났지만 여전히 매천의 마음속 깊은 곳에 자리 잡고 있었다.

이 시에서는 '夢', '骨人', '不變', '春', '論文', '語多', '我瘦', '眞' 등의 시어가 중심이 되어 전개되고 있다. '꿈[夢]'은 죽은 이건창과 매천이 다시 만날 수 있게 해준다. 매천은 꿈을 통해서 초현실적인 붕우의 정을 이뤄내고 있다. '죽은 사람[骨人]'은 이건창이다. 꿈속에서는 산 사람, 죽은 사람 가리지 않고 모두 만날 수 있기 때문에 매천이 이건창을 만났다고 해도 이상할 것은 없다. 다만, 이건창의 모습이 예전과 같아 의외였다.

'변하지 않은[不變]' 것은 이건창의 모습이다. 이건창은 죽은 지 이미 7년이나 지났건만, 예전 모습을 그대로 간직하고 있었다. 이승에서 파리해져만 가는 자신과는 사뭇 다른 모습이었다. 특히 '봄[春]'은 청춘을 의미하는 말로 여기에서는 이건창에게 죽기 전의 파리한 모습이 없고 다시 청춘이 된 것 같다고 하였다. 현실세계에서 괴로워하는 자신과는 대조적이었다.

'문장을 논의한다[論文]'는 생전의 대화를 꿈속에서도 나누는 변함없는 모습을 읊고 있으며 '말이 많다[語多]'는 것은 오랜 시간 만나지 못했다는 것을 의미한다. 비록 꿈이지만 서로에 대한 그리움이 쌓여서 둘은 많은 대화를 나눴다. 매천과 이건창 사이는 유명(幽明)이 달라도 시간이 지날수록 더욱 깊어지고 있다는 것을 말해주고 있다.

金滄江去國作」(1905), 『매천집』 권4, 『문집총간』 권348, p.477c).

'내가 파리하다[我瘦]'는 것은 매천의 현재 모습이다. 평생의 지기였던 이건창은 죽고, 김택영은 고국을 떠났으며 게다가 을사늑약이 체결되어 국권이 일본에 넘어간 상황이었다. 어지러운 현실세계에 매천의 정신과 육체는 나날이 파리해지고 있었다. 그래서 도리어 저승에 있는 이건창이 매천의 모습을 보고 걱정스러워 하였다. '진실[眞]'은 꿈이 현실과 같다는 의미로 매천은 "나의 현재 모습을 죽은 이건창이 어떻게 알고 물어볼 수 있겠냐?"며 반문하며 꿈이 진실하다고 하였다. 꿈이 진실하면 그 속에 있는 이건창도 허상이 아니기 때문이다.

매천과 이건창의 교유는 생사를 초월한 것임을 이 시를 통해 알 수 있다. 매천의 서울생활은 이러한 평생지기를 얻게 된 계기가 되었다.

매천은 서울에서 신헌(申櫶, 1810~1884)·신정희(申正熙, 1833~1895) 부자와도 교유하였다.[27] 신헌과 신정희는 모두 대장을 지낼 정도로 당시 서울에서 권세가 있었다. 뿐만 아니라 매천보다 연배도 20살 이상이나 많았다. 하지만 매천은 이들과도 두터운 신의를 가지고 교유하였다.

> 신향농(申香農)이 대장에 임명되었을 때 위당공이 손을 대하면서 스스로 기뻐하여 말하기를 "이 직임이 나를 떠난 지 10년 만에 다시 왔구려." 하자, 매천이 마침 그 자리에 있다가 정색하고 말하기를 "공께서는 오늘 마땅히 두려운 마음을 품어서 국은에 보답하기만을 생각해야 할 터인데, 어찌 다시 온 것을 자랑거리로 삼을 수 있겠습니까." 하니, 위당공이 사과하였다.[28]

---

27 黃瑗, 「先兄梅泉公事行零錄」, "在京師時, 游於申公威堂·香農父子之間."(黃玹, 『매천집』 卷首, 『문집총간』 권348, p.406d).

28 黃瑗, 「先兄梅泉公事行零錄」, "申香農之拜大將也, 威堂公對客自喜曰; '此任去吾十

인용문은 매천이 신헌·신정희 부자를 대하면서도 자신의 올곧은 태도를 견지하고 있는 것을 보여주는 사례이다. 여기에서 권세가의 앞에서도 평소의 신념을 굽히지 않은 매천의 성격과 이에 선뜻 사과한 신헌의 호방한 성격이 드러난다. 매천은 자신의 신념을 인정해 준 신헌·신정희 부자를 남다르게 생각하며 교유하였다.

다음은 매천이 박문호(朴文鎬, 1846~1918)[29]와 함께 향농 신정희 대장을 모시고 술을 마시면서 지은 시이다.

궁중의 예와 악이 사라짐을 슬퍼하건만	彤墀禮樂怨斜暉
도성 안은 여전히 검게 옷을 물들이고	依舊長安墨涴衣
창해에 이는 먼지 어찌 쉽게 물으랴만	滄海塵生那易問
장군의 익은 술에 선뜻 돌아가진 못하는데	將軍酒熟未輕歸
넓은 뜰에 말을 몰아 금빛 모래 부드럽고	廣庭調馬金沙軟
굽은 난간 꽃이 젖어 물방울이 떨어지니	曲檻澆花玉溜飛
훗날 그댈 찾아오면 약속 저버리지 마세요	他日訪君休負約
자하산 아래 달빛이 사립 비출 때입니다[30]	紫霞山下月臨扉

앞부분에서는 서울의 당시 세태를 읊고 있다. 궁중에서는 이미 예와 악이 석양에 지는 해처럼 사라져가고 있는데, 사람들은 아랑곳하지 않

年, 今更來.' 公適在座, 正色言曰; '公當今日, 宜懷恐懼, 以報國恩爲心, 豈可以更來爲誇耀乎.' 公謝之."(黃玹, 『매천집』 卷首, 『문집총간』 권348, p.406d).

29 박문호는 「梅泉黃公墓表」에서, "내가 젊었을 적에 漢京에서 매천과 처음 알게 되어 마침내 忘形交을 맺어 3, 4년 동안 함께 술 마시고 시문 지으며 거리낌 없이 노닐었다.[始余少時, 與梅泉於漢京中相識, 遂定爲忘形之交, 放浪文酒間者三四年.]"라고 회상하고 있다.

30 黃玹, 「同朴壺山李丹農建初陪香農元戎小飮」(1882), 『매천집』 권1, 『문집총간』 권348, p.411c.

고 옷을 검게 물들여서 입고 다닌다. 이러한 인정세태는 오랜 시간이 흘러서 만들어지는 것이라 누구에게 물을 수도 없는 노릇이다. 광양에서 자란 매천에게 당시 서울은 전통이 무너져가는 모습으로 비춰졌다. 관료들에게 책임이 없다고 할 수 없지만, 그 책임을 신정희에게 돌리지 않았다. 매천은 다만 향농 신정희의 집에 익은 술을 핑계 삼아 이 문제를 넘겨 버렸다.

매천은 신정희의 집을 둘러보았다. 뜰에는 말을 조련해서 부드러운 모래가 깔려있었고, 난간 곁의 꽃에는 덜 마른 물방울이 떨어지고 있었다. 넓은 뜰에서 꽃에 달린 물방울까지 곳곳의 풍경을 둘러보았다. 그리고 자하산에 달이 떠오를 때 또 찾아오리라는 약속을 하였다. 매천은 신정희와 함께한 술자리를 미화하면서 다음번 약속까지 하였다.

매천은 신헌 부자와 교유하면서 고금의 시문을 비평하고, 천하와 당세의 변화에 대한 얘기도 나누면서 식견을 넓혀나갔다.[31] 게다가 1883년 전라도 지도(智島)에 유배 간 신정희를 만나러 200km도 넘는 거리를 바다까지 건너가며 찾아가기도 하고,[32] 1884년에는 신헌을 제사하는 「곡위당신대장(哭威堂申大將)」을 짓기도 하였다. 매천은 이 만사의 끝에 "애영을 끝까지 누린 게 눈 가득 찬란하도다[溢眼哀榮爛始終]."라고 하여 『논어』 「자장」편에서 자공이 공자를 일러 "살아 있을 때에는

---

31 "余昔在京師, 嘗從于霖 · 景模 · 泰鄰諸人之後, 會于所謂香農書室者, 斫鮮啜麵, 以佐酒, 或持盃, 不能飮口, 剌剌評古今詩文, 及縱談天下當世變遷之故."(黃玹, 「靈濱唱酬錄跋文」, 『매천전집』 권4, 호남학연구소, 1984, p.133).

32 지도로 가는 도중 매천은 「將往智島訪香農公謫居雨中過鶴橋作」를 지었다. 한편 매천이 신정희를 만나러 간 것을 김택영은 "其於生平所好者之遷謫死喪, 徒步走千里, 存吊者爲多. 讀書遇忠臣志士困阨痛寃之事, 未嘗不汪然泣下."라 하여 충절이 있는 인물을 찾아간 것이라고 하였다.(金澤榮, 「黃玹傳」(1912), 『韶濩堂文集定本』 권9, 『문집총간』 권347, p.341a).

영광으로 여기고, 돌아가시면 모두 슬퍼한다[其生也榮 其死也哀]"는 고사를 인용하여 신헌을 추앙하였다.

매천이 서울에서 교유한 명사를 만나러 지도에 간 것은 그 뒤에도 또 있었다. 김윤식(金允植, 1835~1922)을 만나러 갔다. 김윤식은 1895년 민비사건으로 인해 제주도에 유배되었다가, 1901년 지도에 이배되었다. 매천은 유배지에서 김윤식과 두보시 「남전최씨장(藍田崔氏庄)」의 운을 따서 서로 수창하였다.

의자 내린 후한 예우 이미 놀랄만하였는데	已驚下榻禮從寬
또 술잔을 함께하며 좋은 말씀 감사하니	又謝聯觴語盡歡
많은 유배 세월 동안 필력만이 노련해져	百謫光陰惟老筆
일평생의 풍미로는 선비 갓을 숭상하고	一生風味尙儒冠
좋은 손은 용산머리 저물 때쯤 웃음 주고	嘉賓助謔龍山暮
흉년든 해 떠돌이 삶 가난함은 맘 아픈데	儉歲關心鴈戶寒
동쪽 울에 꽃이 조금 늦게 핀다 하더라도	一任東籬花稍晩
서리 온 뒤 오랜 시간 감상에는 무방하리[33]	不妨霜後久供看

시의 제목은 「지도 둔곡에서 9일 동안 김운양 상서를 모시고 두보의 「남전최씨장」이라는 시의 운자를 뽑아 쓰다」이다. 매천은 김윤식이 자신을 예우한 것을 하탑(下榻)의 고사에 비유하였다. 하탑은 후한의 진번(陳蕃)이 예장태수(豫章太守)로 있으면서 서치(徐穉)가 올 때만 특별히 의자를 내려놓았다가 그가 가면 다시 걸어 놓았다는 고사로[34] 특별예우를 해준 셈이다. 게다가 술잔을 주고받으며 즐거운 낯빛으로 좋

33 黃玹, 「智島屯谷九日陪金雲養尙書拈杜詩藍田崔氏庄韻」(1902), 『매천집』 권4, 『문집총간』 권348, p.470b.

34 『後漢書』 卷83, 「徐穉列傳」.

은 말까지 해주어 매천으로서는 매우 감사한 일이었다.

매천은 김윤식의 오랜 유배생활을 한편으로 안타까워하면서도 유배지에서 필력이 향상되어 풍미 있는 선비의 모습을 갖추었다고 평했다. 그리고 진(晉)나라 맹가(孟嘉)의 고사[35]처럼 손님이 찾아와 기쁘게 해주도 하고, 흉년이 든 때엔 괴로운 생활도 있을 것이라며 김윤식의 유배생활을 읊었다. 매천은 '늦게 핀 꽃은 서리가 내린 뒤에도 감상할 수 있다'는 자연의 이치를 들어서 김윤식에게 다시 인정을 받아 오래도록 영화를 누릴 것이라고 위로하였다.

이처럼 유배지에 있는 김윤식을 찾아갈 정도로 이들의 교유가 마음속 깊이 두터운 신의를 가지고 있는 것을 알 수 있다. 김윤식 역시 매천을 두고, "매화를 보니 절의지사 생각나서, 저 멀리 백운의 고장 바라보네(見梅懷節士, 遙望白雲鄉.)"[36]라며 깊은 정을 드러내었다.

평생지기인 김택영의 경우 자신이 문필활동에 종사하고 나서부터 함께 문자를 주고받은 지기로 우리나라에서는 박문규(朴文逵, 1805~1888)·이건창(李建昌, 1852~1898)·이남규(李南珪, 1855~1907)·박문호(朴文鎬, 1846~1918)·황현(1855~1910)·서창동(徐昌東, ?~1911)·하겸진(河謙鎭, 1870~1946) 약간 명을 꼽았다.[37] 특히 그는 "매천의 시는 문장보다 몇 배나 뛰어나서 참으로 타고난 재주라 할만하다."[38]라

---

35 맹가의 고사는 진나라 桓溫이 중하게 여기는 맹가와 술을 마실 적에 바람이 불어 맹가의 모자가 떨어졌다. 맹가는 이것도 모르고 화장실을 가자, 환온은 다른 신하를 시켜 시를 지어 놀리게 하였다. 이에 맹가가 돌아와서 보고 웃으며 답시를 지었다.(『晉書』 卷98, 「王敦桓溫列傳」).

36 金允植, 「見梅懷人寄黃石田玹」, 『雲養續集』 권1, 『문집총간』 권328, p.545c.

37 "自余操觚以來, 所與爲文字知己者, 於本邦有朴天游·李寧齋·李修堂·朴壺山·黃梅泉·徐順之·河叔亨若干人而已."(金澤榮, 「書周晉琦詩集後」(1925), 『韶濩堂集借樹亭雜收』 권4, 『문집총간』 권347, p.500b).

고 크게 인정하였고, 매천을 위해서 그 문인과 함께 노닐던 자들에게 편지를 보내어 그의 시를 간행할 것을 권하기도 했다.[39] 그리고 『매천집』 간행에 있어서도 깊이 관여하였다. 김택영은 1910년 매천이 자결했다는 소식을 듣고 다음의 시를 지었다.

麥秀之嘆 끝내고서 독 술잔을 잡아드니	麥秀歌終引酖巵
밤새 비바람 속 산 도깨비 울었는데	五更風雨泣山魑
누가 알았으랴! 가슴속 의를 정한 것이	誰知素定胸中義
『병화십절』 읊었을 때 이미 있었음을…[40]	已在嘐嘐十咏時

기구에서 '麥秀歌'는 나라가 망하고서 부른 노래로 여기에서는 매천이 한일합방 소식을 듣고, 그날 밤에 지은 절명시 4수를 말한다. '독 술잔[酖巵]'는 매천이 자결하기 위해 마신 대량의 아편을 탄 사삼소주(沙蔘燒酒)잔이다. 김택영은 매천이 자결한 밤에 있었던 일을 기구에서 모두 나타내었다. 그리고 그날 밤의 분위기를 승구에서 나타내었다. 밤새도록 비바람이 몰아치고 산에서는 도깨비들이 울어대고 있었을 것이라고 읊었는데, 죽음을 결심한 매천의 복잡한 심경을 이렇게 표현한 것이다.

하지만 김택영은 1906년 매천이 「제병화십절」을 지었을 당시 이미 자결한 결심이 있었던 것으로 보고 있다. 「제병화십절」은 효효(嘐嘐) 병풍의 그림에 지은 절구 10수를 말한다. 여기에서 매천은 역대 절의

---

38 "黃梅泉之詩, 長於文數倍, 眞所謂別才也."(金澤榮, 「雜言九」(1918), 『韶濩堂文集定本』 권8, 『문집총간』 권347, p.324d).

39 "近爲亡友黃梅泉, 馳書於其門人及從遊者, 勸刊其詩."(金澤榮, 「開城家稿序」(1912), 『韶濩堂文集定本』 권3, 『문집총간』 권347, p.256a).

40 金澤榮, 「聞黃梅泉殉信作」(1910), 『韶濩堂詩集定本』 권5, 『문집총간』 권347, p.204a.

지사 열 명을 읊었다. 김택영은 매천이 자결했다는 소식을 듣고 바로 이 시를 떠올렸다. 평소 매천에 대한 깊은 정이 있었기에 가능한 일이었다.

이상으로 매천이 서울에서 교유한 명사들 중에 대표적인 몇 명을 예로 들어 살펴보았다.[41] 매천은 이들과 신교를 맺기도 하고, 두터운 신의를 지니고 있어 명사를 만나기 위해 유배지까지 찾아가기도 하였다. 물론 이들 역시 매천이 상경한 목적을 이루는 데 큰 도움을 주었고, 또 평생토록 정신적으로 서로 의지하며 지냈던 것을 알 수 있었다.

4. 결론

매천이 처음 서울을 찾아간 것은 시골의 비루함을 벗어나고 싶었기 때문이다. 그는 서울을 10년간 출입하면서 처음 가졌던 목적을 이루었다고 할 수 있다. 하지만, 벼슬에 나아가지는 않았다. 그는 서울에서 견문과 학식을 넓히고, 많은 명사와 교유할 수 있는 것에 만족하였다.

매천이 서울에서 견문을 넓힐 수 있었던 까닭은 서울에는 전국의 명사들이 모여 있어서 그들에게 각지의 정보를 얻을 수 있었기 때문이다. 즉 서울은 전국으로 통하는 가교적 역할을 하고 있었던 것이다. 그래서 고향인 전남 광양에서는 쉽게 갈 수 없는 금강산과 천마산으로 유람할 수 있었던 것도 서울이었기에 가능하였다. 뿐만 아니라 매천은

41 그밖에 丹農 李建初, 荷亭 呂圭亨(1849~1922), 茂亭 鄭萬朝(1858~1936), 耕齋 李建昇(1858~1924), 經香 韓章錫(1832~1894), 玉垂 趙冕鎬(1803~1887) 등과도 시문을 주고 받았다.

벗과 어울리거나 기분전환하고 싶을 때 서울의 명소를 찾기도 했다. 그가 서울에서 찾아간 북한산성은 험준한 지형을 끼고 있으면서 그 위에 인공적으로 산성을 쌓은 곳이다. 도성을 방어하는 성벽으로는 더없이 견고하였다. 게다가 북한산은 웅장한 형세를 갖추고 있어서 더욱 볼만하였다. 그렇지만 매천은 북한산 정상인 백운대 같이 위험한 곳에는 오르지 않았고, 삼청동 같이 한적한 개울에서 물소리 들으며 경치를 감상하는 것을 즐거워하였다.

매천의 학식은 서울에서 많은 명사들과 교유하면서 더욱 넓어졌다. 그는 처음 서울에 왔을 때 고향에서부터 익히 명성을 들었던 강위를 찾아갔다. 당시 강위는 남촌시사의 맹주로 활약하고 있었다. 이 때문에 매천은 자연스레 시사에 참여하게 되었고, 이때부터 서울의 명사들과 교유를 할 수 있었다. 뿐만 아니라 이름난 선비가 있으면 자기 시를 폐백으로 삼아 찾아가기도 하면서 교유의 폭을 넓혀나갔다. 그는 당시 서울에서 교유한 명사들에게 두터운 신의를 가지게 되어서 이들이 남도로 유배를 오게 되면 비록 멀더라도 반드시 찾아가 위로하였다. 그들 역시 매천을 신의로 대하였다. 이처럼 매천은 서울에서 교유한 명사들과 평생토록 정신적인 교유를 하였다.

매천은 서울 생활에서 실망도 컸다. 조정의 부조리와 인정세태를 직접 목도하고 크게 회의를 품었다. 심지어 당시 조정을 도깨비나라의 미치광이 소굴로 여기기도 했다. 그의 이러한 현실비판은 『매천야록』에 고스란히 기록되어 전해지고 있다. 학계에서는 일찍부터 여기에 관심을 가지고 이미 많은 연구업적을 이루어 놓았다. 이 연구물들은 매천이 과거급제 이후 은거를 한 이유가 서울 경험에서 비롯된 것으로 보았다. 물론 이것은 사실이다. 그렇지만, 매천의 서울 경험은 명산을 찾아 견문을 넓히고, 다양한 명사와 교유를 하면서 학문의 폭과 깊이를 확장했다. 어느 시대나 많은 사람이 모이는 대도시에서는 부정과 부패가 있기 마련이다. 하지만, 그 속에는 다양한 정보와 지식이 있고, 특히 개개인의 만남에는 진실성이 결여될 수 없다고 본다.

IV. 개항기의 해양 인식 변화*

1. 머리말

살어리 살어리랏다.
바ᄅᆞ래 살어리랏다.
ᄂᆞᄆᆞ자기 구조개랑 먹고,
바ᄅᆞ래 살어리랏다.
얄리얄리 얄랑셩 얄라리 얄라

「청산별곡」의 일부분이다. 여기에 등장하는 바다는 '청산'과 같은 의미를 지니고 있다. 규범과 제도, 욕심과 경쟁이 가득한 문명사회를 벗어나, 하늘로부터 부여받은 천성을 그대로 따르며 살 수 있는 이상향을 상징한다. 어쩔 수 없이 현실세계를 살아갈 수밖에 없는 인간이 마음속으로부터 벗어나고 싶은 욕망은 현실과 대비된 청산과 바다를 향

---

* 『열상고전연구』 제58집(2017)에 실린 논문을 수정한 내용임.

하고 있다. 즉, 청산과 바다는 현실과 떨어진 이상적인 공간으로 여겨지고 있다. 그런데, 이상적인 만큼 현실과의 단절이 불가피하다. 특히 「청산별곡」에서 말하는 바다는 엄밀히 따지면 바닷가에 해당되고, 바다 너머의 세상까지는 이르지 않았다. 바닷가면 충분히 외진 곳이라, 그 너머까지는 생각할 필요도 생각이 미치지도 못했던 것이다.

이처럼 일반적인 바다는 관습적으로 단절을 상징하며 그 결과 미지의 세계에서 오는 막연한 두려움이 존재했다. 하지만, 바다가 삶의 터전인 경우나 지나가야 할 길인 경우에는 현실적 측면의 물리적 두려움이 막연한 두려움보다 크게 작용했다. 특히 바다를 통해 외국으로 사신을 가는 경우는 두려움이 더욱 심했을 것이다. 사신은 바다에 대한 본격적인 체험을 한 경우로 삼국시대부터 중국과의 왕래가 있었다. 하지만, 10세기가 훨씬 지난 17세기의 기록을 보더라도 당시 선박 규모나 항해술로는 풍랑에 의한 두려움이 굉장히 컸던 것을 알 수 있다.[1]

한편, 바다가 외국으로 이어진다는 사실은 개항 이전에는 사행을 통한 극히 일부 지식인들만 체험할 수 있었다. 그러나 개항이 되면서 화륜선의 등장과 해양을 통한 잦아진 국제통상, 그리고 개인적으로 바다를 왕래하는 사람들까지 나타나면서 바다에 대한 심리적 두려움이 해소되었다. 전통적인 바다가 지닌 단절의 공간에서 개항을 통해 소통의 공간으로 전환된 것이다. 즉, 개항을 경험한 지식인이 바다를 바라보는 관점이 개항 이전과는 크게 달라졌다는 것을 추측할 수 있다. 이 점은 근대를 인식해 나가는 유교지식인의 일면으로 볼 수도 있을 것이다.

---

1 임형택, 「조선사행의 해로 연행록 : 17세기 동북아의 역사전환과 실학」, 『한국실학연구』 9, 한국실학학회, 2005, 6-7면 참고; 허경진, 「수로조천록과 통신사행록의 바다 체험 비교」, 『한국한문학연구』 제43집, 한국한문학회, 2009 참고.

황현(1855~1910)은 전남 구례의 지식인이다. 그는 스스로 시골사람인 것에 열등감을 가지고 늘 좁은 식견에서 벗어나고자 새로운 지식과 정보에 대해 갈망하였다. 그러다 나라가 기울어가는 조짐을 감지하고서 곳곳에서 자료를 수집하여 『매천야록』을 집필할 정도로 시대에 민감하게 대응하였다. 또한 눈에 보이는 풍경의 정수를 찾아내어 시로 읊을 정도로 뛰어난 관찰력을 지닌 시인이기도 하다.[2] 본고에서는 이러한 매천의 눈을 통해 개항을 겪으며 바다를 바라보는 유교지식인의 인식의 변화와 나아가 근대전환기 해양 네트워크의 일면을 살펴보려고 한다. 이를 통해 유교지식인의 눈에 비친 개항 이전의 바다와 개항 이후의 바다가 어떻게 달라졌는지 알 수 있을 것이다.

한편 지금까지 바다와 관련된 연구를 살펴보면, 문학의 영역에서 해양문학을 새롭게 조명하여 문학의 범위를 넓히고 좀 더 다양하게 나아가자는 차원에서 진행되거나,[3] 해양인문학이라 명명하며 그 현황과 전망을 원론적으로 모색하기도 하였다.[4] 하지만, 근래 해양인문학이 새롭게 주목받고 있는 것에 비하면, 아직까지 뚜렷한 방향을 제시하지

---

2 배종석, 「매천 한시의 서정적 특징 연구」, 성균관대박사, 2012 참고.

3 엄경흠, 「韓國 漢詩에 나타난 바다-東文選 所在 作品을 中心으로」, 『동남어문논집』 5, 동남어문학회, 1995, 25-38면; 박성규, 「한문학과 바다」, 『한국한문학연구』 제43집, 한국한문학회, 2009, 9-20면; 최영호, 「한국문학의 바다, 그 재발견의 의미」, 『한국한문학연구』 제43집, 한국한문학회, 2009, 21-48면; 윤인현, 「한국 한시에 나타난 '바다' 소재와 주제」, 『한국한문학연구』 제43집, 한국한문학회, 2009, 137-182면.

4 엄태웅 · 최호석, 「해양인문학의 가능성과 과제」, 『동북아문화연구』 제17집, 동북아시아문화학회, 2008, 159-178면; 남송우, 「해양 인문학의 모색과 해양문화콘텐츠의 방향」, 『해안과 해양』 6, 한국해안해양공학회, 2013, 24-27면; 남송우, 「한 · 중 해양문학론 논의의 현황과 방향성 모색」, 『동북아문화연구』 제47집, 동북아시아문화학회, 2016, 5-24면; 최귀묵, 「한국 해양인문학 연구의 현황과 전망」, 『동아시아 해양교류 연구의 회고와 전망』, 고려대 · 중국해양대공동주최발표자료집, 2017, 5-11면.

못한 것이 사실이다. 이에 본 논문은 앞으로 해양인문학이 나아갈 방향에 또 다른 측면을 생각해 볼 수 있게 할 것이다.

2. 두렵고 단절된 공간의 바다

매천은 바다에 대해 다음과 같이 정의한 적이 있다.

> 맑음은 물의 본성이고, 바다는 물이 모이는 곳이다. 가령 맑음에 근본을 두지 않고 한갓 여러 강물을 받아들이기만 한다면, 반드시 혼탁해지지 검푸른 빛만 띠지는 않았을 것이고, 반드시 부패해지지 짜기만 하지는 않았을 것이다. 그렇다면 바다를 맑지 않다고 하는 것은 참으로 틀린 말이다. 맑음이 지극한 상태가 되면 형세가 바뀌지 않을 수 없어서 검푸르게 되고 짜게 될 뿐이다. 이 뿐만이 아니다. 물은 본래 나약하지만, 큰 바다의 물결은 바람이 없어도 스스로 파도를 친다. 그 파도가 말려서 해를 가리기도 하고 크게 쳐서 산악을 삼키기도 하니, 천하의 험한 것 중에 이보다 심한 것이 없다.[5]

위 인용문은 안중섭(安重燮, 1843~1909)의 호 '해사(海史)'에 대해 지은 「해사설(海史說)」의 일부이다. 매천은 여기에서 바다의 본성이 맑은 것과 천하에서 가장 위험하다는 다소 상반된 표현을 했다. 그는 먼저 바다는 모든 물이 모이는 곳으로 그 빛깔이 검푸른 빛을 띠지만,

5 黃玹, 「海史說」, 『매천집』 권6(『문집총간』 권348, 509c면). "淸者水之性, 而海者水之宗也. 使其不本於淸而徒然衆流之受, 則必渾濁而不止黯黮, 必腐而不止鹹. 然則謂海之不淸, 固不可也. 而惟其處淸之極, 其勢不得不轉而爲黯黮爲鹹焉爾. 不特此也. 水本懦弱, 而大海之瀾, 無風自激. 捲者蔽天日而漾者呑山岳, 天下之險, 無過於是."

사실 그 본성은 강물처럼 맑다고 하였다. 또, 그 크기가 실로 막대하여 해를 가리기도 하고, 산악을 삼키기도 하여 천하에서 가장 위험한 것이라 하였다. 매천은 물의 내면은 맑고 나약하지만, 모여서 바다가 되면 형세가 바뀌어 험한 성질을 띠게 된다고 보았다. 즉, 사람이 접하는 바다는 두려움의 대상일 수밖에 없다는 것이다.

매천이 1884년 전남 여수에 위치한 전라좌수영인 매영(梅營)의 남문에 올라 읊은 시에서, "밤낮으로 변방 바람은 끝없이 불고, 높은 누각에서 바라보니 푸른 바다가 겁나네.[日夜邊風吹不盡, 危樓一望怯靑蒼]"[6]라 하였고, 1903년 어느 날 아침에 일어나서 읊은 시에서는, "달이 진 뒤 온통 암흑 바다와 같더니, 닭이 울자 비로소 마을이 드러나네[月墮渾如海, 雞鳴始有邨]"[7]라고 하였다. 이처럼 바다는 두렵고, 어두운 분위기로 형상화 되었다.

다음은 1883년 매천의 나이 29세 때 지은 「점마기에서 바람에 막히다[點馬磯阻風]」이다. 이때 전라남도 신안군 임자도에 유배 중인 신정희(申正熙, 1833~1895)를 방문하러 가는 길이었다.[8]

누가 먼 곳 유람하며 좋은 경치 즐기게 했나	遠遊誰敎耽奇賞
나그네는 본래 고생 많이 해야 하건마는	羈旅自是饒苦況
길에서는 비에 막혀 오장 끓어오르더니	路中滯雨五內熱
나루에선 바람에 막혀 온몸이 근지럽네	津頭阻風百骸癢
육지라면 도롱이 삿갓이나 차려 입겠건만	平陸猶可簑笠具

6 黃玹, 「登梅營南門」(1884), 『매천집』 권1(『한국문집총간』 권348, 412d면).

7 黃玹, 「早起次柳下韻」, 『매천집』 권4(『한국문집총간』 권348, 473a면).

8 『매천집』에서는 신정희의 유배지를 임자도가 아닌 智島로 보고 있는데, 임자도는 「대동여지도」에도 나오는 곳으로 매천의 착오가 있었던 듯하다.

험한 풍랑 속에 어찌 노 저을 수 있겠는가	險灘寧易舟楫伏
점마기 앞 지는 해는 노을 속에 뉘엿뉘엿	點馬磯前日沈暈
임자도 밖 검은 구름 장막처럼 드리우네	荏子島外雲垂帳
춤추는 해추 눈으로 불 토했나 깃발 붉고	舞鰌旗紅眼吐火
물 뿜는 고래 꼬리로 파도 쳤나 물결 희네	噴鯨鉅白尾皷浪
처음에는 거센 조수 부딪치나 싶었는데	初謂汩㶚潮信急
갑작스런 태풍 위력에 점점 두려워지네	漸怖蓬勃颶威壯
옥녀가 채찍 휘둘러 우레 수레 굴리는 듯	玉女驅鞭雷車輾
병사가 군영에서 철마를 나열해 둔 듯	甲士排營鐵馬放
백 아름의 큰 나무는 잎 찢기고 가지 휘며	葉碎枝彎百圍木
천리의 나쁜 기운은 비로 쓸고 키로 날렸네	箒掃箕颺千里瘴
물결 일어 높이 말면 산은 밑으로 잠기고	起輒高捲山入底
부딪혀 올라 떨어질 땐 하늘이 무너지듯	激而倒注天落上
첩첩이 몰아오는 건 마치 층이 있는 듯하고	面闊能容如彼勢
오그라져 뒤집혀 가니 과연 누가 막을 손가	縮縮翻退果誰障
해면은 광활하여 저 위력을 받아내겠지만	面闊能容如彼勢
포구는 멀리 있어 어떤 상태인지 모르겠네	浦遠不知始何狀
천 층의 경사진 모래톱은 방금 삼켜졌고	千層仄渚方呑啅
한 줄기 중류가 이때 출렁이며 흘러가네	一片中流時演漾
물까마귀 떨어질까 두려워 내려오지 않고	水鴉怯墜翔不下
섬의 배는 닻줄 풀려 아래위로 요동치네	島船失繫俯還仰
서리 펴고 눈 솟는단 말 참으로 얕은 비유	霜鋪雪湧眞淺喩
기둥 쓰러지고 밧줄 끊어졌는지 걱정이네	柱傾維折費細量
누워 듣더라도 손발을 덜덜 떨게 하건만	臥聽令人手脚戰
서서 보는 건 나의 기백 왕성하기 때문이지	立觀憑吾魄力旺
만리 밖의 바달 보면 탄식 절로 나오지만	萬里望洋勞嘆咤
밤새도록 님 그리워 기어코 가려고 하네	一夜懷人思冒往
임공자의 고기 낚는 그림 베껴 가져가서	擬寫任公釣魚圖
가시 울 속 솔불 밝혀 손뼉 치며 즐기리라[9]	棘籬松燈相抵掌

점마기는 전남 지도(智島)에서 임자도(荏子島)로 들어가는 길목에 있던 나루로 점마암(點馬巖, 현 點巖)이 이곳이다. 매천은 이곳에서 배를 타면 바로 신정희를 만날 수 있지만, 바람이 세게 불어 뱃길이 막혔다. 육지라면 도롱이에 삿갓을 차려입고 억지로라도 갈 수 있겠지만, 바다의 풍랑에는 노 저을 방도가 없었다. 게다가 노을이 하늘을 수놓을 정도로 날도 이미 저물었다. 춤추는 해추(海鰌)는 바닷가에 있는 소형전선(小型戰船)을 비유한 말로 출렁이는 물결을 따라 춤을 추는 듯하나, 그 깃발은 더욱 붉게 보였다. 또 흰 물결은 고래가 꼬리로 파도를 치는 듯이 크게 일어나고 있었다.

바람의 위세가 점점 거세져 태풍이 되어 육지에서는 큰 나무의 잎을 찢고 가지를 휘어지게 만들며, 온갖 나쁜 기운을 쓸어버리는 것만 같았다. 그리고 바다에서는 파도가 산을 삼킬 정도로 높이 일고, 그 물결이 부딪혀 떨어지는 모습은 마치 하늘이 무너지는 것 같았다. 이런 기세로 밀려오는 파도는 오직 자연 그대로의 광활한 해변만 받아낼 수 있고, 인공적으로 만들어 놓은 포구는 피해가 없을 수 없다. 매천은 이어서 모래톱, 중류, 물까마귀, 섬의 배 등 당시 눈에 들어온 주변 풍경을 그대로 읊으며 풍랑이 이는 바다의 모습을 형상화 하고 있다.

매천은 바다가 이러한 위력을 갖게 된 것에 대해 '옥녀가 채찍을 휘둘러 우레 수레를 굴린다'는 고사를 인용하였다. 이 고사는 진(晉)나라 도잠(陶潛)의 『수신후기(搜神後記)』에 나오는 내용이다.

9 黃玹, 「點馬磯阻風」(1883), 『梅泉集』 권1(『한국문집총간』 권348, 411d면).

> 永和 연간에 義興人 周氏가 도성을 나가 말을 타고 두 사람을 따라 갔는데, 마을에 닿기 전에 해가 졌다. 길가에 새로 지은 작은 초가가 있었는데, 한 여인이 문을 열고 나왔다. 나이가 16-7세가 되어 보였는데, 자태와 용모가 단정하고 옷은 아주 깨끗했다. 주씨가 지나가는 것을 보고는, "해가 이미 저물어 갑니다. 앞마을은 아직 머니 臨賀에 어찌 이를 수 있겠습니까?"하였다. 그러자 주씨는 곧 숙소를 구하였다. 이 여인은 그를 위해 불을 지펴 밥을 했다. 일경쯤에 밖에서 어떤 아이가 '阿香'이라고 부르는 소리를 듣고 여인이 대답하였다. 이어, "관원이 너를 불러 우레 수레를 밀게 했어"라고 말하였다. 여인은 이에 떠나가며, "오늘은 일이 있어서 가봐야 할 것 같습니다."라고 하였다. 그날 밤에 큰 雷雨가 있었다.[10]

시에 나오는 '옥녀'는 바로 선녀 아향(阿香)을 가리키고 있다. 아향은 전설상 하늘에서 우레 수레를 몰아 지상에 천둥을 동반한 비를 내리게 하는 선녀이다. 매천이 점마기에 있을 때 마침 아향이 우레 수레를 몰고 있어서 뇌우가 몰아친다고 하였다. 그리고 하늘의 뇌우에 육지와 바다가 동시에 호응하고 있는데, 바다가 육지보다 반응의 정도가 더 크게 나타났다. 또한 시에서 '병사가 군영에서 철마를 나열해 두다'는 것은 바로 뇌우를 만난 바다의 위력을 비유한 것이다.

이처럼 거칠고 험한 바다지만, 매천은 두려워하지 않았다. 다만 풍랑 속에서는 배를 몰 수 없어 당장 바다를 건널 수 없는 것이 한스러울 뿐이다. 매천이 이곳에 온 목적은 오직 임자도에 있는 신정희를 만

---

10 陶潛, 『搜神後記』 권5. "永和中, 義興人姓周, 出都, 乘馬, 從二人行. 未至村, 日暮. 道邊有一新草小屋, 一女子出門, 年可十六七, 姿容端正, 衣服鮮潔. 望見周過, 謂曰, '日已向暮, 前村尙遠, 臨賀詎得至?' 周便求寄宿. 此女爲燃火作食. 向一更中, 聞外有小兒喚阿香聲, 女應諾. 尋云, '官喚汝推雷車.' 女乃辭行, 云, '今有事當去.' 夜遂大雷雨."

나는 것이었다. 김택영(金澤榮)은 「황현전(黃玹傳)」에서 "(매천은) 평소 좋아하던 사람이 유배되거나 죽었을 때 천리 길을 달려가 위문하는 경우가 많았다."[11]고 추억하고 있다. 임자도에 있는 신정희가 바로 매천이 평소 좋아하던 인물이었다.[12]

신정희는 신헌(申櫶, 1810~1884)의 아들로 헌종 때 별군직으로 궁궐 안에서 독서하며 크게 은총을 입었다. 나중에 금위대장, 장어대장 등을 역임하였다. 성품이 강직하여 『매천야록』에서는 다음과 같이 기록하고 있다.

> 신정희는 도박이 절도의 근원이라고 여기고 아울러 엄히 금하고 범인을 잡으면 바로 처형하였다. 반년이 못되어 죽은 자가 4백여 명에 이르렀다. 서울 성중에서는 두려워 떨며 모두들 일찍 자고 늦게 일어나서 마치 저승사자[鬼朴]가 문 앞에 다다른 것처럼 여기고 숙연해져서 조그만 물건이라도 넘보는 일이 없어졌다. 논자들은 이르기를, "신정희 한 사람을 써서 간사한 도둑의 무리가 세상에서 끊어졌다. 시대를 구제할 인재가 없는 것이 아니오, 쓰는 자가 없음을 걱정할 일이다."라고 하였다.[13]

---

11 金澤榮, 「黃玹傳」, 『梅泉集』 卷首(『문집총간』 권348, 404b면). "其於生平所好者之遷謫死喪, 徒步走千里, 存吊者爲多."

12 매천이 과거시험을 준비하기 위해 서울에 있을 적에 신헌·신정희 부자와 친했다. 신정희의 시권 후미에 쓴 시에서 "郭令兒孫武惠垣"라고 읊으며 신헌을 당나라의 명장 郭子儀에 비유하고, 신정희를 북송의 명장 曹彬에 비유하며 추앙하였다.(黃玹, 「題申香農元戎正熙詩卷後」(1878), 『매천집』권1(『한국문집총간』 권348, 410d면).) 이외에도 壺山 朴文鎬(1846~1918), 丹農 李建初와 함께 신정희를 모시고 술을 마신 「同朴壺山李丹農建初陪香農元戎小飮」(1882) 시가 전한다.

13 황현 저, 임형택 외 역, 『역주매천야록』 권1 하, 「화적의 극성」조(문학과지성사, 2005)

신정희로 인해 서울에는 절도가 근절되고, 기강도 바로 세울 수 있었다. 뿐만 아니라, 고종이 춘천 유수영 설치를 명했을 때 그는 당시의 기강과 인심을 거론하며 임금 앞에서도 소신을 굽히지 않았다.[14] 하지만, 1882년 장어대장으로 있어서 임오군란의 책임자 문책을 받고 임자도에 위리안치 되었다. 매천은 일찍부터 신정희와 친분을 쌓아왔기에 그가 임자도에 유배되었다는 소식을 듣고 이곳까지 찾아온 것이다. 매천은 유배된 신정희를 위로하기 위해 온 것은 맞지만, 여기에서 그치지 않고 서울 사정을 듣고 싶은 욕구도 있었다.[15]

매천은 구례의 궁벽한 시골마을에 살아서 평소 널리 배워 식견을 넓혀야 한다는 생각을 지니고 있었다. 그 일환으로 농토를 팔아 서책을 구입하기까지 했다.[16] 임자도에서 신정희를 만나 임오군란을 전후한 서울 사정을 들었을 것은 충분히 짐작할 수 있다. 비슷한 경우로 그는 1902년 김윤식(金允植, 1835~1922)이 지도에 위리안치 되었을 적에도 몸소 찾아가서 궁금한 이야기를 물어보았다.[17] 유배된 관료들을 만나서 주고받은 대화는 그의 견문을 넓혀 주었을 뿐만 아니라, 『매천야록』에 서울에서 일어난 소소한 이야기까지도 기록할 수 있는 계기가 되었다.[18]

---

14 황현 저, 임형택 외 역, 『역주매천야록』 권1 하, 「춘천 유수영 설치」조.

15 매천은 신정희를 통해 『매천야록』의 기사거리를 얻을 수 있었다. 이 때문에 『매천야록』에는 신정희가 총 39회 등장하고, 이 중 그를 소제목으로 한 것이 4번이나 나온다. 특히 신정희의 꿈 속 이야기처럼 그에게 듣지 않고서는 서술하기 어려운 부분도 간간이 보인다.

16 배종석, 「매천 한시의 서정적 특징 연구」, 성균관대박사학위논문, 2012, 12-13면 참고.

17 『매천야록』에는 김윤식이 총 70회 등장하고, 그를 소제목으로 한 내용이 7번 나온다. 특히 1884년 조의 「원세개의 정변에 대한 발언」에서 "나는 이 이야기를 김윤식에게서 들었다"는 내용이 나온다.

다시 위의 시로 돌아가면, 매천은 한편으로 유배 온 사람을 위로하기 위해서, 다른 한편으로 지식과 정보를 얻기 위해서 바다를 건너려고 하였다. 이 때문에 점마기의 풍랑이 아무리 거세다고 하더라도 그의 발길을 돌릴 수는 없었다. 그리고 태풍이 몰아치는 거친 바다에도 그의 기백은 꺾이지 않았다. 그의 마음속에는 이미 신정희를 만났을 때의 기쁨으로 가득 차 있었다.

마지막 연에 등장하는 임공은 전설상에 나오는 인물이다. 그는 거세한 소 50마리를 미끼로 회계산(會稽山)에 걸터앉아서 동해에 낚싯줄을 드리우던 임공자(任公子)이다. 그는 매일 아침 낚시를 했지만 한 마리도 낚지 못했다. 낚시한 지 1년이 지나 큰 물고기를 낚았는데, 창오(蒼梧) 북쪽에 이르기까지 사람들이 그 고기를 실컷 먹었다고 한다.[19] 매천은 바다를 건너 임자도에서 신정희와 이러한 이야기를 나누며 즐길 것을 생각하였다. 그는 태풍의 위력 앞에서도 바다 너머에서 이뤄질 일을 생각하며 두려움을 떨쳐버릴 수 있었다.

하지만, 매천은 바다를 늘 두려움의 존재로 인식하며 경계하였다. 다음은 1880년 26세 때 강위(姜瑋, 1820~1884)가 수신사 김홍집(金弘集)의 수행원으로 일본에 갈 적에 전송한 시이다.

---

18 매천이 『매천야록』의 자료를 수집한 취재원에 대해서 임형택은 “매천은 비록 중앙 정계와 멀리 떨어져 있었음에도 종유한 여러 벼슬아치나 문우들을 통해서 얻어들은 바가 자못 넓었던 것이다”라고 했다.(황현 저, 임형택 외 역, 「매천야록 해제」, 『역주매천야록』, 문학과지성사, 2006, 19면.)

19 『莊子』, 「外物」. “任公子爲大鉤巨緇, 五十犗以爲餌, 蹲乎會稽, 投竿東海, 旦旦而釣, 期年不得魚. 已而大魚食之, 牽巨鉤, 錎沒而下, 騖揚而奮鬐, 白波若山, 海水震蕩, 聲侔鬼神, 憚赫千里. 任公子得若魚, 離而腊之, 自制河以東, 蒼梧已北, 莫不厭若魚者.”

왕의 정치 빛내려고 사절 따라 가시나니　潤色王猷隨使節
서생으로 일 아는 건 예전부터 못 들었네　書生識務古稀聞
좀먹고 묵은 원고 변방 편케 할 계책이요　蠹餘宿藁平邊策
붕새 등의 외론 돛엔 바다 위한 제문이네　鵬背孤帆祭海文
눈은 둥근 지구 둘러 일본까지 다 살피고　眼繞圓球窮出日
그 기개는 큰 칼 울려 뜬 구름도 자르시네　氣鳴雄劍截浮雲
옛날 나는 동래관서 동쪽 한번 바라보며　昔余萊館一東望
물과 하늘 그 푸름도 구분하지 못했건만[20]　只是水天靑未分

매천은 이 시에서 60의 노구를 이끌고 일본으로 가는 강위의 충(忠)을 드러내고, 서생으로 시무를 훤히 아는 건 쉬운 일이 아니라면서 그의 능력을 높이 평가하였다. 이어 강위의 지식과 학문이 일본과의 외교에서 좋은 계책을 낼 것은 당연하지만, 가는 길은 험난한 바다를 건너야만 한다고 했다.[21] 이 때문에 붕새처럼 큰 배에 바다를 평온하게 할 제문이 있다고 하였다. 혹시라도 모를 바다의 변덕을 경계하는 측면에서 제문을 지은 것이다.

그렇지만 바다를 건너는 강위는 둥근 지구를 둘러 일본까지 안목을 넓히고, 기개도 드높이 펼칠 수 있다고 하였다. 반면 자신은 끝없이 펼쳐진 바다를 한 번도 가본 적이 없어서 아득히 먼 바다를 바라보면, 바닷물과 하늘의 색깔조차 구분하지 못한다고 하였다. 그의 마음속에는 바다 건너 일본에 가서 식견을 넓히고, 기개를 키우는 강위가 부러웠던 것이다. 매천은 바다는 분명 두려운 존재지만, 이를 건너게 되면

20 黃玹, 「奉送姜秋琴老人瑋赴日本」(1880), 『매천집』 권1(『한국문집총간』 권348, 411a면).

21 통신사행은 수로조천사행에 비해 충분히 준비된 사행이었지만, 바다를 건너야 하는 막연한 두려움은 항상 존재하였다.(허경진, 「수로조천록과 통신사행록의 바다 체험 비교」, 『한국한문학연구』 제43집, 한국한문학회, 2009, 54면 참고)

새로운 세상을 접하여 자신의 지식을 넓힐 수 있으리라 생각하였다.

매천은 1884년 강위가 죽자, 그를 추모하는 시에서, "거문고 들고 세속 밖에 산과 바다 유람을 했지[汗漫携琴海岳遊]"[22]라며 일생의 업적 중에 바다 건넌 것을 높이 평가하기도 했다. 매천에게 바다란 두렵고 단절된 공간이었다. 하지만 여기에 그치지 않고 극복해야 할 대상이라고 여겼다. 그 두려움 너머에는 만나고 싶은 사람, 또는 새로운 세상과 새로운 지식이 있기 때문이다.

3. 개항 이후 소통의 공간으로

전통적으로 강이나 바다는 이별의 장소인 동시에 물리적 단절을 나타내는 공간이었다. 하지만 다른 측면으로 강과 바다는 전 세계를 이어주기 때문에 강가나 바닷가에서 보고 싶은 사람을 그리워하기도 했다. 매천은 시에서 바다를 종종 물리적 단절을 뜻하는 것으로 형상화하였다.

다음은 「용두의 농가에 묵다[宿龍頭田舍]」이다.

귤나무 집 등불 깊고 술은 독에 가득한데	橘戶燈深酒滿缸
달빛 밝은 시골 길에 삽살개도 짖지 않네	月高村徑不聞狵
비바람 속 가을이나 곡식만은 풍년이고	入秋風雨年猶稔
강호에다 감형 행해 도적들 다 항복하네	大赦江湖賊盡降
수위 낮아 고기 새우 수문으로 올라오고	水落魚蝦緣野閘

22 黃玹, 「哭秋琴先生」(1884), 『매천집』 권1(『한국문집총간』 권348, 412c면).

날이 차니 황새와 학 고깃배에 모여드네 　天寒鸛鶴集漁艭
외진 바다 구석에서 한가로이 늙어 가면 　逍遙海曲吾將老
어찌 다만 봉전 열 쌍만을 얻고 말겠는가[23] 　安得葑田只十雙

1895년 41세 때 순천의 바닷가에 있는 용두마을에 묵으면서 지은 시이다. 농가의 주변에는 감귤나무가 심어져 있고,[24] 술독에는 술이 가득했다. 때마침 달 밝은 밤에 삽살개도 짖지 않아 고즈넉한 분위기가 펼쳐졌다. 돌이켜보면 비바람이 몰아친 가을이었건만, 다행히 한 해 농사는 풍년이 들었다. 이 때문에 나라 안 도적들의 형벌을 줄여주니 항복하는 죄인도 늘어났다. 또 가을이 되니 강물의 수위가 낮아져 물고기와 민물새우는 조금이라도 물이 많은 곳으로 모여들고, 날씨가 추워져 황새와 학은 고깃배로 모여들었다. 매천은 용두마을의 풍요롭고 평화로운 풍경을 세밀하게 관찰하여 그 정수를 찾아 읊었다.

그런데, 미련에서 매천은 이곳을 '海曲'이라고 하였다. 외진 바다의 구석이라면 한적한 바닷가 마을이다. 그는 이곳에서 살아간다면 풍요로운 삶을 살 수 있다고 생각했다. 마지막 구의 '葑田'은 호수나 못이 오랜 시간동안 메워져 논밭이 된 곳을 말한다. 이런 봉전을 10쌍(50묘) 이상 얻을 것이라고 하였다. 결국 외진 바닷가는 세상과 단절된 은둔자의 공간이고, 바다는 세상 끝에 존재하는 관념적인 장소이다. 그리고 바다 너머까지는 인식이 채 미치지 못하고 있다. 바다는 단절을 뜻하며 외진 바닷가 마을까지도 세상과는 단절된 곳으로 인식되었다.

---

23 黃玹, 「宿龍頭田舍」(1895), 『매천집』 권2(『한국문집총간』 권348, 428b면).

24 감귤나무는 생계와 관련이 있다. 매천은 만수동에 은거할 때 집 주변에 감귤 나무 천 그루가 있어서 생계 걱정이 없다고 하였다.(黃玹, 「和善吾課韻」十三首中六首(1898), 『梅泉集』권2(『문집총간』 권348, 441c면.))

다음은 바다 너머의 장소에 대한 매천의 동경이 담긴 시이다. 「여수의 심포 객사에서 이청재에게 부치다[深浦旅舍寄李青在]」 4수 중 제2수이다.

풍진 세상 돌아보니 잇몸까지 시려 와서	回首紅塵冷齒根
늦게나마 바다 밖의 무릉도원 찾아오니	晚從海外覓桃源
콩 꽃이 핀 밭두둑은 사립문과 마주하고	荳花田畔門相對
어부 초동 형제 삼아 절로 마을 이루었네[25]	兄弟漁樵自作村

1884년 30세에 지은 시이다. 매천은 이 시를 짓기 1년 전 궐정시에서 시골출신이라는 이유로 낙방하였다. 이때 과거에 크게 실망하여 벼슬에 대한 미련을 버리게 되었다. 이후 어지러운 세상을 멀리한 채 홀로 고결자수(高潔自守)한 은자의 길을 선택하였다.[26] 그는 이 시에서 세상에 대한 혐오를 잇몸까지 시리다고 하면서 바다 밖 무릉도원을 찾아갔다. 여기에서 바다는 현실 세계와 은자의 세계를 구분지어 주는 물리적 장벽이 된다. 그 장벽 너머의 풍경은 시의 전·결구에서 전개하였다. 사립문 밖에는 콩이 자라고, 어부와 초동이 살고 있는 작은 마을이다. 즉, 바다는 현실과 단절시켜주는 역할을 하고 있다.

위의 두 수는 전통적인 관점에서 바다를 바라보는 매천의 시각을 알 수 있다. 하지만, 개항이후의 모습을 목도한 매천에게 바다는 조금 다른 측면으로 다가왔다. 다음은 개항 이후 달라진 서울의 모습을 읊은 시 「서울에 들어서며[入京師]」이다.

25 黃玹, 「深浦旅舍寄李青在」(1884), 『매천집』 권1(『한국문집총간』 권348, 413a면).

26 배종석, 「매천 한시의 서정적 특징 연구」, 성균관대박사, 2012, 59면.

십 년 만에 다시 찾은 한양성에 당도하니	十年重到漢陽城
남산만이 예전처럼 푸른 것을 알겠구나	惟有南山認舊青
도로 옆엔 유리로 된 가로등이 벌려있고	夾道琉璃洋燭上
하늘 가른 전선줄엔 전차 소리 요란하네	橫空鐵索電車鳴
배로 만 리 바다 건넌 물건 모두 신식이고	梯航萬里皆新禮
임금님은 역사상에 황제 칭호 시작했네	屋纛千秋始大名
우습구나! 기 땅 사람 뱃속 가득 어리석음이	却笑杞人痴滿腹
저 하늘이 갑작스레 어찌 무너지겠는가?[27]	彼天安有驀然傾

매천은 1899년 이건창(李建昌, 1852~1898)의 부고를 뒤늦게 받고, 구례에서 강화도까지 800리를 달려가 곡하였다. 이 시는 그때 서울에 들어서며 읊은 것이다. 그는 1888년 생원 복시에 장원한 뒤, 벼슬에 대한 미련을 버린 채 서울을 떠났었다. 이때는 거의 10년 만에 다시 서울을 찾은 것이다. 그런데 개항의 물결이 10년 사이에 서울 곳곳을 변화시켰다. 매천의 눈에는 푸르른 남산만이 옛 모습을 그대로 간직하고 있을 뿐이었다.

도로 양옆으로는 유리로 만든 가로등이 설치되어 있고, 하늘에는 어지러운 전선이 있는데, 그 아래로 전차가 요란한 소리를 내며 지나갔다. 이 모든 것이 바다 건너 들어온 외국의 신식문화였다. 그리고 임금은 한반도 역사상 처음으로 황제의 칭호를 사용하게 되었다. 매천은 이렇게 변화된 서울의 모습을 보고 감탄하면서 한 가지 고사를 떠올렸다. 옛날 杞나라 사람은 쓸데없는 걱정을 잘 하여 하늘이 무너질까 걱정해서 잠도 못 자고 음식도 먹지 못했었다.[28] 매천은 신식으로 변화

27 黃玹, 「入京師」(1899), 『매천집』 권3(『한국문집총간』 권348, 449d면).

28 『列子』, 「天瑞」.

된 서울의 모습을 보며 자신의 걱정 역시 기 땅 사람 같다고 생각했다.

매천은 서울의 모습을 변화시킨 외국의 신식문물은 배를 타고 만리의 바다를 건너왔다고 하였다. 즉, 바다는 외국의 신식문물이 들어오는 통로의 역할을 하고 있는 것이다. 1876년 개항 이전까지 바다를 통한 외국 선박의 접근은 극히 제한적이었다. 하지만, 조일수호조규 이후 일본을 시작으로 서양의 여러 나라들과 국교가 이뤄져 차츰 외국 문물이 들어오게 되었다.[29] 그 결과 서울은 10년 전과는 확연히 달라졌다. 매천은 새롭게 변한 서울의 모습을 보고 개항을 다소 긍정적으로 바라보고 있다. 하지만, 그가 3년 뒤에 읊은 시는 이와 사뭇 다르다.

다음은 1902년에 지은 「학포를 출발하여 당산진에 이르다[發鶴浦至糖山津]」 7수 중 제3 · 4수이다.

바다 봉쇄 풀 때 나라 이미 어리석었으니	海禁開時國已愚
부질없이 관세 계산 옹졸하게 따지누나	空聞關稅較錙銖
옻칠 상자 사기그릇 어디에다 쓰려는지	漆箱磁盌知安用
동남으로 만곡 진주 전부 던져 버리누나	擲盡東南萬斛珠

큰고래가 물결 치고 바닷바람 길이 부니	鯨魚鼓浪海風長
가을 기운 암담하게 육지까지 이어지네	秋氣陰森接大荒
먹물 같은 한 줄 연기 하늘까지 치솟으니	一直貫天烟似墨
화륜선이 칠산 바달 나는 듯이 건너가네[30]	火輪飛渡七山洋

---

29 조선의 개항은 일본을 시작으로 미국(1882), 영국과 독일(1884), 러시아(1885), 이태리(1886), 프랑스(1887), 오스트리아(1892) 순으로 개항했다.(황현 저, 임형택 역, 『역주매천야록』, 「개항」조 참고.)

30 黃玹, 「發鶴浦至糖山津」(1902), 『매천집』 권4(『한국문집총간』 권348, 469d면).

학포는 전남 함평군에 위치한 나루터로 영산강을 경유하여 지도(智島)로 갈 수 있는 곳이다. 매천은 이때 지도에 유배중인 김윤식을 만나러 가는 길이었다. 약 20년 전 임자도에 유배중인 신정희를 만나러 갔을 때와는 주변 분위기가 많이 달라져 있었다.

개항을 계기로 바다를 통한 무역 금지가 풀리자, 상선이 수시로 드나들게 되었다. 이때부터 항구에서는 관세를 계산하기 위해 잔달게 따지는 일이 벌어졌다. 들어오는 물품은 옻칠한 상자와 사기그릇 같은 실생활에 크게 필요치 않은 사치품들이었다. 반면, 나가는 물품은 실생활에서 없어서는 안 될 곡식이었다. 이 때문에 매천은 동남쪽에 있는 일본으로 진주 같은 곡식을 전부 던져 버렸다고 탄식하였다. 당시 무역의 폐해를 매천은 정확히 짚어내고 있다.

이어 읊은 시에서는 바닷바람이 불어와 암담해진 가을 기운이 육지까지 이어진다고 하였다. 이는 단순히 바닷바람이 불어오는 것이 아니라, 바다를 통한 무역이 결코 조선에 좋은 영향을 주지 않을 것이라는 우려의 표현이다. 이러한 우려는 바다에서 하늘까지 이어지는 시커먼 연기를 내뿜는 화륜선의 모습에서도 볼 수 있다. 초기 무역의 경우 유한한 자원이 무한한 공산품과 거래가 되어 조선의 입장에서는 불합리한 측면이 많았다. 하지만, 이제 매천에게 바다는 전통적인 관념인 단절의 공간에서 벗어나 외국과 문물을 주고받는 소통의 공간으로 변한 것은 틀림없다.

1905년 봄 매천의 지기인 김택영(金澤榮, 1850~1927)이 편지에 쓰기를, "세상 돌아가는 것을 가히 알 수 있구려. 늙은 몸으로 섬놈들의 종노릇하기보다 차라리 강소(江蘇)·절강(浙江) 지역의 교민이 되어 여생을 마치고자 하오. 나와 함께 떠나겠소?"라고 하였다.[31] 이 편지를 받은 매천은 김택영을 따라 가려고 했다. 그래서 몰래 여비를 마련하여 그해 가을에 서울로 가려고 했다. 하지만, 6월 초에 종가의 종질이 죽었는데, 가까운 친척이 없어서 그 자식과 종부를 책임져야 할 상황이었다.[32] 이 때문에 결국 바다를 건널 수 없었다.

이후 김택영은 중국 강소성 남통(南通)으로 망명을 갔다. 이때부터 둘은 바다를 사이에 두고 편지를 주고받으며 교유를 이어갔다.[33] 매천뿐만 아니라 그의 동생 황원(黃瑗, 1870~1944)도 시와 글을 지어 김택영에게 보냈다. 김택영은 황원의 시에 화답시를 지어 보내주었고, 매천은 김택영의 화답시에 다시 화답을 하였다. 다음은 「창강이 계방[황원]에게 보내준 시에 다시 화운하다[又和滄江寄季方之作]」의 일부분이다.

저는 어젯밤 꿈속에서 나는 용을 좇아서	我夢昨夜隨飛龍
침상에서 황홀하게 바다 건너 장강 향했지요	枕上栩然海溯江
거센 파도 맞으면서 곧장 남통으로 가려는데	皷浪直入南通州
석우풍과 태풍이 뒤섞여 맞이하더군요	石尤颶母紛迎降
한묵림서국이 문을 열면 그 사람 헌결차고	翰墨林開人影頎
연평진은 예전처럼 두 마리 용 꿈틀대는군요[34]	延津依舊蜿蜒雙
	… 下略 …

31 황현 저, 임형택 역, 『역주매천야록』, 「김택영」, 1905년 조.

32 黃玹, 「聞金滄江去國作」, 『매천집』 권4(『한국문집총간』 권348, 477c면 참고).

33 『매천집』(『한국문집총간』 권348)에는 김택영이 남통으로 간 뒤에 보낸 편지 한 통과 시 4제 11수가 전한다.

34 黃玹, 「又和滄江寄季方之作」(1910), 『매천집』 권5(『한국문집총간』 권348, 492a면).

이 시는 1910년 56세 때 지은 것이다. 김택영이 망명간 지 약 5년이 지난 때였다. 매천은 1년 전 김택영이 잠깐 귀국했다는 소식을 들었지만, 그때도 만나지 못했다. 그 뒤 김택영의 편지를 받고 답장을 하면서 함께 지은 시이다.[35] 그 편지에서 매천은 "창강[김택영] 형이 5월 18일 보낸 편지가 28일 저녁에 손에 들어왔습니다. 헤아려 보니 열흘 만에 도착한 것이니 이 얼마나 신기한 일입니까"[36]라고 하면서 남통에서 온 편지가 열흘밖에 걸리지 않은 것에 대해 놀라워했다. 그동안 매천에게 남통은 망망대해를 건너야 하는 먼 외국 땅이었다. 하지만, 열흘 만에 편지를 받은 뒤로는 남통과의 심리적 거리도 그만큼 줄어드는 계기가 되었다.

이 때문에 위 시에서 매천은 꿈을 빌어 김택영이 있는 곳까지 갈 수 있었다. 이는 또한 김택영에 대한 간절한 그리움의 표현이다. 그는 날아가는 용을 좇아서 서해바다를 건너 남통이 있는 장강까지 가려고 했다. 그 길에서 가장 큰 장애물은 바다였다. 그리고 그 바다는 잔잔하지 않았다. 무역하러 떠나간 남편을 그리워하다 죽은 석우의 혼이 변해서 된 석우풍(石尤風, 회오리바람)과 태풍까지 몰려와 길을 막았다.

꿈속이지만, 거친 바다는 매천이 김택영을 만나러 가는 길에 큰 장애가 되었다. 하지만, 그는 끝내 김택영이 일하는 한묵림서국에 도달하여 그의 헌걸찬 모습을 볼 수 있었고, 용천(龍泉)과 태아(太阿)의 명검이 들어가 두 마리 용이 되었다는 연평진의 못도 볼 수 있었다. 비

---

35 매천은 김택영에게 보낸 편지에서 '금년이 형의 환갑이니, 축수하는 글을 지어서 보낸다'는 말을 하였다.(황현 저, 이기찬 역, 「김창강에게 보냄[與金滄江]」, 『매천속집』 제1권(한국고전종합DB, 2010))

36 黃玹, 『梅泉續集』 권1, 「與金滄江」(『한국문집총간』 권348, 537b면). "滄江我兄五月十八日答函, 入手在廿八日之夕. 屈指只一旬, 是何神也."

록 꿈속에서 간 것이지만, 이제 매천에게 바다는 외국으로 갈 수 있는 통로라는 인식이 분명하게 자리 잡게 되었다.

〈그림35〉 남통에 있는 김택영 고택(오래된 주택가 가운데 있다)

매천은 1909년 김택영이 잠시 귀국했을 때, 그를 생각하며 "누가 장강과 회수가 멀다고 하는가, 아침에 동쪽을 출발하면 서쪽에서 잘 수 있네. 누가 창강이 늙었다고 하는가, 기러기처럼 만리 길을 오고가는데."[37]라고 읊었다. 매천에게는 이제 바다를 통해 외국으로 가는 것이 그리 이상할 일이 아니었다. 실제로 매천은 중국 여행을 가고 싶어서 김택영에게 편지로 여권과 여비에 대해 물어보기도 했다.[38] 경술국치로 결국 그 꿈을 이루지는 못했지만, 그에게 바다는 누구나 갈 수 있는 소통의 공간으로 인식되었다.

또한, 매천은 김택영과의 편지를 통해 엄복(嚴復, 1853~1921)과 오여윤(吳汝綸, 1840~1903)에 대한 논문을 받아보기도 하고, 엄복의 나이와 양계초가 사는 곳 등 중국인사에 대해 궁금한 것을 묻기도 하였다. 다만, 매천은 경술국치 소식을 듣고 자결을 하였다. 이 때문에 망망대해를 낀 둘의 교유는 그리 오래가지 못했다.[39] 하지만 이러한 둘의 교유는 개항 이후 근대전환기의 해양을 통한 국가 간의 인문학적 네트워크의 일면이라고 볼 수 있겠다.

---

37 黃玹, 『梅泉集』 권5, 「除夜憶滄江」(『한국문집총간』 권348, 491b면). "誰謂江淮遠, 東隣朝發西隣宿. 誰謂滄江老, 萬里來往如鴻鵠."

38 黃玹, 『梅泉續集』 권1, 「與金滄江」(『한국문집총간』 권348, 537b면). "勸游一案, 非徒兄之舌敝, 弟亦有時斗然欲發狂. 然終是痴想也. 最是旅券旅費之必不可無者. 初未之詳, 兄若從後詳示, 則雖老矣, 或可賴天之靈, 一有鵠起之日. 試把筆端之舌, 一爲我更敝也."

39 『매천집』(『한국문집총간』)에는 김택영에게 보낸 편지가 1통만 실려 있고, 김택영의 『소호당문집』(『한국문집총간』)에는 매천에게 보낸 편지가 1통도 실려 있지 않다. 하지만, 이를 통해 매천 사후 그의 동생 황원이 『매천집』 간행을 위해 김택영과 여러 통의 편지를 주고받았다.

4. 맺음말

전통적인 관념으로 바다는 현실과의 단절을 상징하며 이로 인한 막연한 두려움을 간직하고 있었다. 하지만, 바다 너머에는 이쪽에서 얻지 못하는 이상향이 있었다. 현실적으로 보면, 바다는 물리적인 장애물에 불과했고, 그 너머에는 내가 얻고자 하는 것이 있었다. 이 때문에 위험을 무릅쓰고 결국 바다를 건너게 되는 것이다. 하지만, 바다는 여전히 단절과 두려움을 간직한 공간이었다.

개항이 되고 나서 바다는 단절이 아니라, 소통의 공간으로 탈바꿈한다. 특히 외국과의 통상은 서양의 신문물을 들어오게 하여 서울을 새롭게 꾸며주기도 했다. 하지만, 통상은 긍정적인 면보다 부정적인 면이 컸다. 실생활에 불필요한 무한의 재화와 실생활에 꼭 필요한 유한의 재화를 교환하는 불합리한 통상이 이뤄져 국내 시장에 불리한 면이 많았다.

매천의 경우 바다는 두렵고 단절된 공간이었지만 극복해야만 하는 대상이었다. 그 너머에는 만나고 싶은 사람이 있었고, 새로운 정보가 있었으며, 새로운 세상을 접할 수도 있었기 때문이다. 특히 김택영이 중국 남통으로 망명을 간 뒤, 이들이 망망대해를 사이에 두고 주고받은 서신은 매천에게 바다를 바라보는 새로운 시각을 열어줬다.

개항 이전 한·중 간의 서신은 오직 사신을 통해서만 오갈 수 있었다. 이 때문에 답장을 받기 위해서는 오랜 시간이 필요했다. 일례로 홍대용과 항주 선비들이 주고받은 서신을 살펴보면, 짧게는 1년, 길게는 10년까지 걸렸다.[40] 그런데 매천은 김택영의 서신을 불과 10여일 만에 받아볼 수 있었다. 그는 이 서신을 통해 중국 인사들의 논문을 읽기도 하고, 그들의 근황에 대해 묻기도 했다. 더욱이 김택영이 선박으로 한·중을 오가는 것을 보며 자신 역시 중국으로 유람을 떠나려는 마음을 먹기도 했다. 이제 매천에게 바다는 더 이상 단절이 아닌, 소통의 공간으로 여겨지게 되었다. 나아가 김택영과 주고받은 서신은 근대 전환기 해양을 통한 인문학적 네트워크의 일면이라고 볼 수 있겠다.

40 김태준, 『홍대용과 그의 시대』, 일지사, 1982, 126-157면; 천금매, 「『中朝學士書翰』을 통해 본 金在行과 杭州 선비들의 交流」, 『동아인문학』 제14집, 2008, 145면.

| 부 록 |

매천관련 자료와 연구논저 목록

1. 원전

黃玹, 『梅泉集』, 『문집총간』 제348권, 民族文化推進會, 2005.
____, 朴炯得 編, 『梅泉詩集』(국립중앙도서관 소장)
____, 『梅泉詩選』(필사본)(국립중앙도서관 소장)
____, 『梅泉集』(석판본), 1966.(필자 소장)
____, 金振明 編, 『箋註梅泉詩集』, 澹齋書室, 1957.(존경각 소장)
____, 『梅泉詩律』(필사본)(전남대 소장)
____, 『梅泉詩集』(필사본)(동국대 경주도서관 소장)
____, 『梅泉詩集(幷)續』上 · 下, 朴受容商店, 1932.(국립중앙도서관 소장)
____, 金澤榮 編, 『梅泉集』冊1-3(국립중앙도서관 소장)
____, 『黃玹全集』, 亞細亞文化社, 1978.
____, 『梅泉全集』, 湖南學硏究所, 1984.
____, 『梅泉野錄』, 國史編纂委員會, 1955.
____, 『梅泉野錄』, 國史編纂委員會, 1971.
____, 이장희 역, 『梅泉野錄』, 大洋書籍, 1973.
____, 허경진 역, 『梅泉 黃玹 詩選』, 평민사, 1992.
____, 이장희 역, 『梅泉野錄』, 良友堂, 1993.
____, 김종익 역, 『(번역)오하기문』, 역사비평사, 1995.
____, 허경진 역, 『매천야록』, 한양출판, 1995.

____, 임형택 옮김, 『(역주)매천야록』, 문학과지성사, 2005.
____, 허경진 옮김, 『매천야록』 : 지식인의 눈으로 바라본 개화와 망국의 역사, 서해문집, 2006.
____, 김영붕, 이병기 역, 『(역주)매천 황현 시집』 上 · 中 · 下, 보고사, 2007.
____, 조준호 옮김, 『매천야록』 : 자유정신을 위한 책, 지식을만드는지식, 2008.
____, 李章熙 譯, 『매천야록』上 · 下, 明文堂, 2008.
____, 김영붕 역, 『(역주)황매천 시집』후집, 보고사, 2010.
____, 임정기 역, 『국역 매천집』 제1권, 한국고전번역원, 2010.
____, 박헌순 역, 『국역 매천집』 제2권, 한국고전번역원, 2010.
____, 권경열 역, 『국역 매천집』 제3권, 한국고전번역원, 2010.
____, 이기찬 역, 『국역 매천집』 제4권, 한국고전번역원, 2010.
____, 정동호, 『매천야록 : 한권으로 읽는 역사이야기』, 일문서적, 2011.
____, 나중헌 옮김, 『(한권으로 읽는)매천야록』, 북랩, 2012.
____, 김종익 역, 『오동나무 아래에서 역사를 기록하다:황현이 본 동학농민전쟁 오하기문』, 역사비평사, 2016.
____, 김덕중 역, 『후백야록(厚柏野錄) : 촛불 앞에서 논객! '매천야록'을 다시 쓰다』, 한림당, 2017.
黃玹 編, 『集聯』(순천대학교박물관 소장)
이우성 감수, 최승효 편, 『(國譯)黃梅泉 및 關聯人士文墨萃編』, 未來文化社, 1985.
최승효 편, 『黃梅泉 및 關聯人士文墨萃編 : 影印原文』, 未來文化社, 1985.

2. 단행본

기태완, 『황매천시 연구』, 보고사, 1999.
김영붕, 『매천 황현 시와 사상』, 보고사, 2017.
김정환, 『매천시파 연구』, 경인문화사, 2007.
김종균, 『매천 ; 만해 ; 지훈의 시인의식 : 한국전통의식의 탐구(1)』, 박영사, 1982.

박금규, 『황매천시 연구 : 「독국조제가시」평을 중심으로』, 정화출판문화사, 1980.
_____, 『황매천시론 연구』, 원광대학교출판국, 1996.
박충록, 『조선후기 삼대시인 연구 : 김택영 · 황현 · 이건창』, 이회, 1994.
이병기, 『매천시 연구』, 보고사, 1994.
_____, 『매천황현 산문 연구』, 보고사, 1995.

3. 박사논문

기태완, 「매천시 연구 -시의 수련과 영향관계 및 그 풍격을 중심으로」, 성균관대 박사, 1998.
김소영, 「매천 황현의 산문에 관한 연구」, 성균관대학교박사, 2007.
김정환, 「매천시파 연구」, 전남대박사, 2006.
박금규, 「매천황현의 논시절구 연구 : 주석적 측면을 중심으로」, 우석대박사, 1996.
배종석, 「매천 한시의 서정적 특징 연구」, 성균관대박사, 2012.
윤경희, 「황현 시문학 연구」, 고려대박사, 1990.
이병기, 「황매천 시 연구」, 전남대박사, 1984.
한재표, 「매천 시의 형성 기반과 시적 교류의 양상」, 성균관대박사, 2010.
황수정, 「매천 황현의 시문학 연구」, 조선대박사, 2006.

4. 석사논문

공병성, 「황매천시 연구」, 고려대교육석사, 1988.
길은식, 「매천 황현의 개화인식 연구」, 한국교원대석사, 1997.
김수옥, 「매천 황현의 시대인식」, 이화여대석사, 2001.
김우경, 「매천 황현의 우국시 연구 : 현실인식을 중심으로」, 고려대교육석사, 2008.
김혜정, 「매천 황현의 역사인식」, 부산대학교석사, 1992.

문수홍, 「매천 황현의 애국시고」, 동국대석사, 1987.
박금규, 「황매천시 연구 : 〈독국조제가시〉평을 중심으로」, 고려대교육석사, 1976.
박미영, 「매천 시의 일국면 : 회고시를 중심으로」, 성균관대교육석사, 2009.
백영옥, 「매천 우국시에 대한 고찰」, 한양대교육석사, 1986.
송경옥, 「『매천야록』에 나타난 황현의 현실인식 : 1864~1893년을 중심으로」, 성신여대석사, 1989.
엄기일, 「매천사상 연구 : 현실인식의 사상적 기저를 중심으로」, 공주대석사, 1997
오택원, 「황현의 시문학론」, 동국대석사, 1980.
이소영, 「매천의 문학과 생애 연구」, 서울여대석사, 1986.
이혜정, 「매천 황현의 역사인식」, 부산대교육석사, 1992.
이희승, 「황현의 현실인식에 대한 일고찰 -동학농민운동과 갑오개혁을 중심으로」, 세종대석사, 1997.
임경숙, 「매천 황현의 동학농민운동에 대한 인식」, 순천대교육석사, 2002.
정시열, 「신자하와 황매천의 논시절구 비교 연구」 -동인논시절구와 독국조제가시를 중심으로, 서강대석사, 1999.
정재호, 「매천시연구」, 계명대학교석사, 1986.
정찬웅, 「매천시 연구」, 인하대석사, 2000.
조규효, 「황현의 사상연구」, 경남대교육석사, 1982.
한미현, 「매천 한시로 보는 우국과 현실의 갈등」, 충남대교육석사, 2005.
황수정, 「매천 황현의 전기연구」, 순천대석사, 2003.

5. 일반논문

구본미, 「황매천시에 나타난 전통 수호와 현실의식」, 『대전어문학』 제13집, 대전대학교국어국문학회, 1996.
권오찬, 「진정한 애국시인 매천 황현」, 『경주문화』 통권 제13호, 경주문화원, 2007.

권평, 「황현의 『매천야록』과 시대인식의 변화」, 『교회사학』 제141집, 한국기독교회사학회, 2015.
기태완, 「황현의 논시절구 〈독국조제가시〉 연구」, 『인문학보』 제20집, 강릉대 인문과학연구소, 1995.
______, 「황매천의 중국시에 대한 논시절구」, 『인문학보』 제23집, 강릉대 인문과학연구소, 1997.
______, 「매천 황현과 석정 이정직의 문학논쟁」, 『한문학보』 제13집, 우리한문학회, 2005년.
______, 「황매천의 중국시에 대한 시각 -논시절구를 중심으로-」, 『한국한시연구』 제13호, 한국한시학회, 2005년.
길은식, 「매천 황현의 개화인식 연구」, 『청람사학』 제3집, 한국교원대학교 청람사학회, 2000.
김경호, 「매천 황현 -구한말 유교 지식인으로 산다는 것」, 『공자학』 28권 , 한국공자학회, 2015.
김기주, 「매천 황현과 성리학 -『매천야록』을 중심으로」, 『남도문화연구』 19, 순천대학교 지리산권문화연구원, 2010.
김소영, 「척독을 통해 본 매천 황현의 삶의 자세와 시대인식」, 『한문학보』 제10집, 우리한문학회, 2004년.
______, 「매천 산문의 표현형식 연구」, 『한문학보』 제18집, 우리한문학회, 2008년.
______, 「매천 황현의 산문관」, 『한문학보』 제23집, 우리한문학회, 2010.
김수옥, 「매천 황현의 시대인식」, 『녹우연구논집』 40집, 이화여자대학교사회생활학과, 2001.
김영붕, 「매천 시의 배율에 대하여」, 『고시가연구』 13집, 한국고시가문학회, 2004년.
김용환, 「매천과 면암의 시대인식과 도덕가치」, 『윤리연구』 82, 한국윤리학회, 2011.
김원준, 「『매천집』을 통해 본 『매천시집 하』의 구성과 누락 시의 특징 -영남대학교 소장 남재문고 『매천시집 하』를 대상으로-」, 『민족문화논총』 58, 영남대학교민족문화연구소, 2014.

김정환, 「매천 황현의 『구안실신고』 연구」, 『한문학보』 제12집, 우리한문학회, 2005년.
김종균, 「매천 황현의 삶과 시 -그의 시정신의 구현을 위하여」, 『어문연구』 통권 제23호, 한국어문교육연구회, 1979.
김진욱, 「『구안실신고』 연구」, 『한문학보』 제23집, 우리한문학회, 2010.
_____, 「매천 민속시 〈상원잡영〉 특성 연구」, 『고시가연구』 26집, 한국고시가문학회, 2010.
_____, 「『구안실신고』의 문학적 특성 연구 :자연시를 중심으로」, 『인문학연구』 43, 조선대학교 인문학연구원, 2012.
_____, 「매천 황현의 〈화소천논시육절〉 연구」, 『고시가연구』 제30집, 한국고시가문학회, 2012.
_____, 「매천 자연시에 투영된 근대성 연구」, 『남도문화연구』 제27권 , 순천대학교남도문화연구소, 2014.
김창수, 「매천 황현의 민족의식」, 『사학연구』 제33호, 한국사학회, 1981.
_____, 「매천의 애국 사상」, 『나라사랑』 제46집, 외솔회, 1983.
_____, 「매천 황현의 동학인식에 대하여」, 『신인간』 제416호, 신인간사, 1984.
_____, 「『동비기략』 초고해제」, 『동학난』, 을유문화사, 1985.
_____, 「매천 황현 의 동학관계자료 ; 『오하기문』의 분석을 통한 『동비기략』의 재구」, 『신인간』 제432~3호, 신인간사, 1985.
김항구, 「매천 황현의 대외인식과 그 변화」, 『사회과학연구』 제4집, 한국교원대학교 사회과학연구소, 2003.
_____, 「황현의 신학문 수용과 '호양학교' 설립」, 『문화사학』 제21호, 한국문화사학회, 2004.
_____, 「『매천야록』에 나타난 황현의 왕실 인식」, 『인문논총』 제10집, 한국교원대학교인문과학연구소, 2010.
김현숙, 「시인 신동호 -황현」, 『월간말』(통권 제144호), 월간말, 1998.
김효동, 「『매천야록』에 나타난 한말 양반에 대한 인식」, 『한문학보』 제33집, 우리한문학회, 2015.
류연석 · 황수정, 「매천의 교유를 통한 의식세계 연구」, 『과학과교육』 제10집, 순천대학교 과학교육연구소, 2002.

문수홍, 「매천 황현의 애국시고」, 『동악한문학논집』 제3집, 동국대, 1987.
문동규, 「민족의식과 이상적인 삶 -한말 지리산권 시인 매천 황현의 우국시를 중심으로」, 『남도문화연구』 제23권, 남도문화연구소, 2012.
박걸순, 「매천 황현의 당대사 인식을 둘러싼 논의」, 『한국근현대사연구』 55호, 한국근현대사학회, 2010.
박맹수, 「매천 황현의 동학농민군과 일본군에 대한 인식」, 『한국근현대사연구』 55권, 한국근현대사학회, 2010.
박종훈, 「매천 황현의 회인시에 드러난 현실 인식」, 『고시가연구』 제28집, 한국고시가문학회, 2011.
박찬모, 「매천 황현 관련 역사소설 소고」, 『호남문화연구』 48권, 전남대학교호남학연구원, 2010.
배종석, 「『집련』을 통해 본 매천의 학시경향」, 『열상고전연구』 제30집, 열상고전연구회, 2009.
______, 「매천시의 의경 : 만수동 형상을 중심으로」, 『한문학보』 제23집, 우리한문학회, 2010.
______, 「매천 황현의 〈이충무공귀선가〉 고찰」, 『이순신연구논총』 제14집, 이순신연구소, 2010.
______, 「매천 황현의 서울 경험과 시문학」, 『한문고전연구』 제25집, 한국한문고전학회, 2012.
______, 「근대전환기 해양 네트워크에 대한 상상과 추구 -매천 황현의 해양인식의 변화를 중심으로-」, 『열상고전연구』 제58집, 열상고전연구회, 2017.
복효근, 「매천사당에서 외 1편」, 『시와 시학』(통권 제25호), 시와 시학사, 1997.
송재소, 「매천황현의 시」, 『시와 시학』(통권 제46호), 시와 시학사, 2002.
신익철, 「지리산 자락 매화의 절조와 향기를 찾아 -황매천 유적지 답사기」, 『민족문학사연구』 9권, 민족문학사학회, 1996.
신창섭, 「매천사우, 오동잎 무성한 선비의 집」, 『통일한국』(통권 제55호), 평화문제연구소, 1988.
심영의, 「황현 연구」, 『어문논총』 제19호, 전남대학교 한국어문학연구소, 2008.
심재기, 「황현의 매천야록」, 『한글한자문화』, 전국한자교육추진총연합회, 2007.

심재석, 「매천의 우국시」, 『동화』 제4,4(91.4), 동화연구소, 1991.
안병렬, 「황매천의 소설 연구」, 『한문학논집』 2집, 단국대 한문학회, 1984.
오규원, 「매천 기타 : 오월의 시」, 『현대시학』 4, 6(72.6), 현대시학사, 1972.
오세철, 「구한말 사회변동과 사회심리체계의 상호작용에 대한 분석 :매천야록을 중심으로」, 『동방학지』 제29집, 연세대학교 출판부, 1981.
오종일, 「총독부 검열 본 매천 문집 해제 ; 발굴자료 보고」, 『정경문화』 제225호, 경향신문사, 1983.
오택원, 「황현의 시문학론」, 『한국어문학연구』 제13집, 한국어문학연구학회, 1980.
윤경희, 「황현의 문학사상」, 『한국문학 사상사』, 계명문화사, 1991.
______, 「황현의 세계관과 시세계」, 『한국한문학연구』 제14집, 한국한문학회, 1991.
______, 「황현의 전 연구」, 『어문논집』, 민족어문학회, 1996.
윤인현, 「매천 황현의 문학에 나타난 선비정신」, 『한문학보』 제23집, 우리한문학회, 2010.
원재연, 「근대 이행기 호남 유림의 시무론과 동학인식 : 李沂(1848~1909)와 黃玹(1855~1910)을 중심으로」, 『조선시대사학보』제74집, 조선시대사학회, 2015.
이기찬, 「『매천집』 역주의 유형별 고찰 :고전번역서 역주의 방향 모색을 위한 시론」, 『민족문화』 36, 한국고전번역원, 2011.
이리화, 「황현의 『오하기문』에 대한 내용검토 -1894년 동학농민전쟁의 기술을 중심으로-」, 『서지학보』 4권, 한국서지학회, 1991.
이병기, 「매천시의 연쇄법」, 『국어문학』 제22집, 전북대, 1982.
______, 「매천시의 이구법」, 『국어문학』 제23집, 전북대, 1983.
______, 「황매천의 詞에 대하여」, 『국어문학』 제24집, 전북대, 1984.
______, 「황매천의 기행시」, 『원광한문학』 제2집, 원광한문학회, 1985.
______, 「매천의 화답시 연구」, 『국어문학』 27권, 국어문학회, 1989.
______, 「황매천시 연구 -우국시의 의의와 영향을 중심으로-」, 『한국언어문학』 27권, 한국언어문학회, 1989.
______, 「황현의 한시」, 『한국의 한문학』 제3권, 민음사, 1991.

______, 「매천 황현의 명(銘)에 대하여」, 『한국어문학연구』 제28집, 한국어문학연구학회, 1993.
______, 「매천 황현의 상양시에 대하여」, 『고시가연구』 1권, 한국고시가문학회, 1993.
______, 「매천연구 보완초 -매천시 연구, 매천황현산문 연구」, 『고문연구』 8권, 한국고전문화연구원, 1995.
이병주, 「황매천의 애국시」, 『한양』 제4권 제4호, 동경, 1965.
______, 「황현과 이건창」, 『뿌리깊은 나무』, 1978.
______, 「매천 황현의 시문학」, 『나라사랑』 제46집, 외솔회, 1983.
이상식, 「매천 황현의 역사의식」, 『역사학연구』 제8집, 전남대학교사학회, 1978.
이성일, 「황매천 시에 나타난 현실인식과 시관」, 『동방한문학』, 동방한문학회, 1990.
이승복, 「근대전환기의 국권 피탈 체험과 글쓰기: 『매천야록』을 중심으로」, 『작문연구』 12권, 한국작문학회, 2011.
이이화, 「황현(1855~1910)의 동학에 대한 인식과 비판」, 『서지학보』 제4호, 한국서지학회, 1991.
______, 「문장으로 나라를 사랑한 황현 -예리한 현실비판의 시문」, 『내일을 여는 역사』 제4호, 내일을 여는 역사, 2001.
______, 「『매천야록』은 근대사의 보고 서평(황현『역주 매천야록』상 · 하 원문 교주본, 문학과지성사, 2005)」, 『창작과비평』(통권 128호), 창비, 2005.
이의강, 「매천 황현의 서정시 저변에 흐르는 두 가지 의식」, 『한문학보』 제23집, 우리한문학회, 2010.
이장희, 「황현의 생애와 사상」, 『아세아연구』 통권 제60호, 고려대학교 아세아문제연구소, 1978.
______, 「『매천야록』에 대하여」, 『나라사랑』 제46집, 외솔회, 1983.
______, 「『매천야록』 초」, 『나라사랑』 제46집, 외솔회, 1983.
이정림, 「매천의 뜰에서」, 『철학과 현실』(통권 제31호), 철학문화연구소, 1996.
이현희, 「매천 황현론」, 『나라사랑』 제46집, 외솔회, 1983.
______, 「한국근대인물의 재발견 : 매천 황현」, 『통일한국』(통권 제51호), 평화

문제연구소, 1988.

이희목, 「매천 황현의 산수시 소고」, 『한문학보』 제23집, 우리한문학회, 2010.

임형택, 「황매천의 시인의식과 시」, 『창작과비평』(통권 제19호), 창비, 1970.

______, 「매천선생 탄진140주년 기념강연」, 『한국한문학연구』 제18집, 한국한문학회, 1995.

______, 「황매천의 비판지성과 사실적 시풍」, 『한국한문학연구』 제18집, 한국한문학회, 1995.

______, 「망국의 시대를 고발한 전통지식인의 눈」, 『우리고전을 찾아서』, 한길사, 2007.

______, 「해제-변역과 위망의 시대상을 담아낸 문집」, 『국역 매천집』 제1권, 한국고전번역원, 2010.

장람, 「매천 황현의 육유 차운시 연구」, 『한국시가문화연구』 39, 한국시가문화학회, 2017.

장선희, 「황매천의 역사의식과 시」, 『논문집』 제17집, 광주보건전문대학, 1992.

______, 「매천 황현의 우국시 연구」, 『고시가연구』 1권, 한국고시가문학회, 1993년.

정양완, 「매천 황현의 몇몇 영사시에 대하여」, 『백영 정병욱선생 환갑기념논총』 제3집, 신구문화사, 1983.

______, 「매천 황현의 상원잡영」, 『이조후기 한문학의 재조명』, 창비, 1983.

______, 「산문을 통해 본 매천의 문학정신」, 『진단학보』 제61호, 1986.

______, 「매천 황현의 자긍에 대하여」, 『동방학지』 제54 · 55 · 56집, 연세대학교 출판부, 1987.

______, 「매천 황현의 시에 대하여 -특히 그의 사우를 중심으로-」, 『한문고전연구(구 성신한문학)』 1권, 한국한문고전학회, 1988년.

______, 「몇몇 시에 나타난 매천 묘사적 기법에 대하여 -특히 충돌의 irony와 음향적인 효과를 중심으로-」, 『한국한문학연구』 제13집, 한국한문학회, 1990.

정우봉, 「근대 전환기 역사기록의 보고 서평(황현 지음 『매천야록』, 교문사, 1994, 황현 지음 『오하기문』, 역사비평사, 1995)」, 『창작과비평』(통권 제88호), 창비, 1995.

정재호, 「매천시연구」, 『한문학연구』 제4집, 계명대 한문학연구회, 1987.
조용구, 「황매천의 절명시와 무궁화」, 『한글한자문화』, 전국한자교육추진총연합회, 2004년.
조재곤, 「매천 황현 선열」, 『순국』 통권 제178호, 대한민국순국선열유족회, 2005.
______, 「선비순국지사 매천 황현 선생」, 『통일로』 통권 제229호, 현대사회문화연구소, 2007.
주승택, 「황현의 시세계」, 『현대문학』 제47집, 현대문학, 1994.
차남희 · 유지연, 「황현(1855~1910)의 동학에 대한 인식과 비판」, 『사회과학연구논총』 15집, 이화여자대학교사회과학연구소, 2006.
최신호, 「매천의 현실과 역사의식」, 『한국한문학연구』 제18집, 한국한문학회, 1995.
최홍규, 「황현의 현실인식과 역사의식」, 『한국사상』 제17호, 1980.
하우봉, 「황현의 역사의식에 대한 연구」, 『전북사학』 제33호, 전북대, 1982.
한철호, 「서평 : 『매천야록』 바로 읽기를 통한 한국근대사 연구의 초석 쌓기(황현, 임형택 외역, 『역주 매천야록』, 문학과지성사, 2005)」, 『민족문학사연구』, 민족문학사학회, 2005년.
______, 「『매천야록』에 나타난 황현의 역사인식」, 『한국근현대사연구』 제55집, 한국근현대사학회, 2010.
허경진, 「보고 듣고 느낀 대로 글쓰기: 황현의 『매천야록』」, 『한국의 고전을 읽는다』 제4권, 휴머니스트, 2006.
______, 「매천의 죽음과 문학적 성과」, 『민족문화』 36권, 한국고전번역원, 2010.
홍영기, 「황현의 저작물 간행과 연구 현황」, 『남도문화연구』 19권, 순천대학교 지리산권문화연구원, 2010.
홍이섭, 「황현의 역사의식 : 『매천야록』 독해에의 시론」, 『숙대사론』 제4집, 숙명여자대학교사학과, 1969.
______, 「매천의 역사 의식」, 『나라사랑』 제46집, 외솔회, 1983.
황수정, 「매천시의 이해를 위한 전기 연구」, 『고시가연구』 10, 한국고시가문학회, 2002.

______, 「매천시에 나타난 역사의식」, 『고시가연구』 12, 한국고시가문학회, 2003.
______, 「매천 황현 시에 나타난 실행성」, 『고시가연구』 13, 한국고시가문학회, 2004.
______, 「매천 황현 교유시 연구」, 『고시가연구』 14, 한국고시가문학회, 2004.
______, 「매천시의 표현양상 :첩자의 활용 상태를 중심으로」, 『고시가연구』 19, 한국고시가문학회, 2007.
______, 「황매천의 중국 절의지사에 대한 지향 :「제병화십절(題屛畵十絶)」을 중심으로」, 『한국언어문학』 제71집, 한국언어문학회, 2009.
______, 「김창강과 황매천 그 정운의 시」, 『한국시가문화연구』 28, 한국시가문화학회, 2011.
______, 「매천 황현의 「원식십오영(園植十五咏)」 형상화 방식」, 『고시가연구』 30, 한국고시가문학회, 2012.
황용수, 「매천의 생애」, 『나라사랑』 제46집, 외솔회, 1983.

6. 기타 매천관련 자료

국가보훈처, 「선비순국지사 매천 황현 선생」, 현대사회연구소, 2009.
김인호, 『한시로 보는 한국사. 10회, 10편, 황현의 시, 목숨을 끊으며』, 교보문고, 2014.
박혜강, 『매천 황현』 1-2권, 문학들, 2010.
복효근, 「매천사당에서 외1편」, 『시와시학』 25호, 시와시학사, 1997.
순천대학교박물관, 『매천 황현과 매천집』, 순천대학교박물관, 2006.
신봉승, 「지식인 노릇하기 참으로 어려워라 -매천 황현 선생의 경우-」, 『한글한자문화』, 전국한자교육추진총연합회, 2005년.
이은철, 『매천 황현을 만나다』, 심미안, 2010.
하우봉 외, 『매천 황현과 역사서술』, 디자인흐름, 2011.
한승연, 『(소설)매천야록』上 · 下, 한누리미디어, 2009 · 2010.

7. 멀티미디어 자료

"학자의 고향" 35-36, KBS Media, 2011.

"충언이라거니 직언이라거니 가소롭다 : 황현이 지은『오하기문』", 누리미디어, 2013.

"젊어서는 구렁에 처박히고 늙어서는 사방을 떠도네 : 황현의 초상화", 누리미디어, 2013.

"문벌정치가 나라를 흔들다 [화보] :『오하기문』. 역사학자이자 시인, 문장가인 황현이 한말의 정치사회 상황을 적은 책.", 누리미디어, 2013.

"문벌세력을 내치다 :『매천야록』. 한말의 학자 황현이 1864년부터 1910년까지의 역사를 서술한 책이다.", 누리미디어, 2013.

"황현 -사라진 나라의 아름다운 절개 : 황현 초상", 누리미디어, 2013.

배종석

1978년 경북 영주에서 출생했다.
문학박사
전 중국해양대 한국어학과 전임강사 역임
현 성균관대 동아시아한문학연구소 선임연구원

20대 후반 20세기 초 애국과 계몽의 선두에 있던 「대한매일신보」를 보며 그 시대 지식인들의 고뇌와갈등을 접하였다. 이후 근대전환기 지식인의 삶을깊이 들여 보고자, 「매천 한시의 서정적 특징 연구」로 박사학위를 받았다. 연구분야는 주로 근대전환기 지식인의 삶에 초점을 두고 있다. 「수당 이남규의 주체적 대외의식과 시」, 「전횡론에 대한 연구」, 「양계초의 재일시기 시사 연구」, 「서간도 망명지식인 상경헌 이능호의 대응논리 연구」, 「근대전환기 해양 네트워크에 대한 상상과 추구」 외 다수.

인간 세상 지식인 노릇하기 참 어렵구나
-매천 황현 한시를 중심으로

2018년 10월 10일 초판 1쇄 발행

지은이 : 배종석
펴낸이 : 김병환
펴낸곳 : 학자원
주　소 : 134-814 서울시 강동구 천호대로 1121
전　화 : 02) 6403-1000
팩　스 : 02) 6338-1001
E-mail : hakjaone@daum.net
등　록 : 2011년 3월 24일 제2011-14호

HAKJAONE Publishing Co.
1121 Cheonho-Daero Kangdong-Gu Seoul

ISBN 979-11-6247-072-5 93810

값 25,000원